석류나무 꽃이 피었는지

石榴放蕊

석류나무 꽃이
피었는지

한국복음서원

* 이 책에 인용된 성경 본문은 〈회복역 성경〉을 사용하였습니다.

* 이 책에 인용된 찬송가는 특별한 언급이 없는 경우 한국복음서원 찬송가입니다. 중국어 찬송가는 대만복음서원에서 출간한 것입니다. 영어 찬송가는 리빙 스트림 미니스트리(Living Stream Ministry)에서 출간한 것입니다.

서문

이 책은 새로 믿은 이들의 양육을 목적으로 하며, '일찍 일어나기', '성경 읽기', '기도', '교통', '믿음', '과거를 끝냄', '헌신', '죄들을 처리함', '세상을 처리함' 등 아홉 가지 주제를 다루고 있다. 이 주제들은 주로 워치만 니 형제님과 위트니스 리 형제님의 저서 및 기타 여러 서적에서 관련 메시지, 간증, 이야기, 시 등을 발췌하여 편집한 것이다.

'석류나무 꽃이 피었는지'라는 말은 아가 7장 12절에서 나온 것이다. "우리 일찍 일어나 포도원들로 가서 / 포도나무 움이 돋았는지 / 꽃망울이 터졌는지 / 석류나무 꽃이 피었는지 보아요. …" 이 말씀은 술람미가 여러 변화의 단계들을 거쳐 솔로몬의 복사판이 된 후에도 더 전진하여 그의 동역자가 되어 그와 함께 포도원을 돌보아야 한다는 것을 말한다. 이 말씀은 또한 그리스도를 사랑하는 사람은 궁극적으로 포도원인 교회 안에서 주님의 일을 분담하여, 다른 사람들도 싹을 내고 꽃망울을 터뜨리며 꽃을 피울 수 있도록 도와서, 그들을 그리스도 안에서 성숙하게 하여 그리스도의 몸의 건축에 이르게 해야 한다는 것을 의미한다.

차례

제1부 일찍 일어나기 …… 1-15

제2부 성경 읽기 …… 16-47

제3부 기도 …… 48-114

제4부 교통 …… 115-155

제5부 믿음 …… 156-204

제6부 과거를 끝냄 …… 205-233

제7부 헌신 …… 234-302

제8부 죄들을 처리함 …… 303-344

제9부 세상을 처리함 …… 345-365

일찍 일어나기

이것들이 아침마다 새로우니
주님의 신실은 크기도 하십니다.
(애 3:23)

They are new every morning;
great is Your faithfulness.
(Lamentations 3:23)

석류나무 꽃이 피었는지(아 7:12)
石榴放蕊(歌 7:12)

아침에 주님을 누리다

오, 여호와님! 아침에 주님은 제 목소리를 들으시리니
아침에 주님께 제 사정을 아뢰고 무어라 하시는지 보렵니다.(시 5:3)

O Jehovah, in the morning You will hear my voice;
in the morning I will set forth my words in order to You,
and I will watch.(Psalm 5:3)

어떤 성도가 몇 마디 아주 좋은 말을 한 적이 있다. "사람이 주님을 사랑하는 마음을 얼마나 가졌는지 보려면, 먼저 그가 침대와 주님 사이에서 어떤 것을 선택하는지를 보아야 한다. 여러분은 침대를 더 사랑하는가, 아니면 주님을 더 사랑하는가? 침대를 더 사랑한다면 조금 더 잘 것이고, 주님을 더 사랑한다면 조금 더 일찍 일어날 것이다." 이 성도는 죽을 때까지 하루도 오전 다섯 시 이후에 일어난 적이 없었는데, 몇십 년 동안 그렇게 했다.

왜 그리스도인은 이른 아침에 일어나야 하는가? 그것은 이른 아침이 사람들이 주님을 만나기에 가장 좋은 시간이기 때문이다. 병을 앓는 사람을 제외한 모든 형제자매는 마땅히 조금 일찍 일어나야 한다. 더욱이 건강한 사람은 가능한 한 일찍 일어나야 한다. 왜냐하면 이른 아침은 주님을 만나고, 주님을 접촉하고, 주님과 교통하기에 가장 좋은 시간이기 때문이다. 항상 '만나'는 해가 뜨기 전에 거두어야 한다. 해가 뜨면 만나는 녹아서 먹지 못하게 된다. 만일 여러분이 하나님 앞에서 영적인 자양분과 영적인 함양을 받고 영적인 교통과 영적인 공급을 얻기 원한다면, 조금 일찍 일어나야 한다. 늦게 일어나면 만나를 먹지 못한다. 특히 이른 아침에 하나님은 그분의 자녀들에게 영적인 음식을 주시고 그들과 거룩한 교통을 나누신다. 너무 늦게 거두러 오는 사람은 누구든지 그것을 얻지 못한다. 많은 사람이 여러 해 동안 좋은 그리스도인이 되지 못하는 이유는 바로 너무 늦게 일어나기 때문이다.

이른 아침이 하루 중 가장 좋은 시간이다. 우리는 이 가장 좋은 시간을 다른 일에 사용할 것이 아니라 하나님 앞에서 사용해야 한다.(워치만 니 전집, 개정판, 48권, 초신자를 온전케 하는 공과(상))

하나님을 알기 위해 일찍 일어나다

그러나 오, 여호와님! 제가 주님께 부르짖었으니 아침에 제 기도가
주님 앞에 이릅니다.(시 88:13)

But I, O Jehovah, have cried out to You;
and in the morning my prayer comes before You.(Psalm 88:13)

하나님의 많은 자녀들이 영적으로 문제가 있어서가 아니라 단지 너무 늦게 일어나기 때문에 병든 생활을 한다. 하나님의 많은 자녀들은 헌신과 열심과 사랑에 부족함이 없지만, 너무 늦게 일어나기 때문에 정상적인 그리스도인의 생활을 하지 못한다. 우리는 기도할 줄 아는 사람이나 하나님과 친밀한 교통을 갖는 사람치고 늦게 일어나는 사람을 보지 못했다. 하나님을 아는 모든 사람은 항상 이른 아침에 일어나 하나님 앞에 나아가 그분과 교통한다.

잠언 26장 14절은 "문짝이 돌쩌귀 위에서 돌듯 / 게으른 이는 침상 위에서 돈다."라고 말한다. 게으른 사람은 침상에서 계속 돌기 때문에 침상을 떠나지 못한다. 그는 침상에서 한쪽으로 돌아 잠을 자고 그런 다음 반대쪽으로 돌아 잠을 잔다. 어느 쪽으로 돌든 그는 여전히 침상에 있다. 많은 사람들이 침상을 떠나지 못한다. 그들은 한쪽에서 다른 쪽으로 돌면서 그 침상을 사랑한다. 그들은 잠자기를 좋아하고 침상을 떠날 수 없다. 그러나 하나님을 섬기고 좋은 그리스도인이 되고자 하는 사람은 매일 아침 일찍 일어나야 한다.(워치만 니 전집, 개정판, 48권, 초신자를 온전케 하는 공과(상))

매일 아침 부흥되다

의인들의 길은 여명의 빛 같아
점점 더 밝게 빛나 한낮에 이른다.(잠 4:18)

The path of the righteous is like the light of dawn,
which shines brighter and brighter until the full day.(Proverbs 4:18)

마태복음 13장 43절은 이기는 이들이 그들의 아버지의 왕국에서 해처럼 빛날 것이라고 말한다. 해는 매일 아침 새롭게 떠오른다. 만일 우리가 해처럼 빛나는 이기는 이들이 되려면, 우리는 매일 아침 일찍 일어나서 주님에 의해 부흥되어야 한다. 잠언 4장 18절은 다음과 같이 말한다. "의인들의 길은 여명의 빛 같아 / 점점 더 밝게 빛나 한낮에 이른다." 그리스도인으로서 우리는 해를 따라 매일 아침 부흥되고 새로운 시작을 가져야 한다. 그런 다음 우리는 계속하여 떠오르고 점점 더 밝게 빛나 한낮에 이르러야 한다. 그리스도인의 생활은 단 하루만 있는 것이 아니다. 우리에게는 매일 새로워져야 할 날들이 있다. 이것은 우리가 매일 주님으로 부흥되어야 한다는 뜻이다. 어제 아침에 부흥되었을지 모르지만 오늘 아침에 또 한 번 부흥되어야 하고 내일 아침에 또다시 부흥되어야 한다. 매년 우리에게는 날마다 새로워지기 위해 365번의 부흥이 필요하다.(날마다 새로워짐)

사모함 — 주님을 위해 자신을 부인함

늘 가르침을 받도록 은혜 부어 주소서
나 주와 교통할 때에 내 안팎 하나 돼
내 분량 작지만 주님 영광 얻을 수 있네

(찬송가 305장)

먼저 하나님의 얼굴을 보다

저는 새벽을 고대하며 부르짖고 주님의 말씀들에
소망을 두었습니다.(시 119:147)

I anticipated the dawn and cried out;
I hoped in Your words.(Psalm 119:147)

영국에 하나님께 크게 쓰임 받은 찰스 스펄전이 있었다. 그는 일평생 아침 일찍 주님과 교통하는 것을 매우 중시했다. 그는 "열정적으로 주님을 사랑하는 사람은 아침에 하나님과 교통하는 것을 귀히 여깁니다. 그들에게는 한 가지 영적인 규칙이 있는데, 그것은 먼저 하나님의 얼굴을 보지 않고는 결코 사람의 얼굴을 보지 않는 것입니다."라고 말했다.

또 다른 주님의 종은 이렇게 말했다. "매일 이른 아침에 삼십 분은 개인적으로 주님과 교통하는 시간입니다. 나는 다른 사람의 말을 듣기 전에 반드시 먼저 주님의 말씀을 듣습니다. 사랑하는 아내라 할지라도 예외가 없습니다. 나는 먼저 나의 머리에 라디오나 신문, 뉴스 등을 채운 후에 하나님께 나아갈 수 없습니다. 또한 하루 중 단지 한 번만 기도하는 것으로는 부족하고 반드시 순간순간 주님께 돌이켜야 합니다. 이른 아침 삼십 분은 하루 중 가장 좋은 시간입니다."

사모함 — 주님의 임재 안에 삶

주 임재 안에 늘 살게 하소서
종일 주님만이 내 세계 되어
주 없는 일들을 생각할 때에
나의 맘 기쁘지 않게 하소서
매 순간 내 위로 되시는 주여
세상엔 날 격려할 것 없으니
탄식 참지 못해 눈물 흘릴 때
내 눈물 닦으사 멎게 하소서

(찬송가 290장)

먼저 속사람을 위해 양식을 구하다

주님의 말씀을 읊조리고자 제 눈은
야간 파수 때를 고대하였습니다.(시 119:148)

My eyes anticipated the night watches,
that I might muse upon Your word.(Psalm 119:148)

조지 뮐러는 세상을 떠나기 전에 자신이 체험한 것에 대하여 매우 보배로운 글을 썼다. 그는 여러 해 동안 매일 아침에 일찍 일어나서 먼저 기도하고 성경을 읽었다. 그의 기도 시간은 일어나서부터 아침 식사를 할 때까지였다. 그때 그는 십오 분 혹은 삼십 분 정도 기도한 후에야 하나님의 임재를 느낄 수 있었다. 후에 그는 순서를 바꾸어 먼저 성경을 읽은 후에 기도했다. 이때부터 성경을 읽는 것이 그가 일어나서 가장 먼저 하는 일이 되었다.

그는 하나님의 말씀을 읽고 묵상함으로 속사람에게 필요한 양식을 찾았다. 몇 분이 지나지 않아 그는 하나님의 임재 안에 들어갔다. 그 후 그는 자신의 약함을 시인하고 그분의 은혜에 감사하며 그분을 찬양하고 그분께 기도하였다. 그리하여 그는 다음과 같이 결론을 내렸다. “하나님의 자녀들이 매일 아침 우선적으로 해야 할 일은 먼저 속사람을 위해 양식을 구하는 것이다. 속사람의 유일한 양식은 하나님의 말씀이다. 만일 하나님의 말씀이 없다면 기도는 공허하게 된다.”

먼저 주님의 얼굴을 보면 모든 일이 가벼워진다

사슴이 시냇물을 찾아 헐떡이듯이 오, 하나님!
제 혼이 주님을 간절히 찾습니다.(시 42:1)

As the hart pants after the streams of water,
so my soul pants for You, O God.(Psalm 42:1)

스메이위는 중국인으로서 최초로 미국에 유학을 간 여의사이다. 그녀는 몸집이 왜소하고 체중이 45킬로그램도 되지 않았다. 그녀는 의사의 신분으로 다른 사람들의 질병을 고쳐 주는 한편 사람의 혼을 구원하는 일을 했다. 그녀는 워낙 부지런하여 수많은 사람들이 그녀에게 도움을 받았다. 한 사람이 그녀에게 이렇게 물었다. “당신은 이렇게 크고 어려운 책임을 맡고 있는데 왜 힘들어 보이지 않습니까?” 그녀는 이렇게 대답했다. “만일 제가 매일 아침 일하기 전에 먼저 주님의 얼굴을 보지 않았다면, 저도 결코 감당할 수 없었을 것입니다. 그러나 먼저 주님의 얼굴을 보면 모든 일이 가벼워집니다.”

그리스도를 체험함 — 모든 것으로

주 얼굴빛 못 볼 때에 난 얼마나 지루한지
저 예쁘던 새들과 꽃 날 기쁘게 하지 못해
저 햇빛도 빛을 잃고 저 들녘도 황량하네
나 주 안에 즐거울 때 저 구름도 아름다워

(찬송가 396장)

먼저 중간 음을 조율하라

제 혼이 하나님을, 살아 계신 하나님을 목말라하는데
저는 언제나 가서 하나님 앞에 나타날 수 있겠습니까?(시 42:2)

My soul thirsts for God, for the living God.
When will I come and appear before God?(Psalm 42:2)

어느 이른 아침에 어떤 주님의 종이 집회 장소에 들어가 말씀을 묵상하며 주님께 기도하고 있었다. 얼마 지나지 않아 어디선가 피아노 소리가 들려왔다. 처음에는 한 음이, 다음에는 한 소절이, 그다음에는 한 곡이 흘러나왔다. 그는 소리가 어디서 나는지 둘러보았다. 알고 보니 피아노 조율사가 피아노를 조율하고 있었다. 하나님의 종은 그에게 "이 큰 피아노에는 건반이 이렇게 많은데 어떻게 조율해서 화음을 맞추나요?"라고 물었다. 그 조율사는 "저는 먼저 가장 중간에 있는 C음을 정확하게 조율한 후에 다른 건반을 그것과 맞춥니다."라고 대답했다.

믿는 이들은 반드시 아침에 일찍 일어나 먼저 하나님과 화음을 이루도록 조율해야 한다. 그래야 하루 동안 만나게 될 사람들과 사물들과 일들과 조화를 이룰 수 있다. 허드슨 테일러는 이렇게 말했다. "먼저 음악회를 열고 악기를 조율하는 사람이 어디에 있습니까? 매일 성경을 읽고 기도함으로 먼저 하나님과 조율한 후에 사람들을 만나고 일을 해야 합니다."

갑자기 걸음을 멈추다

그가 아직 말을 채 끝내기도 전에, 보아라, 빛나는 구름이 그들을 덮으며
구름 속에서 음성이 들려왔다. "그는 나의 사랑하는 아들이요
나를 기쁘게 하는 아들이니, 너희는 그의 말을 들어라!"(마 17:5)

While he was still speaking, behold, a bright cloud overshadowed them, and behold, a voice out of the cloud, saying, This is My Son, the Beloved, in whom I have found My delight. Hear Him!(Matthew 17:5)

어느 저명한 곤충학자가 상인인 친구와 들판에서 산책을 하고 있었다. 곤충학자는 갑자기 걸음을 멈추더니 어떤 물건을 찾듯 옆에 있는 숲으로 들어갔다. 그러나 친구는 그가 왜 그러는지 알지 못했다. 잠시 후에 곤충학자는 귀뚜라미처럼 생긴 곤충을 친구에게 보여 주었다. 그러면서 그는 그 곤충의 울음소리가 들려 걸음을 멈추고 그 곤충을 찾으러 갔다고 말했다. 친구는 아주 신기하게 생각했다. 그 곤충의 울음소리는 너무 작아서 자신은 전혀 듣지 못했는데 곤충학자인 친구는 들었던 것이다. 얼마 후 그들은 들판을 지나 시끄러운 거리로 나갔다. 상인은 갑자기 걸음을 멈추더니 몸을 구부려 은화 하나를 주웠다. 곤충학자인 친구도 함께 걸었지만 은화 떨어지는 소리는 전혀 듣지 못했다.

이 예화를 통해 우리는 어떤 사람만이 어떤 소리를 들을 수 있다는 것을 알 수 있다. 세상에 속한 사람은 세상의 소리를 듣는다. 그러나 하나님께 속한 사람은 하나님의 음성을 들을 수 있고, 주님을 사랑하는 그리스도인은 그의 안에서 말씀하시는 하나님의 음성을 들을 수 있다. 이런 사람이 되려면, 우리는 일찍 일어나서 세상의 소리를 먼저 듣지 않고 하나님의 음성을 먼저 들어야 한다.

무릎을 꿇고 엎드려
아이의 울음소리를 듣다

그러나 여러분의 눈은 보게 되니 복이 있고,
여러분의 귀는 듣게 되니 복이 있습니다.(마 13:16)

But blessed are your eyes because they see,
and your ears because they hear.(Matthew 13:16)

미국의 사막에서 한 인디언 아이가 실종되었다. 많은 사람이 걱정하며 이곳저곳을 찾아다녔다. 오랫동안 찾아다녔으나 헛수고였다. 결국 사람들은 모두 실망하며 포기하고 돌아왔다. 오직 한 사람만이 포기하지 않았는데, 바로 그 아이의 어머니였다. 그녀는 이렇게 말했다. "나는 계속 찾을 것입니다. 죽을 때까지 멈추지 않을 것입니다." 그녀는 사막을 돌아다니다가 더 이상 희망이 보이지 않아 결국 무릎을 꿇었다. 무릎을 꿇고 땅에 엎드린 그녀는 조그마한 울음소리를 들었다. 그녀는 급히 일어나서 이렇게 외쳤다. "내 아이의 울음소리이다!" 그러고는 소리가 나는 쪽을 향해 달려갔다. 얼마 후 어머니와 아이는 서로 껴안고 눈물을 흘리며 기뻐 어쩔 줄 몰라 했다.

우리도 이 어머니처럼 주님을 사랑한다면, 반드시 그분을 찾을 것이고 그분의 발 앞에 엎드려 그분의 음성에 귀를 기울일 것이다. 특히 아침에 일찍 일어나서 그렇게 할 것이다.

헌신 — 모든 것을 주님께 드림

내 모든 것 주 예수께 아낌없이 드리네
영영 주를 사랑하며 주님 앞에 살겠네

내 모든 것 주 예수께 아낌없이 드리네
주 발 앞에 엎드리니 나를 받아 주소서

(후렴) 모두 드리네 모두 드리네
은혜로운 나의 주께 모두 드리네

(찬송가 337장)

수면 위로 올라와 숨을 쉬다

나를 이끌어 주세요, 우리가 당신을 좇아 달려가렵니다—
왕께서 나를 그분의 내실로 이끌어 들이셨으니—
우리는 당신 안에서 즐거워하고 기뻐하며(아 1:4)

Draw me; we will run after you—
The king has brought me into his chambers—
We will be glad and rejoice in you.(Song of Songs 1:4)

어떤 사람이 강 언덕에 앉아 물고기들이 물 위로 입을 벌리고 있는 것을 보았다. 처음에는 먹이를 찾는 줄 알았다. 잠시 후 그는 그 물고기들이 숨을 쉬고 있다는 것을 알았다. 비록 물고기들이 물속에서도 숨을 쉬지만 어떤 때는 반드시 물 위로 올라와야 한다.

그리스도인들도 마찬가지이다. 일을 하면서도 하나님과 교통할 수 있지만, 하루 중에 반드시 시간을 내어 혼자 골방에 들어가 하나님과 교통해야 한다. 이른 아침의 시간이 혼자 하나님께 나아가기에 가장 좋은 시간이다.

구원의 확신과 기쁨 — 일반

늘 주와 함께 교통하며 순종할 때 참안식일세
주 오심 깨어 기다리며 주 사랑으로 적셔지네

(후렴) 이것이 나의 간증이요 이것이 나의 찬송일세
온종일 주께 노래하며 맘 다해 구주 찬양하리

(찬송가 265장)

거미줄을 지탱하는 긴 줄

주님께 힘을 얻고 그 마음에
시온을 향한 대로가 있는 이는 복이 있습니다.(시 84:5)

Blessed is the man whose strength is in You,
in whose heart are the highways to Zion.(Psalm 84:5)

거미가 창고에서 거미줄을 치고 있었다. 먼저 천장의 서까래에서 긴 줄을 늘어뜨렸다. 거미줄은 이 긴 줄에 의해 지탱되었다. 얼마 후에 거미는 알을 낳았고, 알들이 부화하여 많은 작은 거미가 생겨났다. 이 거미들은 거미줄에서 즐겁게 놀았다. 거미 한 마리가 우연히 천장의 서까래에서 이어진 긴 줄을 발견했다. 이 긴 줄의 중요성을 알지 못한 거미는 긴 줄을 끊어 버렸고, 결국 거미줄 전체가 내려앉았다.

그리스도인들도 하늘과 통하는 긴 줄이 있는데, 이것에 의해 그리스도인의 생활이 유지된다. 일찍 일어나서 하는 아침 부흥은 하늘과 통하는 긴 줄이며, 이 긴 줄을 통해 그리스도인들은 능력과 공급을 얻어 하루 생활을 유지하게 된다. 이 긴 줄이 없다면, 하루 생활이 정상적으로 유지될 수 없다.

사모함 — 주님과의 교통

높은 산에 날 이끌어 주만 보게 하소서
하늘 음성 듣게 하며 맑은 공기 주소서

(후렴) 높은 산에 날 이끌어 주와 교통케 하여
영 안에서 산 샘 마셔 주 누리게 하소서

(찬송가 285장)

매일 훈련하다

내 영광아, 깨어나라! 수금과 비파야, 깨어나라!
내가 새벽을 깨우리라.(시 57:8)

Awake, my glory; awake, O harp and lyre!
I will awaken the dawn.(Psalm 57:8)

폴란드의 유명한 음악가 파데레프스키는 이렇게 말했다. "만일 내가 하루 동안 피아노를 치지 않으면 손이 뻣뻣해질 것이지만 나 혼자만 그것을 느낄 수 있다. 그러나 이틀 동안 치지 않으면 가족이 그 차이를 알게 되고, 사흘 동안 연습하지 않으면 내 친구들이 알게 된다. 일주일 동안 피아노를 치지 않으면 청중들이 알게 된다."

아침에 일찍 일어나 아침 부흥을 하는 것도 마찬가지이다. 하루를 하지 않으면 여러분 혼자만 느끼게 된다. 이틀을 하지 않으면 가족이 알게 되고, 사흘을 하지 않으면 여러분 주변 사람들이 알게 된다. 일주일 동안 아침 부흥을 하지 않으면 온 세상이 알게 된다.

아침에 일찍 주를 대하고

아침에 일찍 주를 대하고 우리 다 함께 교회생활 해
새벽을 드리고 아멘 많이 하면 우리 영은 열리네
할렐루야 주 함께 할렐루야 계시네
기쁜 노래 부르며 함께 교회생활 해

(찬송가 991장)

일어나 문을 열어 주지 않다

보아라, 내가 문밖에 서서, 문을 두드린다.
누구든지 나의 음성을 듣고 문을 열면, 내가 그에게 들어가 그와 함께 먹고,
그는 나와 함께 먹을 것이다.(계 3:20)

Behold, I stand at the door and knock;
if anyone hears My voice and opens the door, then I will come in to him
and dine with him and he with Me.(Revelation 3:20)

남인도에 빚을 갚을 능력이 없는 가난한 사람이 있었다. 그는 원래 게으른 사람이라 돈을 벌 줄 몰랐다. 빚쟁이들은 그를 감옥에 넣고자 했다. 같은 마을에 한 선한 부자가 그의 어려운 상황을 듣고는 그를 돕고자 했다. 그러나 이 부자는 다른 사람이 아는 것을 원치 않아서 밤중에 모든 빚을 갚고도 남을 만큼의 돈과 약간의 음식을 들고서 그의 집 문을 두드렸다. 그러나 이 게으른 사람은 일어나 문을 열어 주지 않았다. 부자는 한참 동안 문을 두드린 후, 이 사람이 도움을 받을 자격이 없다고 생각하여 되돌아갔다. 다음 날 아침에 이 가난한 사람은 그 사실을 알고 크게 후회했지만 이미 기회는 지나가 버렸다.

하나님은 이른 아침에 만나를 주시기 때문에, 우리는 반드시 일찍 일어나서 거두어야 한다. 그러므로 그리스도인들은 게을러서는 안 된다. 반드시 일찍 일어나 말씀을 통해 하나님께서 주시는 생명의 양식을 받아들여야 한다. 그러지 않으면 빈궁한 생활을 할 수밖에 없다. 문제는 하나님께서 주지 않으시는 데 있지 않다. 바로 사람의 게으름과 일어나 받아들이려 하지 않는 데 있다.

일어나자마자 큰 소리로 하나님을 찬양하다

내가 사는 동안 여호와를 찬양하며 내가 있는 동안
내 하나님을 찬송하리라.(시 146:2)

I will praise Jehovah while I live;
I will sing psalms to my God while I yet have being.(Psalm 146:2)

다음은 어떤 형제의 간증이다. "저의 한 가지 소원은 일찍 일어나서 아침 부흥을 하는 것입니다. 여러 번 이것을 위해 기도했지만 저는 일찍 일어나지 못했습니다. 아침마다 일찍 일어난 후에는 다시 자고 싶었고, 다시 자고 일어나면 이미 상당히 늦어 버렸습니다. 일어난 후에 허둥지둥 세수를 하고 출근 준비를 하다 보면 아침 부흥을 할 시간이 없었습니다. 후에 몇몇 형제님들의 교통을 듣고 몇 가지 방법을 실행해 보았지만 역시 성공하지 못했습니다. 한 번은 어떤 형제님이 '하나님께서 우리의 기도를 들으실 때, 하나님께 감사하고 하나님을 찬양해야 합니다.'라고 말해 주었습니다. 그때 저는 제가 매일 일정한 시각에 일어날 수 있는 것조차도 하나님께서 저의 기도를 들으시기 때문임을 느꼈습니다. 그러므로 제가 어찌 하나님을 찬양하지 않을 수 있겠습니까? 그래서 다음 날 저는 아침에 일어나자마자 큰 소리로 하나님께 감사와 찬양을 드렸습니다. 그러자 신기하게도 다시 자고 싶은 생각이 들지 않았습니다. 여러 해 동안 저는 이 방법으로 아무 어려움 없이 아침 부흥을 할 수 있었습니다."

손턴의 이불을 들어 올리는 기계

여호와를 사랑하는 사람들은
힘 있게 돋는 해와 같게 하여 주십시오.(삿 5:31)

May those who love Him be like the sun
when it rises in its might.(Judges 5:31)

영국의 손턴은 학식이 높고 기계에 대해 매우 잘 알고 있던 선도자였다. 그는 주님을 믿었을 때부터 일찍 일어나고 싶었지만 도저히 일찍 일어나지 못했다. 후에 그는 자명종에 끈 하나를 달아 천장에 못으로 고정한 도르래와 연결하였다. 그리고 한쪽 끈에는 돌을 묶고 다른 쪽 끈에는 이불의 네 귀퉁이를 묶었다. 아침에 자명종이 울리면 끈은 자동적으로 자명종과 분리되고, 돌은 아래로 떨어졌다. 돌이 떨어지면 이불이 들려 올려졌다. 손턴은 이불 없이 다시 잘 수 없어서 일어날 수밖에 없었다. 처음에 그가 자명종만 사용할 때는 자명종이 울려도 일어나지 못했다. 그래서 결국 그는 이불을 들어 올리는 기계를 발명했던 것이다. 그가 이렇게 스스로를 다스리고 통제했기 때문에, 하나님은 그를 사용하셨고 사역에 매우 능력이 있게 하셨다.

그리스도를 체험함 — 그분과의 교통

밤그림자 남아 있고 새벽빛이 비추기 전에
은혜의 주께 다시 나오니 주 나를 비춰 주시네
내게 말씀하여 주시네 오늘 누릴 주 풍성을
달콤하고 기쁜 누림에 굶주림 다 채워지네

(찬송가 417장)

성경 읽기

주님의 말씀은 제 발의 등불이요
제 길의 빛입니다.
(시 119:105)

Your word is a lamp to my feet and
a light to my path.
(Psalm 119:105)

석류나무 꽃이 피었는지(아 7:12)
石榴放蕊(歌 7:12)

하나님의 말씀은
우리의 영적인 양식이다

주님의 말씀을 발견하고 제가 그것을 먹었더니 주님의 말씀이
제게 마음의 즐거움과 기쁨이 되었습니다. 오, 여호와 만군의 하나님!
이는 제가 주님의 이름으로 불리는 까닭입니다.(렘 15:16)

Your words were found and I ate them, and Your word became to me
the gladness and joy of my heart, for I am called by Your name,
O Jehovah, God of hosts.(Jeremiah 15:16)

성경은 하나님의 말씀을 먹은 사례를 적어도 세 번 언급한다. 첫 번째는 예레미야서이다. 예레미야는 "주님의 말씀을 발견하고 제가 그것을 먹었더니"(렘 15:16상)라고 말했다. 음식을 먹는 것은 받아들이는 것일 뿐 아니라 흡수하는 것이기도 하다. 흡수는 먹은 것을 우리 안으로 받아들여 그것을 소화하고 우리의 일부가 되게 하는 것이다. 하나님의 말씀을 먹는 것에 관한 두 번째 사례는 에스겔서에 나오며, 신언자 에스겔이 하나님의 말씀을 먹었다고 말한다(3:1-3). 세 번째 사례는 요한계시록 10장에서 사도 요한이 하나님의 말씀을 먹은 것이다(10절).

예레미야는 "주님의 말씀이 제게 / 마음의 즐거움과 기쁨이 되었습니다."(렘 15:16중)라고 말했다. 우리가 하나님의 말씀을 먹어 우리 존재 안으로 흡수한다면, 그 말씀은 우리 마음의 즐거움과 기쁨이 된다. 다윗도 "주님의 말씀들이 제 입맛에 어찌 그리 단지요! / 제 입에 꿀보다 더 답니다."(시 119:103)라고 말했다. 하나님의 말씀을 먹는 것은 참으로 누릴 만하고 꿀보다 더 달다.

위의 말씀들에서 우리는 하나님의 말씀이 배우기 위한 것일 뿐 아니라, 우리가 맛보고 먹고 누리고 소화하기 위한 것임을 알 수 있다. 주 예수님은 하나님의 말씀이 영적인 음식이라고 말씀하셨다. "사람이 떡으로만 살 것이 아니라, 하나님의 입에서 나오는 모든 말씀으로 살아야 합니다."(마 4:4) 하나님의 입에서 나오는 모든 말씀은 우리를 양육하는 영적인 음식이다.(말씀을 기도로 읽기, 중문판)

이른 아침에 영적 양식을 누린 조지 뮐러의 체험

예수님께서 대답하셨다.
"성경에 '사람이 떡으로만 살 것이 아니라, 하나님의 입에서 나오는 모든 말씀으로 살아야 합니다.'라고 기록되어 있다."(마 4:4)

He answered and said, It is written,
"Man shall not live on bread alone, but on every word that proceeds out through the mouth of God."(Matthew 4:4)

뮐러 형제님은 이른 아침에 영적 양식을 누렸던 자신의 체험을 다른 사람들에게 이야기한 적이 있다. 그는 이렇게 말했다. "제가 하는 가장 중요한 일은 제 마음이 위로와 격려와 경고와 책망과 가르침을 받을 수 있도록 하나님의 말씀을 읽고 묵상하는 것입니다. 이렇게 하나님의 말씀을 묵상할 때, 저는 주님과 체험적인 교통을 가질 수 있습니다. 그래서 저는 매일 아침에 신약성경을 묵상합니다. 주님께 그분의 귀한 말씀을 축복해 주시기를 몇 마디 기도한 후, 가장 먼저 하는 일은 하나님의 말씀을 묵상하는 것입니다. 저는 성경의 그 말씀으로 축복받기를 구합니다. 대중 앞에서 메시지를 전하거나 묵상한 것을 전하기 위해서가 아니라 제 혼을 위한 양식을 얻기 위해서 성경 말씀을 추구합니다. 이때 제가 직면하는 변하지 않는 결과는 몇 분이 지나지 않아 죄들을 자백하거나 감사하거나 중보기도 하거나 간구하기 시작한다는 것입니다. 그 결과 매일 많은 자백과 감사와 간구와 중보기도가 저의 묵상과 섞여서, 제 속사람이 자양분과 공급을 얻습니다. 아침 식사 시간에는 몇 번의 예외를 제외하고 제 마음이 항상 기쁘고 평안했습니다."

하나님의 자녀들이 매일 아침에 가장 먼저 해야 하는 일은 속사람을 위한 양식을 얻는 것이다. 우리의 겉사람이 먹지 않고는 일할 수 없듯이, 우리의 속사람도 매일 아침마다 양식을 먹어야 한다. 속사람을 위한 양식은 무엇인가? 그것은 하나님의 말씀이다.(어떻게 영적인 양식을 누리는가, 중문판)

지도 뒤의 한 사람

또 어려서부터 성경을 알았기 때문입니다.
이 성경은 그대가 그리스도 예수님 안에 있는 믿음을 통하여
구원에 이르는 지혜를 얻도록 할 수 있습니다.(딤후 3:15)

And that from a babe you have known the sacred writings,
which are able to make you wise unto salvation
through the faith which is in Christ Jesus.(2 Timothy 3:15)

어느 날 밤 한 아버지가 조용히 책을 읽고 싶었는데, 그의 어린 딸이 옆에서 놀아 달라고 아우성이었다. 아버지는 방법을 생각해 냈고, 가위를 가지고 세계 지도를 여러 조각으로 자른 다음 딸에게 이렇게 말했다. "얘야! 네가 이 조각들을 맞춘다면 근사한 세계 지도가 나올 거야." 아버지는 딸이 조각들을 맞추는 데 많은 시간이 걸릴 것이라 생각하면서 조용히 책을 읽으려고 했다.

그러나 어린 딸은 얼마 지나지 않아 지도를 다 맞추어 버렸다. 아버지가 살펴보니 정말 세계 지도가 바닥에 놓여 있는 것이 아닌가? 아버지는 너무 놀라서 어떻게 이렇게 빨리 맞출 수 있었는지 물었다. 아이는 "이 지도 뒷면에 어떤 큰 사람이 있었어요. 그래서 이 사람을 먼저 맞춘 후에 그림을 뒤집었어요. 그러자 이렇게 지도가 맞추어졌어요."라고 대답했다.

마찬가지로 성경은 위대한 분이신 예수 그리스도를 계시한다. 우리가 그 분을 찾아낸다면 모든 문제가 자연스럽게 해결될 것이다.

그리스도가 없는 메시지

여러분이 성경 안에서 영원한 생명을 얻는 줄로 생각하기 때문에
성경을 자세히 연구하는데,
이 성경은 바로 나에 대하여 증언하는 것입니다.(요 5:39)

You search the Scriptures,
because you think that in them you have eternal life;
and it is these that testify concerning Me.(John 5:39)

오랫동안 신실하게 말씀을 전한 한 청년이 있었다. 어느 날 그는 말씀을 전한 후 한 노인에게 물었다. "선생님, 저의 메시지가 어땠습니까?" 노인은 "아무 의미가 없는 메시지였습니다."라고 대답했다. 청년은 인정하지 못하고는 "의미가 없다고요? 저는 많은 시간을 들여 이 메시지를 준비했습니다."라고 말했다. "아, 그렇군요." 청년이 다시 이렇게 물었다. "의미가 없다고 하셨는데, 혹시 주제를 잘못 말해서 그렇습니까?" 노인은 "그렇지 않습니다."라고 말했다. 청년은 "그렇다면 왜 의미가 없다고 하십니까? 제가 사용한 비유가 적절하지 않았습니까?"라고 물었다. 노인은 "적절했습니다."라고 대답했다. 청년은 참지 못하고 다시 물었다. "그렇다면 왜 의미가 없다고 하십니까? 도대체 그 이유가 무엇입니까?" 노인은 "왜냐하면 그 메시지에 그리스도가 없었기 때문입니다."라고 대답했다. 그러자 청년은 "원래 주제에 없었기 때문에 그리스도를 말할 수 없었습니다. 주제가 무엇이냐에 따라 무엇을 말할 것인지 결정됩니다."라고 말했다. 노인은 그 청년에게 "형제님, 형제님은 영국의 모든 도시와 마을이 런던으로 이어진다는 것을 알지 못합니까?"라고 물었다. 청년은 "알고 있습니다."라고 대답했다. 노인은 "성경의 어떤 주제라 할지라도 모두 하나의 큰길로 연결되어 성경의 중심에 이르게 되는데, 그 중심이 되시는 분이 바로 그리스도이십니다. 나도 수십 년 동안 말씀을 전해 왔지만, 그리스도께 이끌 수 없는 주제를 성경에서 본 일이 없습니다."라고 말했다.

성경은 그리스도를 증언한다. 그러므로 성경을 읽을 때, 우리는 단지 몇 가지 가르침이나 교리를 읽어서는 안 되고 그리스도를 읽어야 한다.

글이 없어진 성경

저는 주님께 죄짓지 않으려고
제 마음에 주님의 말씀을 소중히 간직하였습니다.(시 119:11)

In my heart I have treasured up Your word
that I might not sin against You.(Psalm 119:11)

로저는 영국의 유명한 복음 전파자이다. 그는 언젠가 이런 간증을 한 적이 있다. "어느 날 성경을 펴 보니 아무 글도 없이 비어 있었습니다. 저는 깜짝 놀라서 이웃에게 가서 그들의 성경을 보았는데, 그들의 성경에도 글이 없었습니다. 당시 온 세상의 성경이 모두 백지로 변하여 그리스도인들 가운데 큰 혼란이 일어났습니다. 하나님께서 그분이 사람들에게 주신 가장 귀한 말씀을 거두어 가 버리신 것이었습니다. 그래서 세계 각지에서 성경을 잘 아는 사람들을 모아 그들이 기억하고 있는 것을 적어 달라고 했지만, 모든 말씀을 기억해 낼 수 없었습니다. 그제야 믿는 이들은 평소에 성경을 제대로 읽지 않은 것에 대해 후회했고, 심지어 어떤 사람들은 통곡하기까지 했습니다. 많은 믿는 이들이 하나님께, 그분의 말씀을 다시 주시도록 간절히 기도했습니다. 이로 인해 나는 매우 낙심하였는데 깨어나 보니 꿈이었습니다. 아침 햇살이 창문을 통해 집 안을 비추고 있었고, 성경이 책상 위에 놓여 있었습니다. 나는 급히 달려가서 성경을 펼쳐 보았는데, 모든 글자들이 그대로 있었습니다. 나는 감사의 눈물을 흘리며 성경을 읽었습니다."

아멘 주 예수여 아멘

아멘 주 예수여 아멘 아멘 언제든지
성경의 말씀에 아멘 구절마다 아멘
귀한 건 오직 주님의 산 말씀뿐이니
아멘 주여 주신 말씀 믿고 순종하리

(찬송가 1143장)

마음속에 감추어 두면 가져가지 못한다

온갖 지혜를 사용하여 그리스도의 말씀이 여러분 안에 풍성히 거하도록 하되,
시와 찬송과 영적인 노래들로 서로 가르치고 권면하고
여러분의 마음에서 은혜로 하나님께 찬송함으로써 거하도록 하십시오.(골 3:16)

Let the word of Christ dwell in you richly in all wisdom,
teaching and admonishing one another with
psalms and hymns and spiritual songs,
singing with grace in your hearts to God.(Colossians 3:16)

어느 도시에서 이슬람교 출신인 한 여인이 복음을 듣고 주님을 만나 구원받았다. 후에 어떤 그리스도인이 그녀에게 성경을 선물로 주었다. 그녀는 성경을 보물로 여겨 상자에 담아 옷장에 숨겨 두었다. 그리고 집에 아무도 없을 때 성경을 꺼내어 혼자서 자세히 읽을 뿐 아니라 외웠다. 어느 날 그녀에게 성경을 준 그리스도인이 이 일을 알고 무슨 이유로 그렇게 하는지 물어보았다. 그녀는 "제 가족은 제가 성경을 가지고 있는 것을 알면, 분명히 가져가서 더 이상 읽지 못하게 할 것입니다. 그러나 제가 성경을 읽고 묵상하여 마음속에 감추어 두면 그들이 가져가지 못할 것입니다."라고 말했다. 골로새서 3장 16절은 "온갖 지혜를 사용하여 그리스도의 말씀이 여러분 안에 풍성히 거하도록 하되" 라고 말한다.

성경 읽기 — 주의 말씀에서 양육을 얻음

떡만으로는 못 살고 하나님 말씀으로 살아
주 말씀 생명 떡 삼아 언제나 먹고 살겠네

(찬송가 589장)

성경을 가지고 다니다

오늘 내가 그대에게 명령하는 이 말씀을 그대의 마음에 간직해야 합니다. …
그대는 이 말씀을 그대의 손에 매어 표시로 삼고,
그대의 두 눈 사이에 붙여 표로 삼아야 합니다.(신 6:6, 8)

And these words, which I command you today, shall be upon your heart; …
and you shall bind them on your hand as a sign,
and they shall be as frontlets between your eyes.(Deuteronomy 6:6, 8)

영국 버밍엄에 사는 한 여학생이 복음 집회 중에 감동을 받아 주님을 믿게 되었다. 구원받은 후 그녀는 곧바로 다른 사람들에게 복음을 전했다. 후에 대학에 진학해서도 자주 친구들에게 주 예수님을 전했다. 한번은 그녀가 한 급우와 복음에 관하여 토론을 하였는데, 성경을 인용하여 주 예수님의 말씀을 증명해야 할 필요가 있었다. 그러나 그녀는 성경을 가지고 있지 않았기 때문에 성경을 가지러 위층에 올라갔다. 그런데 성경을 가지고 내려왔을 때 그 급우는 이미 가 버렸다. 그녀는 아주 좋은 기회를 잃어버린 것을 크게 후회하였다. 그날 이후로 그녀는 필요할 때를 대비하여 항상 성경을 몸에 지니고 다녔다. 주변 사람들도 이것을 본받아 모두 성경을 가지고 다니게 되었고, 성경을 가지고 다닌 덕분에 많은 사람을 얻을 수 있었다.

믿는 이들인 우리는 항상 성경을 가지고 다녀야 할 뿐 아니라, 하나님의 말씀이 우리 마음 안에 풍성히 거하도록 하여 언제든지 사람들의 필요를 공급할 수 있도록 준비되어야 한다.

성경 읽기 — 하나님의 말씀의 기능

주의 말씀은 신성한 광신
사람들 속에 비춰 주시네
참된 상태와 자신의 필요
볼 수 있도록 어둠 비추네

(찬송가 579장)

다른 사람의 빛을 의지하다

주님의 말씀은 제 발의 등불이요 제 길의 빛입니다.(시 119:105)

Your word is a lamp to my feet and a light to my path.(Psalm 119:105)

전에 시골에 살았던 한 형제가 있었다. 그때는 교통이 불편하여 항상 돌길이나 구불구불한 작은 길을 걸어 다녔다. 밝은 대낮에는 걷는 데 문제가 없었지만, 비까지 내리는 어두운 밤에는 불빛이 없으면 걷기가 여간 어려운 일이 아니었다. 어떤 때는 작은 촛불조차도 소중했다. 한번은 이 형제가 밤길을 가게 되었다. 그는 산꼭대기에 살았는데, 손전등도 없었고 횃불이나 촛불도 없었다. 마침 비가 내리고 있었기에 길은 진흙탕이었고 곳곳에 작은 웅덩이들이 많았다. 게다가 그는 도수가 맞지 않는 안경을 쓰고 있어서 길을 더듬어 가야 했고 힘겹게 한 걸음씩 나아갔다. 마침 그때 어떤 사람이 뒤에서 등불을 들고 오고 있었다. 그는 가만히 서서 그 사람이 먼저 지나가기를 기다렸다가 그 불빛을 따라갔다. 그러나 얼마 못 가서 그 사람은 다른 길로 가 버렸고, 그는 어쩔 수 없이 다른 사람이 지나가기를 기다렸다. 얼마 후에 손전등을 든 사람이 지나갔고, 그는 힘을 다해 그 사람 뒤를 쫓아갔다. 그는 이 끔찍하고 힘든 여정이 빨리 끝나기를 바랐다. 그러나 그는 얼마 못 가서 그 사람마저 놓치고 말았다. 그 후 그는 몇 사람의 불빛을 더 빌려서야 한밤중에 목적지에 도착할 수 있었다. 그러나 이미 그는 온몸이 진흙투성이가 되어 버렸고 매우 피곤했다. 그때 그는 빛이 없이 길을 가는 것이 얼마나 고통스러운지를 절실히 깨달았다.

성경은 "밤이 깊었고 낮이 가까웠습니다."(롬 13:12)라고 말한다. 이 시대의 믿는 이들은 한밤중에 길을 가고 있으므로 반드시 자신만의 빛이 있어야 한다. 그러나 안타깝게도 오늘날 많은 믿는 이들이 하나님의 말씀에서 직접 얻은 빛과 계시가 없고, 항상 다른 사람의 '빛'을 빌려서 길을 간다. 이 사람의 말을 듣고 저 사람을 따르지만 직접 하나님의 말씀을 듣거나 따르지 않는다. 형제자매들이여, 하나님의 말씀이 우리 발의 등불이고 우리 길의 빛이기 때문에, 여러분은 반드시 하나님의 말씀을 부지런히 신실하게 읽어야 한다.

전혀 펼쳐 보지 않았다

여호와를 경외함은 순수하여 … 여호와의 심판은 참되어 …
이 모든 것은 금보다 정련된 많은 금보다 더 바랄 만하며(시 19:9-10)

The fear of Jehovah is pure, … the judgments of Jehovah are truth …
More to be desired are they than gold,
even much refined gold.(Psalm 19:9-10)

미국 뉴저지주에 사는 한 노인이 성경책에서 오천 달러를 발견했다. 1874년에 그의 고모는 그에게 다음과 같은 유언을 남겼다. "사랑하는 조카 스티븐에게, 내 집에 있는 성경과 그 안에 있는 모든 것을 너에게 주겠다. 그 밖의 다른 것은 다 팔아 내 빚을 갚고 그 나머지는 네가 쓰도록 하여라." 그러나 그는 물려받은 재산이 수백 달러에 불과했기 때문에 얼마 안 되어 그 돈을 다 쓰고 말았다. 그 후 그는 35년 동안 가난하게 살았다.

고모가 남긴 성경은 가죽 표지로 되어 있었고 겉면은 놋쇠 단추로 채워져 있었다. 그는 그 안에 오천 달러가 있는 줄 몰랐다. 성경은 항상 책상 위에 놓여 있었고, 어떤 때 그는 성경을 바라보기도 했고 손으로 만져 보기도 했지만 결코 펼쳐 본 적이 없었다. 나중에 그는 더욱 가난해져서 아들 집으로 이사하게 되었다. 그때 짐을 정리하면서 성경을 상자에 넣으려다가 한번 열어 보았는데, 이 돈을 발견하게 된 것이다.

그는 말로 표현할 수 없을 정도로 후회했다. 그러나 35년의 세월은 이미 헛되이 지나갔다. 만일 조금 일찍 발견하여 이 돈을 잘 활용했다면 지금까지 더 풍족한 생활을 했을 것이다. 만일 은행에 넣어 두었더라면 지금쯤 오만 달러가 되었을 것이다.

많은 믿는 이들이 가난하고 세월을 낭비하는 이유는 성경을 읽지 않고 그 안에 있는 보배를 발견하지 못하기 때문이다.

"주인어른, 제게 성경을 주십시오."

주님의 입에서 나온 율법은 제게
금과 은 수천 닢보다 낫습니다.(시 119:72)

The law of Your mouth is better to me
than thousands of pieces of gold and silver.(Psalm 119:72)

어떤 나이 든 그리스도인이 자신의 팔십 번째 생일을 맞아 하인들에게 선물을 주려고 했다. 이 노인은 하인들을 모두 불러 모았다. 그는 한 손에 금박을 입힌 아주 좋아 보이는 성경을 들고서 요리사에게 물었다. "자, 이 성경 한 권과 20달러 중 자네가 원하는 것을 아무거나 고르게." 요리사가 말했다. "주인어른, 저는 글을 모릅니다. 돈을 주십시오." 노인은 그에게 20달러를 주었다. 그는 한 늙은 여자 하인에게 말했다. "자네는 글을 읽을 줄 아니 성경을 주겠네." 그녀는 "주인어른, 저는 너무 바빠서 성경을 읽을 시간이 없습니다. 저도 돈을 주세요."라고 말했다. 그는 마지막으로 마당을 쓸고 편지를 나르는 어린 하인에게 말했다. "너에게도 20달러를 줄 테니 가서 어머니께 옷 한 벌 해 드려라." 그 하인은 말했다. "주인어른, 저는 성경책을 갖고 싶습니다." 노인이 깜짝 놀라며 "너는 글도 읽을 줄 모르는데 성경을 가지고 무엇을 하려느냐?"라고 물었다. 하인은 "제 어머니는 성경을 날마다 제게 읽어 주십니다. 그런데 어머니의 성경책이 너무 낡아서 한 권 사 드리고 싶었는데 돈이 없었습니다. 이렇게 좋은 성경책을 어머니께 드리면 20달러를 드리는 것보다 더 기뻐하실 거예요."라고 대답했다. 주인은 "기특하구나! 하나님께서 너를 축복하시기를 바란다."라고 말하면서 그에게 성경책을 주었다. 어린 하인이 성경책을 받아 펼쳐 보니 그 안에 100달러의 지폐가 들어 있었다. 다른 사람들도 보고 놀라며 자신들이 잘못 선택한 것을 매우 후회하였다.

수많은 믿는 이들이 성경을 좋아하지 않기 때문에 얼마나 많은 축복을 잃어버리는지 모른다. 만일 여러분이 성경을 사랑하고 그것을 읽는다면, 반드시 그 안에서 무한한 풍성을 얻게 될 것이다.

또 한 번 즐거운 모임을 가지다

주님의 얼굴을 이 종에게 비추어 주시고
주님의 율례들을 제게 가르쳐 주십시오.(시 119:135)

Cause Your face to shine on Your servant,
and teach me Your statutes.(Psalm 119:135)

벤 베르거는 독일의 저명한 대학교수로서 학식이 높고 모범적인 생활을 하여 많은 학생의 존경을 받았다. 호기심 많은 몇 학생들이 그의 모범적인 생활의 비결을 알고 싶어 했다. 그중 한 학생이 교수가 매일 저녁에 무엇을 하는지 알아보려고 몰래 그의 서재에 들어가 숨어 있었다. 교수가 서재로 왔을 때는 이미 늦은 시간이라 그는 몹시 피곤해 보였다. 그러나 그는 책상에 앉아서 성경을 펼쳐 아주 진지하게 한 시간 정도 읽고 기도했다. 기도한 후에 그는 성경을 덮으며 "주 예수님! 우리는 또 한 번 즐거운 모임을 가졌습니다."라고 말했다. 알고 보니 이 교수는 매일 밤 성경을 읽고 기도하여 주님과 즐거운 모임을 가짐으로써 생명 공급을 얻어 주님의 증거를 살아 냈던 것이다.

성경 읽기 — 주님의 말씀을 추구함

고요한 때 주여 말씀하소서
내 마음 조용히 기다리오니

은혜로운 주님 말씀하소서
주의 얼굴 뵙고 지시 듣도록

(찬송가 585장)

갈 박사가 땅콩을 이용하다

여호와의 율법은 온전하여 혼을 소생시키고 여호와의 증거는 신실하여
단순한 사람을 지혜롭게 하며(시 19:7)

The law of Jehovah is perfect, restoring the soul;
the testimony of Jehovah is faithful, making the simple wise.(Psalm 19:7)

흑인 과학자인 갈 박사는 미국 남부에서 자랐다. 그는 흑인들에게 목화 외에 다른 농작물도 재배하라고 자주 조언했다. 그러면 흉작이 들어 목화 재배가 실패하더라도 완전히 실망하지는 않을 것이기 때문이다. 나중에 그는 마침내 땅콩을 심도록 설득하였다. 땅콩 수확량이 예상 외로 많아서 식용으로 쓰고도 많이 남았다. 그들은 갈 박사를 찾아가서 조언을 구했다. 갈 박사는 신실한 그리스도인이었기 때문에, 남은 땅콩을 어떻게 해야 하는지 지혜를 달라고 하나님께 기도했다.

하나님은 그의 기도를 들으시고, 땅콩으로 식용유를 만들 수 있을 뿐 아니라 빵, 커피, 아이스크림, 두유, 염료, 의약품 등 백 가지 이상의 제품을 만드는 데 땅콩이 사용될 수 있음을 발견하게 하셨다. 나중에 그는 미국 의회 특별회의에 초청받았다. 의장이 그에게 물었다. "갈 박사님, 박사님은 어떻게 이렇게 많은 제품을 개발할 수 있었나요?" 그는 "저는 한 권의 고서에서 배웠습니다."라고 대답했다. 의장이 다시 "어떤 책입니까?"라고 물었고, 갈박사는 "성경입니다."라고 대답했다. 의장이 또다시 "성경 안에 땅콩에 관한 말들이 있습니까?"라고 물었고, 갈박사는 "없습니다. 그러나 성경은 저에게 땅콩을 창조하신 하나님을 알게 해 주었습니다. 저는 하나님께 지혜를 달라고 기도했고, 하나님은 제가 어떻게 땅콩을 이용해야 하는지 알게 해 주셨습니다."라고 대답했다.

"여호와를 경외함이 지혜의 시작이며 / 거룩하신 분을 아는 것이 명철이다."(잠 9:10)

성경을 읽는 것은 다른 사람에게 영향을 준다

여호와의 법도는 올발라 마음을 기쁘게 하고
여호와의 계명은 분명하여 눈을 밝게 하며(시 19:8)

The precepts of Jehovah are right, making the heart joyous;
the commandment of Jehovah is clear, enlightening the eyes.(Psalm 19:8)

미국의 위대한 복음 전파자인 헨리는 스미스 씨에게 감동을 받아 주님께 헌신하게 되었다고 공개적으로 간증했다. 스미스 씨는 어떤 사람인가? 그는 대학교수도, 교회의 지도자도, 또한 사회의 저명인사도 아니었다. 그는 헨리 아버지의 소작농이었다. 그는 매번 일을 마치고 쉬는 시간이 되면 침상에 앉아 성경을 주의 깊게 읽었다. 이것은 의도치 않게 어린 헨리에게 영향을 주어, 그를 좋은 소년이 되게 했고 나중에 위대한 전도자가 되게 했다.

주의 교훈 정직해

주의 교훈 정직해 맘 기쁘게 하고
주의 계명 순결해 눈을 밝게 하도다

(후렴) 금 곧 많은 정금보다 사모할 것이며
꿀과 송이꿀보다 더 달아

(찬송가 858장)

수수 줄기에 불을 붙여서

주님의 말씀들이 열리면 빛이 비치어
단순한 이들에게 깨달음을 줍니다.(시 119:130)

The opening of Your words gives light,
imparting understanding to the simple.(Psalm 119:130)

중국 산둥성의 핑두현에는 본래 믿는 이들이 몇 명만 있었다. 그중 한 사람이 허우씨 성을 가진 사람이었는데, 그는 자녀도 있고 논밭도 소유한 부유한 사람이었다. 또 한 사람은 리씨 성을 가진 사람이었는데, 그는 가난한 집안 출신으로 종종 허우 집안을 위해 일을 했다. 그러나 구원받은 후 그는 밤낮으로 기쁨이 넘쳤다. 그러자 사람들이 항상 그에게 이렇게 말했다. “누구는 주님을 믿어 부자가 되고 자녀와 논밭까지 있습니다. 당신도 주님을 믿었지만 당신에게는 아무것도 없군요.” 그는 평안 가운데 기뻐하면서 이렇게 대답하였다. “저에게도 있습니다. 있고 말고요. 제가 가진 것은 제 안에도 있고 하늘에도 있습니다.”

그는 주님을 매우 사랑하고 하나님의 말씀을 사랑했으며 하나님의 말씀을 읽는 것을 좋아하여 시간이 날 때마다 성경을 읽었다. 그는 바쁜 농사철에 다른 사람을 위해 일을 할 때도 바지 주머니에 성경을 넣고 다녔다. 쉬는 시간마다 다른 일꾼들은 담배를 피우며 담소를 나눌 때, 그는 바지 주머니에서 사랑하고 아끼는 성경을 꺼내어 즐거이 읽었다. 밤에도 이렇게 하나님의 말씀을 즐거이 읽었다. 집이 가난하여 아내는 그가 등불을 켜서 기름을 사용하는 것을 원하지 않았다. 그래서 그는 수수 줄기 한쪽 끝에 불을 붙여서 성경에 비추어 말씀을 읽었다. 성경을 읽는 것은 분명 그에게 큰 즐거움이었다.

항상 성경에서 위로를 얻다

주님의 율례들을 즐거워하며
주님의 말씀을 잊지 않으렵니다.(시 119:16)

I will take delight in Your statutes;
I will not forget Your word.(Psalm 119:16)

한번은 런던에서 성경에 대한 간증 집회가 열렸다. 에티오피아 왕 셀라시에가 직접 참석하여 간증하였다. "저는 어렸을 때부터 성경을 소중히 여기는 것을 배웠기 때문에, 자라면서 성경을 읽는 것에 대한 관심이 나날이 커졌습니다. 나랏일로 바쁜 중에도 항상 성경에서 무한한 위로를 얻었습니다. 특히 '수고하며 짐을 진 사람들이여, 다 나에게로 오십시오. 내가 여러분에게 안식을 줄 것입니다.'(마 11:28)라는 말씀은 제게 가장 큰 기쁨을 가져다줍니다. 그 후 저는 많은 난관을 극복하고 원문 성경을 현대 에티오피아어로 번역하여 모든 백성이 성경을 읽을 기회를 갖게 하였습니다. 어쨌든 성경과 성경의 가르침으로 말미암아 저는 말할 수 없는 만족을 누리고 있습니다."

많은 그리스도인들이 하루 종일 세상일로 바쁘게 살아간다. 그들은 성경을 읽을 약간의 시간도 내지 않기에 수고하고 무거운 짐을 지며 안식을 얻지 못한다.

주의 율법 완전해

주의 율법 완전해 영혼 소생케 해
주의 증거 확실해 둔한 자 지혜롭게 해

(후렴) 금 곧 많은 정금보다 사모할 것이며
꿀과 송이 꿀보다 더 달아

(찬송가 858장)

반복해서 읽다

주님의 법도들의 길을 깨닫게 해 주십시오.
그리하시면 주님의 놀라운 일들을 읊조리렵니다.(시 119:27)

Cause me to understand the way of Your precepts,
and I will muse upon Your wondrous deeds.(Psalm 119:27)

마르틴 루터는 항상 이렇게 말했다. "하나님의 말씀을 이해하려면 직접 체험해 보지 않으면 안 됩니다. 성경은 사람들이 기억하고 이해하기 위한 책일 뿐만 아니라 생활 가운데서 체험하기 위한 책입니다." 그는 또한 이렇게 말했다. "나는 젊었을 때 성경을 반복해서 읽어 성경에 매우 익숙합니다. 그래서 여러분이 어떤 내용을 말하기만 해도 나는 그것이 성경의 어디에 있는지 즉시 알 수 있습니다. 나는 먼저 성경 내용에 익숙해진 후에 주석을 주의 깊게 참고했습니다. 왜냐하면 어떤 주석의 경우 나의 양심이 동의할 수 없는 부분이 많고, 실제로 성경의 본문과 상충되는 부분도 있기에, 다른 사람의 눈을 통해 보는 것보다 내 눈으로 직접 보는 것이 더 낫기 때문입니다."

앤드루 머리가 네덜란드에서 공부할 때, 아버지는 편지로 이렇게 말했다. "누군가가 너에게 어떤 책을 소개하더라도 성경 읽는 것을 게을리해서는 안 된다. 이 일은 성령의 인도를 구하면서 겸손과 많은 기도로 매일 해야 하는 일이다."

성경 읽기 — 주님의 말씀에서 양육을 얻음

주여 내 영과 맘 목마르고 배고파 주 앞에 나왔으니
당신 자신을 공급하소서 주만이 내 능력 생명 공급

(후렴) 날 먹이소서 먹이소서 내 배고픔을 채워 주고
목마름을 해결해 주소서 기쁨 얻도록 먹이소서

(찬송가 586장)

'험'과 '역'

여러분이 내 안에 거하고 내 말이 여러분 안에 거하면,
무엇이든지 여러분이 원하는 것을 구하십시오.
그러면 여러분에게 이루어질 것입니다.(요 15:7)

If you abide in Me and My words abide in you,
ask whatever you will, and it shall be done for you.(John 15:7)

한 전도자가 나이 든 자매님을 방문했는데, 그 자매님이 경건한 마음으로 성경을 읽고 있는 것을 보았다. 그런데 성경의 여백마다 '험(驗)' 자와 '역(歷)' 자가 적혀 있었다. 전도자는 매우 이상하다고 생각하여 성경을 주의 깊게 살펴보았는데, 처음부터 끝까지 거의 모든 쪽의 여백에 '험' 자나 '역' 자가 적혀 있었다. 전도자는 이것이 무엇을 의미하는지 물었다. 그 자매님은 미소를 지으며 대답하였다. "'험'이라 쓴 것은 제가 그 말씀을 시험해 본 후 그 말씀이 사실이라는 것을 안다는 걸 의미합니다. 그리고 '역'이라 쓴 것은 제가 그 말씀을 직접 체험해서 그 말씀이 참되다는 것을 안다는 걸 의미합니다." 오늘날 성경을 읽는 사람은 많지만, 성경을 알고 성경대로 사는 사람은 많지 않다.

사모함 — 주님에 대한 더 많은 인식

주를 더 알기 원하네 주 길 더 좇기 원하네
주님의 구속 더 알고 풍성 더 누리기 원해

(후렴) 그리스도 더욱더 알기를 원해
그의 구속과 풍성을 더 알고 누리기 원해

(찬송가 296장)

허드슨 테일러가 성경을 읽는 방법

그러므로 누구든지 나의 이 말을 듣고 실행하는 사람은
자기 집을 반석 위에 건축한 현명한 사람과 같습니다.(마 7:24)

Everyone therefore who hears these words of Mine
and does them shall be likened to a prudent man
who built his house upon the rock.(Matthew 7:24)

허드슨 테일러는 어렸을 때부터 순서대로 체계적으로 성경을 읽었다. 그는 68세 때에 다음과 같은 간증을 했다. “저는 40년 동안 성경의 창세기부터 요한계시록까지 사십 번을 읽었습니다. 매일 구약 세 장, 신약 한 장, 시편 한 편을 읽었습니다. 느낌이 있을 때는 더 많이 읽었고, 묵상을 더 많이 해야 할 때는 조금 적게 읽었습니다. 그렇게 매년 성경을 한 번 읽었습니다. 저는 성경을 읽는 것을 통해 자양분을 공급받았을 뿐 아니라 생활과 일에서도 인도를 받았습니다.” 그에게 있어서 성경은 발의 등불이고 길의 빛이었다. 그는 항상 이렇게 말했다. “살아 계신 하나님은 성경을 통해 말씀하십니다. 하나님께서 하신 말씀은 다 이루어지고, 하나님께서 약속하신 것 중 성취되지 않는 것이 하나도 없습니다. 하나님은 살아 계시며, 성경은 이 살아 계신 하나님께서 말씀하신 것입니다. 하나님의 모든 말씀은 신뢰할 만합니다.” 허드슨 테일러는 평소에 일찍 일어나 아침 부흥을 했다. 어떤 상황이 있더라도 반드시 지켰다. 그는 다음과 같이 말했다. “먼저 음악회를 열고 악기를 조율하는 사람이 어디에 있습니까? 매일 성경을 읽고 기도함으로 먼저 하나님과 조율한 후에 사람들을 만나고 일을 해야 합니다.” 그는 성경을 연구하는 것을 말씀에 순종하기 위한 것으로 보았기 때문에, 성경을 강론할 때마다 행함에 중점을 두었다. 그는 자신이 알고 있는 것을 행했고 성경의 명령과 약속에 순종했기 때문에, 성경의 깊은 진리를 이해할 수 있었다. 그는 아는 것을 행했고, 행함으로써 더욱 알게 되었다. 성경은 “여러분이 이러한 것들을 알고 그대로 행하면 복이 있습니다.”(요 13:17)라고 말한다.

두 가지 읽는 방법

생명을 주시는 분은 그 영이십니다. 육체는 무익합니다.
내가 여러분에게 한 말이 영이요 생명입니다.(요 6:63)

It is the Spirit who gives life; the flesh profits nothing;
the words which I have spoken to you are spirit and are life.(John 6:63)

문학가와 나이 든 전도자가 부자의 만찬에 초대되었다. 만찬 중에 어떤 사람이 문학가에게 시편 23편을 낭독해 줄 것을 제안했다. 문학가는 동의하면서 나이 든 전도자도 낭독할 것을 제안했다. 문학가는 문학에 정통했기 때문에 낭독하는 실력이 대단했다. 빨리 읽어야 할 곳에서는 빨리 읽고 느리게 읽어야 할 곳에서는 느리게 읽었으며, 높은 톤으로 읽어야 할 곳에서는 높은 톤으로 읽었고 낮은 톤으로 읽어야 할 곳에서는 낮은 톤으로 읽었다. 낭독하는 것이 음악과 같아서 매우 아름다웠다. 낭독이 끝나자 우레와 같은 박수 소리가 터져 나왔고, 모두가 그를 칭찬했다. 이어서 나이 든 전도자가 낭독을 했는데, 박수 소리는 없었지만 모두의 눈에서 눈물이 흘렀다. 이에 문학가는 일어나서 이렇게 말했다. "제가 낭독한 것이 이분이 낭독한 것보다 좋았습니다. 저는 젊기 때문에 목소리가 높고 컸으며 끊고 맺음이 분명했습니다. 그러나 이분은 나이가 많고 앞니도 없어서 발음이 분명하지 않았습니다. 저는 여러분의 박수와 칭찬을 받았지만, 이분은 여러분의 마음과 눈물을 얻었습니다. 그 이유는 무엇일까요? 그것은 제가 낭독한 것은 시편 23편의 글자들이었지만, 이분이 낭독한 것은 바로 시편 23편에 있는 목자였기 때문입니다."

우리가 그리스도를 더 깊이 안다면, 그분을 위해 더 아름다운 증언을 할 수 있을 것이다.

성경으로 진찰하라

내 아들아, 내 말들에 주의를 기울이고 내 이야기에 귀를 기울여라. …
내 말들은 그것들을 찾아 얻는 이들에게 생명이 되고
그들의 온몸에 치료제가 된다.(잠 4:20, 22)

My son, be attentive to my words; incline your ear to my sayings. …
For they are life to those who find them,
and healing to all their flesh.(Proverbs 4:20, 22)

어떤 환자가 병이 생겨서 진찰받으러 의사를 찾아갔다. 의사는 병의 원인을 알기 위해 손으로 환자의 몸을 만지면서 아픈 곳이 있는지 물었다. 그것은 환자가 통증을 느끼는 부분을 알면 어디에 병이 있는지 알 수 있기 때문이다. 마찬가지로 우리가 성경을 읽을 때 어떤 장이나 어떤 절을 읽든 그 부분의 말씀이 나의 상황이 아닌지 물어야 한다. 만일 아픔이 느껴지면 잠시 읽는 것을 멈추고 하나님 앞에서 조용히 묵상하며 그 느낌을 회개나 기도나 자백이나 간구나 감사나 찬양으로 바꾸어야 한다. 이렇게 한다면 우리는 분명히 치료를 받을 것이다.

성경 읽기 — 주의 말씀에서 양육을 얻음

은혜의 보좌 앞에서 긍휼과 은혜를 얻네
때를 따라 도움받고 내 맘과 영 안식 얻네

(찬송가 587장)

매일 주어 매일 찾아오게 하다

살아 계신 아버지께서 나를 보내셔서 내가 아버지로 말미암아 사는 것같이, 나를 먹는 그 사람도 나로 말미암아 살 것입니다.(요 6:57)

As the living Father has sent Me and I live because of the Father, so he who eats Me, he also shall live because of Me.(John 6:57)

한 성경 교사가 학생들을 인도하여 함께 성경을 읽고 있었다. '만나'에 대하여 읽을 때 한 학생이 물었다. "하나님은 왜 1년간 먹을 만나를 이스라엘 백성에게 한 번에 주지 않으셨나요?" 교사는 하나의 비유를 들어 그에게 설명해 주었다. "어느 나라의 황제에게 한 아들이 있었습니다. 황제는 1년 중 한 날을 정하여 한 해 동안 쓸 돈을 한 번에 아들에게 주었습니다. 그 결과 그 아들은 1년에 한 번만 황제를 찾아왔습니다. 그래서 황제는 방법을 바꾸어 아들에게 줄 돈을 하루 단위로 나누어서 주었습니다. 그렇게 했더니 그 아들은 하루에 한 번씩 황제를 찾아왔습니다."

우리 하나님은 우리의 필요를 공급하시는 것이 쉽지만, 우리가 그분을 사랑하고 그분께 자주 나아오기를 원하신다. 하나님은 우리가 그분 자신보다 땅의 것을 추구하거나, 영원한 생명에 이르기까지 없어지지 않는 양식보다 썩어 없어지는 양식을 추구하기를 원하지 않으신다.

사람이 떡으로만 살 것 아니요

사람이 떡으로만 살 것 아니요
하나님 입으로 나는
모든 말씀으로 살 것이라
할렐루 할렐루야

(후렴) 할렐루야 할렐루야
할렐루야 할렐루 할렐루야

(찬송가 932장)

아이가 굶어 죽지 않겠습니까

갓난아기들처럼 말씀의 순전한 젖을 사모하십시오.
그래야 여러분은 젖으로 자라서 구원에 이를 것입니다.(벧전 2:2)

As newborn babes, long for the guileless milk of the word
in order that by it you may grow unto salvation.(1 Peter 2:2)

한 형제가 처음으로 어느 지방에 말씀을 전하러 갔다. 그 형제는 한 자매에게 "자매님의 그리스도인 생활은 어떻습니까?"라고 물었다. 그 자매는 "그저 그렇습니다. 저는 교회에 어떤 좋지 않은 일도 하지 않았고, 그리스도께 어떤 좋지 않은 일도 하지 않았습니다. 그런데 저는 왜 이렇게 차지도 않고 뜨겁지도 않은지 모르겠습니다."라고 대답했다. 그 형제는 "매일 성경을 읽습니까?"라고 물었고, 그 자매는 "시간이 있으면 조금 읽습니다."라고 대답했다. 그때 그 자매의 어린아이가 옆에 앉아 있었다. 그 형제는 "자매님이 이 어린아이에게 오늘은 다섯 번, 내일은 세 번 먹이고, 그 후 삼 일 연속 먹이지 않다가 다시 하루에 다섯 번 먹여도 됩니까?"라고 물었다. 그녀는 "그러면 아이가 굶어 죽지 않겠습니까?"라고 말했다. 그러자 그 형제가 이렇게 말했다. "자매님이 지금 자매님 안에 계신 분을 이렇게 대하고 있음을 모르십니까?"

성경 읽기 — 주의 말씀에서 양육을 얻음

주께 가까이 와 주 얻길 갈망해
주 먹고 마셔 주님을 누리기 원하네

(찬송가 588장)

뿌리를 위로 향하게 하다

그러면 저는 주님의 모든 계명들을 존중할 때
부끄러움을 당하지 않을 것이고(시 119:6)

Then I will not be put to shame,
when I regard all Your commandments.(Psalm 119:6)

어떤 사람이 적합한 하인을 고용하려고 했는데, 첫 번째 조건은 그의 말에 잘 순종하는 것이었다. 그는 누가 잘 순종하는지 알아보기 위해 모든 지원자들에게 한 가지 일을 시켰다. 그것은 나무를 심되 뿌리를 위로 향하게 하고 가지와 잎을 아래로 향하게 하라는 것이었다. 지원하러 온 대부분의 사람들은 주인의 지시가 매우 합리적이지 않다고 생각했다. 그래서 나무의 뿌리가 위로 향하도록 하라는 주인의 지시대로 심지 않았다. 그러나 그중 한 사람은 주인의 지시대로 가지와 잎을 땅에 심고 뿌리를 위로 향하도록 했다. 주인은 이를 보고서 "이 사람이 바로 내가 찾던 사람이다. 그것은 그가 다른 사람의 의견이나 자신의 의견대로 하지 않고 주인인 나의 지시대로 했기 때문이다."라고 말했다.

우리는 종종 하나님의 말씀에 다른 사람의 의견과 자신의 의견을 가져오기 때문에 하나님의 뜻을 분명히 알 수 없다.

아멘 주 예수여 아멘

아멘 주 예수여 아멘 아멘 언제든지
성경의 말씀에 아멘 구절마다 아멘
귀한 건 오직 주님의 산 말씀뿐이니
아멘 주여 주신 말씀 믿고 순종하리

(찬송가 1143장)

매일 머리를 빗다

주님을 신뢰하오니 아침에 주님의 자애를 듣게 해 주십시오.
주님 향하여 제 혼을 높이 드오니 제가 가야 할 길을 알려 주십시오.(시 143:8)

Cause me to hear Your lovingkindness in the morning, for in You I trust.
Make known to me the way on which I should walk,
for to You I lift up my soul.(Psalm 143:8)

시골에서 가난하게 사는 여인이 있었다. 그녀는 일이 바빠 머리를 빗을 여유가 없어서 1년에 한 번만 머리를 빗었는데, 그때마다 너무나 고통스러웠다. 어느 날 그녀는 도시에 가서 그곳의 여자들이 매일 머리를 빗는 것을 보고 이상하다고 생각했다. '도시 여자들은 매일 머리를 빗는데, 아프지도 않은가 보지?' 그녀는 매일 머리를 빗으면 그것에 익숙해져서 매우 쉽게 머리를 빗을 수 있고 아프지 않다는 것을 알지 못했다. 그러나 1년에 한 번만 빗는다면 당연히 고통을 느낄 것이다.

성경을 읽는 것도 마찬가지이다. 매일 읽고, 매일 빛 비춤을 받고, 매일 처리를 받고, 매일 하나님의 말씀에 순종한다면, 습관이 되어 성경을 읽는 것이 어렵지 않다고 느낄 것이다.

사모함 — 주님 안에서의 성장

주여 나로 더욱 주 사랑케 해
주 위해 더 열심 내게 하소서
주 말씀 더 믿고 주 뜻 사모해
더 완전히 순종하게 하소서

(후렴) 매일 날 부축하사 내게 힘을 주소서
나의 일생 주 위해 좁은 길 가도록

(찬송가 297장)

불빛을 잘못 보다

그대는 진리의 말씀을 곧게 잘라 내는 부끄러울 것 없는 일꾼으로서, 하나님께 인정을 받는 사람으로 자신을 드리도록 힘쓰십시오.(딤후 2:15)

Be diligent to present yourself approved to God, an unashamed workman, cutting straight the word of the truth.(2 Timothy 2:15)

1953년 2월 말에 프랑스의 12,000여 톤급의 거대한 배가 바닷속의 암초에 부딪혀 배 가운데 부분이 부서지는 사건이 발생했다. 이 일로 수십 명의 사람들이 죽었고, 나머지 승객들은 다행히 구출되기는 했지만 한동안 좌초된 배 위에서 죽음의 공포를 맛볼 수밖에 없었다. 재산상의 손실도 막대했다. 알려진 바에 따르면, 당시 안개가 많이 끼었는데 항해사가 등대의 불빛을 육지의 불빛으로 오인하여 이런 큰 재난을 초래한 것이다.

마찬가지로 어떤 사람이 성경을 자기 생각대로 해석하고 이것이 하나님의 빛이라고 여긴다면, 오히려 영적인 손상을 입게 되고 잘못된 길로 가게 된다. 이사야서 50장 11절은 "참으로, 불을 피우고 / 횃불로 자신을 두른 너희는 모두 / 너희의 불빛 가운데로 / 너희가 불붙인 횃불 가운데로 들어가거라. / 너희가 내 손에서 얻을 것은 / 바로 너희가 고통 가운데 눕게 되는 것이다."라고 말한다.

그리스도를 체험함 — 그분께 복종함

말씀 빛 가운데 주와 함께할 때
영광 내 온몸 비추시네
주의 말씀 믿고 주께 순종할 때
주가 내 영을 충만케 해

(후렴) 다만 믿고 주께 순종하라
주 기뻐하심 위해 믿고 순종하라

(찬송가 426장)

양초를 싼 철제 덮개

우리 주 예수 그리스도의 하나님, 영광의 아버지께서
그분을 온전히 알도록 지혜와 계시의 영을 여러분에게 주셔서(엡 1:17)

That the God of our Lord Jesus Christ, the Father of glory,
may give to you a spirit of wisdom and revelation
in the full knowledge of Him.(Ephesians 1:17)

과학을 연구하는 사람이 한 전도자에게 "저는 구약과 신약의 원문을 처음부터 끝까지 열일곱 번이나 주의 깊게 읽고 그것을 과학과 세세하게 비교해 보았는데, 그리스도의 구속에 관한 말씀이 너무 이상합니다."라고 말했다. 이에 전도자는 다음과 같이 말했다. "조금도 이상하지 않습니다. 제가 며칠 전 어느 날 밤에 촛불에 불을 붙이려고 했는데, 아무리 해도 불이 붙지 않아 매우 이상하다고 생각했습니다. 자세히 살펴보니 양초를 싸고 있는 철제 덮개를 제거하는 것을 깜빡했다는 사실을 알게 되었습니다. 만일 제가 철제 덮개를 제거하지 않았다면 열일곱 번이나 불을 붙이려고 해도 불이 붙지 않았을 것입니다." 그러므로 과학적 지식과 선입견을 가지고 성경을 읽는 사람은 양초에 철제 덮개가 씌워져 있는 것처럼 마음의 눈이 가려질 것이다.

성경을 읽을 때는 자신의 관념, 선입견, 의견을 가져서는 안 된다. 그러지 않으면 그러한 것들이 너울이 되어 성경을 읽어도 깨닫지 못하게 될 것이다.

사모함 — 주님과의 교통

막힘없이 오 막힘없이
주님만 보면서 주님과 걷도록
날 소유하소서
막힘없이 막힘없이

(찬송가 284장)

금화가 아직 그대로 있다

복이 있는 사람은 … 여호와의 율법을 즐거워하여
그분의 율법을 밤낮으로 묵상하는 사람이라.(시 1:1-2)

Blessed is the man … his delight is in the law of Jehovah,
and in His law he meditates by day and by night.(Psalm 1:1-2)

독일의 칼 왕세자는 매년 여름마다 시골로 여행을 가곤 했다. 한번은 어느 농가에 갔는데, 그 집에 성경책이 있는 것을 보고 농부에게 물었다. "그대는 이 책을 읽습니까?" 농부가 대답했다. "예, 왕세자님, 하루에 한 장씩 읽습니다." 왕세자는 몰래 금화 하나를 성경에 넣고 돌아갔다. 1년 후에 왕세자는 다시 그 농가에 갔다. "그대는 아직도 이 성경을 읽고 있습니까?" 농부가 대답했다. "예, 매일 한 장씩 읽고 있습니다." 왕세자가 "성경을 가져와 보시오."라고 말한 후, 성경을 펼쳐 보니 금화가 아직 그대로 있었다. 왕세자는 "그대는 거짓말을 했습니다. 보십시오. 내가 작년에 금화를 여기에 두었는데, 아직도 그대로 있습니다. 그대가 매일 성경을 한 장씩 읽었다면 분명 이 금화를 발견했을 것입니다."라고 말했다.

많은 그리스도인들이 매번 성경을 매일 한 장씩 읽겠다고 결심하지만, 점점 읽지 않다가 결국에는 아예 읽지 않는 경우가 많다. 우리는 반드시 주님의 말씀이 우리의 생명의 떡이고, 우리 발의 등불이며, 우리 길의 빛임을 보아야 한다.

성경 읽기 — 주의 말씀에서 양육을 얻음

주 말씀은 등과 음식
날 비추고 만족게 해
여기서 읽고 먹을 때
계시 받고 양식 얻어

(찬송가 587장)

새것 그대로이다

청년이 무엇으로 자기 길을 순수하게 지키겠습니까?
주님의 말씀에 따라 주의하는 길뿐입니다.(시 119:9)

With what should a young man keep his way pure?
By guarding it according to Your word.(Psalm 119:9)

한 여성이 결혼 선물로 많은 것을 받았는데, 그중에 새 대걸레가 있었다. 결혼한 지 몇 달 후에 그녀의 어머니가 새집을 보러 왔다. 그녀는 아주 의기양양하게 새 대걸레를 가리키며 말했다. “엄마, 보세요. 저 새 대걸레는 제가 처음 받았을 때처럼 아직도 새것이에요.” 그녀의 말대로 그 새 대걸레는 여전히 새것이었다. 그러나 바닥은 어떠했는가? 당연히 자주 닦지 않아서 깨끗하지 않았다.

시편 119편 9절은 “청년이 무엇으로 자기 길을 순수하게 지키겠습니까? / 주님의 말씀에 따라 주의하는 길뿐입니다.”라고 말한다. 하나님의 말씀에는 깨끗하게 하는 능력이 있다. 그러나 하나님의 많은 자녀들이 성경을 전혀 읽지 않기 때문에, 구원받은 지 8, 9년이 지나도 성경이 처음 샀을 때처럼 여전히 새것이다. 그래서 그들의 행위도 어떤 변화도 없이 그대로이다.

성경에 많은 시간을 들인 본

주님께서 제 마음을 넓혀 주시기에
저는 주님의 계명들의 길로 달려갑니다.(시 119:32)

I run the way of Your commandments,
for You enlarge my heart.(Psalm 119:32)

세계 여러 나라에서 많은 사람들이 성경을 번역하기 위해 상당한 시간을 들였는데, 그중 다비가 번역한 성경이 최고였다. 하나님은 그를 사용하셔서 성경을 이탈리아어, 프랑스어, 독일어, 영어로 번역하게 하셨다. 그는 성경을 번역할 때 한 절에 수십 시간을 들이기도 했다. 중국어 〈화합본 성경〉을 번역한 사람들의 경우도 마찬가지였는데, 한 절을 번역하는 데 열 시간 이상 걸리기도 했다. 하나님의 많은 자녀들이 하나님 앞에서 성경을 번역하는 데 많은 시간을 들였듯이, 이제 우리도 성경을 읽는 데 많은 시간을 들여야 한다.

격려 — 주님과 교통함

주의 얼굴 보며 더 대화하리
늘 주 안에 거해 주 말씀 먹고
늘 주 앞에 서서 주 순복하리
내 모든 일에서 주만 구하리

(찬송가 477장)

성경을 연구하는 방법

모든 성경은 하나님께서 숨을 내쉬신 것이며, 가르치고 가책받게 하고 바로잡고 의로 교육하는 데에 유익합니다. 성경은 하나님의 사람을 온전하게 하며, 온갖 선한 일을 위하여 충분히 준비되게 합니다.(딤후 3:16-17)

All Scripture is God-breathed and profitable for teaching, for conviction, for correction, for instruction in righteousness, that the man of God may be complete, fully equipped for every good work.(2 Timothy 3:16-17)

워치만 니 형제님은 그리스도인의 생활 초기부터 성경을 부지런히 연구했다. 그는 성경의 전체 내용을 파악하기 위해 성경을 순서대로 한 권씩 연구하는 것 외에도, 특정 주제, 단어, 예표, 은유, 비유, 숫자, 예언, 성경 인물들의 생애, 역사, 시 등과 관련된 성경의 전반적인 주제도 연구했다. 그는 또한 성경의 한 부분을 그것과 비슷하거나 다른 절과 비교했고, 히브리어나 헬라어 원문을 읽어서 글자나 단어의 정확한 의미를 파악했다. 또한 도움과 영감과 균형 잡힌 관점을 얻기 위해 다른 사람들의 글을 읽기도 했다. 그는 특별히 메모와 주석을 기록하기 위해 한 권의 성경을 사용하기도 했고, 사람들에게 매일 구약 세 장과 신약 한 장을 읽음으로 1년에 한 번 성경을 읽도록 가르쳤다. 그는 영적인 생명의 일용할 양식을 얻기 위해 주석이나 메모를 기록하지 않는 다른 한 권의 성경을 사용하여 새로운 빛과 영적인 자양분을 공급받았다. 그는 매일 아침 성경의 몇 절을 읽으면서 동시에 기도의 영으로 주님을 접촉했고, 그 절들을 철저히 소화했다. 그러면서 다른 사람들에게도 똑같이 하도록 가르쳤다. 니 형제님은 성경과 친숙해지기 위해 20세 무렵부터는 매주 한 번씩 신약성경을 읽었다. 그는 또한 성경의 특정 절들을 자주 묵상했고, 중요한 절들을 암송했으며, 평상시나 즉각적인 필요를 위해 성경 말씀을 마음속에 간직했다. 이처럼 니 형제님은 성경을 다양한 방법으로 읽음으로써 성경에 매우 익숙해졌고, 그리하여 하나님의 목적과 그리스도와 교회와 구원과 생명에 대한 빛을 얻었다.

성경 사전을 저술한 사람

에스라는 여호와의 율법을 추구하고 준행하며 이스라엘 가운데
그분의 율례들과 규례들을 가르치기로 마음을 정하였다.(스 7:10)

For Ezra had set his heart to seek the law of Jehovah
and to do it and to teach His statutes and ordinances in Israel.(Ezra 7:10)

역사적으로 오늘날 우리가 성경 말씀의 의미를 쉽게 찾아 볼 수 있도록 성경 사전을 저술한 사람들이 있었다. 필립 샤프와 윌리엄 스미스가 그러한 사람들이었다. 그들은 당시 얼마나 많은 수고와 노력을 기울였는지 모른다. 그들은 시간을 내어 모든 것을 하나하나 조사했고, 어떤 것들은 알아내는 데 몇 년이나 걸렸다. 이처럼 지난 이천 년의 교회 역사 동안 성경 사전을 위해 사람들이 끊임없이 연구하고 노력한 덕분에, 오늘날 우리에게 성경이 열리고 풍성해졌다.

주님을 찬미함 — 그분의 만유를 포함하심

오 하나님의 비밀 주 예수 안에는
지혜와 지식 보화 다 감춰져 있네
우리 안의 주님은 곧 영광의 소망
완전한 자로 우릴 세워 가신다네

(찬송가 163장)

사람 안에는 진리를 사랑하는 성향이 있다

주님의 말씀들이 제 입맛에 어찌 그리 단지요!
제 입에 꿀보다 더 답니다.(시 119:103)

How sweet are Your words to my taste!
Sweeter than honey to my mouth!(Psalm 119:103)

사람 안에는 진리를 사랑하는 성향이 있으며, 이것은 성경에 분명히 예시되어 있다. 예를 들어, 주 예수님께서 사역하러 나오셨을 때 그분은 많은 경우 산이나 광야에서 말씀하셨는데, 호화롭고 편안한 곳이 아니었지만 사람들이 무리를 지어 그분께 나아왔다.

하나님께서 사람을 창조하실 때 그 안에 지식에 대한 욕구를 창조하셨기 때문에, 사람은 어려서부터 외부 사물에 대해 알고 싶어 한다. 지혜로운 어머니는 자녀를 징계할 때 때리거나 강요하지 않고, 오히려 그에게 많은 이야기를 해 주어 많은 지식을 전달할 것이다. 서양인들의 자녀 교육에서 장점 중 하나는 아이들이 잠들기 전에 항상 이야기를 들려준다는 것이다. 그뿐 아니라 어머니들은 아이가 심한 장난을 치면 아이를 꾸짖거나 때리지 않고 이야기를 들려준다. 이야기를 듣자마자 아이는 조용해지고, 단정해지며, 온순해지고, 더 이상 장난을 치지 않는다. 그 이유는 아이에게 더 많은 것을 알고 싶어 하는 욕구가 있기 때문이다. 아이는 더 많이 알수록 더 기뻐하고 만족을 느낀다.

성경은 사람이 완전히 이해할 수 있는 것이 아니다. 위트니스 리 형제님은 구원받은 후 매일 성경을 연구했는데, 읽으면 읽을수록 더 많은 것을 얻게 되고 더 많은 것을 발견하게 되었다고 간증했다. 성경의 진리를 연구하는 데는 끝이 없다.

기도

그러나 오, 여호와님! 제가 주님께 부르짖었으니
아침에 제 기도가 주님 앞에 이릅니다.
(시 88:13)

But I, O Jehovah, have cried out to You;
and in the morning my prayer comes before You.
(Psalm 88:13)

석류나무 꽃이 피었는지(아 7:12)
石榴放蕊(歌 7:12)

기도는 그리스도인의 기본 권리이다

지금까지는 여러분이 내 이름 안에서 아무것도 구하지 않았습니다.
구하십시오. 그러면 받을 것인데,
이것은 여러분의 기쁨이 충만하도록 하려는 것입니다.(요 16:24)

Until now you have asked for nothing in My name;
ask and you shall receive, that your joy may be made full.(John 16:24)

이 땅에 사는 그리스도인의 한 가지 기본 권리는 바로 기도에 대한 응답을 얻을 수 있다는 것이다. 여러분이 일단 거듭나면 하나님은 여러분에게, 간구하고 응답받는 기본 권리를 주신다. 요한복음 16장 24절은 우리가 주님의 이름 안에서 구할 때 하나님께서 응답하시고 우리의 기쁨이 충만하도록 하신다고 말한다. 만일 우리가 자주 기도한다면 우리는 이 땅에서 기쁜 그리스도인이 될 수 있다.

우리는 성경에서 기도의 응답을 받는 많은 조건들을 찾아낼 수 있지만, 그 가운데 기본적인 조건은 오직 다섯 가지뿐이다. 우리가 이 조건들에 따라 기도한다면, 나는 우리의 기도가 응답될 것이라고 믿는다. 또한 이 조건들이 여러 해 동안 기도해 온 사람들에게도 적용될 수 있다고 믿는다.

첫째는 요구해야 한다는 것이다. 모든 기도에는 마땅히 하나님 앞에서 참된 간구가 있어야 한다. 하나님은 우리에게 무엇을 얻고자 하는지 물으신다. 새로 믿은 이들은 기도하기를 배우되 자신이 원하는 것을 전일하게 구하기를 배워야 한다.

둘째는 잘못 구하지 않아야 한다는 것이다. 우리는 하나님 앞에서 마땅히 구해야 하지만, 또한 잘못 구해서는 안 된다. "구하여도 받지 못하는 것은 여러분의 쾌락에 써 버리려고 잘못 구하기 때문입니다."(약 4:3)

셋째는 죄를 처리해야 한다는 것이다. 어떤 사람은 하나님께 요구했고 잘못 구하지도 않았지만, 하나님은 여전히 그의 기도를 들어주지 않으신다. 이것은 그와 하나님 사이에 죄라는 기본적인 장애물이 있기 때문이다(시 66:18).

넷째는 믿어야 한다는 것이다. 그것은 바로 적극적인 방면에서 믿는 것이다.

다섯째는 계속 구해야 한다는 것이다. 기도는 응답받기까지 계속되어야 하고 중단되어서는 안 된다.(워치만 니 전집, 개정판, 48권, 초신자를 온전케 하는 공과(상))

두 방면의 기도

내가 여호와께 청하여 온 한 가지 그것을 구하리니
내 평생에 여호와의 집에 거주하며 여호와의 아름다움을 바라보고
그분의 성전에서 여쭙는 것이라네.(시 27:4)

One thing I have asked from Jehovah; that do I seek:
to dwell in the house of Jehovah all the days of my life,
to behold the beauty of Jehovah, and to inquire in His temple.(Psalm 27:4)

주님께 쓰임 받는 사람은 기도하는 사람이다. 사도들은 기도하는 것과 말씀의 사역을 꾸준히 계속할 것이라고 말했다(행 6:4). 말씀의 사역을 하는 것은 주님의 일을 하는 것이고, 주님께 쓰임 받는 것이다. 기도하는 것은 주님의 일을 하고 주님께 쓰임 받게 하는 원인이 된다. 그들은 꾸준히 그리고 지속적으로 기도했기 때문에 주님께 쓰임 받을 수 있었다. 기도를 게을리하거나 기도하지 않는 사람은 누구도 주님께 쓰임 받을 수 없다.

기도의 첫 번째 방면은 영을 사용하여 하나님을 접촉하고, 하나님을 흡수하며, 온 존재를 영 안으로 돌이켜 하나님과 교통하는 것이다. 우리가 이렇게 하나님을 접촉하고 하나님을 흡수하며 하나님과 교통할 때, 하나님은 우리에게 그분 자신을 계시하시고 주입하실 기회를 갖게 되신다. 이것이 기도의 첫 번째 방면이자 기도의 기초이다. 이 기초가 놓인 후에야 우리는 기도의 두 번째 방면인 구하는 기도를 할 수 있다. 여기서 구하는 기도는 주님의 일에 대해 구하는 것뿐만 아니라 질병이나 어려움과 같은 개인적인 필요에 대해 구하는 것도 포함한다.

우리의 기도에서 구하는 것은 우리가 구하는 것 이상이어야 한다. 여러분의 뜻이 하나님께 있는 것이 아니라 하나님의 뜻이 여러분에게 있어야 한다. 하나님의 뜻이 여러분에게 있을 때, 그 기도는 여러분이 구하는 것 같지만 사실상 하나님께서 구하시는 기도이다. 이때 여러분은 한편으로는 무거운 부담을 느끼지만 다른 한편으로는 생명과 자유와 평안으로 가득 차 있다. 이런 식으로 구할 때, 우리는 하나님의 인도를 매우 쉽게 알게 되고 그 인도에 따라 행할 수 있다.

기도와 성경 읽기의 조화

여러분이 내 안에 거하고 내 말이 여러분 안에 거하면,
무엇이든지 여러분이 원하는 것을 구하십시오.
그러면 여러분에게 이루어질 것입니다.(요 15:7)

If you abide in Me and My words abide in you,
ask whatever you will, and it shall be done for you.(John 15:7)

정상적인 그리스도인에게 성경을 읽고 기도하는 것은 삶의 필수 불가결한 두 방면이다. 하나님의 정하심에 따라 우주 안에 있는 거의 모든 것은 양면을 지니고 있다. 예를 들어 위와 아래, 왼쪽과 오른쪽, 음과 양, 낮과 밤, 남자와 여자 등 이 모든 것이 양면을 지니고 있다. 또 다른 예로 인체를 들 수 있는데, 인체의 많은 부분도 양면을 지니고 있다. 우리의 손과 발과 귀와 눈과 콧구멍은 모두 한 쌍으로 되어 있고 양면이 있다. 주님 앞에서 그리스도인의 생활의 실행에 있어서도 두 방면이 있다. 한 방면은 성경을 읽는 것이고, 다른 한 방면은 기도하는 것이다. 길을 걸을 때 우리는 두 발을 동시에 사용하여 균형을 유지해야 한다. 오른발로 스무 걸음을 걷고 왼발로 두 걸음을 걸어서는 안 된다. 우리가 하나님 앞에 사는 그리스도인이 되려면, 성경을 읽으면서 동시에 기도함으로 균형을 유지해야 한다.

정상적인 그리스도인의 생활을 하기 원한다면, 우리는 성경 읽기와 기도에 동일한 주의를 기울여야 한다. 길을 걸을 때 두 발을 모두 사용하는 것처럼 우리는 항상 성경을 읽으면서 기도하고, 기도하면서 성경을 읽어야 한다. 우리는 기도할 때마다 하나님의 말씀을 접촉해야 하고, 성경을 읽을 때마다 기도해야 한다.(기도 레슨, 개정판)

과일이 아닌 나무를 구하라

그러므로 우리가 긍휼을 받고 은혜를 입어서 때맞추어 도움을 얻기 위하여,
은혜의 보좌 앞에 담대히 나아갑시다.(히 4:16)

Let us therefore come forward with boldness to the throne of grace
that we may receive mercy and find grace for timely help.(Hebrews 4:16)

사두라는 사람이 다음과 같이 간증한 적이 있다. "나는 회개한 후 2, 3년 동안은 온갖 것을 위해 기도했지만, 지금은 오직 주님만을 구합니다. 예를 들어, 과일이 가득 열린 나무가 있다면, 나무 주인에게 과일을 달라고 요청하거나 살 수도 있습니다. 그러나 만일 여러분이 그 나무를 가질 수 있다면, 그 나무의 모든 열매는 여러분의 것이 될 것입니다. 마찬가지로, 하나님이 여러분의 것이시라면 하늘들과 땅에 있는 모든 것도 여러분의 것입니다. 왜냐하면 그분은 여러분의 아버지이시고 여러분의 모든 것이시기 때문입니다. 그렇지 않다면 여러분은 마치 거지처럼 필요한 것을 구걸하다가 그것이 다 떨어지면 다시 돌아와야 할 것입니다. 그러므로 은사를 구하지 말고, 은사를 주시는 하나님만을 구하고, 생명에 필요한 것을 구하지 말고, 생명을 주시는 하나님만을 구하십시오. 그러면 생명과 생명에 필요한 모든 것이 여러분에게 주어질 것입니다."

사모함 — 주님을 사랑함

전에는 세상 복 구했지만
이제는 주님만 구하겠네
오직 주 예수만 사랑하기 원해
더욱 깊이 더욱 깊이

(찬송가 281장)

나는 아빠와 엄마를 원해요

모든 것이 다 여러분의 것입니다. … 여러분은 그리스도의 것이요,
그리스도는 하나님의 것이십니다.(고전 3:21, 23)

For all things are yours, … you are Christ's,
and Christ is God's.(1 Corinthians 3:21, 23)

한 아버지가 출장을 갔고 그의 네 자녀는 집에서 아버지가 돌아오기를 기다리고 있었다. 어느 날 네 자녀는 어머니와 함께 아버지가 돌아오면 무엇을 구할지 의논했다. 첫째는 "나는 가죽 신발을 원해요."라고 말했고, 둘째는 "나는 사탕이 먹고 싶어요."라고 말했으며, 셋째는 "나는 인형을 갖고 싶어요."라고 말했다. 그런데 넷째는 "나는 아빠를 원해요."라고 말했다. 어머니는 이 말을 듣고 매우 이상하다고 생각해서, 넷째에게 "아빠를 원해서는 아무 소용이 없단다. 아빠는 신을 수도, 먹을 수도, 가지고 놀 수도 없지 않니?"라고 물었다. 그러자 넷째는 "아빠가 있으면 가죽 신발, 사탕, 인형만이 아니라 모든 것을 사 주실 거예요."라고 대답했다.

또 어떤 어머니는 가끔 출장을 가서 며칠 만에 돌아오는데, 돌아올 때마다 아이들에게 줄 선물을 사 왔다. 한번은 그녀가 돌아왔을 때 아이들은 평소처럼 어머니를 열렬히 맞이했다. 그런데 이번에는 아무것도 사 오지 않아서, 그녀는 미안해하면서 말했다. "이번에는 선물을 못 사 왔…." 말을 마치기도 전에 막내는 "엄마, 우리는 선물이 아닌 엄마를 원해요."라고 말했다. 마찬가지로 우리가 원하는 것은 그리스도 자신이지 그분 밖에 있는 어떤 축복이 아니다.

그리스도를 체험함 — 모든 것으로

축복 구하던 나 이젠 주 구해 치료 구하던 나 치료자 구해
은사 구하던 나 주님만 구해 능력 구하던 나 전능자 구해

(후렴) 예수만을 높여 항상 찬미해 만유이신 예수 나의 모든 것

(찬송가 394장)

대통령을 처음 만났는데 돈을 달라고 요구하겠는가

여러분이 악할지라도 좋은 선물을 자녀에게 줄 줄 아는데,
하물며 하늘에 계신 여러분의 아버지께서 자기에게 구하는 사람들에게
성령을 주지 않으시겠습니까?(눅 11:13)

If you then being evil know how to give good gifts to your children,
how much more will the Father who is from heaven give
the Holy Spirit to those who ask Him!(Luke 11:13)

하나님을 믿지 않는 한 학생이 어느 병원 간호사에게 "제가 하나님께 100달러를 구하면 주실 것 같습니까?"라고 물었다. 간호사는 "오늘 대통령을 처음 만났는데 돈을 달라고 요구하겠습니까?"라고 부드럽게 물었다. 그 학생은 "아니요. 그 사람과 친해질 때까지 기다리겠습니다."라고 대답했다. 그러자 그 간호사는 "마찬가지입니다. 먼저 하나님과 친해져야 합니다. 그리고 100달러만 구하지 않고 더 귀하고 더 필요한 것을 구해야 하지 않겠습니까?"라고 말했다. 그 학생은 "돈보다 더 소중하고 더 필요한 것이 있습니까?"라고 물었다. 그 간호사는 "있죠. 죄들의 용서와 거듭남과 내면의 변화와 같은 것입니다."라고 대답했다.

하나님께서 우리에게 주신 가장 큰 선물은 그분의 독생자이신 주 예수 그리스도이다. 우리가 하나님께 구해야 하는 가장 좋은 것은 복지나 평안이 아니라 그리스도 자신이다.

주 예수 부를 때면

주 예수 부를 때면 내 마음 타오르고
내 안에 주 그리스도 그 생명 자라네
주 예수 함께 불러 이 큰 기쁨 누릴 때
주는 내 안에 들어와 생명 풍성케 하리라

(찬송가 971장)

금과 은을 찾기 위해 땅을 파다

주님은 왕의 마음의 소원을 들어주시고
그 입술의 요구를 거절하지 않으셨습니다.(시 21:2)

You have given him his heart's desire
and have not withheld the request of his lips.(Psalm 21:2)

사두라는 사람이 파키스탄을 여행하다가 한 마을에 도착했는데, 그곳에는 우물도 샘도 없었다. 마을 사람들은 약 5킬로미터 떨어진 곳에서 물을 길어다 사용했다. 사두는 물을 긷는 곳에서 한 남자를 만났고, 그 남자는 그곳에서 일어난 모든 일을 사두에게 말해 주었다. 그 남자에게는 두 아들이 있었는데, 그는 아들들에게 밭을 파라고 하면서 "그곳에 보물이 묻혀 있다."라고 말했다. 그들은 매우 기뻐하면서 "우리가 곧 그곳에서 많은 금과 은을 캐낼 것이다."라며 희망에 차서 땅을 팠다. 그러나 그들은 아침부터 밤까지 사흘 동안 땅을 팠지만 아무것도 찾지 못했다. 그래서 그들은 아버지에게 가서 이 사실을 말했다. 아버지는 "거기에는 많은 보물이 있으니 반드시 찾을 수 있을 것이다."라고 말했다. 넷째 날에도 그들은 땅을 파다가 지쳐서 "금과 은을 얻어도 지금 우리에게 가장 필요한 것은 물이다."라고 말했다. 그런데 갑자기 그곳에서 샘이 솟아올랐고 그들은 매우 기뻐했다. 한 아들이 아버지에게 달려가서 이 일을 알렸다. 아버지는 이렇게 말했다. "그래서 내가 너희에게 '샘을 파라'고 말하지 않았단다. 왜냐하면 내가 그렇게 말했나면, 너희는 땅을 파지 않았을 것이기 때문이다. 내가 '거기에 보물이 있다'고 말했더니 너희는 그 땅을 파게 되었다. 내 말은 너희가 금과 은을 구하러 가라는 뜻이 아니라, 금과 은보다 더 귀한 것을 얻으라는 뜻이었단다."

우리의 기도도 때로 이와 같다. 우리가 구하는 것은 그분의 축복이지만, 그분께서 우리에게 주시는 것은 그분 자신이다.

하나님께서 기도하게 하기 위해서 남겨 두시다

안나라는 여선지자가 있었는데 … 성전을 떠나지 않고,
밤낮으로 금식하고 간구하며 하나님을 섬겼다.(눅 2:36-37)

And there was one Anna, a prophetess, …
who did not depart from the temple,
serving God with fastings and petitions night and day.(Luke 2:36-37)

13세 때 구원을 받고 103세까지 살다가 세상을 떠난 자매가 있었다. 그녀가 100세가 되었을 때 한 형제가 그녀를 방문하여 하나님께서 왜 그녀를 그토록 오랫동안 이 땅에 남겨 두셨는지 아느냐고 물었다. 그러자 그녀는 조용히 이렇게 대답했다. "하나님께서 저를 아직 이곳에 남겨 두신 것은 한 번 더 기도하게 하기 위해서입니다." 오, 그녀는 끊임없이 기도함으로 교회의 필요를 공급한 풍성한 사람이었다.

사모함 — 주님과의 교통

주께 속하여 주 음성 듣고 나를 사랑함 아네
믿음으로 더 높이 올려져 주께 더 친밀하리

(후렴) 날 이끄니 사랑의 주께 더 가까이 가겠네
보혈 흘린 주께 더 가까이 가 주와 함께 있겠네

(찬송가 287장)

낙타 가죽처럼 단단하다

저의 왕, 저의 하나님 제가 주님께 기도하니
부르짖는 제 소리에 귀 기울여 주십시오.(시 5:2)

Give heed to the sound of my cry, my King and my God;
for to You do I pray.(Psalm 5:2)

주님의 형제 야고보는 흩어져 살고 있는 열두 지파에게 편지를 써서, 그들에게 믿음 위에 행위가 더해져야 그 믿음이 살아 있다고 말했다. 그는 나실인으로서 수시로 무릎을 꿇고 기도하며 주님을 간절히 추구했기 때문에, 그의 무릎은 낙타 무릎처럼 단단했다. 그가 교회의 기둥으로 불리며 예루살렘 교회의 장로들 중 앞선 것은 당연한 일이었다.

기도 — 주의 이름 안에서

전능 예수 이름으로 보좌 앞에 엎드려
흑암 원수 타파하고 불의 화살 막아 내

(후렴) 전능한 주 이름 나에게 승리 주네
전능한 주 이름 사탄 죄 사망 밟네

(찬송가 559장)

귀신이 지붕 위에서 잠을 자다

정신을 차리고 깨어 있도록 하십시오. 여러분의 대적 마귀가
으르렁대는 사자처럼 삼킬 사람을 찾아 돌아다니고 있습니다.(벧전 5:8)

Be sober; watch. Your adversary, the devil,
as a roaring lion, walks about, seeking someone to devour.(1 Peter 5:8)

무디는 다음과 같은 이야기를 한 적이 있다. 어떤 사람이 꿈속에서 여행을 하다가, 한 예배당 지붕 위에 작은 귀신이 누워 단잠을 자고 있는 것을 보았다. 다른 예배당에 가 보니 그 지붕 위에는 바쁘게 움직이는 많은 작은 귀신들이 있었다. 그 사람은 매우 놀라서 옆에 있던 사람에게 "이 두 예배당 위의 귀신들이 다르게 행하는 이유가 무엇입니까?"라고 물었다. 그러자 그 사람은 "저 예배당의 믿는 이들은 모두 잠자는 믿는 이들이기에 방해하는 데 작은 귀신 하나만 있어도 충분하므로, 그는 할 일이 없어서 지붕 위에서 잠을 자고 있는 것입니다. 그 반면에 이 예배당에는 두 사람이 있는데, 그들이 한마음 한뜻으로 기도하기 때문에 작은 귀신들이 많이 모여서 그들의 기도를 방해하려고 애쓰고 있는 것입니다."라고 말했다. 이것은 이야기이지만, 기도가 음부를 흔들고 귀신들을 처리하는 가장 좋은 방법이라는 영적인 사실을 말해 준다.

기도 — 하나님의 보좌를 만짐

주의 은혜 보좌를 기도로써 만지니
긍휼 은혜 입으며 때 따라 도움받네

(찬송가 565장)

승리의 비결

여러분은 장차 일어날 이 모든 일을 능히 피할 수 있고
사람의 아들 앞에 설 수 있도록, 늘 간구하며
항상 깨어 있도록 하십시오.(눅 21:36)

Be watchful at every time, beseeching that you would prevail to
escape all these things which are about to happen
and stand before the Son of Man.(Luke 21:36)

한 전도자가 세상을 떠나자, 어떤 사람이 그의 아내를 찾아가 조의를 표했다. 대화 중에 그 사람은 그 전도자의 사역과 업적에 대해 언급했고, 그의 승리의 비결이 무엇인지 궁금해했다. 그 전도자의 아내는 "당신이 저를 따라오시면 남편의 승리의 비결을 알려 드리겠습니다."라고 말했다. 그녀는 그를 아래층에 따로 마련된 기도실로 데려갔는데, 그곳은 보통 사람들이 들어가기 어려운 곳이었다. 그 기도실의 네 벽에는 다음과 같은 글들이 적혀 있었다. "오늘은 두 시간 기도했다.", "오늘 나는 세 시간 기도했다.", "오늘 밤에도 나는 기도해야 한다.", "기도를 더 많이 해야 한다.", "어젯밤에 아홉 시간 기도했다.", "기도 가운데 큰 승리를 주신 하나님께 감사드린다.", "어떻게 하면 기도할 시간을 더 확보할 수 있을까?" 기도가 참으로 승리의 비결이다.

기도 — 주님과 함께 수고함

기도로써 주 위해 길을 예비하겠네
기도로써 주 밀며 주에 의해 밀리리

(찬송가 569장)

스펄전의 열 발전기

그들은 여인들과 예수님의 어머니 마리아와 예수님의 형제들과 함께 한마음 한뜻으로 기도를 꾸준히 계속하였다.(행 1:14)

These all continued steadfastly with one accord in prayer, together with the women and Mary the mother of Jesus, and with His brothers.(Acts 1:14)

어느 주일에 다섯 명의 선교사가 유명한 사람의 메시지를 듣기 위해 런던으로 특별한 여행을 떠났다. 무더운 어느 날 아침에 그들은 찰스 스펄전의 예배당에 갔다. 예배당 문 앞에 서 있는 어떤 사람이 그들에게 다가와 "여러분은 모두 주님의 일꾼들 같군요. 아마 여러분은 우리 예배당의 열 발전기가 보고 싶을 것입니다. 여러분을 그리로 안내하겠습니다."라고 말했다. 날씨가 무더웠기 때문에 그들은 열 발전기를 보고 싶지 않았지만 체면 때문에 어쩔 수 없이 동의했다. 그 사람은 그들을 예배당 아래층으로 데려가서 문을 열며 작은 목소리로 이렇게 말했다. "여러분, 보십시오. 이곳이 바로 우리 교회의 능력의 발원지입니다." 그들은 그곳을 보고 크게 놀랐다. 그들 앞에는 약 칠백 명의 사람들이 모두 하나님 앞에 무릎을 꿇고 위층에서 열리는 집회를 축복해 달라고 간절히 기도하고 있었다. 그들을 아래층으로 데려간 사람은 다름 아닌 바로 스펄전 자신이었다. 스펄전이 전한 메시지의 능력의 비결이 그곳에 있었다.

그리스도를 체험함 — 그분과의 교통

주 얼굴빛 거할 때에 주의 사랑 나를 다루네
신성하신 주의 성분 내 전체 적셔 주시네
내게 말씀하여 주시네 오늘 누릴 주 풍성을
충만하게 주를 누릴 때 모든 문제 달아나네

(찬송가 417장)

밀실에서의 기도 전쟁

항상 영 안에서 기도하십시오. 이것을 위하여 힘을 다해 늘 깨어 있으며,
모든 성도들을 두고 간구하십시오.(엡 6:18)

By means of all prayer and petition,
praying at every time in spirit and watching unto this
in all perseverance and petition concerning all the saints.(Ephesians 6:18)

1630년에 스코틀랜드에서 열린 부흥회에서 존 리스턴의 한 번의 메시지로 오백 명이 회개한 일이 있었다. 이것은 밤새워 기도하며 하나님을 찬양한 수많은 믿는 이들이 있었기 때문이다. 1741년에 조너선 에드워즈가 그레이스 필드에서 메시지를 전하고 있었는데, 집회가 갑자기 사람들의 통곡과 흐느낌으로 가득했다. 이것은 수백 명의 믿는 이들이 그 집회를 위해 하나님께 긍휼을 구했기 때문이다.

밀실에서의 기도가 전쟁터에서의 승패를 결정한다.

기도 — 가르침

기도를 가르치소서 죄수를 해방해
원수를 묶고 쫓아내 끝낼 수 있도록

(찬송가 554장)

대장간 문을 닫고 기도하다

의인의 간구는 효과가 매우 큽니다.(약 5:16)

The petition of a righteous man avails much in its working.(James 5:16)

어느 도시에 교회가 있었는데, 수년 동안 부흥이 없었고 영적 분위기가 식어 갔으며 그 도시의 많은 젊은이들이 구원받지 못했다. 그 도시에 말을 더듬고 많은 사람이 싫어하는 나이 든 대장장이가 있었다. 어느 금요일에 그가 대장간에서 일을 하고 있는데, 갑자기 교회의 황폐함과 죄에 빠져 멸망으로 향해 가는 많은 불신자들이 생각나서 마음속에 큰 고통을 느꼈다. 그 고통이 너무 커서 그는 일을 중단하고 대장간 문을 닫은 후 오후 내내 전심으로 기도했다. 주일이 되자 그는 교회 책임자를 만나러 가서 특별 집회를 열어 달라고 요청했다. 그리고 자신은 이 집회를 위해 기도하겠다고 했다. 책임자는 처음에는 아무도 오지 않을까 봐 주저했지만 결국에는 동의하며 그날 저녁에 큰 사택에서 특별 집회를 갖기로 했다. 놀랍게도 그날 저녁 집회에 매우 많은 사람이 와서 자리가 꽉 찼다. 집회가 시작되고 잠시 침묵이 흐른 후 한 사람이 일어나서 눈물을 흘리며 말했다. "누구든지 기도할 수 있는 사람이 있으면 저를 위해 기도해 주십시오." 말을 마친 후에 또 다른 사람이 일어나 같은 요청을 했다. 그리고 차례로 많은 사람이 자신의 죄들을 자백했다. 그들이 자신의 죄들을 자백하던 시간은 그 대장장이가 대장간에서 기도하고 있던 때였다. 그때부터 교회가 크게 부흥했다.

기도 — 부흥을 위하여

주여 당신의 일 부흥시키소서
교회 감동시켜 모두 통회케 하소서

(후렴) 부흥시키소서 우리 기다리니
주 능력의 손 우리에게 보여 주옵소서

(찬송가 576장)

무디는 어떻게 영국에 갔는가

또한 내가 입을 열 때에 나에게 말씀을 주시어 담대하게
복음의 비밀을 알릴 수 있도록, 나를 위해서 간구해 주십시오.(엡 6:19)

And for me, that utterance may be given to me in the opening of my mouth,
to make known in boldness the mystery of the gospel.(Ephesians 6:19)

런던에 병상에 자주 누워 있는 한 자매가 있었다. 처음에 그녀는 이 땅에서의 자신의 일이 끝났다고 생각했다. 그러나 성령은 그녀에게 이 병은 하나님께서 그녀를 버리셨기 때문이 아니라, 그녀가 교회 부흥을 위해 기도하게 하시려고 주신 것이라고 말씀하셨다. 그래서 그녀는 밤낮으로 이 일을 위해 기도했다. 어느 날 그녀는 뛰어난 복음 전파자인 무디의 사역에 대한 신문 기사를 읽고, 무디를 자신이 있는 예배당으로 인도해 달라고 주님께 간구해야 한다고 강하게 느꼈다. 그러나 이 일이 어떻게 이루어질 수 있겠는가? 무디는 대서양 건너편에 있었고, 그녀는 런던에 있는 수많은 예배당 중의 하나에 있었는데, 어떻게 그와 상의할 수 있겠는가?

1872년에 무디는 더 이상 말씀을 전하지 않기로 결심하고 두 번째로 영국에 왔다. 그의 유일한 갈망은 영국의 성경 주석가에게서 더 많은 성경 진리를 배우는 것이었다. 기도 집회를 마친 후 무디는 런던 북부에 있는 한 예배당에서 말씀을 전해 달라는 요청을 받았고 거절할 수 없었다. 그곳은 무디의 방문을 위해 자주 기도하던 자매가 있는 예배당이었다. 그날 아침에 말씀을 전한 무디는 말씀을 전하지 않았더라면 좋았을 것이라고 생각할 정도로 마음이 불편했다. 한편 무디가 자신의 교회에 말씀을 전하기 위해 왔다는 소식을 들은 그 자매는 이 일의 중요성을 깨닫고 그날 특별히 무디를 위해 전심으로 기도했다. 저녁에 무디는 다시 말씀을 전하기 위해 왔고, 그가 입을 열어 말씀을 전하자 모든 상황이 바뀌었고 청중들은 조용히 귀를 기울였다. 무디의 혀도 풀리고 말씀이 생수처럼 흘러나왔다. 의심할 것 없이 하나님께서 그들과 함께하셨다. 무디가 주님을 믿기 원하는 사람은 자리에서 일어나라고 하자, 모든 사람이 일어났고 무디 자신도 놀랐다. 그날 저녁에 무려 사백 명이 교회 안으로 들어왔다.

도시 곳곳에서 기도 집회가 열리다

주 여호와가 이렇게 말한다. 그래도 이스라엘 집이
자기들을 위하여 그렇게 해 달라고 내게 요청해야 할 것이다.
내가 그들의 인수를 양 떼처럼 불어나게 하겠다.(겔 36:37)

Thus says the Lord Jehovah, Moreover for this
I will be inquired of by the house of Israel to do it for them;
I will increase them with men like a flock.(Ezekiel 36:37)

미국의 람피엘은 1857년의 어느 날에 기도하던 중 갑자기 이 세상에 매일 수많은 사람이 죽어 가고 있다는 사실을 깨닫고 몹시 근심했다. 그래서 그는 뉴 풀턴 스트리트에 있는 한 건물에 기도 집회를 위한 장소를 마련했다. 그날이 되자 혼자만 그 집회에 참석했다. 그러나 그는 낙심하지 않고 홀로 무릎을 꿇고, 주님께 자신의 죄들을 용서해 주시기를 구했고 성령으로 부흥되기를 구했다. 30분이 지나자 한 사람이 왔고 마침내 여섯 사람이 모였다. 그들은 모두 마음을 같이하여 주님께 기도했다. 기도 집회가 끝난 후, 람피엘은 기쁜 마음으로 그들에게 "오늘 주님께서 우리와 함께하신 것을 정말 느꼈다면, 다음 주에도 오시기 바랍니다."라고 말했다. 과연 다음 주에는 이십 명이, 그다음 주에는 사십 명 이상이 모였고, 인수가 날마다 증가하여 매일 기도 집회를 하게 되었다. 나중에는 그 영향력이 커져서 도시 곳곳에서 기도 집회가 열렸고, 점차 미국 전역으로 퍼져 나갔다.

하나님은 그들의 기도를 들으시고 그 일을 축복하셨다. 몇 개월 후에 수천 곳에서 부흥회가 열렸고 전 세계에 영향을 미쳤다. 단 하나의 작은 불꽃만으로도 대초원에 불이 붙었고, 그 결과 수백만 명의 사람들이 주님께 돌아왔다. 뉴 풀턴 스트리트에 있는 이 기도의 발원지는 오늘날에도 여전히 보존되어 있다.

기도 — 믿음으로

믿음의 노래해 저 원수 떨도록 네 찬미 원수 이긴다
왜 입 다물고서 잠잠히 있느냐

(찬송가 562장)

산에 올라가 기도하다

예루살렘의 평화를 위해 기도하여라.
"너를 사랑하는 이들은 번영하리라.(시 122:6)

Pray for the peace of Jerusalem.
Those who love you will prosper.(Psalm 122:6)

1860년에 앤드루 머리는 우스터로 이사하라는 인도를 받았다. 그 당시 하나님은 이미 그곳에 중보기도자들을 세우셨는데, 그중 한 사람은 자주 산꼭대기에 올라가 기도했다. 왜냐하면 그가 그곳에서 마을 전체를 내려다보면 더 강한 기도의 부담을 받았기 때문이다. 여러 해 동안 산에 오르다 보니 선명한 오솔길이 만들어졌다. 이 기도로 인해 부흥의 바람이 점점 강해졌고, 기도 집회에 참석하는 사람들도 더욱 많아졌으며, 집회의 분위기도 매우 뜨거웠다. 그 결과 하나님의 영께서 크게 일하시어 그 지방에 큰 부흥이 있게 되었다.

기도 ― 부흥을 위하여

주여 당신의 일 부흥시키소서
주 권리로 명하시고 감찰하옵소서

(후렴) 부흥시키소서
우리 기다리니
주 능력의 손
우리에게 보여 주옵소서

(찬송가 576장)

지도 앞에 무릎을 꿇고 기도하다

그러므로 내가 그대에게 권유합니다. 무엇보다도 먼저 모든 사람을 위하여 간구와 기도와 중보기도와 감사를 드리십시오.(딤전 2:1)

I exhort therefore, first of all, that petitions, prayers, intercessions, thanksgivings be made on behalf of all men.(1 Timothy 2:1)

런던의 한 빈민가에는 허드슨 테일러가 살았던 한 작은 집이 있다. 그 당시 허드슨 테일러는 이십 대의 젊은 청년이었다. 그의 방 벽에는 중국 전역의 지도가 걸려 있었다. 그는 매일 몇 시간씩 지도 앞에 무릎을 꿇고 기도했다. 그때 중국에는 열두 개의 성에 아직 복음이 전파되지 않았고 또한 누구도 그곳에 가서 주님을 위해 증언하려고 하지 않았다. 그때 허드슨 테일러는 돈도 없었고, 선교회의 도움도 없었으며, 그와 함께 중국에 가고자 하는 사람도 많지 않았다. 그에게는 일주일에 한두 번씩 그와 함께 지도 앞에 무릎을 꿇고 기도하는 친구들이 몇 명 있었다. 당시 그는 중국 대륙 전역에 복음을 전파하겠다는 원대한 포부를 품고 있었다.

1933년에 중국내지선교회는 328개의 본교회와 2,325개의 지교회가 있었고 1,300명 이상의 선교사가 있었다. 교회를 세운 이후부터 그때까지 약 150,000명이 침례를 받았다. 이러한 위대한 사역은 모두 한 청년의 포부와 기도가 있었기에 가능했다.

기도 — 믿음으로

믿음의 노래해 밤 어둡더라도
찬미하면 주 역사해
너 믿은 것들을 다 얻게 하리라

(찬송가 562장)

식탁을 떠나 아들을 위해 기도하다

여호와는 나의 힘이시요 나의 노래이시며 나의 구원이 되신 분.
여호와는 나의 하나님이시니 나 그분을 찬양하리라.
내 아버지의 하나님이시니 나 그분을 높이리라.(출 15:2)

Jah is my strength and song, and He has become my salvation;
this is my God, and I will praise Him;
my father's God, and I will exalt Him.(Exodus 15:2)

허드슨 테일러는 어렸을 때 주님을 믿지 않았다. 한번은 그의 어머니가 그와 80킬로미터 정도 떨어진 어느 집에 손님으로 머물렀다. 수년 동안 아들의 회심을 위해 기도해 온 그녀는 이날도 점심 식사를 마친 후 아들을 위해 기도하기 위해 식탁을 떠났다. 그녀는 방문을 잠그고 하나님께서 응답하지 않으시면 방에서 나오지 않기로 결심했다. 그날 저녁에 그녀가 더 이상 기도할 수 없을 때, 성령께서 그녀의 기도에 응답하셨고 그녀의 아들이 회개했음을 보여주셨다. 그녀는 즉시 기도를 감사로 바꾸고 계속해서 하나님을 찬양했다.

그날은 휴일이었고 17세인 허드슨 테일러는 심심해서 복음 소책자를 집어 들고 읽었다. 한편에서는 어머니가 기도하고 있었고, 다른 한편에서는 그의 아들이 폐병에 걸린 탄광 노동자에 관한 복음 이야기를 읽고 있었다. "그리스도께서 모든 일을 다 이루셨다."라는 부분을 읽을 때, 허드슨 테일러는 혼잣말로 "무엇을 이루셨다는 말인가?"라고 말했다. 그러면서 그는 "안전하고 온전한 구속이 이루어졌고, 우리의 죄뿐만 아니라 온 세상의 죄에 대한 대속물이 드려졌다."라고 스스로에게 대답했다. 그는 "이것이 사실이라면 나는 무엇을 해야 하는가?"라고 말했다. 그때 성령의 빛이 그의 마음을 비추었고, 그는 너무나 감동을 받아 무릎을 꿇고 구주의 구원을 받아들였다.

바다를 건넌 기도

오, 여호와 제 구원의 하나님!
저는 밤낮 주님 앞에서 부르짖었습니다.(시 88:1)

O Jehovah, the God of my salvation,
I have cried out by day and in the night before You.(Psalm 88:1)

미국 오하이오주의 어느 마을에 대장장이가 있었는데, 그와 그의 아내는 모두 주님을 열렬히 믿는 사람이었다. 그들은 인도의 한 여학생의 학업을 후원하기 위해 근검절약하며 돈을 모았다. 어느 토요일 저녁에 이 대장장이가 집으로 돌아와 저녁 식사를 하려고 하는데 식탁 위에 인도에서 온 편지 한 통이 놓여 있었다. 편지를 열어 본 그의 얼굴은 매우 어두워졌고, 그는 아내에게 "밥을 못 먹겠소. 가서 기도해야겠소."라고 말했다. 알고 보니 그 편지는 한 여선교사가 보낸 것인데, 부부가 후원하는 여학생이 무슨 일이 있어도 회개하여 주님을 믿는 일은 없을 것이라고 말했고, 자신이 믿지 않을 뿐 아니라 다른 학생들도 믿지 못하게 막고 있다는 내용이었다. 학교에서는 다른 학생들을 보호하기 위해 그 학생이 빨리 회개하지 않으면 퇴학시킬 수밖에 없었다.

편지를 읽은 대장장이는 더 이상 밥 먹을 생각을 하지 않고 서둘러 안방으로 가서 기도했다. 미국 오하이오주의 토요일 저녁은 인도의 주일 아침이다. 그날 아침에 그 여선교사는 평소처럼 주일 성경 공부를 위해 반 아이들을 불러 모았다. 시작한 지 얼마 되지 않아 그 완고한 여학생은 자리에서 벌떡 일어나 여선교사에게 달려가 통곡하고 눈물을 흘리며 엎드려 회개했고 그리스도를 그녀의 구주로 받아들이겠다고 말했다. 그날 아침 반 전체가 구원을 받았다.

미국의 한 시골 마을에 사는 한 사람의 간절한 기도가 멀리 인도에서 큰일을 이루었다.

한 파도가 바다에 빠뜨리고 또 다른 파도가 배 위로 올리다

제 기도가 주님 앞에 이르게 하시며
제 부르짖음에 주님의 귀를 기울여 주십시오.(시 88:2)

May my prayer come before You;
incline Your ear to my cry.(Psalm 88:2)

필라델피아에 한 나이 든 자매가 있었다. 그녀에게는 무례하고, 방탕하고, 하나님을 알지 못하는 아들이 있었는데, 그는 나중에 선원이 되었다. 어느 날 밤에 갑자기 잠에서 깨어난 이 자매는 아들이 위험에 처해 있다고 느껴서, 침대 앞에 무릎을 꿇고 간절히 하나님께 은혜를 구했다. 두세 시간 동안 기도하고 나니 부담이 사라졌고 마음속에 평안이 있었다. 또한 하나님께서 이미 자신의 기도를 들어주셨다는 것을 알았다. 몇 주 후에 아들이 돌아와서 어머니를 보자마자 "어머니, 제가 구원받았습니다."라고 말했다. 그는 자기가 구원받은 과정을 이야기해 주었다. 몇 주 전 그들의 배가 대서양을 항해하던 중에 갑자기 강풍이 불어 돛대가 부러졌다. 선장은 위험을 줄이기 위해 돛대를 제거하라고 명령했다. 위험을 무릅쓰고 그 일을 하게 된 그는 마음속으로 원망했다. 왜 하나님이 한밤중에 비바람이 거센 가운데 이런 위험한 일을 자기에게 하게 하셨는지 입에서 저주의 말이 계속 나왔다.

그 일을 하던 중에 큰 파도가 밀려와 배를 덮쳤고 그는 바다에 휩쓸려 갔다. 바다 한가운데서 파도와 사투를 벌이던 그는 생사의 갈림길에서 갑자기 자기의 혼이 영원히 멸망할 것 같다는 생각에, 마음속으로 '주님! 당신을 앙망합니다.'라는 말을 하고 의식을 잃었다. 몇 시간 후 바람과 파도가 잠잠해지자 선원들이 갑판으로 올라와 피해를 복구했다. 그때 갑판에 있는 그를 발견하고 즉시 약을 먹여 소생시켰다. 알고 보니 한 파도가 그를 바다에 빠뜨렸고 또 다른 파도가 그를 배 위로 올린 것이다. 그의 어머니가 그를 위해 기도하고 있을 때가 바로 그가 생사의 갈림길에서 구원받은 때였다.

바위틈 사이의 긴 밧줄

욥은 … 아침 일찍 일어나 그들의 수효대로 번제물을 바쳤는데,
그것은 욥이 "어쩌면 내 자녀들이 죄를 짓고
마음으로 하나님을 저주했을지도 모른다."라고 말하였기 때문이다.
욥은 늘 이렇게 하였다.(욥 1:5)

Job … would rise early in the morning and offer burnt offerings
according to the number of them all; for Job said,
Perhaps my children have sinned and have cursed God in their heart.
Job did this continually.(Job 1:5)

고필드는 매우 가난한 가정에서 자랐다. 그의 아버지는 어렸을 때 돌아가셨고, 어머니는 얼마 안 되는 척박한 밭을 갈면서 생계를 유지했으며, 자신은 배의 취사원으로 일했다. 어느 날 밤에 그는 실수로 바다에 빠졌는데, 도와 달라는 그의 외침을 아무도 듣지 못했다. 그는 위급한 와중에 밧줄 하나를 붙잡았는데, 밧줄의 다른 쪽 끝이 너무 느슨해서 당길수록 물속에 점점 가라앉았다. 그때 갑자기 밧줄이 배 옆의 바위틈에 끼었고, 그 덕분에 그는 기어올라 해안가로 구조될 수 있었다. 그는 젖은 옷을 입은 채 집으로 달려갔는데, 집에서는 그의 어머니가 무릎 꿇고 그를 위해 기도하고 있었다. 그는 하나님께서 자신을 구원해 주셨다는 것을 알았고, 그때부터 하나님께서 크게 쓰시는 사람이 되었다.

기도 — 주의 이름 안에서

전능 예수 이름으로 보좌 앞에 엎드려
흑암 원수 타파하고 불의 화살 막아 내

(후렴) 전능한 주 이름 나에게 승리 주네
전능한 주 이름 사탄 죄 사망 밟네

(찬송가 559장)

성경을 읽어 본 적이 없는 사람도 주님을 믿을 수 있다

하나님은 모든 사람이 구원을 받으며
진리를 온전히 아는 데 이르기를 원하십니다.(딤전 2:4)

Who desires all men to be saved and
to come to the full knowledge of the truth.(1 Timothy 2:4)

어떤 자매가 한 권의 책을 읽었는데, 거기에는 다음과 같은 글이 적혀 있었다. "어떤 사람이 3,200킬로미터나 떨어져 있는 한 사람을 위해 기도했다. 그에게 어떤 위험이 있었는데, 그 기도로 말미암아 그가 보호받았다." 이것을 읽은 후 이 자매는 푸젠성 차오저우에 사는 아직 구원받지 않은 오빠가 생각났다. 그녀는 오빠를 위해 기도하기로 했고, 주님께 그녀의 오빠를 구원해 달라고 간구했다. 얼마 지나지 않아 그녀는 갑자기 그녀의 오빠에게서 한 통의 편지를 받았다. "왠지 모르게 성경을 읽어야 한다는 생각이 들었고, 내 죄들이 생각났다. 회개하지 않으면, 지옥이 바로 눈앞에 있는 것과 같았다. 그래서 바로 그날 나는 회개하고 구주를 받아들였다." 말씀을 듣거나 성경을 읽어 본 적이 없는 사람도 주님을 믿을 수 있다. 이것이 중보기도의 효능이다.

기도 — 믿음으로

믿음으로 기도하라 은혜 보좌 앞에서
믿는 자는 응답 얻네 보라 다 이루었다

(찬송가 561장)

사람의 구원을 위해
60년 넘게 기도하다

사람이 항상 기도하고 낙심하지 말아야 한다는 뜻으로
예수님께서 그들에게 비유를 드셔서 말씀하셨다.(눅 18:1)

And He told them a parable to the end
that they ought always to pray and not lose heart.(Luke 18:1)

한 전도자가 죽음을 앞둔 조지 뮐러에게 "당신이 일생 동안 간구한 것 중에 하나님께서 아직 응답하지 않으신 것이 있습니까?"라고 물었다. 그러자 뮐러는 이렇게 대답했다. "저는 62년 3개월 5일 2시간 동안 두 사람의 구원을 위해 기도했습니다. 저는 이것을 매우 분명히 기억합니다. 그러나 두 사람은 아직도 회개하고 돌이키지 않았습니다." 전도자가 "당신은 하나님께서 그 두 사람을 구원하실 것이라고 믿습니까?"라고 묻자, 뮐러는 이렇게 대답했다. "물론이지요. 당신은 하나님께서 60년 넘게 그분의 자녀가 기도한 것을 외면하시리라 생각하십니까?" 뮐러가 죽은 지 얼마 안 되었을 때, 그 전도자는 뮐러를 위해 레스트 교회에서 말씀을 전하면서 이 일을 언급했다. 그때 어느 부인이 자리에서 일어나 이렇게 말했다. "당신이 언급한 두 사람 중의 한 사람은 제 삼촌입니다. 그분은 몇 주 전에 구원을 받고 세상을 떠났고, 다른 한 분은 베를린에 있는데 그도 구원을 받고 주님께 돌아왔습니다."

기도 — 믿음으로

믿음으로 기도하라 주가 기도 듣는다
너의 기대 이상으로 주가 구원 베푼다

(찬송가 561장)

수첩에 적어 놓고 기도하다

우리는 기도하는 것과 그리고 말씀의 사역을
꾸준히 계속할 것입니다.(행 6:4)

We will continue steadfastly
in prayer and in the ministry of the word.(Acts 6:4)

워치만 니 형제님은 학생이었을 때, 140명의 이름을 수첩에 적어 놓고 그들의 구원을 위해 기도했다. 어떤 학생은 오전에 수첩에 기록되었는데 오후에 구원을 받았다. 18개월이 지난 후에는 두 사람만 남고 모두가 구원을 받았다. 이것은 아주 좋은 본이다. 우리는 가족뿐만 아니라 친척과 친구, 그리고 우리가 아는 사람들 중 구원받지 못한 사람들을 한 명 한 명 기도 수첩에 적어 놓고 매일 열심히 그들을 위해 기도해야 한다. 우리는 이것이 축복받는 길임을 믿어야 한다.

만국의 사모하는 자

기도의 응답 없다고 그렇게 낙심 말아라
만사에 때가 있나니 조금만 더 기다려라

(후렴) 신실한 약속 붙잡고 조금만 더 기다려라
조금만 더 기다려라

(찬송가 898장)

계속 하나님을 괴롭히는가

하물며 하나님께서 밤낮 자기에게 부르짖는 선택하신 사람들의 원한을 풀어 주지 않으시고 오래 참고만 계시겠습니까?(눅 18:7)

And will not God by all means carry out the avenging of His chosen ones,
who cry to Him day and night,
though He is long-suffering over them?(Luke 18:7)

오랫동안 오빠를 위해 기도했지만 응답을 받지 못한 한 자매가 있었다. 어느 날 그녀는 자기 오빠가 반드시 구원받을 것이라고 말했다. 그녀는 이 말을 아주 확신 있게 했다. 그리고 그녀는 다음과 같이 말했다. "지난 며칠 동안 저는 누가복음 18장을 읽었는데, 그 과부가 계속 간청했지만 불의한 재판관은 그녀의 원한을 풀어 주지 않았습니다. 불의한 재판관은 이 과부가 자신을 괴롭게 할 정도로 구하기에 나중에 그녀의 간청을 들어주고 그녀의 원한을 풀어 주었습니다. 하나님은 저에게 제가 하나님을 그렇게 번거롭게 해 드린 적이 없었다는 것을 보여 주셨습니다. 만일 제가 아침에 일어나서 하나님께 '오빠를 구원해 주세요.'라고 기도하고, 점심 때도 하나님께 '오빠를 구원해 주세요.'라고 기도하며, 저녁 때도 하나님께 '오빠를 구원해 주세요.'라고 계속 기도한다면, 제가 그분을 괴롭히기에 어느 날 하나님은 '좋다. 내가 네 오빠를 구원해 주마.'라고 말씀하실 것입니다." 그러므로 그녀는 이렇게 기도했고, 오빠가 반드시 구원받을 것임을 알았다. 누가복음 18장 5절의 말씀이 그녀의 것이 되었다. 이 자매는 원래 매우 소심한 사람이었지만, 이번에는 매우 강해졌다. 그녀는 하나님께서 할 수 없이 기도에 응답하셔야 할 정도로 계속 하나님을 번거롭게 했다. 한 주가 지난 후, 그녀의 오빠가 정말로 구원을 받았다.

기도 — 하나님을 기다림

주 안에 안식할 수 있게 주 뜻 알리소서
오 주여 나 지금 간구드립니다
기다리고 기다리며

(찬송가 574장)

중국인의 구원을 위해 이름을 불러 가며 기도하다

그러므로 나는 남자들이 화를 내거나 논쟁하는 일이 없이,
어디서나 거룩한 손을 들어 기도하기를 요망합니다.(딤전 2:8)

I desire therefore that men pray in every place,
lifting up holy hands, without wrath and reasoning.(1 Timothy 2:8)

중국내지선교회는 한동안 세계에서 복음 전파가 가장 활발한 사역처로 꼽힐 만큼 중국에서의 사역이 매우 번창했다. 중국내지선교회 창립자인 허드슨 테일러가 어느 해 영국에 가서 알게 되기까지는 아무도 그 이유를 몰랐다. 어느 날 허드슨 테일러가 영국의 어느 지방에서 말씀을 전한 후, 한 청년이 그에게 와서 이렇게 말했다. "저는 중국내지선교회의 상황과 누가 구원받았는지에 대해 다 알고 있습니다. 저에게는 중국에서 선교하는 동료가 있는데, 그는 말씀을 사모하는 모든 중국인의 이름을 저에게 보내 줍니다. 그러면 저는 끊임없이 그들을 위해 한 명씩 이름을 불러 가며 기도합니다." 허드슨 테일러는 그제야 매일 기도할 뿐 아니라 특별히 이름을 불러 가며 중보기도 하는 기도의 사람이 영국에 있다는 것을 알게 되었다. 이 청년은 '중보기도 복음 전파자'라 부를 수 있다. 비록 그는 중국에 직접 가지 않았지만 그가 중국 복음화에 미친 영향은 매우 컸다.

여러분의 친척, 친구, 동료, 급우 중 아직 구원받지 못한 사람들이 있는가? 여러분은 매일 그들을 위해 한 명씩 이름을 불러 가며 기도하는가? 그들을 잊지 말라.

기도 — 주님과 함께 수고함

주 뜻 목적 따라서 기도로써 수고해
축복 넘치기까지 주와 함께 연합해

(찬송가 569장)

너를 위해 기도하는 것을 멈추지 않겠다

물론 나는 여러분을 위하여 기도하기를 멈추어
여호와께 죄를 짓는 일은 결코 하지 않을 것이며(삼상 12:23)

Moreover as for me, far be it from me that I would sin against Jehovah
by ceasing to pray for you.(1 Samuel 12:23)

농사일을 하면서도 자주 복음을 전하는 농부가 있었다. 그의 큰아들은 장사하는 사람이었다. 어느 주일에 아버지와 아들은 같은 차를 타고 집으로 돌아가고 있었다. 아버지는 아들을 보자마자 그에게 복음을 전했다. 아들은 몹시 불쾌해하며 "아버지, 저는 복음을 듣고 싶지 않으니 저에게 더 이상 말하지 마세요. 만일 한 번만 더 이러시면 저는 다시는 집에 가지 않겠습니다."라고 말했다. 아버지는 매우 슬퍼하며 아들에게 약속했지만, "나는 너를 위해 기도하는 것을 멈추지 않겠다. 하나님께서 너를 구원해 주시기를 기도하겠다. 왜냐하면 너는 아직 자신의 구원을 위해 하나님께 기도해야 한다는 것을 모르기 때문이다."라고 말했다. 그의 아들은 "좋습니다. 아버지께서 어떻게 기도하셔도 좋습니다. 그러나 저에게 복음은 전하지 마세요."라고 말했다. 몇 개월 후에 아들은 아버지의 기도 소리를 듣고 무의식적으로 자신에게 물었다. "아버지가 정말 나를 위해 끊임없이 기도하고 계실까?" 그러고는 주의 깊게 아버지의 기도를 들었다. 이 늙은 농부는 마음속에서 우러나는 많은 말을 하나님께 쏟아 냈고, 마지막에 아주 슬픈 목소리로 "하나님, 이제 제 큰아들 요한에 대해 말씀드리겠습니다."라고 말했다. 이 한마디가 아들의 마음을 만졌고, 그는 더 이상 계속 듣고만 있을 수가 없었다. 그는 즉시 자신의 죄들을 자백하고 주 예수님을 구주로 받아들였다.

기도 — 주님께 고함

내 모든 곤경 주님께 고해 나 홀로 근심 안 하리라
오직 주 예수 날 위로하며 내 눈물 닦아 주시리라

(후렴) 주께 고하리 주께 고하리 내 맘의 사정 토해 내리
주께 고하리 주께 고하리 주만이 내 맘 아시리라

(찬송가 572장)

제 일을 마쳤습니다

그 영을 끄지 마십시오.(살전 5:19)
그 영을 위하여 씨를 뿌리는 사람은
그 영에게서 영원한 생명을 거둘 것입니다.(갈 6:8)
Do not quench the Spirit.(1 Thessalonians 5:19)
He who sows unto the Spirit will of the Spirit reap eternal life.(Galatians 6:8)

한 대장장이가 아침 일찍 대장간에 출근했는데, 문 앞에 한 남자가 서 있는 것을 보았다. 이름이 사무엘인 그는 말을 더듬는 사람이었다. 그는 약 5킬로미터의 길을 걸어오면서 길가의 풀에 있는 이슬 때문에 바지가 무릎까지 젖었고 신발도 완전히 젖어 있었다. 대장장이는 즉시 그에게 다가가 인사를 건넸다. 사무엘은 말을 더듬는 탓에 즉각 대답하지 못하고 고개만 끄덕였다. 그러고는 한참 말을 잇지 못하다가 "저는 당신과 기도하기 위해 여기에 왔습니다. 하나님께서 당신을 제 마음속에 두셨습니다. 오늘 새벽 네 시에 당신 생각이 났습니다."라고 말했다. 대장장이는 그에게 들어오라고 했지만 그는 거절했다. 대장장이가 다른 말을 하기도 전에 그는 무릎을 꿇고 두 손과 얼굴을 들고 매우 간절하고 경건하게 하나님께 소리 내어 기도했다. 이때 사무엘은 더 이상 말을 더듬지 않고 마음속의 부담이 사라질 때까지 유창하게 대장장이를 위해 하나님께 기도했다. 사무엘은 "아멘."이라고 말한 다음 대장장이의 손을 잡고 "이제 제 일을 마쳤습니다. 하나님께서 제게 맡기신 일을 다 했으니 이제 가겠습니다."라고 말했다. 그러고는 돌아서서 갔다. 대장장이는 너무 감동을 받아 더 이상 대장간을 열고 일할 수 없어서, 문을 닫고 집으로 돌아가서 위층에 있는 아내에게 큰 소리로 내려와 함께 기도하자고 했다. 아내는 아래층으로 내려오자마자 대장장이가 큰 소리로 울며 하나님께 기도하고, 진심으로 회개하여 주 예수님을 자신의 구주로 받아들이는 모습을 보았다.

믿는 이들이 성령의 인도에 순종한다면 얼마나 많은 기적이 일어날지 모른다!

아들의 이마에 손을 얹고 기도하다

이와 같이 그 영도 우리의 연약함을 함께 짊어지심으로 우리를 도우십니다.
우리는 마땅히 무엇을 위하여 기도해야 할지 알지 못하지만,
그 영께서 말할 수 없는 탄식으로 우리를 위하여 직접 중보기도 하십니다.(롬 8:26)

Moreover, in like manner the Spirit also joins in to help us in our weakness,
for we do not know for what we should pray as is fitting,
but the Spirit Himself intercedes for us with groanings
which cannot be uttered.(Romans 8:26)

한 어머니가 어떤 자매에게, 아들이 자주 술에 취해 멸망의 길로 가고 있으니 기도해 달라고 부탁했다. 그 자매는 이 어머니에게 아들을 위해 기도해 본 적이 있는지 물었다. 그녀는 "저는 아들을 위해 기도합니다."라고 대답했다. 그 자매는 다시 그녀에게 아들과 함께 기도해 본 적이 있는지 물었다. 그녀는 "저는 소리 내어 기도할 수 없고, 사람들 앞에서 감히 기도할 수도 없습니다."라고 말했다. 그 자매는 그녀에게 "자매님은 반드시 아들과 함께 기도하셔야 합니다. 그러지 않으면 저도 그를 위해 기도하지 않겠습니다."라고 말했다. 그 어머니는 즉시 정신을 차렸고, 자신의 약함이 아들이 회개하지 못하도록 했다는 것을 깨달았다.

어느 날 밤에 아들이 또다시 술에 취해 집에 돌아와 침대에 누워 곤히 잠들었다. 성령께서 이 자매를 아들에게로 인도하셨다. 그녀는 무릎을 꿇고 아들의 이마에 손을 얹고 그를 위해 기도하면서, 하나님께서 아들의 마음을 움직여 회개하게 해 달라고 간구했다. 그때 갑자기 아들이 잠에서 깨어났고 어머니를 바라보며 깜짝 놀랐다. 성령께서 그의 마음을 일깨우셨고, 아들은 "어머니, 저를 위해 기도하고 계셨어요? 오, 하나님, 저를 불쌍히 여겨 주십시오!"라고 외쳤다. 아들은 눈물을 흘리며 회개했고 어머니와 함께 기도했다. 그는 그날 밤에 구원받았다.

기도에 오만 번 응답받은 조지 뮐러

또 여러분이 내 이름 안에서 무엇을 구하든지 내가 다 이루어 주겠습니다.
이것은 아버지께서 아들 안에서 영광스럽게 되시기 위한 것입니다.(요 14:13)

And whatever you ask in My name, that I will do,
that the Father may be glorified in the Son.(John 14:13)

1830년 10월 7일 조지 뮐러는 메리 그로브스와 결혼했다. 두 사람은 40년 동안 자아 부인이라는 동일한 원칙을 붙잡고 한마음이 되어 주님을 섬겼다. 그들은 주님의 말씀에 순종하여 가진 것을 다 팔아 가난한 이들에게 나누어 주어 보물을 하늘에 쌓아 두었다. 그들은 그리스도를 위해 스스로 가난하기를 자원했고, 그렇게 한 것을 한 번도 후회하지 않았다. 그들은 일상생활에서 하나님의 공급하심을 믿었고, 하나님의 신실하심을 증명했으며, 하나님을 기도에 응답하시는 분으로 체험했다. 뮐러는 60년 동안 주님을 의지하며 살았는데, 그의 믿음은 한 번도 흔들리지 않았다. 그는 분명하게 기도에 응답받은 오만 가지 일을 일일이 열거할 수 있었고, 이 외에도 셀 수 없는 사례들이 있었다. 비록 모두 열거할 수 없지만, 그것들은 모두 하나님의 돌보심의 증거였다.

기도 — 주님께 고함

죄 짐 맡은 우리 구주 어찌 좋은 친군지
걱정 근심 무거운 짐 우리 주께 맡기세
주께 고함 없는 고로 복을 얻지 못하네
사람들이 어찌하여 아뢸 줄을 모를까

(찬송가 571장)

아비가일의 양털 공

또 여러분이 기도할 때에 믿고 구하는 것은 무엇이든지
다 받을 것입니다.(마 21:22)

And all that you ask in prayer, if you believe,
you will receive.(Matthew 21:22)

아비가일이라는 어린 소녀가 있었는데, 그녀는 항상 양털 공을 갖고 싶어 했다. 양털 공은 당시에 구하기가 어려운 것이었다. 한번은 조지 뮐러가 소녀의 집에 오게 되었는데, 소녀는 뮐러에게 갖고 싶은 양털 공을 얻을 수 있도록 기도해 달라고 요청했다. 뮐러는 소녀의 요청에 응했고 함께 무릎을 꿇고 기도했다. 소녀는 먼저 하나님께 “제게 양털 공이 필요합니다. 그 색은 꽃 색깔이어야 합니다.”라고 기도했다. 나중에 뮐러도 고개를 숙이고 소녀에게 안수하며 하나님께 이렇게 말씀드렸다. “여기 한 아이가 양털 공을 원하는데, 색은 꽃 색깔이어야 합니다. 이 일은 누구도 할 수 없고 저도 할 수 없습니다. 이것은 당신의 일이니 소녀의 기도를 들어주십시오.” 기도를 한 후 뮐러는 일어나서 소녀에게 “앞으로 이틀 안에 하나님께서 꽃 색깔의 양털 공을 네게 주실 것이다.”라고 말했다. 그때 소녀의 작은 마음이 뛰었다. 소녀는 마음속으로 할머니나 이모가 그녀에게 양털 공을 주실 것이라고 생각했다. 뜻밖에도 둘째 날 밤에 소녀의 아버지가 양털 공을 가져다주었고, 소녀는 매우 기뻐했다. 알고 보니 소녀의 아버지는 백화점을 운영하고 있는데, 다른 양털 공은 다 팔렸지만, 꽃 색깔의 양털 공만 팔리지 않아 자기 딸이 가지고 놀도록 집에 가져온 것이었다.

뮐러가 소녀를 두 번째로 만났을 때, 그는 소녀에게 “꽃 색깔의 양털 공을 잘 가지고 놀고 있니?”라고 물었다. 그는 소녀가 얻었는지를 물은 것이 아니라 잘 가지고 노는지를 물었다. 하나님을 아는 사람은 이렇게 기도에 확신이 있다.

하나님께 비누를 주시도록 간구하다

아무것도 염려하지 말고, 다만 모든 일에서
기도와 간구를 통하여 감사한 마음으로
여러분의 구할 것을 하나님께 말씀드리십시오.(빌 4:6)

In nothing be anxious, but in everything,
by prayer and petition with thanksgiving,
let your requests be made known to God.(Philippians 4:6)

독일에서 믿음으로 고아원을 운영하던 에빈스 여사가 이런 간증을 했다. "한번은 경제적으로 매우 궁핍하여 빨래할 비누조차도 없었습니다. 고아원의 책임자들은 하나님께 비누를 주시도록 함께 기도했습니다. 그다음 날 우체국에서 나무 상자로 된 물건을 찾아가라는 통지서가 날아왔습니다. 찾아와서 열어 보니 비누 한 상자였고, 지금까지도 누가 보낸 비누인지 알아낼 수 없었습니다."

우리는 어떤 상황에서도 하나님의 지혜와 신실하심과 사랑을 의심하지 말아야 한다.

기도 — 주님께 고함

내 모든 부족 주님께 고해
나 홀로 근심 못 세하니
내 모든 필요 주만이 채워
나로 주 풍성 누리게 해

(후렴) 주께 고하리 주께 고하리
내 맘의 사정 토해 내리
주께 고하리 주께 고하리
주만이 내 맘 아시리라

(찬송가 572장)

천사가 단추를 지키다

너의 길을 여호와께 맡기고 그분을 신뢰하여라.
그분께서 이루어 주시리라.(시 37:5)

Commit your way to Jehovah, and trust in Him;
and He will act.(Psalm 37:5)

워치만 니 형제님은 젊었을 때 아버지의 새 외투를 입고 우체국에 편지를 부치러 간 적이 있었다. 우체국에 도착했을 때 단추 하나가 떨어져 나간 것을 발견했다. 그는 아버지의 허락 없이 외투를 입고 나왔기 때문에 단추를 잃어버리면 심하게 혼날 것을 두려워하여, 즉시 주님께서 천사를 보내셔서 누구도 그 단추를 가져가지 않도록 지켜 달라고 기도했다. 집으로 돌아오는 길에 그는 이 일을 거의 잊고 있었는데, 반쯤 왔을 때 갑자기 생각이 나서 고개를 숙이니 그 단추가 바로 발 앞에 있었다. 천사들은 섬기는 영들로서 구원을 상속받을 사람들을 섬기도록 보내어진 이들이다.

시련 중의 안위 — 주님의 돌아보심

어떤 시험 당하든지 낙심 마
만사 만물 주가 책임지시리
주의 은혜 셀 때 천사 임하여
널 섬기며 네 갈 길을 지키리

(후렴) 주의 은혜 세어 보아라
주가 너를 보살피셨네
주의 은혜 세어 보아라
기이하게 사랑하심 알리라

(찬송가 494장)

사자의 입에서 구원받다

사자의 입에서 저를 구원하여 주십시오.
주님께서 들소의 뿔 가운데 있는 저에게 참으로 응답하여 주셨습니다.(시 22:21)

Save me from the mouth of the lion;
indeed while I am in the horns of wild oxen, answer me.(Psalm 22:21)

수년 전에 아프리카에 주둔한 영국 군대가 있었는데, 그들은 야생 짐승이 많은 광대한 숲에 진을 치고 있었다. 한번은 군인 중 한 명이 길을 잃고 야영지를 찾지 못했다. 날이 어두워지고 숲속의 맹수들이 으르렁거리며 무서운 소리를 내자 그는 매우 두려웠다. 지친 그는 한 동굴을 발견하고 그 안으로 기어 들어가 잠이 들었다. 동이 트기 전, 문득 멀리서 사자의 포효하는 소리가 들렸다. 얼마 지나지 않아 사나운 사자가 동굴 안으로 들어와 그곳에서 자고 있는 군인을 발견했다. 사자는 종일 많이 먹어 배불러서 발로 병사의 가슴을 누르고는 그대로 병사 옆에서 잠이 들었다. 잠에서 깨어난 후 배가 고플 때 그를 먹으려고 했던 것이다. 군인은 너무나 무서워서 감히 움직이지 못했다. 그 순간 어렸을 때 어머니의 무릎에 앉아 들었던 어머니의 기도가 생각났다. 그러나 그는 한 번도 기도해 본 적이 없었다. 이제 생사의 기로에서 기도하는 것 외에는 다른 방법이 없다는 것을 깨달았다. 그래서 그는 "주 예수님, 저를 구원해 주십시오. 만일 당신이 저를 사자의 입에서 구원해 주신다면 반드시 당신을 믿고 의지하겠습니다."라고 기도했다. 기도를 한 후 소리를 들어 보니 그 사자가 곤히 자고 있다는 것을 알게 되었다. 그는 천천히 몸에서 사자의 발을 떼어 내면서 계속 기도했다. 주님은 사자를 깊이 잠들게 하셨고, 그 군인은 사자 굴에서 기어 나와 군대의 진영으로 달려갔다. 그의 친구들은 그가 사자의 입에서 구원받은 것을 알고 하나님께 영광을 돌렸다.

총살 전의 기도

주님은 제 혼을 스올에 버려두지 않으시며
주님의 거룩한 분께서 구덩이를 보지 않으시게 하실 것입니다.(시 16:10)

For You will not abandon my soul to Sheol,
nor let Your Holy One see the pit.(Psalm 16:10)

왕 형제는 상하이에서 치과 의사였다. 일본군이 상하이를 점령하자, 그는 외국인 거주지인 조계(租界)로 피난 가려고 했다. 그가 일본군이 주둔한 곳을 지날 때, 그곳은 여자와 아이들만 지나갈 수 있었다. 왕 형제는 할 수 없이 장완으로 돌아갈 수밖에 없었다. 다음 날 그는 위험을 피하기 위해 한 친구와 함께 일본군 사령부에 가서 조계로 갈 수 있는 허가증을 신청했다. 일본군은 그의 행적을 수상히 여겨 그를 공터로 끌고 가서 총살하려고 했다. 그는 영어로 이렇게 말했다. "저는 그리스도인입니다. 총살되기 전에 이 분간만 기도할 시간을 주십시오." 일본군은 그렇게 하도록 허락했다. 왕 형제는 즉시 무릎을 꿇고 간절히 기도하며 자신의 혼을 주님께 맡겼다. 그런 다음 일어나 평안히 총살되기를 기다렸다. 이를 본 일본군은 그가 위험한 사람이 아니라는 것을 알고 풀어 주었다.

시련 중의 안위 — 주님의 돌아보심

어려워 낙심될 때에 주 너를 지키리
위험한 일을 당할 때 주 너를 지키리

(후렴) 주 너를 지키리 아무 때나 어디든지
주 너를 지키리 늘 지켜 주시리 (너를)

(찬송가 493장)

우주의 황제

그러자 그들이 이 말을 듣고, 한마음 한뜻으로 소리를 높여 하나님께 말씀드렸다.
"주재자시여, 주님은 하늘과 땅과 바다와 그것들 가운데 있는
모든 것을 만드신 분이십니다.(행 4:24)

And when they heard this,
they lifted up their voice with one accord to God and said,
Sovereign Master, You are the One who has made
heaven and earth and the sea and all things in them.(Acts 4:24)

1839년에 튀르키예의 무슬림 황제는 다음과 같은 법령을 내렸다. "어떤 그리스도인도 이 나라에 체류할 수 없으며, 기한 내에 자기 나라로 돌아가라." 미국 선교사인 윌리엄 구다이는 이 소식을 듣고, 친구인 콘스탄틴 대학교 총장인 멀린 박사를 찾아가서 이 소식을 전했다. 또한 "박사님, 상황이 나빠졌습니다. 우리는 모두 떠나야 합니다. 황제가 극도로 권위주의적이고 불합리하기 때문에 영국과 미국의 대사들도 속수무책입니다."라고 말했다. 그러자 박사는 이렇게 말했다. "우주의 황제는 기도를 들으시니 튀르키예의 무슬림 황제의 법령을 바꾸실 수 있을 것입니다." 그래서 그들은 한마음 한뜻으로 기도했다. 다음 날 무슬림 황제는 죽었고 법령은 시행되지 않았다.

영적 전쟁 — 하나님의 갑주를 입으라

주 예수의 승리 믿고 그 이름에 서라
네 힘으로 서지 말고 네 재능 의지 말고
혈기의 병기 버리고 성령의 검만 사용해
주 갑주 입고 소멸해 원수의 화전을

(찬송가 642장)

기도가 미국을 구했다

그리하여 이 온 회중이 여호와께서 칼이나 창으로 구원하지 않으신다는 것을 알게 될 것이다. 왜냐하면 전쟁은 여호와께 속한 것이고(삼상 17:47)

And all this congregation will know that it is not by sword or spear that Jehovah saves, for the battle is Jehovah's.(1 Samuel 17:47)

1862년과 1863년은 미국 역사상 가장 암울한 해였다. 당시에 남과 북은 노예 해방을 둘러싸고 전쟁을 벌이고 있었다. 그때 북부 정부는 외부에는 강력한 적이 있었고, 내부에는 간첩들이 있어서 전쟁마다 패배했다. 이 중요한 시기에 에이브러햄 링컨 대통령은 1863년 3월 30일에 전 국민에게 금식하며 하나님께 기도할 것을 촉구하는 법령을 발표했다. 5월 9일에 챈슬러스빌에서 북부 군대가 또다시 패배했는데, 마치 하나님께서 기도를 들어주지 않으신 것처럼 보였다. 그 당시 남부 군대는 더욱 교만해진 나머지 북부를 정복하기로 결정했다. 패배 소식이 링컨 대통령에게 전해지자 그는 방에서 홀로 하나님께 기도하며, 하나님께서 승리하게 하신다면 평생 하나님께 충성을 다하겠다고 말했다. 그는 장군들에게 "이 전쟁은 하나님과 정의를 위한 전쟁이므로 이번에는 하나님께서 승리할 수 있도록 도와주실 것입니다."라고 말했다. 다음 날 북부 군대는 게티즈버그에서 과연 큰 승리를 거두었고, 그 승리가 대세를 결정하여 이후 북부 군대는 가는 곳마다 승리했다. 이것은 하나님께서 한 나라의 대통령과 전 국민의 기도를 들어주셨다는 것을 보여 준다.

시련 중의 안위 — 주님의 신실하심

주 지체하지 않으리 은혜 주시기 기뻐해
나에게 주가 있으니 누구를 두려워하랴

(찬송가 506장)

큰 물고기

환난 날에 나를 불러라.
내가 너를 건져 내리니 네가 나를 영광스럽게 하리라.(시 50:15)

And call upon Me in the day of trouble:
I will deliver you, and you will glorify Me.(Psalm 50:15)

극심한 가난 속에서 다섯 자녀를 키우며 살아가던 과부가 있었다. 하루는 날씨가 매우 추웠고 집에는 밀가루가 조금밖에 남지 않았다. 그녀는 조금밖에 남지 않은 밀가루로 빵 한 덩이를 만들고서 반으로 나누어 점심과 저녁 식사로 먹었다. 저녁에 마지막 반쪽을 먹은 그녀는 등잔불 아래 앉아 내일은 어떻게 살아갈지 생각했다. 그녀는 아이들에게 무엇을 먹여 학교에 보내야 할지 몰랐다. 그러면서 한숨을 쉬며 "나는 너무 교만하다. 나는 기도를 통해 하나님의 도움을 구한 적이 없다. 이제 기도하고 싶지만 마음이 차갑고 딱딱하다."라고 말했다. 그래서 그녀는 성경에서 가난한 사람들이 공급을 얻은 사례를 찾아 보려고 성경을 펼쳤다. 그런데 문득 '지금은 어떤 신언자도 오지 않을 것이다. 신언자가 오더라도 밀가루가 하나도 없으니 식량을 늘려 주지 못할 것이다. 내일 아침에 아이들에게 끓인 물이나 마시게 하고 학교에 보내야겠다.'라는 생각이 들었다. 이런 생각을 하다가 갑자기 "환난 날에 나를 불러라. / 내가 너를 건져 내리니 네가 나를 영광스럽게 하리라."(시 50:15)라는 시편의 말씀이 떠올랐다. 이 말씀이 그녀의 마음을 만졌고 그녀는 즉시 눈물을 흘리며 주님 앞에 무릎을 꿇고 기도했다. 바로 그때 어린 딸 메리가 밖에서 달려와서 "엄마, 큰 물고기를 발견했는데 들어 올릴 수가 없어요."라고 말했다. 그녀는 딸과 함께 곧바로 강으로 달려갔는데, 과연 강둑에 큰 물고기가 있었다. 그래서 그녀는 그 물고기를 가져가 큰 식당에 팔았는데, 무게가 약 9킬로그램이나 나갔고 큰돈을 받을 수 있었다.

깊은 산속에서 기도하다

내가 마음속에 죄악을 품었다면
주님께서 듣지 않으셨으리.(시 66:18)

If I regarded iniquity in my heart,
the Lord did not hear.(Psalm 66:18)

19세기에 미국에 대부흥을 가져온 찰스 피니는 구원받고 기도를 배우기 시작했을 때, 사람들이 자신의 목소리를 듣지 못한다면 자유롭게 기도할 수 있을 것이라고 생각했다. 그래서 어느 날 그는 조용히 집을 떠나 깊은 산속으로 들어갔고 산 뒤편에서 한 곳을 찾아냈다. 그곳에는 큰 나무 몇 그루가 쓰러져 있었고, 그 나무들 사이에는 기도할 수 있는 작은 공간이 있었다. 그는 그곳에 들어가서 무릎을 꿇고 기도했지만, 누군가가 볼까 봐 두려워서 안절부절못하며 간신히 몇 마디의 기도만 할 수 있었다. 그는 그곳에서도 마음 놓고 기도할 수 없다고 생각하여 절망에 빠졌다. 그때 갑자기 마음속에서 '너, 이 죄인아, 어찌하여 하나님 앞에 무릎을 꿇고 기도하는 것을 부끄러워하며 이렇게 차갑고 냉담하느냐?'라는 책망이 있었다. 그래서 그는 큰 소리로 자신의 죄를 자백하고 주님 앞에서 통회하며 몇 시간 동안 기도했다. 집에 돌아왔을 때는 이미 정오였다. 그제야 그는 자신이 아침부터 그때까지 산속에서 기도했다는 것을 알았다.

기도는 하나님을 변화시키는 것이 아니라 우리를 변화시킨다. 기도는 우리 안에 변화가 일어나게 해서 우리를 하나님의 일하시는 조건에 부합되게 한다.

세인트 앤의 마른 우물

내가 민둥산에 강을 내며 골짜기 한가운데에 샘들이 나게 하리라.
내가 광야를 연못으로, 마른 땅을 물이 솟는 곳으로 만들리라.(사 41:18)

I will open up rivers on the bare heights, and in the midst of the valleys, springs.
I will make the wilderness into a pool of water,
and the dry land into springs of water.(Isaiah 41:18)

캐나다에 100세까지 산 세인트 앤이라는 여자가 있었다. 그녀는 젊었을 때 아주 낮은 임금을 받고 일했는데, 사장은 그녀를 매우 가혹하게 대했다. 그녀는 매일 약 1킬로미터 떨어진 언덕에 가서 물을 길어 와야 했는데, 이는 매우 힘든 일이었다. 본래 근처에 깊은 우물이 있었지만 오래전에 이미 말라 버렸다. 하루 종일 고된 노동을 마친 어느 날 밤에 그녀는 너무 지쳐서 하나님 앞에 무릎을 꿇고 기도했다. 그녀가 기도할 때 다음의 말씀들이 생각났다. "내가 … 골짜기 한가운데에 샘들이 나게 하리라. … 마른 땅을 물이 솟는 곳으로 만들리라."(사 41:18), "여호와가 말하니, 소송을 제기하여 보아라. … 주장을 펼쳐 보아라."(사 41:21) 이 말씀들이 그녀를 감동시켰고, 그녀는 하나님께 자신이 우물의 물을 얼마나 간절히 원하는지, 언덕에 올라가 물을 길어 오는 것이 얼마나 힘든 일인지를 아뢰었다. 그녀는 기도를 마친 후 편안히 잠들었는데, 그것은 그녀가 하나님께 이 문제를 제기하고 자신의 주장을 펼쳤기 때문이었다. 다음 날 아침에 어떤 사람이 그녀가 물병을 들고 마른 우물로 가는 것을 보았다. 그 사람은 어디로 가느냐고 물었고, 그녀는 "물을 길으러 우물에 갑니다."라고 대답했다. 그 사람은 놀라면서 "그 우물은 이미 말랐지 않습니까?"라고 물었다. 그래도 그녀는 자신이 믿는 분이 누구이신지를 알았기에 우물로 계속 갔다. 그녀가 그곳에 도착했을 때, 우물에는 이미 약 13미터 깊이의 물이 고여 있었고, 그 물은 맑고 시원했다. 그 이후로 그 우물은 한 번도 마르지 않았다.

구원의 확신과 기쁨 — 주님의 보호하심

(후렴) 내가 믿고 또 의지함은 내 모든 형편 잘 아는 주님
늘 돌보아 주실 것을 나는 확실히 아네

(찬송가 259장)

교향악단의 화음

다시 내가 진실로 여러분에게 말합니다.
여러분 가운데 두 사람이 땅에서 무엇을 구하든지 마음을 같이하면,
하늘에 계신 내 아버지께서 그들을 위하여 다 이루어 주실 것입니다.(마 18:19)

Again, truly I say to you that if two of you are
in harmony on earth concerning any matter for which they ask,
it will be done for them from
My Father who is in the heavens.(Matthew 18:19)

'마음을 같이함'을 다른 말로 번역하면 교향 혹은 화음이다. 세상에서 가장 듣기 좋은 음악은 바로 교향곡이다. 헨델이 쓴 "메시아" 중 '목자의 교향곡'이 대표적인 예이다. 이런 훌륭한 음악도 아마추어가 연주하거나 지휘를 잘못하면, 그 아름다움을 제대로 표현할 수 없다. 제대로 표현하려면 먼저 모든 악기가 조율*되어야 한다. 조율된 후 연주자들은 수시로 지휘자를 주의 깊게 살펴야 하며, 음정, 시간, 음높이, 강약, 리듬 등을 정확히 일치시켜야 한다. 이렇게 해야 음악 소리가 화음을 이루고 우아하며 아름다울 수 있다. 비록 수십 가지 악기가 연주되지만 혼란이 없고 시끄럽지 않다. 성도들이 함께 기도할 때도 그들은 먼저 개인적으로 하나님과 조율되어야 하며, 그럴 때 성도들과 화음을 이룰 수 있다.

* 악기의 음을 표준음에 맞추어 고름—역자 주

벨을 눌러 나를 부르라

오, 여호와님! 주님의 이름을 아는 이들은 주님을 신뢰하니
주님을 추구하는 이들을 주님께서 버리지 않으셨기 때문입니다.(시 9:10)

And those who know Your name put their trust in You,
for You have not forsaken those who seek You, O Jehovah.(Psalm 9:10)

방직물을 정교하게 생산하는 어느 공장에는 직공들이 지켜야 하는 몇 가지 작업 규칙들이 있었는데, 그중 하나는 기계의 실이 엉켜 있는 것을 발견하면 반드시 벨을 눌러 감독관이 와서 엉킨 것을 바로잡도록 요청해야 한다는 것이었다. 한번은 한 여직공의 기계에 날실과 씨실이 엉켜 있었는데, 그녀는 자신이 숙련된 작업자이므로 고칠 수 있다고 생각하여 벨을 눌러 감독관을 부르지 않았다. 그런데 엉킨 실타래를 정리하면 할수록 더 엉키게 되었고, 속수무책이 되었다. 결국 감독관이 왔을 때 그녀는 "감독관님, 저는 최선을 다 했습니다."라고 서둘러 해명했다. 이에 감독관은 "다음에는 꼭 기억하십시오. 당신이 최선을 다하는 것은 벨을 눌러 나를 부르는 것입니다."라고 말했다. 환난 중에 주님께 부르짖는 것이 우리가 할 수 있는 '최선을 다하는 것'이다!

시련 중의 안위 — 주님의 이름

거룩하신 주의 이름 너의 방패 삼아라
환난 시험 당할 때에 주께 기도드려라

(후렴) 예수의 이름은 세상의 소망이요
예수의 이름은 천국의 기쁨일세

(찬송가 498장)

벽돌을 위층으로 옮기다

날마다 우리에게 좋은 것 더해 주시는 주님을 찬양하여라.
하나님은 우리의 구원이시라네.(시 68:19)

Blessed be the Lord, who day by day loads us with good;
God is our salvation.(Psalm 68:19)

집을 짓는 세 사람이 나무판자로 계단을 만들어 위, 중간, 아래 세 부분으로 나누어 벽돌을 위로 운반했다. 아래에 있는 사람이 벽돌을 중간에 있는 사람에게 전달하면, 중간에 있는 사람은 벽돌을 받은 후 위에 있는 사람에게 전달했다. 이런 식으로 바닥에 있는 벽돌을 빠르게 위층으로 운반했다. 그러나 만일 중간에 있는 사람이 아래에 있는 사람이 전달해 준 벽돌을 위로 전달하지 않거나, 위에 있는 사람이 중간에 있는 사람이 전달해 준 벽돌을 받지 않는다면, 중간에 있는 사람은 아래에 있는 사람이 계속 전달한 벽돌에 짓눌리게 된다. 마찬가지로 우리도 세상의 짐을 우리 자신이 가지고 있어서는 안 되고 위층에 계신 하나님께 넘겨드려야 한다. 우리에게 짐이 있을 때마다 즉시 기도와 간구와 감사를 통해 하나님께 맡겨야 한다.

시련 중의 안위 — 주님의 돌아보심

갈 길 멀고 짐 무거워 쓰러지려 할 때에
부드러운 주의 음성 네 짐 내게 맡기라

(후렴) 네 짐 주께 맡기라
네 짐 주께 맡기라
주 널 위로해 견고케 하니
주께 네 짐 맡기라

(찬송가 495장)

염려하지 말라

여러분의 모든 염려를 하나님께 맡기십시오.
왜냐하면 하나님께서 여러분을 돌보시기 때문입니다.(벧전 5:7)

Casting all your anxiety on Him
because it matters to Him concerning you.(1 Peter 5:7)

마르틴 루터는 자신의 아내에게 보낸 편지에서 이렇게 말했다. "나의 이내여, 나는 당신이 불면증에 시달릴 정도로 나에 대해 염려하지 않았으면 좋겠습니다. 당신이 나에 대해 염려하는 바람에 이웃집에 불이 나서 우리가 매몰될 뻔했습니다. 어제도 당신이 염려하는 바람에 위에서 돌이 떨어져 내 머리를 칠 뻔했습니다. 만일 당신이 나를 위한 염려를 멈추지 않는다면, 땅이 입을 벌려 우리를 삼킬까 봐 두렵습니다. … 당신은 하나님께서 나를 돌보시도록 나를 위해 기도하기만 하면 됩니다."

"여러분의 모든 염려를 하나님께 맡기십시오. 왜냐하면 하나님께서 여러분을 돌보시기 때문입니다."(벧전 5:7)

그리스도를 체험함 — 그분과의 교통

주와 함께 안주하며 주의 달콤함 누려
주의 앞에 엎드려서 주의 공과 배우네
괴롭히던 근심 시험 나를 멀리 떠나네
사탄 나를 유혹할 때 주의 은밀한 데로
속히 가서 거하리

(찬송가 415장)

하나님께서 결정하시도록 하다

오, 저의 하나님! 주님의 뜻 행하는 것을 제가 기뻐하니
참으로 제 속부분들에는 주님의 율법이 있습니다.(시 40:8)

I delight in doing Your will, O My God;
indeed Your law is within My inward parts.(Psalm 40:8)

아이가 중한 병에 걸려 눈물을 흘리며 집회에 참석한 한 어머니가 있었다. 그때 하나님의 종이 그녀에게 "만일 아이를 데려가는 것이 하나님의 뜻이라면 기꺼이 아이를 보내 드리겠습니까?"라고 물었다. 오랜 고민 끝에 그녀는 마침내 "그것이 하나님의 뜻임을 제가 분명히 안다면, 저는 제 아이가 가도록 기꺼이 놓아주겠습니다."라고 대답했다. 그 후 하나님의 종은 아이의 병에 대해 하나님께 기도하고 긍휼과 지혜가 충만하신 하나님께 아이를 온전히 맡겼다. 삼일 후에 아이는 병원에서 퇴원했고, 더 이상 병의 증상이 나타나지 않았다.

만일 우리가 기도할 때 결과가 무엇이든 하나님께서 결정하시도록 한다면, 우리의 기도는 반드시 응답될 것이다. 왜냐하면 하나님은 항상 우리에게 가장 좋은 것을 주시기 때문이다.

기도 — 하나님을 기다림

조용히 주를 기다려라
주가 말한 후 주께 고하라
주 시작해야 참기도이니
넌 다만 그의 그릇이어라

(찬송가 575장)

향을 바치다

제 기도가 주님 앞에 향 같게 하시고
제 손을 드는 것이 저녁 제물 같게 해 주십시오.(시 141:2)

Let my prayer be set before You as incense,
the lifting up of my hands as the evening offering.(Psalm 141:2)

구약성경에서 기도는 향처럼 하나님 앞에 드려지는 것이었다. 구약에서 향은 나무에서 추출한 고무와 수액으로 만들었다. 나무의 껍질을 잘라 내면 거기서 고무와 수액이 흘러나오는데, 그것을 향으로 제조하여 하나님께 드렸다. 그러므로 기도는 하나님께 평범한 것을 드리는 것이 아니라 우리 존재의 가장 중심에서 나온 것을 드리는 것이다. 십자가를 통과한 상처에서 흘러나온 것을 드리는 것이 바로 기도이다.

기도 — 의미

부서진 자가 주께 드리는
영 안에 타는 거룩한 향기
성령에 의해 불붙여져서
믿음의 호소로써 전달돼

(찬송가 552장)

짓누르는 무거운 짐

왜냐하면 그 의로운 사람은 그들 가운데 정착하여 살면서
불법적인 행동을 보고 들음으로써,
그의 의로운 혼이 날마다 고통을 당했기 때문입니다.(벧후 2:8)

That righteous man, who settled down among them,
in seeing and hearing tormented his righteous soul day after day
with their lawless works.(2 Peter 2:8)

핫포드는 스코틀랜드의 유명한 말씀 전파자였다. 그의 아내는 남편이 종종 밤에 침대에서 일어나 담요를 뒤집어쓰고 차갑고 딱딱한 바닥에 무릎을 꿇고 기도하는 것을 보곤 했다. 그의 아내가 침대에 올라와 잠잘 것을 권하면, 그는 오히려 "구원받지 못한 많은 사람의 혼이 무거운 짐처럼 나를 짓누르는데, 내가 어떻게 편안히 잠들 수 있겠소?"라고 말했다.

내 모든 시험 무거운 짐을

내 짐이 점점 무거워질 때
주 예수 앞에 아뢰면
주께서 친히 날 구해 주사
내 대신 짐을 져 주시네

(후렴) 무거운 짐을 나 홀로 지고
견디다 못해 쓰러질 때
불쌍히 여겨 구원해 줄
이 은혜의 주님 오직 예수

(찬송가 884장)

준비가 되지 않았는데 어떻게 기도할 수 있겠습니까

그러나 참된 경배자들이 영 안에서 진실함으로
아버지께 경배할 때가 오고 있는데, 바로 지금입니다.
왜냐하면 아버지는 이렇게 경배하는 사람들을 찾으시기 때문입니다.(요 4:23)

But an hour is coming, and it is now, when the true worshippers
will worship the Father in spirit and truthfulness,
for the Father also seeks such to worship Him.(John 4:23)

어떤 예배당에 말씀 전파자가 와서 말씀을 전했다. 그는 말씀을 전한 후 그곳에 있는 형제들에게 어느 한 사람이 기도로 집회를 마무리해 달라고 요청했다. 모두가 기도를 하기 위해 고개를 숙였고, 한참 기다렸지만 아무도 일어나 기도하지 않았다. 한 형제가 기다리다 지쳐서 이렇게 말했다. "우리를 위해 기도해 주시는 형제님이 오늘 오지 않았습니다." 말씀 전파자는 "그렇다면 형제님이 기도해 주십시오!"라고 말했다. 그 형제는 "형제님이 미리 제게 연락해 주지 않으셨고, 저는 준비가 되지 않았는데 어떻게 기도할 수 있겠습니까?"라고 말했다.

기도는 초안을 작성하고 준비해야 하는 글이나 논문이 아니다. 기도는 아들이 아버지에게 말하는 것과 같아서 준비할 필요 없이 우리의 실제 상황과 필요를 주님께 말씀드리는 것이다.

기도 — 주를 표현함

기도로 주 표현해 자신 표현 말고서
주가 자신 계시해 주 뜻 표현하도록

(찬송가 567장)

남편이 구원받고 자기에게 좋은 대우를 해 주기를 바라다

구하여도 받지 못하는 것은 여러분의 쾌락에 써 버리려고
잘못 구하기 때문입니다.(약 4:3)

You ask and do not receive because you ask evilly
that you may spend it on your pleasures.(James 4:3)

주님을 믿게 된 한 자매가 남편의 구원을 위해 기도했다. 그녀가 기도한 목적은 하나님께서 남편을 얻으시도록 하는 것이 아니었다. 그녀는 남편이 구원을 받으면 자기에게 더 잘 대해 주리라는 기대 때문에 기도한 것이었다. 어떤 부모들은 자녀들이 구원을 받은 후에 그들에게 효도하기를 바라기에 자녀들의 혼의 구원을 위해 기도한다. 만일 하나님께서 그들의 자녀들이 구원받은 후 먼 곳에 가서 복음을 전하기 원하신다면, 그들은 자녀들이 그렇게 하는 것을 꺼릴 것이다. 그러한 기도는 이기적인 기도이므로 응답되지 않는 경우가 많다.

기도 — 의미

주여 조용히 당신 앞으로 나의 온 존재 돌이킵니다
다시는 밖의 기도 하잖고 영 따라 기도하게 하소서

(찬송가 553장)

산을 뚫듯이 기도하다

오, 여호와님! 주님은 주님의 일을 수년 내에 부흥시키십시오.(합 3:2)
O Jehovah, revive Your work in the midst of the years.(Habakkuk 3:2)

토레이 박사는 기도에 관한 책을 저술한 적이 있다. 그 책에는 이런 문장의 글이 있다. “기도는 큰 산에 구멍을 뚫는 것과 같다. 우리가 이쪽 끝을 뚫으면 하나님은 저쪽 끝에서 일하시고, 양쪽에서 뚫던 구멍이 서로 만나는 순간 하나님의 능력의 문이 열린다.” 맥웨두니시에 사는 한 여인이 이 책의 이 부분을 읽고 큰 감동을 받아 즉시 친구들을 초대하여 기도 모임을 만들고 기도에 전념하기 시작했다. 이 운동은 곧 널리 퍼졌고, 도시 전역에 퍼졌을 무렵에는 1,700여 개의 기도 모임에서 끊임없이 기도하고 있었다. 얼마 후 이 여인은 영국으로 건너가 케직 사경회에서 이 기도 모임에 대해 강론했다. 영국과 아일랜드도 곧바로 그 뒤를 따랐고, 우후죽순으로 기도 모임이 생겨났다. 1904년에는 전 세계에 삼만 명의 믿는 이들이 매일 “주님, 당신의 교회를 부흥시키십시오.”라고 기도하게 되었다. 이 일은 1905년의 웨일스 대부흥을 위한 씨앗이 되었다. 영국과 미국에서 일어난 영적 운동과 인도와 중국에서 일어난 오순절 부흥의 대부분은 이 기도 모임에서 기인했다.

기도 — 부흥을 위하여

주여 이 지방에 부흥 주소서
나의 영을 높이 올려 주소서
모든 장애 딛고 생명 공급해
사람들의 상처 치료하도록

(찬송가 577장)

유정을 파다

그러므로 형제님들, 주님께서 오실 때까지 오래 참으십시오.
보십시오, 농부는 이른 비와 늦은 비가 내리기까지 오래 참으면서,
땅의 귀중한 열매를 간절히 기다립니다.(약 5:7)

Therefore be long-suffering, brothers, until the coming of the Lord.
Behold, the farmer eagerly awaits the precious fruit of the earth,
exercising long-suffering over it until it
receives the early and late rain.(James 5:7)

옛날에 유정(油井)을 파는 데 투자한 사람이 있었는데, 많은 시간과 많은 돈을 투자했지만 기름이 한 방울도 나오지 않아 매우 실망하여 땅을 싼 가격에 팔았다. 그런데 그 땅을 산 주인이 여섯 시간을 더 파자 거기서 기름이 솟아 나왔다. 첫 번째 주인은 일시적인 실패로 중도에 포기하는 바람에 헤아릴 수 없는 손실을 입었다! 마찬가지로, 많은 사람들이 기도에 꾸준하지 못하고 쉽게 낙심하며 중도에 포기하기 때문에 기도가 응답되지 않는다. 주님은 항상 기도하고 낙심하지 말아야 한다고 말씀하셨다(눅 18:1).

격려 — 주님과 교통함

생명 빛 가운데 살며 교통하리
은혜의 주 보며 성령 순종하리
생명 빛 가운데 살면서
찬송해 영광 찬송 넘쳐

(찬송가 476장)

명함을 올려놓다

기도에 꾸준히 힘쓰고, 기도할 때에
감사하는 마음으로 깨어 있도록 하십시오.(골 4:2)

Persevere in prayer,
watching in it with thanksgiving.(Colossians 4:2)

아차엘이라는 그리스도인은 기도는 마치 천칭(天秤) 위에 명함을 올려놓는 것과 같다고 말했다. 먼저 추를 한쪽에 놓고 그런 다음 명함을 다른 쪽에 한 장씩 올려놓는다. 첫 번째 명함을 올려놓을 때 추는 올라가지 않고, 한 장씩 더해도 여전히 움직이지 않는다. 그러나 마지막 한 장을 추가하면 다른 쪽의 추가 올라간다. 기도도 마찬가지이다. 한 번, 두 번, 세 번 기도하라. 그리고 다시 기도하라. 어쩌면 그 기도가 마지막 기도일 수 있으며 응답이 올 수 있다.

격려 — 주님과 교통함

주의 얼굴 보며 더 대화하리
늘 주 안에 거해 주 말씀 먹고
늘 주 앞에 서서 주 순복하리
내 모든 일에서 주만 구하리

(찬송가 477장)

대나무로 종을 떠오르게 하다

소망 가운데 기뻐하고, 환난 가운데 견디며,
기도에 꾸준히 힘쓰십시오.(롬 12:12)

Rejoice in hope; endure in tribulation;
persevere in prayer.(Romans 12:12)

매우 귀중하고 무거운 종 하나가 강에 떨어졌는데, 사람들이 온갖 방법을 동원했지만 건져 올리지 못했다. 나중에 어떤 사람이 머리를 써서 한 가지 방법을 시도해 보았다. 그는 잠수할 수 있는 사람들을 고용하여 수백 개의 두꺼운 대나무를 하나씩 종에 묶었다. 그리하여 결국 종이 물 위로 떠올랐다. 기도는 대나무를 하나씩 묶는 것과 같기 때문에 우리는 결코 낙심하지 말아야 한다. 마지막 하나를 묶을 때 기도가 효력을 발휘할 것이다.

기도 — 주님께 고함

시험 걱정 모든 괴롬 없는 사람 누군가
부질없이 낙심 말고 기도드려 아뢰세
이런 진실하신 친구 찾아 볼 수 있을까
우리 약함 아시오니 어찌 아니 아뢸까

(찬송가 571장)

코르크 병마개로 철재를 치다

예수님께서 그들을 바라보시며 말씀하셨다.
"사람으로는 그것이 불가능하지만,
하나님으로는 모든 것이 가능합니다."(마 19:26)

And looking upon them, Jesus said to them,
With men this is impossible,
but with God all things are possible.(Matthew 19:26)

길이가 약 3미터이고, 무게가 약 227킬로그램인 철재가 작은 체인으로 공중에 매달려 있었다. 그 옆에는 역시 와이어로 공중에 매달아 놓은 코르크 병마개가 있었는데, 그 목적은 코르크 병마개로 철재를 칠 때 어떤 결과가 나오는지 알아보기 위해서였다. 처음에 코르크 병마개로 철재를 칠 때, 철재는 조금도 움직이지 않았다. 십 분이 지나자 철재가 아주 미세하게 흔들리기 시작했고, 다시 십 분이 지나자 철재 전체가 반응하기 시작했으며, 다시 삼십 분이 지나자 진자가 흔들리는 것처럼 철재가 공중에서 흔들리기 시작했다. 마찬가지로, 우리의 기도가 매우 약해 보일지라도 계속해서 기도하는 한 아무리 크고 어려운 일이라도 하나님은 그것을 이루실 것이다. 왜냐하면 모든 기도가 하나님의 보좌를 만지기 때문이다. 우리가 멈추지 않고 계속 기도하면 하나님은 일어나셔서 자연스럽게 무언가를 행하실 것이다.

범고래

어떻게 한 사람이 천 명을 뒤쫓고
두 사람이 만 명을 도망치게 하겠느냐?(신 32:30)

How shall one chase a thousand,
and two put ten thousand to flight,(Deuteronomy 32:30)

남극에는 범고래가 많은데, 가끔 100여 마리가 무리를 지어 다닌다. 그것들은 거대한 머리와 입을 가지고 있으며, 세상에서 가장 강력한 이빨을 가지고 있다. 바다표범이나 펭귄은 이 무서운 이빨에 물린 즉시 죽는다. 어느 탐험가가 얼음 위에서 범고래 사진을 찍으려고 했다. 처음에 그는 범고래들이 주변을 둘러보듯 바다에서 고개를 자주 내미는 것을 보았는데, 잠시 후 명령이라도 받은 듯이 모든 범고래가 사라졌다. 얼마 지나지 않아 남자가 밟고 있던 얼음 바로 아래에 반복된 맹렬한 충돌이 있었고 얼음이 깨지기 시작했다. 그리고 그 얼음 조각들 사이에 입을 벌리고 있는 끔찍한 범고래의 머리가 드러났다. 탐험가는 더 이상 머뭇거리지 않고 서둘러 배로 도망쳤다.

범고래들이 힘을 합쳐 얼음과 충돌한 이야기는 우리에게 기도의 몇 가지 원칙을 보여 준다. 첫째, 우리는 범고래들처럼 함께 모여 한마음 한뜻으로 기도해야 한다. 신명기 32장 30절은 "어떻게 한 사람이 천 명을 뒤쫓고 / 두 사람이 만 명을 도망치게 하겠느냐?"라고 말한다. 둘째, 우리는 '얼음이 깨질 때까지' 끊임없이 기도해야 한다. 주 예수님은 항상 기도하고 낙심하지 말아야 한다고 말씀하셨다(눅 18:1). 그분은 종종 우리의 기도에 신속히 응답하지 않으신다. 그것은 우리의 믿음이 점점 자라고 우리가 귀한 공과를 배우기 원하시기 때문이다.

아무도 찾아가지 않은 다이아몬드 반지

그러나 나는 여호와를 바라보리라. 나 내 구원의 하나님을 기다리리니
내 하나님께서 나의 말을 들으시리라.(미 7:7)

But as for me, I will look for Jehovah;
I will wait for the God of my salvation;
my God will hear me.(Micah 7:7)

어느 귀부인이 영화관에 갔다가 집에 돌아온 후에 손가락에 끼고 있던 반지에서 귀한 다이아몬드가 없어진 것을 발견했다. 그래서 영화관 사장에게 전화를 걸어 어느 좌석에서 다이아몬드를 잃어버렸다고 알려 주었다. 사장은 "잠시만 기다려 주시면 제가 찾아 보겠습니다."라고 말했다. 귀부인은 약 십오 분 정도 기다리다가 참지 못하고 전화를 끊었다. 얼마 후 사장이 다이아몬드를 찾았는데, 전화가 이미 끊어져 버렸다. 전화국에 연락해 봤지만 좀 전에 연결된 전화번호를 알 수 없다고 했다. 나중에 신문에 게재했지만 여전히 아무도 찾아가는 사람이 없었다.

사람의 기도도 때로 이와 같다. 하나님께서 응답하시기 전에 도중에 멈추는 것은 정말로 안타까운 일이다.

기도 — 주님과 교통함

기도 안에 교통하여 믿음으로 주 찾고
주 영 만지기 배우며 겸손히 기다리리

(후렴) 기도 안에 교통하여 영 안에 주 뵙겠네
주의 임재 안에 묻고 은밀히 기다리리

(찬송가 568장)

기도를 실은 마차

왜냐하면 여러분의 간구와 예수 그리스도의 영의 넘치는 공급으로,
이러한 일이 결국에는 나를 구원에 이르게 할 것을
나는 알기 때문입니다.(빌 1:19)

For I know that for me this will turn out to salvation
through your petition and the bountiful supply
of the Spirit of Jesus Christ.(Philippians 1:19)

자녀들이 많아 경제적인 부담이 매우 큰 믿는 이가 있었는데, 그에게는 월급 외에 다른 수입이 없었다. 그런데 뜻하지 않게 다리가 골절되어 일을 할 수 없게 되었고 월급도 받지 못하게 되었다. 그래서 믿는 이들은 그와 그의 가정을 위해 기도하려고 특별 기도 모임을 가졌다. 그들은 차례로 일어나 "하나님, 그의 모든 필요를 채워 주십시오."라고 기도했다.

그들이 기도하는 중에 한 젊은이가 와서 문을 두드리며 "저의 아버지는 오늘 기도 모임에 오실 수 없습니다. 그러나 아버지의 기도를 마차로 실어 왔습니다."라고 말했다. 마차는 집회소 문 앞에 있었는데, 그 안에는 오이, 감자, 야채, 과일, 고기, 계란, 밀가루, 설탕, 소금 등 생필품이 가득 실려 있었다.

행함이 없는 믿음은 죽은 믿음이다. 만일 여러분이 재물이 넉넉한데 형제가 궁핍한 것을 보고도 그에게 필요한 것을 공급하지 않고 입으로만 하나님께 그를 위해 기도한다면, 이러한 기도는 실재가 없는 기도이다.

나무를 위해 염려하지 말라

너의 일을 여호와께 맡겨라.
그러면 네 목적이 이루어지리라.(잠 16:3)

Commit your works to Jehovah,
and your purposes will be established.(Proverbs 16:3)

한 믿는 이가 올리브나무를 심고 "하나님, 제 나무에 물이 필요합니다. 비를 내려 주십시오."라고 기도했다. 그러자 하나님께서 비를 내려 주셨다. 그가 다시 "하나님, 제 나무에 햇빛이 필요합니다. 햇빛을 주십시오."라고 기도하자, 구름이 흩어지고 비가 멈췄고 하나님께서 햇빛을 주셨다. 그는 다시 "하나님, 이제 나무의 조직을 튼튼하게 하려면 서리가 필요합니다."라고 기도했다. 그러자 얇은 서리가 그 어리고도 작은 나무를 덮었다. 그러나 저녁이 되자 예기치 않게 그 나무가 죽어 버렸다. 그래서 그는 다른 믿는 이를 찾아가서 이 기이한 체험에 대해 이야기했다. 그 믿는 이는 이렇게 말했다. "저도 한 그루의 작은 나무를 심었는데, 지금은 매우 무성하게 자랐습니다. 저는 제 나무를 위해 조금도 염려하지 않고 다만 단순히 하나님께 맡겼습니다. 나무를 만드신 하나님은 나 같은 무지한 사람보다 나무의 필요를 훨씬 더 잘 아십니다. 그래서 저는 하나님께 어떤 조건이나 제안이나 방법을 제시하지 않습니다. 저는 다만 '하나님, 나무에세 필요한 것을 주십시오. 바람이든 비든 서리든 눈이든 햇빛이든 그 무엇이든 필요한 것을 주십시오. 당신께서 이 나무를 만드셨기 때문에 그 필요를 아시며, 나무에게 그것을 공급해 주시리라 믿습니다.'라고 기도했습니다."

기도는 하나님의 참모가 되는 것이 아니라 여러분의 사정을 그분께 맡기고 그분을 의지하며 신뢰함으로 그분께서 이루시게 하는 것이다.

15세가 되었을 때 받다

하늘들이 땅보다 높은 것처럼 내 길은 너희 길보다 높고
내 생각은 너희 생각보다 높다.(사 55:9)

For as the heavens are higher than the earth,
so My ways are higher than your ways,
and My thoughts higher than your thoughts.(Isaiah 55:9)

새해를 며칠 앞둔 어느 날, 어느 아버지가 세 자녀에게 물었다. "너희는 새해 선물로 무엇을 받고 싶니?" 첫째가 "저는 만년필 한 자루가 필요해요."라고 말하자, 아버지는 "좋다."라고 대답했다. 둘째가 "저는 큰 공이 있었으면 좋겠어요."라고 말하자, 아버지는 역시 "좋다."라고 대답했다. 3세밖에 안 된 막내딸이 "아빠, 저는 금손목시계가 갖고 싶어요."라고 말하자, 아버지는 역시 "좋다."라고 대답했다. 설날이 되자 두 아이는 원하는 것을 받았지만 막내딸은 금손목시계가 아닌 다른 것을 받았다. 막내딸은 아빠가 자기에게 금손목시계를 사 주는 것을 아까워한다고 생각했다. 12년이 지난 후 막내딸이 15세가 되었을 때, 아버지는 막내딸에게 매우 아름다운 금손목시계를 사 주었다. 그러면서 아버지는 "내가 그때 금손목시계를 사 주지 않은 것은 네가 너무 어려서 관리할 줄 모르기 때문이었단다."라고 말했다.

우리의 기도가 때로 즉시 응답되지 않는 것은 하나님께서 우리의 기도를 들어주지 않으시기 때문이 아니라, 하나님께 그분의 일하시는 방법과 그분의 때가 있으시기 때문이다.

인내심을 구한 기도에 대한 응답

구하십시오. 그러면 여러분에게 주실 것입니다. 찾으십시오.
그러면 여러분이 찾아낼 것입니다. 문을 두드리십시오. 그러면 여러분에게
열어 주실 것입니다. 왜냐하면 구하는 사람마다 얻고, 찾는 사람이 찾아내며,
두드리는 사람에게 열어 주실 것이기 때문입니다.(눅 11:9-10)

Ask and it shall be given to you; seek and you shall find;
knock and it shall be opened to you.
For everyone who asks receives, and he who seeks finds,
and to him who knocks it shall be opened.(Luke 11:9-10)

사업하는 한 그리스도인이 있었는데, 그는 자신에게 가장 필요한 것이 인내라고 생각했다. 왜냐하면 그는 화를 잘 내는 약점을 지니고 있어서 그것이 그를 몹시 괴롭혔기 때문이다. 그래서 그는 하나님께 인내심을 주시기를 기도했다. 얼마 후 그는 새 타자수를 채용했다. 그런데 그 타자수는 그가 여태껏 본 적이 없는, 행동이 너무나 느린 사람이어서, 거의 매일 그를 화나게 했다. 어느 날 하나님은 이것이 인내심을 구한 그의 기도에 대한 응답임을 보여 주셨다. 하나님께서 자신의 기도에 응답하셨다는 것을 깨달은 날부터 그는 하나님을 의지해 인내하는 법을 배우기 시작했다. 우리는 많은 때 하나님께서 어떻게 우리의 기도에 응답하시는지 모른다.

우리는 하나님께서 우리의 기도에 응답하지 않으셨다고 생각하지만, 사실 하나님은 이미 우리의 기도에 응답하셨다. 다만 우리가 그것을 알아차리지 못할 뿐이다.

창고에 있는 밀을 원해요

그대는 이 시대의 부자들에게 명령하여, 거만한 생각을 갖지 말며,
믿을 수 없는 재물에 소망을 두지 말고, 우리에게 모든 것을 풍성히 주셔서
누리게 하시는 하나님께 소망을 두라고 하십시오.
또한 선을 행하고, 선한 일에 풍성해지며, 아낌없이 베풀고,
기꺼이 나누어 주라고 하십시오.(딤전 6:17-18)

Charge those who are rich in the present age not to be high-minded,
nor to set their hope on the uncertainty of riches but on God,
who affords us all things richly for our enjoyment;
to do good, to be rich in good works, to be ready to distribute,
to be ones willing to share.(1 Timothy 6:17-18)

창고에 많은 것을 가지고 있는 부유한 농부가 있었다. 그는 하나님께 기도할 때, 항상 가난한 사람들에게 충분한 음식과 의복을 공급해 주시기를 간구했다. 그러나 가난한 사람이 구걸하러 오면, 그는 항상 자신의 집에 줄 것이 없다고 말했다. 어느 날 아침 그는 다시 가난한 사람들을 위해 기도했다. 기도를 마치자 그의 아들이 와서는 "아버지, 제가 한 가지 간절히 원하는 것이 있는데, 그것이 뭔지 아세요?"라고 물었다. 아버지는 "모르겠구나."라고 대답했다.

아들은 "저는 창고에 있는 밀을 원해요."라고 말했다. 아버지는 깜짝 놀라며 "이 많은 밀로 무엇을 하려고 하느냐?"라고 물었다. 아들은 이렇게 말했다. "저는 이 밀을 가난한 사람들에게 주어, 그들을 위한 아버지의 기도에 대해 하나님의 응답이 이루어지게 하려고요." 이 말을 들은 아버지는 아무 말도 하지 않았지만 수많은 화살이 그의 마음을 꿰뚫는 것 같았다. 이런 것을 가리켜 말과 마음이 다른 기도라고 한다. 우리는 진실한 기도를 배워야 한다.

기도하는 것을 비웃자 때려 주다

여러분 각 사람이 여러분의 마음속에서부터 자기 형제를 용서하지 않으면, 내 하늘의 아버지도 여러분에게 이와 같이 하실 것입니다.(마 18:35)

So also will My heavenly Father do to you if each of you does not forgive his brother from your hearts.(Matthew 18:35)

어느 말괄량이 여학생이 있었는데, 그녀는 자주 급우들과 다투었다. 하루는 그 여학생이 "하나님, 제가 다시는 사람을 때리지 않도록 도와주세요."라고 기도했다. 다른 학생이 이 기도를 듣고는 비웃으며 "네가 기도를 실천하면 참 좋겠다."라고 말했다. 그 여학생은 "주님의 이름으로 기도합니다. 아멘."이라고 말하기도 전에 화를 내며 "네가 감히 나를 비웃어? 널 때려 주마!"라고 외쳤다. 기도는 반드시 진실해야 하고, 반드시 영 안에서 마음에 있는 진실한 말로 해야 하며, 그런 다음에 하나님께 맡겨야 한다. 이는 하나님만이 기도를 이루실 수 있기 때문이다.

기도 — 영 안에서

두뇌 의지하지 말고 영 안에서 기도해
비결대로 실행하면 주의 임재 얻으리

(후렴) 영 안에서 기도함은 주의 지시한 바니
영 안에서 하나님과 접촉하며 기도해

(찬송가 564장)

다른 목소리를 만들어 내다

주님은 속부분의 진실성을 기뻐하시며
제 숨겨진 부분에 지혜를 알려 주십니다.(시 51:6)

You delight in truth in the inward parts; and in the hidden part
You would make known wisdom to me.(Psalm 51:6)

열심 있는 그리스도인이 되기를 원하는 한 형제가 있었다. 그는 기도할 때 자연스러운 목소리로 기도하면 열심이 부족한 것 같아서 다른 목소리를 만들어 냈다. 처음에는 이렇게 기도할 때, 속으로 약간 특별하다고 느꼈고 자기 자신의 목소리가 아닌 것 같다고 느꼈다. 시간이 지나자 그는 자기의 본래 목소리가 어떤 목소리인지 잊어버렸다. 다른 사람들은 그의 기도하는 목소리가 부자연스럽다고 여겼지만, 그 자신은 매우 자연스럽다고 여겼다. 부자연스러운데도 매우 자연스럽다고 여기는 것은 스스로 미혹된 것이다. 처음에 가장할 때는 안에 느낌이 있지만 습관이 된 후에는 안에 느낌이 없을 뿐 아니라 또한 그것을 참된 것으로 여긴다. 이것은 얼마나 가련한 일인가!

기도는 반드시 참되어야 하고, 가식이나 거짓이 없어야 하며, 우리 영 안에 있는 어떤 말을 기도로 말하는 것이어야 한다.

식사할 때 기도하지 않다

이와 같이 여러분의 빛을 사람들 앞에 비추어, 그들이 여러분의 좋은 행실을 보고,
하늘에 계신 여러분의 아버지께 영광을 돌리게 하십시오.(마 5:16)

In the same way, let your light shine before men,
so that they may see your good works
and glorify your Father who is in the heavens.(Matthew 5:16)

미국에 있는 한 호텔은 그곳에 유숙하는 말씀 전파자들에게 숙박료의 반값만 받는 규정을 만들었다. 어느 말씀 전파자가 그곳에 일주일간 머물렀는데, 떠나려고 할 때 청구서를 보니 전액 지불이었다. 말씀 전파자가 놀라면서 "말씀 전파자는 반값이 아닙니까?"라고 묻자, "그렇습니다. 그러나 당신은 예외입니다."라는 답변이 돌아왔다. 말씀 전파자는 "저도 이곳저곳을 다니며 말씀을 전하는데 말씀 전파자가 아니란 말입니까?"라고 물었다. 직원은 "우리는 당신이 식사할 때마다 기도를 하지 않는 것을 보고, 당신이 말씀 전파자가 아니라고 결론을 내렸습니다."라고 말했다. 말씀 전파자는 할 말이 없어서 할 수 없이 전액을 지불했다.

많은 그리스도인도 식사할 때 사람들의 비웃음이 두려워서 사람들 앞에서 기도하지 못하며, 자신이 이미 주님을 모욕했음을 알지 못한다.

한 달에 한 번씩 감사 기도를 드리다

하나님의 피조물은 다 좋은 것이니, 감사를 드리며 받는다면 버릴 것이 없습니다.
왜냐하면 그것은 하나님의 말씀과 사람의 중보기도로
거룩하게 되기 때문입니다.(딤전 4:4-5)

Every creature of God is good,
and nothing is to be rejected if received with thanksgiving;
for it is sanctified through
the word of God and intercession.(1 Timothy 4:4-5)

매일 식사 전에 기도하고 감사하는 어느 그리스도인 가정이 있었다. 그런데 그것이 번거롭다고 생각한 가장이 이렇게 말했다. "매번 밥을 먹을 때마다 기도하는 것은 너무나 번거롭다." 그래서 그는 한 달 동안 먹을 쌀을 한꺼번에 사서는 "주님, 우리에게 이번 달의 양식을 주셔서 감사드립니다."라고 기도했다. 그러고는 매일 감사 기도를 하지 않았다.

우리는 음식을 먹을 때마다 기쁘고 순전한 마음으로 감사함으로 기도하고 먹어야 한다. 이것은 하나님께서 기뻐하시는 것이다. 만일 번거로워서 한 달에 한 번만 감사 기도를 한다면, 그것은 기도의 참된 의미를 잃어버린 것이고 율법적인 것에 지나지 않게 된다.

나의 간절한 기대 소망을 따라

아무것도 염려하지 말고 오직 모든 일에 기도와 간구로
너희 구할 것 하나님께 아뢰라 모든 일에 감사함으로
모든 지각 위에 뛰어난 평강 하나님의 평강이
그리스도 예수 안에서 너희를 지키시리라

(내 마음의 노래 17장)

이기심으로 가득한 믿는 이

누구든지 가난한 이의 부르짖음에 귀를 막으면
자기가 부르짖어도 들어줄 이 없게 된다.(잠 21:13)

Whoever closes his ear to the cry of the poor man
also will cry and will not be heard.(Proverbs 21:13)

어느 부유한 믿는 이가 예배당에 가는 길에 오랫동안 알고 지내넌 이웃을 만났다. 그 여인은 늙고 병들고 가난하여 방치되어 있었다. 그 여인은 부자를 보자마자 처량한 목소리를 내며 몇 푼이라도 달라고 울부짖었다. 그 부자는 자기 수중에 적지 않은 돈이 있었지만, 어떻게 그리 쉽게 자기 돈을 그 여인에게 줄 수 있겠느냐고 속으로 생각했다. 그러나 다른 한편으로 그 여인이 자신을 귀찮게 하는 것이 싫어서 그녀에게 동전 두 개를 주었다. 그렇게 한 후, 그는 그녀를 떠나 예배당 안으로 들어갔고, 하나님 앞에 무릎을 꿇고 다음과 같이 감사하며 기도했다. "하나님, 제 모든 쓸 것을 공급하시고 평안을 누릴 수 있도록 보호해 주셔서 감사드립니다. 제게 더 많은 은혜를 주셔서 제 몸과 마음이 넘치는 축복을 받게 해 주십시오. 당신의 모든 은혜를 제게 주십시오." 그는 다른 사람을 위해서는 아무것도 주려고 하지 않으면서 자신을 위해서는 더욱 많은 것을 받기를 바랐다. 이러한 기도는 하나님께 응답받지 못할 것이다. "누구든지 가난한 이의 부르짖음에 귀를 막으면 / 자기가 부르짖어도 들어줄 이 없게 된다."(잠 21:13)

기도 — 달콤한 때

오 달콤한 기도 시간 분요함에서 해방해
주 보좌 앞에 나아와 모든 필요 다 고할 때
억압과 근심 있어도 내 영 늘 자유 누리네
이 달콤한 시간 인해 악한 자 올무 피하네

(찬송가 578장)

교통

하나님은 신실하십니다. 여러분은 그분을 통하여
그분의 아들 우리 주 예수 그리스도의
교통 안으로 부름받았습니다.
(고전 1:9)

God is faithful, through whom you were called
into the fellowship of His Son, Jesus Christ our Lord.
(1 Corinthians 1:9)

석류나무 꽃이 피었는지(아 7:12)
石榴放蕊(歌 7:12)

생명의 교통 안에서 살다

주 예수 그리스도의 은혜와 하나님의 사랑과 성령의 교통이
여러분 모두와 함께하기를 바랍니다.(고후 13:14)
The grace of the Lord Jesus Christ and the love of God
and the fellowship of the Holy Spirit be with you all.(2 Corinthians 13:14)

요한일서는 우리에게 사도들이 영원한 생명을 듣고 본 후에, 이 생명을 믿는 이들에게 전하여 그들도 듣고 볼 수 있도록 했다고 말한다(1:2-3). 사도들은 영원한 생명으로 말미암아 아버지와 그분의 아들 예수 그리스도와 함께하는 교통을 누렸고, 믿는 이들도 이 교통을 누리기를 갈망했다.

성경에서 교통은 헬라어로 '코이노니아(koinonia)'로서 공동 참여를 뜻한다. 그것은 영원한 생명이 흘러나오는 것이며, 사실상 신성한 생명을 받아 소유하고 있는 모든 믿는 이 안에 있는 영원한 생명의 흐름이다. 이것은 새 예루살렘 안에 있는 생명수의 흐름으로 묘사된다(계 22:1). 모든 참된 믿는 이들은 이 교통 안에 있다(행 2:42). 이것은 우리의 거듭난 영 안에 계신 그 영으로 말미암아 계속된다. 그러므로 이것은 '성령의 교통'(고후 13:14)과 '(우리) 영의 교통'(빌 2:1)이라 불린다. 우리 믿는 이들은 바로 이 영원한 생명의 교통 안에서 아버지와 아들의 온 존재에 참여하며, 그분께서 우리를 위하여 행하신 모든 일에 참여한다. 즉 우리는 그 영의 교통으로 말미암아 아버지의 사랑과 아들의 은혜를 누린다.

일단 우리가 주님을 믿으면 주님과 생명의 연결을 갖는다. 이 생명은 우리에게 생명의 교통을 가져다준다. 그러므로 우리는 하나님과 교통하고 그분의 모든 풍성에 함께 참여하기 위하여 마땅히 매일 이 생명의 교통 안에서 살아야 한다.(요한일서 라이프 스타디; 생명 공과, 개정 2판)

교통의 비결

하나님은 신실하십니다. 여러분은 그분을 통하여 그분의 아들
우리 주 예수 그리스도의 교통 안으로 부름받았습니다.(고전 1:9)

God is faithful, through whom you were called
into the fellowship of His Son, Jesus Christ our Lord.(1 Corinthians 1:9)

그리스도인들은 회개하고 믿고 죄들이 용서받는 것만으로는 충분하지 않다는 것을 깊이 깨달아야 한다. 그들이 자신을 하나님께 헌신한다고 할지라도, 그것으로는 부족하다. 이것은 시작에 불과하다. 그리스도인들은 자신에게 개인적인 영적 생활을 유지할 능력이 없고, 매일 주 예수님과 교통함으로써 하늘에서부터 새로운 은혜를 받아야 함을 깨달아야 한다. 그러나 이 새로운 은혜는 급하게 잠깐 기도한다거나 적당히 성경 몇 절을 읽는다고 해서 얻을 수 있는 것이 아니다. 우리는 자신의 연약함과 필요를 깨닫고, 조용하고 조심스럽게 하나님의 임재 안으로 들어가는 시간을 가져야 하며, 하나님께서 성령을 통해 우리의 마음을 하늘에 속한 빛과 생명으로 새롭게 해 주시기를 앙망해야 한다. 이렇게 한다면 우리는 어떤 유혹에 직면하더라도 하루 종일 그리스도의 능력으로 보호받을 수 있다.

사랑하는 성도 여러분! 이것을 깊이 생각해 보기 바란다. 우리의 영적 생활이 약한 것은 매일 하나님과 교통하는 시간이 부족하기 때문이다. 오, 우리는 승리하는 삶이 가능하다는 것을 믿어야 한다! 많은 사람이 기도로 하나님의 임재 안에서 홀로 시간을 보낸다면, 그들 안에서 새 생명이 나타나게 될 것이다.

하나님과 사람의 교통

거룩하게 하시는 분과 거룩하게 되고 있는 사람들이 모두 한 분에게서 났으므로, 예수님께서 그들을 형제들이라 부르시기를 부끄러워하지 않으시고(히 2:11)

For both He who sanctifies and those who are being sanctified are all of One, for which cause He is not ashamed to call them brothers.(Hebrews 2:11)

자연계에서 두 종류의 생물이 교통하려면, 반드시 같은 생명과 같은 위치를 가져야 한다. 오늘 우리가 주님과 교통할 수 있는 것은 주님께서 이미 그분의 생명과 위치를 우리에게 주셨기 때문이다. 우리는 주님과 같은 생명과 위치를 가지고 있기 때문에 그분과 교통할 수 있다.

주 예수님은 사람의 아들이 되시려고 육체가 되셨고, 우리를 하나님의 아들들이 되게 하시려고 부활하셨다. 그분의 육체 되심은 그분을 이 땅으로 이끌어 사람의 아들의 위치에 서게 하였고, 그분의 부활은 우리를 하늘로 이끌어 하나님의 아들들의 위치에 서시게 하였다. 이로써 우리는 주 예수님과 연합되었다. 주 예수님은 자신을 우리와 연합하시기 위해 육체가 되셨고, 우리를 자신과 연합하시기 위해 부활하셨다. 그분께서 부활하신 후에 우리는 그분과 같은 생명을 갖고 같은 위치에 서게 되었다. 그렇기 때문에 히브리서는 그분께서 고난을 받으신 후에 우리를 형제들이라 부르실 수 있었다고 말한다(2:12).

만일 여러분이 자신을 종으로만 보고 주님을 주인으로만 본다면 주님과 교통을 가질 수 없다. 여러분은 반드시 자신에게 그분의 생명과 위치가 있음을 보아야 한다. 여러분은 그분께서 여러분을 형제들이라 부르신 것과 여러분이 그분과 같은 위치에 있음을 보아야 한다. 즉 여러분이 그분과 교통할 수 있음을 보아야 한다. 오늘날 우리는 이 땅에 있지만 하늘의 생명을 가지고 있고, 그분은 하늘에 계시지만 이 땅의 생명을 가지고 계신다. 그러므로 우리는 그분과 교통할 수 있다. 만일 여러분이 이것을 참으로 본다면, 여러분은 침체되지 않을 것이고, 열렬하게 그분을 찬양할 것이다! 여러분은 '할렐루야!'라고 외칠 것이다.(열두 광주리 가득히, 8권, 하나님과 사람의 교통)

묵상과 성경 읽기

그리고 온갖 기도와 간구를 통하여
구원의 투구와 그 영의 검을 받아들이십시오.
그 영은 하나님의 말씀이십니다.(엡 6:17)

And receive the helmet of salvation and the sword of the Spirit,
which Spirit is the word of God,
by means of all prayer and petition.(Ephesians 6:17-18a)

한 자매가 자신이 교통 안에 들어오게 된 것에 대한 체험을 간증했다. “사람을 교통 안으로 이끄는 방법에는 두 가지가 있습니다. 첫 번째 방법은 성경을 읽으면서 묵상하는 것이고, 두 번째 방법은 중요하고 실행이 가능한 성경 말씀을 선택하여 먼저 읽은 다음 그 말씀을 주의 깊게 음미하고 소화하여 그 안에 있는 정수(精髓)를 추출해 내는 것입니다. 맛을 보았다면 더 읽을 필요가 없고, 느낌이 없다면 다시 읽어 내려가면서 여전히 앞에서 말한 방식으로 그것을 음미할 수 있습니다.

이런 식으로 성경을 읽는 것에 대한 좋은 비유는 아기가 젖을 먹는 것입니다. 처음에는 젖을 열심히 빨다가 젖이 나오면 더 이상 빨 필요 없이 그냥 먹기만 하면 됩니다. 그러지 않으면 젖을 누리지 못할 것입니다. 성경을 한 번에 너무 많이 읽지 않는 것이 좋습니다. 왜냐하면 우리에게 유익이 되는 것은 많은 양이 아니라 적절한 방법이기 때문입니다.

첫 번째 방법인 묵상하는 방법은 성경을 읽을 때 실행할 수 있으며, 언제 어디서나 할 수 있습니다. 그리고 성경을 읽을 때 마음에 와닿는 말씀이 있다면, 그 말씀을 하나님 앞에서 깊이 생각하고 자신에게 적용하여 생명 공급을 얻는 것입니다. 이렇게 한다면 우리의 마음이 바깥으로 방황하는 것이 억제되고 산만해지지 않으며, 외부의 산만함에서 벗어나 깊은 속에서 하나님을 가까이하게 됩니다.”

그리스도께서 여기에 계신다

보십시오, 나는 이 시대가 종결될 때까지 항상 여러분과 함께 있습니다.(마 28:20)
그러나 주님과 합하는 사람은 주님과 한 영입니다.(고전 6:17)

And behold, I am with you all the days
until the consummation of the age.(Matthew 28:20)
But he who is joined to the Lord is one spirit.(1 Corinthians 6:17)

동인도의 한 전도자가 곧 세상을 떠날 어떤 자매에게서 방문 요청을 받았다. 전도자는 그녀에게 어떤 심정인지 물었다. 그녀는 "기쁩니다! 매우 기쁩니다!"라고 대답했다. 그녀는 성경에 손을 얹고 "그리스도께서 여기에 계십니다."라고 말했다. 그리고 자신의 가슴에 손을 얹고 "그리스도께서 여기에도 계십니다."라고 말했다. 그리고 또 하늘을 가리키면서 "그리스도께서 저기에도 계십니다."라고 말했다.

나의 주 주 주가 내 생명 됐네

나의 주 주 주가 내 생명 됐네
할렐루야 주님을 (찬미해)
나의 주 주 주가 내 생명 됐네
할렐루야 찬미해
내 눈 밝아 보게 됐네
내 안에 계신 주 보네

(찬송가 962장)

안에서 당신을 기다리신다

나를 이끌어 주세요, 우리가 당신을 좇아 달려가렵니다—
왕께서 나를 그분의 내실로 이끌어 들이셨으니—
우리는 당신 안에서 즐거워하고 기뻐하며(아 1:4)

Draw me; we will run after you—
The king has brought me into his chambers—
We will be glad and rejoice in you.(Song of Songs 1:4)

캐서린이라는 자매가 있었는데, 그녀는 육 주 동안 하나님께서 자신을 떠나셨고 그분의 은혜와 긍휼이 그녀에게서 끊어진 것 같아서 마음이 매우 슬펐다. 어느 날 하나님께서 그녀에게 이렇게 말씀하셨다. "캐서린아, 네가 계속해서 바깥의 느낌으로 나를 찾으려고 했기 때문에 나를 찾을 수 없었단다. 나는 이 육 주 동안 네 안에서 너를 기다리고 있었단다. 너는 나를 찾기 위해 너의 영 안에 있는 내실로 돌이켜야 한단다. 왜냐하면 나는 그곳에 있기 때문이란다."

그리스도를 체험함 — 그분과의 교통

주님의 이름 쏟은 향기름 주님의 사랑 술보다 달아
양 무리 자취 따라갈 때에 사랑의 교통 안에 들어가

(찬송가 408장)

파랑새

믿음을 통하여 그리스도께서 여러분의 마음에 거처를 정하시게 하시며,
여러분이 사랑 안에서 뿌리를 내리고 터를 잡아서(엡 3:17)

That Christ may make His home in your hearts through faith,
that you, being rooted and grounded in love.(Ephesians 3:17)

미국에는 깃털이 푸르고 아름다운 파랑새가 있다. 한 아이가 이 작은 새의 아름다움에 대해 듣고 그 새를 갖고 싶어 했다. 그 아이는 힘을 다하여 야산과 들로 달려가 이곳저곳을 찾아 보았지만 찾지 못하고 풀이 죽어 집으로 돌아왔다. 그런데 놀랍게도 그 아이의 집에 있는 새가 파랑새였다. 그 새가 항상 높은 곳에 매달려 있는 새장 속에 있었기 때문에 알아보지 못했던 것이다. 마찬가지로 그리스도는 우리 안에 살고 계신다. 밖에서 그분을 찾지 말라. 우리가 우리 영 안으로 돌이킬 때, 우리는 그분을 만날 수 있다.

모든 성도 아는가

모든 성도 아는가 모든 성도 아는가
모든 성도 아는가 주 계신 곳
모든 성도 아는가 모든 성도 아는가
모든 성도 아는가 주 계신 곳
주는 우리 영 안에서 생명 호흡 되시고
나는 주와 연합됐네 놀라운 비밀일세

(찬송가 955장)

가까이에 두고 멀리서 찾다

우리는 이 보배를 질그릇 속에 담고 있습니다.
이것은 그 탁월한 능력이 하나님께 속한 것이지 우리에게서 나오는 것이
아니라는 것을 나타내시려는 것입니다.(고후 4:7)

We have this treasure in earthen vessels that the excellency of the power may be of God and not out of us.(2 Corinthians 4:7)

브라질에 사는 아홉 명의 양치기들이 미국 캘리포니아주에 있는 금을 채굴하기 위해 함께 집을 떠났다. 그들은 떠날 때 가는 길에 체스를 두기 위해 고향 산기슭에서 작은 돌들을 자루에 담아 갔다. 그들은 미국에 도착한 후 자루의 돌들을 바다에 버렸고, 남은 몇 개의 돌들을 연금술사에게 그냥 주었다. 그 사람은 그 돌들이 매우 귀한 다이아몬드임을 즉시 알아보았다. 이 사실을 안 그들은 다이아몬드를 캐기 위해 즉시 집으로 돌아갔다. 그러나 집에 도착했을 때, 그 땅은 이미 정부에 매각되어 더 이상 그 돌들을 캘 수 없게 되었다.

미국 네바다주의 한 농부도 금광을 찾으러 떠나기 위해 자신의 하나밖에 없는 땅을 팔아 사십이 달러의 여비를 마련했다. 그러나 그는 자신이 팔았던 그 땅이 다른 사람에 의해 채굴되어 많은 금과 은이 나오는 금광과 은광이 될 줄 몰랐다.

신격의 모든 충만이 몸을 지니신 그리스도 안에 거한다. 이러한 그리스도께서 우리 영 안에 계신다. 그러므로 우리가 영 안으로 돌이키기만 하면 그리스도를 만질 수 있고 그분의 측량할 수 없는 풍성을 얻을 수 있다.

종소리가 들리면 기도하다

그러므로 우리는 낙심하지 않습니다. 우리의 겉사람은 썩어 가고 있지만,
우리의 속사람은 나날이 새로워지고 있습니다.(고후 4:16)

Therefore we do not lose heart; but though our outer man is decaying,
yet our inner man is being renewed day by day.(2 Corinthians 4:16)

주님을 믿은 지 2년 정도 된 어느 학생 형제가 로렌스가 쓴 〈하나님의 임재 연습(The Practice of the Presence of God)〉이라는 책을 읽고서, 다른 형제와 약속하여 매시간마다 한 번씩 기도하기로, 즉 종소리가 들릴 때마다 기도하기로 했다. 그러나 그들은 항상 하나님의 임재를 유지할 수 없어서, 가능한 한 자주 하나님께 돌이키기 위해 최선을 다했다. 그들은 자주 기도했고, 심지어 주일에는 하루 종일 기도했으며, 토요일에는 반나절 동안 기도했다. 그들은 이렇게 2, 3년을 계속했다.

그런데 여기서 어려움이 있었다. 그것은 하나님께 돌아갈 때는 하나님의 임재를 느꼈지만, 떠나자마자 그것이 사라졌다는 것이다. 사람의 기억력을 의지해 하나님의 임재를 유지하려고 했기 때문에, 잊어버리면 임재도 함께 사라졌던 것이다. 이처럼 기억력을 사용하여 하나님의 임재를 유지하려고 하는 것은 어리석은 일이다. 왜냐하면 하나님의 임재는 우리의 영 안에 있는 것이지 기억 속에 있는 것이 아니기 때문이다. 오직 우리의 영으로 하나님의 영을 지속적으로 접촉할 때에만 하나님의 임재를 오랫동안 유지할 수 있다.

겉사람은 항상 외적인 일에 반응한다. 사람이 하나님의 임재를 놓치고 하나님의 임재를 누릴 수 없는 이유는 그의 겉사람이 외적인 일에 계속 반응하기 때문이다. 우리가 외적인 모든 일은 제거할 수 없지만 겉사람은 파쇄될 수 있다. 겉사람이 파쇄되면 외적인 일은 겉사람에게만 영향을 줄 수 있고 속사람은 영향을 받지 않기 때문에, 우리는 계속해서 하나님의 임재 안에 살 수 있다.

그리스도께서 내 안에 사신다

나는 그리스도와 함께 십자가에 못 박혔습니다.
그러므로 이제는 더 이상 내가 사는 것이 아니라,
그리스도께서 내 안에 사십니다.(갈 2:20)

I am crucified with Christ; and it is no longer I who live,
but it is Christ who lives in me.(Galatians 2:20)

한 나이 든 형제는 패배한 그리스도인의 생활을 오랫동안 해 왔다. 어느 날 그는 절망 속에서 "그리스도께서 내 안에 사십니다."라는 하나님의 말씀을 읽게 되었다. 그는 깜짝 놀라며 "뭐라고? 그리스도께서 정말로 내 안에 사신다고?"라고 외치며 기뻐 뛰었다. 그는 엄격한 성격의 사람이었지만, 식탁 옆에서 춤을 추며 "그리스도께서 내 안에 사신다! 그리스도께서 내 안에 사신다!"라고 외쳤다. 십자가에서 죽으신 그분께서 실제로 자신 안에 살고 계심을 알았을 때, 그는 하나님의 축복으로 충만해졌고 옛 생활 방식에서 벗어났다.

그리스도와 하나 된 생활은 만족스럽고, 풍성하며, 이기는 생활이다.

이전에 주를 멀리 떠나

이전에 주를 멀리 떠나 흑암에 있었네
지금은 그 말씀 빛 가운데 주 안에 있네

(후렴) 주 내 맘속에 살아 계시네
오 어떤 구원인가 주 내 안에 사네

(찬송가 801장)

하나님은 안에서 말씀하신다

나는 마음이 온유하고 겸허하니, 나의 멍에를 메고 나에게서 배우십시오.
그러면 여러분의 혼이 안식을 얻게 될 것입니다.(마 11:29)

Take My yoke upon you and learn from Me,
for I am meek and lowly in heart,
and you will find rest for your souls.(Matthew 11:29)

여러 해 전에 심프슨 박사는 친구에게서 작은 책 한 권을 선물로 받았다. 그 책의 제목은 〈참된 평안〉이었다. 그 책의 주된 내용은 다음과 같다. "하나님은 우리 안에서 우리에게 말씀하시기 위해 기다리고 계신다. 우리가 자신을 잠잠하게 하기만 하면 그분의 음성을 들을 수 있다." 심프슨 박사는 곧 자신을 잠잠하게 하는 것을 훈련했다. 그가 자신을 잠잠하게 하자 수많은 음성들, 곧 자신의 목소리와 많은 문제들과 걱정들과 자신의 기도뿐 아니라, 마귀의 제안과 세속적인 소리 등이 귓가에 가득했다. 또한 그가 해야 할 수많은 일들과 말들과 생각들이 사방에서 밀려들었고, 그것들은 매우 시끄러웠다. 그는 그것들을 듣지 않을 수 없었고 그것들에 반응하지 않을 수 없었다. 그러나 하나님은 오히려 그에게 "너는 안식해야 한다. 내가 하나님임을 알아야 한다."라고 말씀하셨다. 이로 인해 그의 마음은 조금 안정되었다. 그러나 내일의 걱정과 내일의 문제가 여전히 남아 있었다. 그러자 하나님께서 다시 그에게 "안식하여라."라고 말씀하셨다. 그로 인해 그의 내면이 조금 더 안정되었지만, 여전히 그의 마음에 불안이 있었다. 하나님은 계속해서 "너는 안식해야 한다."라고 말씀하셨다. 이때 비로소 그는 더 이상 외부의 소리나 자신의 음성이 들리지 않았다. 안에서 그에게 말씀하시는 하나님의 세미한 음성만 들렸다. 이 세미한 음성이 그의 안에서 하나님께서 하시는 기도가 되었고, 하나님께서 주시는 생명 공급이 되었으며, 그의 모든 문제에 대한 응답이 되었다.

내실의 추억

여호와는 나의 목자시니 나 부족한 것 없으리.
그분께서 나를 푸른 풀밭에 누이시고 쉴 만한 물가로 인도하시네.(시 23:1-2)

Jehovah is my Shepherd; I will lack nothing.
He makes me lie down in green pastures;
He leads me beside waters of rest.(Psalm 23:1-2)

페르시아의 한 총리가 자신이 성공하기 전의 삶을 기억하기 위해, 특별히 목동 시절에 사용했던 지팡이와 행장과 헌 옷과 물병 등을 기념으로 자신의 집의 내실에 진열해 놓았다. 그는 황실의 존귀와 명예에 현혹되지 않기 위해 매일 시간을 내어 이전의 생활을 회상하며 자신을 일깨웠다.

구약의 다윗왕 역시 그의 목동 시절을 잊지 않았다. 그의 마음속에는 하나의 내실이 있었는데, 그는 그곳에서 자주 묵상하고 기도했다. 그곳에서 쓴 시편 23편에는 그가 성년이 된 후의 체험과 어린 시절에 양들을 쳤던 기억이 분명하게 담겨 있다. 형제자매들이여, 여러분에게도 이러한 내실이 있는가?

하나님을 체험함 — 목자로

내 목자 되신 하나님 늘 은혜로 날 먹이네
주 나의 모든 것 되니 또 무엇 필요하리요

(찬송가 444장)

갈매기와 군함

우리가 보고 들은 그것을 여러분에게도 전해 주는 것은
여러분도 우리와 함께 교통을 갖도록 하려는 것입니다. 우리의 교통은
아버지와 또 그분의 아들 예수 그리스도와 함께하는 것입니다.(요일 1:3)

That which we have seen and heard we report also to you
that you also may have fellowship with us, and indeed our fellowship is
with the Father and with His Son Jesus Christ.(1 John 1:3)

갈매기는 먹이를 찾는 데 매우 능숙하며, 심지어 배에서 바다에 던진 음식 조각도 알아차릴 수 있다. 제2차 세계 대전 당시에 영국 해군은 군함의 안전이 매우 염려되어 심혈을 기울여 엄폐물을 찾으려고 했고, 심지어 적을 속이기 위해 많은 가짜 군함을 건조하기도 했다. 한번은 영국 총리인 처칠이 직접 어느 곳을 시찰한 적이 있었는데, 그곳의 일부 군함이 가짜라는 것은 알고 있었지만 어떤 군함이 가짜인지는 몰랐다. 그곳의 해군 사령관도 처칠이 가짜 군함을 알아보지 못할 것이라고 확신했다. 하지만 얼마 지나지 않아 처칠은 한 척을 가리키며 "저 군함은 가짜 군함이다!"라고 말했다. 함께 있던 사람들이 이 말을 듣고 매우 놀랐는데, 왜냐하면 비행기에서 다각도로 관찰해도 다른 점을 찾을 수 없었기 때문이다. 한 관리가 용기를 내어 어떻게 알 수 있었는지 물었다. 처칠은 "그 군함에는 갈매기가 없네."라고 대답했다. 알고 보니 진짜 군함에는 먹다 남은 음식이 배 밖으로 자주 버려져 갈매기가 많이 모여들었고, 가짜 군함에는 먹을 음식이 없어서 주변에 갈매기가 없었던 것이다. 그때부터 해군은 갈매기를 유인하기 위해 가짜 군함 주변에도 종종 음식을 던졌다.

하나님의 백성에게도 영적인 양식, 곧 하나님의 말씀이 필요하다. 우리가 주님을 위해 신언하려면 주님과 자주 교통해야 한다. 그럴 때 '살아 있는' 군함처럼 항상 양식을 공급받고 하나님의 말씀이 우리에게서 해방되어 나와서 하나님의 백성을 배부르게 할 수 있다.

갈릴리 바다와 사해

그러기에 너희가 구원의 샘들에서 기뻐하며 물을 길으리라.(사 12:3)

Therefore you will draw water with rejoicing
from the springs of salvation.(Isaiah 12:3)

이스라엘에는 두 개의 호수가 있는데, 둘 다 요르단강과 이어져 있다. 하나는 북쪽에 있는 갈릴리 바다로 불리는 호수로, 호숫가에는 여러 종류의 꽃들과 포도가 무성하게 있고 호수는 헤엄치는 물고기들로 가득하다. 주 예수님의 네 제자는 한때 갈릴리 바다에서 어부였으며, 오늘날까지도 이 바다에서 생계를 유지하는 사람들이 있다. 다른 하나는 남쪽에 있는 사해라 불리는 호수이다. 이 호수는 물이 너무 짜서 물고기들이 번식하기가 어려울뿐더러 호숫가에는 식물들이 자라지 못한다. 갈릴리 바다는 물이 끊임없이 흐르기 때문에 물이 맑고 풍요롭지만, 사해는 물이 고여 있기 때문에 건조하고 죽어 있다. 그리스도인들도 주님과의 교통을 통해 한 면으로 받아들이고 또 한 면으로 공급하지 않는다면 점차 사해가 될 것이다.

구원의 우물들에서

구원의 우물들에서 너희가 물을 길으리
기쁨으로 물을 길으리라 그날에 너희가 말하길
여호와께 감사하라 그 이름을 부르며 선포해
그의 행사 만국 중에 선포하고
또 여호와 이름이 높다 하리라
시온의 거민아 소리 높여 불러
이스라엘 크신 분이 너희 중에 크시다

(찬송가 790장)

아래는 아주 답답하다

그러므로 여러분이 그리스도와 함께 일으켜졌다면,
위에 있는 것들을 추구하십시오. 거기에서 그리스도는
하나님의 오른편에 앉아 계십니다. 여러분은 위에 있는 것들을 생각하고,
땅에 있는 것들을 생각하지 마십시오.(골 3:1-2)

If therefore you were raised together with Christ,
seek the things which are above, where Christ is,
sitting at the right hand of God. Set your mind on the things which are above,
not on the things which are on the earth.(Colossians 3:1-2)

한번은 한 전도자가 차 안에서 어떤 남자를 만나 그의 이름과 직업을 물었다. 그는 자신이 잠수부라고 말했다. 전도자가 잠수부가 무슨 뜻인지 이해하지 못하자, 그 잠수부는 "우리 회사는 사람들을 대신해 바닷속에 들어가 물건을 인양합니다. 만일 큰 배가 침몰하면 우리는 바다 밑까지 내려가서 그 배를 인양합니다."라고 말했다. 그 말을 듣고 전도자는 "당신은 매우 능력이 있으시군요."라고 말했다. 그러자 그는 "아닙니다. 우리는 잠수복과 수중 산소 호흡기가 있기에 이 일을 할 수 있습니다."라고 말했다. 그때 전도자는 "당신은 해저에 산과 물고기와 각종 동식물이 있는 것을 보았습니까?"라고 물었고, 그는 "예, 보았습니다."라고 대답했다. 전도자가 "아름다운가요?"라고 묻자, 그는 "아름답기는 하지만 바다 아래는 아주 답답합니다. 보통 우리는 물건만 찾으면 빨리 일을 끝내고, 배에 있는 사람들에게 신호를 보내어 즉시 끌어 올려 달라고 합니다."라고 대답했다.

여기서 우리는 좋은 영적 교훈을 얻는다. 첫째, 우리는 수중 산소 호흡기의 산소 공급과 같은 하늘의 공급에 의해서만 이 땅에서 주님을 위해 일할 수 있다는 것이다. 둘째, 우리는 이 땅에서 나그네와 체류자에 불과하며, 이 땅에 뿌리를 내리면 답답하고 죽게 된다는 것이다.

편자를 바꾸다

이스라엘의 거룩하신 분, 주 여호와께서 이렇게 말씀하신다.
"돌아와 안식해야 너희가 구원을 얻으며
잠잠하고 신뢰해야 너희가 힘을 얻게 되건만(사 30:15)

For thus says the Lord Jehovah, the Holy One of Israel,
in returning and rest you will be saved;
in quietness and in trust will be your strength.(Isaiah 30:15)

옛날에 한 전사가 있었는데, 그는 적을 피해 도망치던 중 자신의 말에 새 편자가 필요하다는 것을 깨달았다. 적들이 맹렬히 추격해 오고 있어서 한시도 지체할 수 없었지만, 그는 지혜롭게 길가에 있는 대장간을 발견하고 편자를 갈아 끼우기 위해 몇 분 동안 멈추었다. 이때 추격자의 말발굽 소리가 멀리서 들려왔지만, 그는 편자가 제대로 끼워질 때까지 인내심을 갖고 기다렸다. 적이 불과 100미터 정도밖에 떨어지지 않은 곳까지 쫓아왔을 때, 그는 안장에 올라타고서 빠르게 질주하여 즉시 위험에서 벗어났다. 그가 잠시 멈춘 것은 쓸데없는 일이 아니라 더 빨리 달리기 위한 일이었다.

하나님은 우리가 바쁠수록 그분께 돌이키도록 하신다. 그분과 함께 시간을 보내어 그분과 교통하고 그분의 능력을 흡수하게 하시어, 우리가 더 효과적으로 일하게 하신다.

격려 — 주님과 교통함

생명 빛 가운데 살며 교통하리
은혜의 주 보며 성령 순종하리
생명 빛 가운데 살면서
찬송해 영광 찬송 넘쳐

(찬송가 476장)

수도관이 없는 수도꼭지

사람이 내 안에 거하지 않으면, 가지처럼 밖에 던져져 말라 버립니다. 그러면 사람들이 그것들을 모아다가 불에 던져 태웁니다.(요 15:6)

If one does not abide in Me, he is cast out as a branch and is dried up; and they gather them and cast them into the fire, and they are burned.(John 15:6)

가난한 시골에서 자란 한 남자가 생계를 위해 상경하여 전기도 수도도 없는 작은 단칸방에 세 들어 살게 되었다. 그는 이웃집 벽에 수도꼭지가 달려 있는 것을 보았다. 수도꼭지를 틀자 물이 콸콸 쏟아졌다. 그는 속으로 '이런 게 집에 있으면 참 편할 것 같아.'라고 생각했다. 그래서 이웃에게 가서 "이 수도꼭지의 가격은 얼마입니까? 어디 가서 살 수 있습니까?"라고 물었다. 그 후 거리로 나가 수도꼭지를 하나 사서 벽에 구멍을 뚫고 달았다. 그런데 수도꼭지를 틀어도 물이 한 방울도 나오지 않았다. 그는 수도꼭지에 문제가 있다고 생각하여 다른 수도꼭지로 바꿔 달았다. 반나절을 기다렸지만 여전히 물이 한 방울도 나오지 않았다. 그래서 사장에게 가서 "왜 저한테 판 수도꼭지마다 다 고장인가요?"라고 물었다. 사장이 이리저리 살펴보았지만 이상한 곳이 없어서 "어디에 설치하셨나요? 벽에 수도관이 있습니까?"라고 묻자, 그는 "수도관은 보지 못했는데요."라고 대답했다. 사장은 이 말을 듣고는 큰 소리로 웃으면서 "수도관이 없으면 수도꼭지를 달아도 물이 나오지 않아요."라고 말했다. 그제야 그는 수도꼭지가 수도관에 연결되어야 물이 나온다는 것을 깨달았다.

사랑하는 성도 여러분! 여러분의 그리스도와의 관계는 정상인가, 아니면 단절되어 있는가? 우리가 교통을 통해 주님과 연결되어 있지 않다면, 우리의 인생은 수도관 없는 수도꼭지처럼 메마르고 무미건조해질 것이며, 주님을 위해 살거나 주님을 위해 일할 수도 없다.

손가락에 끼워진 다이아몬드를 자주 보다

눈은 몸의 등불입니다.
그러므로 그대의 눈이 단일하면 온몸이 밝을 것이나(마 6:22)

The lamp of the body is the eye. If therefore your eye is single, your whole body will be full of light.(Matthew 6:22)

어느 다이아몬드 전문가가 대량의 다이아몬드를 구입하고 있었다. 그의 친구가 옆에서 고르는 것을 지켜보고 있었다. 그 친구는 크기의 차이를 구별할 수 있을 뿐 다이아몬드의 진위 여부나 품질에 대해서는 알 수 없었다. 그런데 그 친구는 전문가 친구의 손에 다이아몬드 반지가 끼워져 있는 것을 보았다. 전문가 친구는 다이아몬드를 선택할 때, 먼저 자신의 손가락에 끼워진 다이아몬드를 보고 나서 구입할 다이아몬드를 선택했다. 즉 얼마 동안 자신의 손가락에 끼워진 다이아몬드를 주시한 후 선택해야 할 다이아몬드를 살펴본 것이다. 나중에 다이아몬드 전문가는 친구에게 이렇게 말했다. "내가 가지고 있는 다이아몬드는 가장 순수한 다이아몬드라네. 이것을 자주 보지 않으면 내 눈은 쉽게 분별력을 잃게 된다네. 그래서 이 순수한 다이아몬드를 몇 번이나 보아야 하는데, 그럴 때 정확한 선택을 할 수 있다네. 이 가장 순수한 다이아몬드는 내 눈에 분별력과 결정력을 준다네."

믿는 이들도 영적 안목을 가지고 영적인 것을 분별하려면, 자주 주님을 가까이하고 그분을 바라보아야 한다.

보지 못하니 흥미가 일지 않는다

그러나 혼적인 사람은 하나님의 영의 일들을 받아들이지 않습니다.
왜냐하면 그 일들이 그 사람에게는 어리석게 보이기 때문입니다.
또 그는 그런 일들을 알 수도 없습니다.
왜냐하면 그 일들은 영적으로만 판단할 수 있기 때문입니다.(고전 2:14)

But a soulish man does not receive the things of the Spirit of God,
for they are foolishness to him and he is not able to know them
because they are discerned spiritually.(1 Corinthians 2:14)

무디는 말씀을 전할 때 비유를 사용하는 것을 좋아했다. 하나님을 믿지 않는 한 신문 기자가 자주 무디를 비판하고 비웃으며 "무디 선생의 이야기는 좋지만 모두 거짓이고 지어낸 이야기입니다."라고 말했다. 어느 날 그는 잘못된 점을 들추기 위해 무디의 메시지를 들으러 갔다. 그날 무디는 '영적 빛'에 대해 강연하면서 다음의 이야기를 비유로 사용했다. "세 명의 여인이 길을 걸어가면서 상점에 진열된 물건을 구경하고 있었습니다. 그중 두 명의 여인이 흥미를 보였고, 그 진열장을 둘러본 후 세 번째 여인에게 말해 주었습니다. 그러나 세 번째 여인은 흥미가 없어 보였습니다. 어떤 사람이 그 옆을 지나가면서 세 여인의 반응을 지켜보았습니다. 세 번째 여인의 반응이 이상하여 가까이 가서 살펴보았더니 시각 장애인이었습니다. 볼 수 없으니 관심이 없는 것은 당연합니다. 이것이 그리스도인과 세상 사람의 차이점입니다. 우리는 영에 속한 일에 대해 흥미를 느끼며 좋아합니다. 그러나 혼적인 사람은 그러지 않습니다. 그들은 마음의 눈이 멀어 하나님의 영의 일들을 깨닫지 못하고 오히려 그것을 어리석다고 여깁니다." 이 말을 들은 신문 기자는 강연이 끝나기도 전에 질문을 했다. "방금 전한 이야기를 어디에서 들었습니까?" 무디는 "신문에서 읽은 이야기인데, 어느 신문인지는 기억이 나지 않습니다."라고 대답했다. 그러자 신문 기자가 이렇게 말했다. "그것은 제가 쓴 기사입니다. 저도 세 여인을 보고 그 기사를 썼지만, 그 안에 담긴 좋은 교훈을 생각하지 못했습니다. 오늘에서야 제 마음의 눈이 멀어 영에 속한 일을 깨닫지 못했다는 것을 알았습니다." 하나님을 믿지 않던 그 신문 기자는 자신이 썼던 이야기에 감동을 받아 회개하고 주님께로 돌아왔다.

더 큰 법칙

어린 자녀 여러분, 여러분은 하나님에게서 나왔으며, 그들을 이겼습니다.
왜냐하면 여러분 안에 계신 분께서
세상에 있는 자보다 더 크시기 때문입니다.(요일 4:4)

You are of God, little children; and you have overcome them
because greater is He who is in you than he who is in the world.(1 John 4:4)

어느 화창한 봄날에 한 아버지가 어린 아들을 데리고 공원에 놀러 갔다. 공원은 꽃향기와 새소리 등 자연의 아름다움과 활기로 가득했다. 갑자기 아들이 선생님이 했던 말이 생각나서 아버지에게 이렇게 물었다. "아빠, 도대체 '만유인력'이 뭐예요?" 아버지는 "만유인력은 일종의 자연법칙인데, 모든 물체를 땅으로 끌어당기는 지구의 본래 힘이란다. 네가 돌이나 사과를 위로 던지면 만유인력 때문에 그것들이 땅에 떨어지게 된단다."라고 대답해 주었다. 아이가 의아해하며 말했다. "그런데 아빠, 이 아름다운 꽃과 나뭇가지를 보세요. 그것들은 땅을 향하지 않고 하늘을 향해 위로 자라요!" 아버지는 미소를 지으며 아들에게 이렇게 말했다. "만유인력의 법칙 너머에는 더 큰 법칙, 즉 생명의 법칙이 있단다. 생명의 법칙은 만유인력보다 더 큰 힘을 가지고 있어서 만유인력을 이기고 식물이 위를 향해 자라게 한단다. 그것은 마치 꽃이 살아 있으면 위로 자라지만, 꽃이 꺾여 원래의 생명의 원천에서 끊어지면 위로 자라는 힘을 잃고 만유인력의 영향을 받아 땅에 떨어지고 마는 것과 같단다."

그리스도는 우리의 생명이시며, 우리가 그분 안에 거하면 모든 것을 이기고 넘어지지 않으며 위로 자랄 수 있다.

안에서 원하지 않으면 밖에서도 할 수 없음

왜냐하면 하나님은 자신의 선한 기쁨을 위하여 여러분 안에서 운행하시어, 여러분이 뜻을 세우도록 하실 뿐만 아니라 행하도록 하시기 때문입니다.(빌 2:13)

For it is God who operates in you both the willing and the working for His good pleasure.(Philippians 2:13)

팬턴은 다음과 같은 이야기를 해 주었다. 어느 의사가 간호사에게, 환자에게 어떤 처방대로 하게 하라고 지시했다. 간호사는 의사의 말대로 환자에게 그 처방대로 하라고 했지만, 환자는 "하지 않겠습니다."라고 말했다. 간호사는 의사에게 돌아와서 그가 하지 않으려 한다고 알렸다. 그래서 의사는 그 이유를 알아보려고 환자를 찾아갔다. 진찰 후 의사는 "이 환자는 할 수 있는데도 하지 않으려고 하며, 하려고 하는 의지 자체가 없습니다."라고 말했다.

우리는 안에서 하고자 하는 것이 없으면 밖에서 할 수 없다. 우리는 안에서 세상을 버리기 원하지 않으면 밖에서 세상을 버릴 수 없다. 그러나 하나님은 우리 안에서 운행하시어 우리가 참으로 기꺼이 그분의 선한 기쁨을 위하여 뜻을 세우도록 하실 뿐만 아니라 행하도록 하실 수 있다.

구원의 확신과 기쁨 — 주님에 의해 해방됨

난 예수께 돌아와 해방됐네 주 오늘 내 맘에서 왕 노릇 해
난 성령에 충만돼 찬양 넘쳐 주 예수 날 해방했네

(후렴) 오 영광의 해방일세 또 묶이지 않으리라
난 보혈로 씻어서 맑게 됐네 주 예수 날 해방했네

(찬송가 244장)

물줄기가 쌓인 오물을 씻어 낸다

우리를 구원하셨습니다. 그것은 우리가 행한 의로운 행위로 말미암은 것이 아니라,
그분의 긍휼에 따라 새로 남의 씻음과
성령의 새롭게 함으로 말미암은 것이었습니다.(딛 3:5)

Not out of works in righteousness which we did but according to
His mercy He saved us, through the washing of regeneration
and the renewing of the Holy Spirit.(Titus 3:5)

고대 그리스의 한 왕이 어떤 장사(壯士)에게 아주 어려운 일을 하도록 명령했다. 그것은 매우 큰 외양간을 깨끗하게 만드는 일이었다. 그 외양간은 산골짜기에 있었는데, 수년 동안 오물과 가축의 분뇨가 아주 두껍게 쌓여 있었다. 그러나 왕의 명령이었기에 그는 거절할 수 없었다. 그때 한 가지 묘안이 떠올랐다. 그것은 산 정상에 올라가 물줄기를 찾아 외양간으로 흘러가도록 하는 것이었다. 하루 종일 물이 외양간 안으로 끊임없이 흘렀기 때문에 며칠이 지나지 않아 외양간이 깨끗해졌다.

우리는 자신의 노력으로 거룩하게 될 수 없다. 오직 하나님의 생명으로 깨끗하게 될 수 있고 모든 죽음을 씻어 낼 수 있다. 이를 위해 우리는 항상 하나님과의 교통 안에 살아야 한다.

복음 — 간증

구주의 십자가 보혈로 죄 씻음 받기를 원하네
내 죄를 씻으신 주 이름 영광 돌리세

(후렴) 영광 돌리세 영광 돌리세
내 죄를 씻으신 주 이름 영광 돌리세

(찬송가 739장)

샹들리에가 깨지다

그러나 그리스도 예수님께 속한 사람들은
육체를 그 정욕과 욕망과 함께 십자가에 못 박았습니다.(갈 5:24)

But they who are of Christ Jesus have crucified the flesh
with its passions and its lusts.(Galatians 5:24)

성질이 아주 고약한 한 자매가 있었다. 그녀의 가족은 모두 그녀를 무서워했다. 몇 년 후에 그녀는 주님과 교통하고 주님을 의지해 승리하는 법을 배웠다. 어느 날 아침에 그녀는 큰 시험에 직면했다. 그녀가 위층에서 머리를 손질하고 있을 때, 그녀의 남편과 일하는 사람이 아래층에서 샹들리에를 달고 있었다. 이 샹들리에는 꽤 비싸고 귀한 것이었다. 그들이 샹들리에를 막 매달려는 순간 실수로 그것을 바닥에 떨어뜨려 산산조각 내고 말았다. 마침 아래층으로 내려오고 있던 그녀가 그것을 목격했다. 그녀가 크게 화를 낼 것이라고 생각한 남편은 몹시 당황했다. 그러나 그녀는 차분한 목소리로 "샹들리에가 깨졌군요. 잘 쓸어서 버리세요."라고 말했다. 평소에는 작은 컵이나 접시를 깨뜨려도 크게 화를 냈는데, 오늘은 예상치 못한 반응이었다. 남편은 아내의 전혀 다른 모습을 보고 "당신, 어젯밤에 잘 잤소? 어디 아픈 건 아니오?"라고 물었다. 그녀는 아픈 것이 아니라 하나님께서 기적을 행하셔서 쉽게 화를 내는 자신의 병을 낫게 하신 것이라고 말했다. 남편은 "이것은 기적이요, 정말 기적이요! 하나님께 감사와 찬양을 드립니다!"라고 말했다.

복음 — 간증

풍성한 주의 은혜 죄인을 구원했네
풍성한 주의 은혜 한량없도다

(후렴) 주 모든 사슬 끊고 자유를 주셨도다
주 모든 사슬 끊고 나를 해방해

(찬송가 738장)

더 이상 정리할 수 없다

나는 그리스도와 그분의 부활 능력과 그분의 고난의 교통을 알고,
그분의 죽음과 같은 형상을 이루어(빌 3:10)

To know Him and the power of His resurrection
and the fellowship of His sufferings,
being conformed to His death.(Philippians 3:10)

영국에 화를 매우 잘 내는 말씀 전파자가 있었는데, 화 때문에 그 자신도 늘 괴로웠다. 여러 차례 눈물을 흘리며 기도했지만 이겨 낼 수 없었다. 하루는 기도하고 죄를 자백한 후 이제는 화를 내지 않을 것이라고 다짐했다. 그러나 집에 돌아왔을 때 또 화를 냈다. 그는 상심하여 서재에 엎드려 잠이 들었는데, 꿈에서 아주 귀한 손님이 자기 서재로 오는 것을 보았다. 그의 서재는 먼지로 가득하고 물건이 사방에 어지럽게 널려 있는 상태였다. 그는 온 힘을 다해 서재를 정리하려고 노력했다. 손님이 계속 문을 두드리자 그는 마음이 더 급해졌고, 급해질수록 서재는 더욱 어지러워졌다. 그런데 어느 순간 그는 밖에서 기다리시는 분이 주 예수 그리스도이신 것을 알았다. 그래서 어쩔 수 없이 문을 열고는 "주님, 저는 이 정도밖에 정리할 수 없습니다. 당신이 괜찮으시다면 안으로 들어오십시오."라고 말했다. 그런데 주님께서 안에 들어오시자마자 놀랍게도 먼지가 사라지고 집이 더 이상 어수선하지 않았으며 빛과 기쁨으로 가득 찼다. 그가 온 힘을 다해도 할 수 없었던 일이 주님께서 들어오시자마자 다 해결되었다. 그는 아주 기뻐하며 잠에서 깨어났다. 이 꿈을 통해 그는 비로소 자신의 힘으로는 화를 다스릴 수 없다는 것을 깨달았다. 주님과 교통하고 그분 안에 살 때, 그분을 의지하여 모든 것을 이길 수 있다는 것을 깨달은 것이다.

요한 크리소스톰의 사람됨

나의 간절한 기대와 소망은, 어떤 일에서도 부끄러움을 당하지 않고,
항상 그러하였듯이 지금도 매사에 담대하여 살든지 죽든지
내 몸에서 그리스도께서 확대되시도록 하는 것입니다.(빌 1:20)

According to my earnest expectation and hope that in nothing
I will be put to shame, but with all boldness, as always,
even now Christ will be magnified in my body,
whether through life or through death.(Philippians 1:20)

요한 크리소스톰은 주후 398년 동로마 제국의 콘스탄티노플 대주교였다. 크리소스톰의 말뜻은 '금으로 된 입(金口)'이었는데, 그는 이름에 걸맞게 연설을 매우 잘했다. 당시 매우 방탕한 황후가 있었는데, 크리소스톰은 연설을 할 때 조금도 두려워하지 않고 공개적으로 황후를 꾸짖었다. 몇몇 대신들은 황제에게 그를 추방하거나, 재산을 몰수하거나, 감옥에 가두거나, 참수하거나, 화형에 처하라고 조언했다. 그러나 다른 몇몇 대신들은 황제에게 다음과 같이 말했다. "그는 그런 형벌들을 조금도 무서워하지 않습니다. 그를 국경 밖으로 추방해도 그는 하나님으로 말미암아 안식하고 평안히 살 것입니다. 그의 재산을 몰수해도 그는 아무렇지 않을 것이고 오히려 그의 도움을 받는 이들만이 손해를 볼 것입니다. 그를 감옥에 가두어도 그는 분명히 자신의 쇠사슬에 입을 맞추며 하나님께서 자신에게 큰 영광을 주셨다고 기뻐할 것입니다. 만일 그를 참수한다면 하나님께서 천국 문을 열어 그를 맞이하실 것입니다. 그를 실패하게 하는 유일한 방법은 바로 그를 유혹하여 죄를 짓게 하는 것입니다. 그러나 이 방법도 아무 소용이 없습니다. 왜냐하면 그가 가장 싫어하고 경계하는 것이 바로 죄를 짓는 것이기 때문입니다. 그와 주님 사이의 교통이 너무나 친밀하여 주님은 그를 죽게 하실지언정 죄를 짓게 하지는 않으실 것입니다. 그러니 그를 그냥 두는 것이 가장 좋습니다."

하나님을 사랑함으로 행하다

주님께서 여러분의 마음을 이끄셔서,
하나님의 사랑으로 하나님을 사랑하는 데 이르게 해 주시고,
그리스도의 인내로 인내하는 데 이르게 해 주시기를 바랍니다.(살후 3:5)

And the Lord direct your hearts into the love of God
and into the endurance of Christ.(2 Thessalonians 3:5)

한번은 로렌스에게 술을 사 오라는 임무가 주어졌다. 그는 그 일이 자신에게 유익이 없을뿐더러 다리를 저는 불편함이 있어서 그 일을 하기가 매우 꺼려졌다. 그때 그는 하나님께 "오, 하나님, 이것은 당신께서 허락하신 일입니다."라고 기도드렸다. 그래서 그는 모든 어려움을 극복하고 일을 잘 해낼 수 있었다. 그는 원래 주방 일을 가장 싫어했는데, 주방에서 일을 해야 했다. 그러나 무슨 일을 하든 하나님을 사랑하는 마음으로 했고, 모든 일을 잘할 수 있도록 기도로 하나님께 은혜를 구했다. 하나님과의 이러한 교통으로 인하여 그에게는 모든 일이 쉬웠고 처리하기 어려운 일이 없었다. 그는 자신의 현재 상황에 만족하며 어떤 상황에서도 기뻐할 수 있었다. 왜냐하면 모든 일을 하나님을 사랑함으로 했기 때문이다.

사모함 — 주님 안에서의 성장

주여 나로 더욱 주 사랑케 해
주 위해 더 열심 내게 하소서
주 말씀 더 믿고 주 뜻 사모해
더 완전히 순종하게 하소서

(후렴) 매일 날 부축하사 내게 힘을 주소서
나의 일생 주 위해 좁은 길 가도록

(찬송가 297장)

집에 있으면 안전하다

가장 높으신 분의 비밀한 곳에 거주하는 이는
전능하신 분의 그늘에 거하리라.(시 91:1)

He who dwells in the secret place of the Most High
will abide in the shadow of the Almighty.(Psalm 91:1)

어떤 그리스도인이 어릴 때 불량소년들이 많았던 하얼빈에서 자랐다. 거기서는 많은 사람이 길을 가다가도 이유 없이 괴롭힘을 당하는 일이 잦았다. 한번은 그가 길을 가고 있는데, 갑자기 한 무리의 불량소년들이 이유 없이 그를 주먹으로 때리고 발로 차서 그가 그 자리에서 기절하기도 했다. 때로 그들은 그를 집까지 쫓아왔지만, 그가 집에 들어가 문을 닫으면 더 이상 쫓아오지 않았다. 집에 들어가기만 하면 그들이 어떤 식으로 위협하고 겁을 줘도 두렵지 않았다. 그는 "집에 있으면 안전하다."라고 말했다. "가장 높으신 분의 비밀한 곳에 거주하는 이는 / 전능하신 분의 그늘에 거하리라."(시 91:1)

사모함 — 주님의 이끄심

인생 풍파 닥쳐도 주 내 피난처시니
주 가까이 계실 때 나는 안전하겠네

(후렴) 주여 주여 나를 인도하소서
내 길 확신 없으니 이 세상 끝 날까지

(찬송가 292장)

깊은 평온

아무것도 염려하지 말고, 다만 모든 일에서 기도와 간구를 통하여
감사한 마음으로 여러분의 구할 것을 하나님께 말씀드리십시오.
그러면 사람의 이해를 초월하는 하나님의 평안이 그리스도 예수님 안에서
여러분의 마음과 생각을 지키실 것입니다.(빌 4:6-7)

In nothing be anxious, but in everything, by prayer and petition
with thanksgiving, let your requests be made known to God;
and the peace of God, which surpasses every man's understanding,
will guard your hearts and your thoughts in Christ Jesus.(Philippians 4:6-7)

해양학자들은 바다를 강타하여 파도를 일으키고 배를 전복시키는 매우 사나운 폭풍우도 표면의 수백 미터의 물만 휘저을 뿐 바다 깊은 곳에는 조금도 영향을 주지 못한다고 말한다. 바다의 표면은 요동치지만 바다의 내부는 평온하다. 마찬가지로 그리스도인들도 폭풍우와 같은 환경을 만나더라도 그 환경 안에서 주님과 교통한다면, 사람의 이해를 초월하는 하나님의 평안이 그들의 마음과 생각을 지켜 그들 안은 평온할 것이다.

구원의 확신과 기쁨 — 일반

내 평생에 가는 길 순탄하여
늘 잔잔한 강 같든지
큰 풍파로 무섭고 어렵든지
나의 영혼은 늘 편하다

(후렴) 내 영혼 평안해
내 영혼 내 영혼 평안해

(찬송가 268장)

음악은 사람의 마음속에 있다

주님 안에서 항상 기뻐하십시오.
내가 다시 말합니다. 기뻐하십시오.(빌 4:4)

Rejoice in the Lord always;
again I will say, rejoice.(Philippians 4:4)

니콜로 파가니니는 바이올린 연주에 뛰어난 음악가였다. 한번은 연주회 때 박수갈채를 받으며 청중 앞에 섰는데, 손에 들고 있는 바이올린이 자신이 늘 쓰던 바이올린이 아니라는 것을 알아차렸다. 그는 한동안 당황스럽게 서 있다가, 어쩔 수 없이 청중들에게 자신이 바이올린을 잘못 가지고 나왔다고 말했다. 그는 뒤로 물러나 자신의 바이올린을 찾았는데, 누군가가 그의 바이올린을 훔쳐 가고 그 대신 낡은 바이올린을 두고 간 것을 알게 되었다. 그는 매우 낙담하다가 무대로 나와서 청중들에게 "신사 숙녀 여러분, 오늘 저는 여러분에게 음악은 악기에 있는 것이 아니라 사람의 마음속에 있다는 것을 증명해 보이겠습니다."라고 말하고는 혼신의 힘을 다해 연주했다. 그때 그 낡고 오래된 악기에서 아름다운 선율이 흘러나왔다. 청중들은 열광했고, 박수갈채가 천장을 뚫는 것 같았다. 파가니니는 청중들에게 음악은 악기에 있지 않고 사람의 마음속에 있음을 증명했다. 인생의 음악은 환경이나 외모에 있는 것이 아니라 바로 사람의 마음속에 있다. 우리가 주님께 마음을 돌이켜 그분과 교통한다면, 우리의 마음은 기쁨과 달콤함으로 가득 채워질 것이다.

선장의 얼굴

내 혼아! 어찌하여 낙심하느냐?
어찌하여 속에서 불안해하느냐? 하나님을 바라라.
나는 여전히 찬양하리, 그분의 얼굴로 구원하시는 분을.(시 42:5)

Why are you cast down, O my soul?
And why are you disquieted within me? Hope in God,
for I will yet praise Him for the salvation of His countenance.(Psalm 42:5)

한 척의 배가 남태평양을 항해하던 중 거센 폭풍우를 만났다. 승객들은 모두 배가 침몰할까 봐 두려움에 떨었다. 어떤 승객이 용기를 내어 폭풍우를 뚫고 갑판 위로 올라갔다. 그는 선장이 갑판 앞 높은 망루에서 편안하고 아무렇지 않게 천천히 걷고 있는 것을 보았다. 선장은 얼굴에 두려워하거나 걱정하는 기색이 없었고, 침착하게 선원들을 지휘하고 있었다. 그는 선실로 돌아가 당황한 채 두려움에 빠져 있는 승객들에게 "안심하세요. 저는 선장의 평온한 얼굴을 보았습니다!"라고 말했다.

우리는 어려움을 만나거나 곤경에 처했을 때 근심하지 말고 얼굴을 들어 주 예수님을 바라보아야 한다. 그럴 때 우리의 혼이 평안을 얻을 것이다.

주님을 찬미함 — 그분에 대한 만족

주를 생각할 때마다 내 맘 달콤하나
주 얼굴 친히 뵐 때에 달콤함 더 크리

(찬송가 171장)

배 안에서는
추가 요금이 필요하지 않다

유대인이나 헬라인이나 차별이 없습니다. 왜냐하면 한 분 주님께서 모든 사람의 주님이 되시고, 그분을 부르는 모든 사람에게 풍성하시기 때문이니(롬 10:12)

There is no distinction between Jew and Greek, for the same Lord is Lord of all and rich to all who call upon Him.(Romans 10:12)

일자리를 구하기 위해 배를 타고 미국으로 가려는 한 아일랜드 사람이 있었다. 그는 가진 돈이 매우 적었기에, 배표를 사고 나자 남은 돈이 얼마 없었다. 그래서 배에서 먹으려고 간식을 조금 샀다. 대서양을 건널 때까지 그 간식으로 버텨야 했기 때문에 그는 마음 놓고 먹을 수 없었다. 며칠이 지나자 간식도 다 떨어지고 배가 고프기 시작했다. 그때 배에서 일하는 직원이 쟁반에 음식을 들고 그의 곁을 지나갔다. 맛있는 냄새가 코를 찔렀고 군침이 돌았다. 그는 참을 수가 없어서 그 직원에게 "이 쟁반의 음식은 얼마인가요?"라고 물었다. 종업원은 "승선하실 때 배표를 사셨나요?"라고 물었다. 그가 샀다고 대답하자, 그 직원은 "이미 배표를 사셨는데, 왜 식당에 가서 식사하지 않으세요? 추가 요금 없이 먹을 수 있습니다."라고 말했다. 그 사람은 이 말을 듣고 놀라며 "아, 나는 너무 어리석구나. 왜 여기서 굶주리며 밥을 먹지 않았지?"라고 말했다.

일단 우리가 구원받으면 우리는 그리스도 안에 있고 그분의 모든 풍성이 우리의 것이다. 우리가 교통 안에 사는 한 그것을 얻고 누릴 수 있다.

영 안에 주님 참 맛보네

영 안에 주님 참 맛보네 주 먹고 마시며 누릴 때
주의 모든 풍성 나의 실재 안식과 만족 그침 없네
영 안에 영 안에 그 기쁨 측량할 길 없네
영 안에 영 안에 영 안에 그 풍성 누리며 살겠네

(찬송가 841장)

지하실에서만 살다

모든 성도들과 함께 그 너비와 길이와 높이와 깊이가 어떠한지를 깨달을 수 있는 충분한 역량과 지식을 초월하는 그리스도의 사랑을 알 수 있는 충분한 역량이 있게 하시어, 하나님의 모든 충만에 이르도록 여러분이 충만하게 되기를 바랍니다.(엡 3:18-19)

May be full of strength to apprehend with all the saints what the breadth and length and height and depth are and to know the knowledge-surpassing love of Christ, that you may be filled unto all the fullness of God.(Ephesians 3:18-19)

어느 어머니가 집안일을 도맡아 매일 집을 청소했고 한 번씩 각종 이불과 매트리스와 의자 쿠션을 햇볕에 말렸다. 그런데 그녀의 가족은 건물의 가장 낮은 층인 지하실에서 살았다. 위층은 귀한 손님이 올 때만 열고 평상시에는 닫아 놓았다. 이것은 그들이 집안 사정이 좋지 않아서 그렇게 한 것이 아니라 일부러 그렇게 한 것이다. 그 어머니가 그렇게 하기를 고집했다.

하나님은 사람을 삼 층 건물처럼 영과 혼과 몸의 세 층으로 창조하셨다. 우리는 이 가족처럼 맨 아래층인 지하실에서만 살아서는 안 된다. 매일 자신의 몸만 생각하거나 땅의 행복만 추구하지 말아야 한다. 오히려 가장 높은 층으로 올라가 영 안에서 하나님 자신을 누려야 한다.

어그러진 세상 속에서

어그러진 세상 속에서 죄로 죽었던 우리를
하나님이 주님과 함께 살리셨네 하늘에 앉히셨네

(후렴) 주님이 우릴 함께 모으네
와서 보라 하나 된 성도
그 사랑 우릴 연결하네
주의 충만하신 분량에까지

(찬송가 796장)

산에 사는 시아버지와 꽃게

우리 안에서 운행하는 능력에 따라, 우리가 구하거나 생각하는 모든 것보다 더욱 넘치도록 해 주실 수 있으신 하나님께(엡 3:20)

To Him who is able to do superabundantly above all that we ask or think, according to the power which operates in us,(Ephesians 3:20)

전에 한 처녀가 있었는데, 그녀의 집안은 바닷가에서 어업을 하며 생활했다. 그 처녀가 산촌으로 시집을 가게 되었는데, 산에 사는 사람들은 교통이 불편하고 물자가 부족하여 생활이 매우 열악했다. 어느 날 그녀의 시아버지는 매우 화가 났다. "이 며느리는 아껴 쓸 줄을 모른다. 이 며느리 때문에 집안이 망하겠다. 어찌 꽃게 한 상자를 사흘 만에 다 먹어 버린단 말이냐?" 그는 노기등등하여 그 말을 하려고 며느리의 친정을 찾아갔다. 며느리의 친정에서는 그에게 식사를 대접했는데, 밥상 위에는 꽃게가 가득 있었다. 그가 집 마당을 보니 그곳에도 꽃게 껍데기가 수북이 쌓여 있었다. 그는 곰곰이 생각하다가 그냥 집으로 돌아갔다. 많은 사람이 산에 사는 이 시아버지가 꽃게를 대하듯 기적을 대한다. 그들은 10년이나 30년에 겨우 한 번 기적을 체험하기 때문에 그들에게 기적은 매우 희귀한 체험이다. 그러나 하나님 앞에 살고 그분과 자주 교통하는 사람에게 기적은 흔한 일이다. 하나님의 손은 기적의 근원이며, 하나님은 계속 기적을 행하신다.

잠에서 깨자마자 기도하다

항상 기뻐하십시오. 끊임없이 기도하십시오. 모든 일에 감사하십시오.
… 그 영을 끄지 마십시오.(살전 5:16-19)

Always rejoice, unceasingly pray, in everything give thanks;
… do not quench the Spirit.(1 Thessalonians 5:16-19)

한 자매가 간증하며 이렇게 말했다. "저는 아침에 눈을 뜨자마자 주님께 '주님, 제 마음의 눈을 열어 주십시오.'라고 기도하고, 옷을 입을 때도 '주님, 그리스도를 의의 옷으로 입게 해 주십시오.'라고 기도하며, 세수할 때도 '주님, 저를 깨끗하게 해 주십시오.'라고 기도합니다. 또한 일을 할 때도 '주님, 일을 잘할 수 있는 힘이 되어 주십시오.'라고 기도하고, 불을 지필 때도 '주님, 제 안에도 사랑의 불이 새롭게 일어나게 해 주십시오.'라고 기도하며, 청소할 때도 '주님, 제 마음의 모든 더러운 것을 제거해 주십시오.'라고 기도합니다. 밥을 먹을 때도 '주님, 제게 감추어진 만나와 순전하고 영적인 젖을 주십시오.'라고 기도하고, 아이를 돌볼 때도 '하나님 아버지, 저를 당신의 말씀에 순종하는 자녀가 되게 해 주십시오.'라고 기도합니다. 저는 하루 종일 이렇게 기도합니다. 저는 제가 하는 모든 일을 기도로 바꿉니다."

많은 사람이 '끊임없이 기도하는 것'을 실천하기가 어려운 명령이라고 생각한다. 만일 여러분이 위의 방법대로 한다면 어렵지 않을 것이다.

매일 밤 아홉 시에 기도하다

필요한 것은 한 가지뿐입니다. 마리아는 좋은 편을 선택하였으니,
빼앗기지 않을 것입니다.(눅 10:42)

But there is need of one thing, for Mary has chosen the good part,
which shall not be taken away from her.(Luke 10:42)

남편이 죽어 혼자서 열 명의 자녀를 키워야 하는 한 자매가 있었다. 그녀는 집안일로 매우 바빴지만 그런 가운데서도 매일 주님과 교통했다. 그녀는 매일 밤 아홉 시에 방으로 들어가 문을 닫고 한 시간 후에 나왔다. 아이들은 어머니가 방에서 무엇을 하는지 몰랐지만, 어머니가 환한 얼굴로 방에서 나오는 것을 보았다. 하루는 아들이 아홉 시가 되기 전에 몰래 어머니 방으로 들어가 침대 밑에 숨었다. 그 아들은 어머니가 들어와 침대 앞에 무릎을 꿇고 기도하는 것을 보았다. 어머니는 "주님, 저의 몸은 지쳤고 저의 혼은 피곤합니다. 부디 제가 바쁜 가운데서도 항상 당신과 교통할 수 있도록 제게 힘을 주십시오."라고 기도했다. 기도한 후에 성경을 읽고, 성경을 읽은 후에 다시 기도하면서 어머니는 대략 한 시간 후에 방에서 나갔다.

많은 믿는 이들은 자신이 너무 바쁘고 환경이 좋지 않아서 하나님과 교통할 수 없다고 생각한다. 그러나 우리는 바쁜 가운데서도 얼마든지 시간을 내어 하나님과 교통할 수 있다.

그리스도를 체험함 — 그분과의 교통

가장 큰 복은 주 안에 거해
주님과 함께 교통함일세
주 안에 살며 주와 연합해
늘 교통할 때 막힘 없으리

(찬송가 418장)

마음이 하나님께 있다

육체에 둔 생각은 죽음이지만,
영에 둔 생각은 생명과 평안입니다.(롬 8:6)

The mind set on the flesh is death,
but the mind set on the spirit is life and peace.(Romans 8:6)

로렌스 형제가 하나님과 함께하는 법을 배울 때, 처음 몇 년 동안 하나님께 가까이 가는 그의 일반적인 방법은 시간을 정해 놓고 기도하는 것이었다. 그가 기도할 때 생각하는 것은 주로 죽음과 심판과 그가 지은 죄들에 관한 것이었다. 이런 기도는 몇 년 동안 계속되었다. 나중에는 기도하지 않을 때나 일을 할 때에도 매우 조심스럽게 마음을 하나님 앞에 두게 되었다. 그는 하나님께서 그와 함께 계시고 그의 안에 거하신다고 계속 생각했다. 그러므로 그는 정해진 기도 시간 외에도 자신의 마음이 하나님께 있다는 것을 무의식적으로 느꼈다. 이것은 그에게 큰 기쁨과 위로를 주었다.

그리하여 그는 일이 가장 바쁠 때에도 여전히 생각을 하늘에 두고, 당황하지 않고 침착하게 차근차근 일을 처리할 수 있었다. 일을 할 때 주방이 매우 시끄럽고 여러 사람이 동시에 그에게 일을 시킬지라도, 그는 항상 큰 평안과 하나님의 임재를 누렸다.

생각을 돌이키는 방법

여러분은 지난날의 생활 방식을 따르는 옛사람,
곧 그 속이는 것의 욕정에 따라 썩어 없어져 가는 옛사람을 벗어 버린 것이며,
또한 생각의 영 안에서 새롭게 되어(엡 4:22-23)

That you put off, as regards your former manner of life, the old man,
which is being corrupted according to the lusts of the deceit,
and that you be renewed in the spirit of your mind.(Ephesians 4:22-23)

한 형제가 여러 해 동안 하나님과 함께하는 것을 훈련하고 있었다. 이후에 매 순간 그분과 교통 가운데 살게 된 그는 다음과 같이 말했다. “우리의 생각은 본래 매우 산만합니다. 그러나 의지는 우리의 오감을 통제하는 기관이기 때문에, 생각을 하나님 앞으로 오게 하는 책임을 담당해야 합니다. 우리가 처음 기도를 배울 때, 훈련받은 적이 없는 우리의 생각은 방황하고 산만한 습성이 있어 그것을 이기기란 쉬운 일이 아닙니다. 더욱이 우리의 생각은 우리가 원하지 않는 온갖 땅에 속한 일을 생각하는 경우가 많습니다. 이에 대한 해결책이 있는데, 그것은 하나님 앞에서 자신을 낮추고 우리의 잘못을 자백하는 것입니다. 기도할 때 너무 많은 말을 할 필요가 없는데, 두서없는 말은 종종 사람의 생각을 혼란스럽게 하는 원인이기 때문입니다. 가장 좋은 것은 가난하고 몸이 온전하지 못한 거지가 부자의 문 앞에 있는 것같이 자신을 하나님 앞에 두는 것입니다. 바로 여러분의 마음을 하나님 앞에 두는 것입니다. 만일 생각이 하나님을 떠나 밖으로 나돈다면, 여러분은 반드시 의지를 사용하여 고요하게 생각을 바로잡아야 합니다. 여러분이 이렇게 꾸준히 해 나간다면, 하나님은 여러분을 긍휼히 여기실 것입니다. 또 다른 방법은 평상시에 여러분의 마음이 지나치게 방황하지 않도록 하는 것입니다. 그러면 마음이 잠시 떠나더라도 기도할 때 돌이키기가 쉬울 것입니다. 여러분은 반드시 여러분의 마음을 지키고 항상 하나님을 생각해야 합니다. 그러면 여러분이 기도할 때 하나님 앞에서 여러분의 생각이 쉽게 보호받는 것을 느낄 수 있을 것입니다.”

갓난아기, 한 마리의 양, 환자

참으로 제가 제 혼을 잠잠하게 하고 고요하게 하기를
젖 뗀 아이가 어머니 품에 있듯 하였으니
제 안에서 제 혼은 젖 뗀 아이 같습니다.(시 131:2)

Surely I have calmed and quieted my soul,
like a weaned child with its mother;
like a weaned child is my soul within me.(Psalm 131:2)

교통을 알고 있는 한 믿는 이가 하나님을 가까이하는 태도에 대해 다음과 같이 말했다. 첫째, 자신을 연약한 갓난아기로 여기라. 반복되는 실패, 여러 상처들, 무기력함, 스스로 해결할 수 없는 무능력함으로 인해 여러분은 비참하고 혼란한 가운데 있을 수 있다. 그럴 때 여러분 자신의 이러한 상황을 하나님 아버지 앞에 아뢰며, 근심하는 것에 대해 탄식하거나 몇 마디 짧은 기도를 하라. 그 후에 묵묵히 기도하는 가운데 영광의 왕께서 여러분 안에서 다스리시게 하라. 둘째, 때로는 자신을 목자 앞에 있는 한 마리의 양으로 여겨 그분께서 양식을 주시기를 앙망하라. 셋째, 때로는 하나님을 의사로 자신을 환자로 여겨 여러분의 병을 그분 앞에 두어 그분께서 치료하시게 하며, 결코 스스로 걱정거리를 만들려고 하지 말고, 다만 조용히 자신을 하나님께 맡기라.

사모함 — 자아에서 벗어남

주여 나를 보시고 단순함을 주소서
영 안에서 가난해 낮아지게 하소서

(찬송가 311장)

마그나의 몰락

늘 깨어 네 마음을 지켜라.
마음에서 생명의 근원이 나오기 때문이다.(잠 4:23)

Keep your heart with all vigilance,
for from it are the issues of life.(Proverbs 4:23)

몇 년 전에 어떤 사람이 북아프리카에서 로마 황제 세베루스가 태어난 마그나라는 도시의 유적을 발굴했다. 당시 이 도시는 로마 제국의 북아프리카 정치와 경제의 중심지였다. 항구와 많은 선박이 있었고, 교통이 편리하고 문화가 발달했다. 그러나 이 유명한 도시는 몰락하여 점차 지구상에서 사라졌다. 그 도시가 몰락한 것은 화재나 홍수, 지진, 전쟁이나 적의 침략 때문이 아니었다. 그곳의 항구에 점차 모래가 쌓여 더 이상 다른 나라와 무역을 할 수 없었기 때문이다. 그래서 사람들이 점점 도시를 떠났고, 세월이 흘러 거대한 사막의 모래와 바위가 그 도시를 묻어 버렸던 것이다. 우리도 마찬가지이다. 우리의 마음을 순수하게 지키지 않고 하나님 이외의 것들로 계속 채운다면, 점점 하나님과의 교통을 잃어버려서 결국에는 묻히고 몰락하게 될 것이다.

속생명의 각 방면 — 합당한 마음

주님의 생명 누리며 교통 나누려면
합당한 마음 필요해 주 은혜로 인해

(찬송가 540장)

몰래 먹다

하나님께서 빛 안에 계신 것같이 우리도 빛 안에서 행하면,
우리는 서로 교통을 갖게 되고, 그분의 아들 예수님의 피가
우리를 온갖 죄에서 깨끗하게 합니다.(요일 1:7)

If we walk in the light as He is in the light,
we have fellowship with one another, and the blood of Jesus
His Son cleanses us from every sin.(1 John 1:7)

어머니가 외출하면 주방으로 들어가 어머니가 만들어 놓은 음식이나 주방에 있는 과일이나 혹은 다른 것을 몰래 먹는 한 소녀가 있었다. 비록 먹은 후에 주방 문을 잘 닫고 입도 깨끗이 닦고 식탁도 깨끗이 닦을지라도, 그 소녀는 이미 죄를 지은 것이다. 원래 소녀는 어머니와 매우 친밀했다. 그런데 이제는 어머니가 위층에서 부르면 아래층에 있다가도 가슴이 콩닥콩닥 뛰었다. 그 소녀는 어머니가 알면 분명 자신을 혼낼 것이라고 생각했다. 어머니가 먹을 것을 주어도 어머니가 자신의 잘못을 알까 봐 두려워서 입맛이 없었다. 그 소녀는 계속해서 어머니를 피했다. 여기서 우리는 그 소녀가 어머니와의 교통에 문제가 생긴 것을 알 수 있다. 몰래 먹었다고 해서 더 이상 자녀가 아닌 것은 아니다. 여전히 자녀이지만 어머니와의 교통에 문제가 생긴 것이다. 우리도 마찬가지이다. 우리가 죄를 지었다고 해서 더 이상 하나님의 자녀가 아닌 것은 아니다. 여전히 하나님의 자녀이지만 하나님과의 교통에 문제가 생긴 것이다. 일단 죄를 지으면 즉시 교통이 끊어진다!

기도 — 주님과 교통함

기도 안에 교통하여 영 안에 주 뵙겠네
주의 임재 안에 묻고 은밀히 기다리리

(후렴) 기도 안에 교통하여 영 안에 주 뵙겠네
주의 임재 안에 묻고 은밀히 기다리리

(찬송가 568장)

오직 잘못을 자백하는 길밖에 없다

우리가 우리의 죄들을 자백하면,
하나님은 신실하시고 의로우셔서 우리 죄들을 용서하시고
모든 불의에서 우리를 깨끗하게 하실 것입니다.(요일 1:9)

If we confess our sins, He is faithful and righteous
to forgive us our sins and cleanse us from all unrighteousness.(1 John 1:9)

아이가 밖에서 나쁜 짓을 하고 집에 왔을 때, 어머니가 질책하지 않더라도 아이는 무언가 잘못되었다고 느끼게 되며, 어머니와 간격이 생겨 달콤한 교통을 할 수 없다. 관계를 회복하는 길은 한 가지뿐인데, 바로 어머니에게 가서 자신의 잘못을 자백하는 것이다. 믿는 이들도 마찬가지이다. 우리가 죄를 지을 때, 하나님과 간격이 생기고 교통에서 끊어지게 된다. 회복하는 길은 한 가지뿐이다. 그것은 하나님 앞에서 자신의 죄들을 자백하고, 주 예수 그리스도께서 이미 우리의 구속자가 되시어 우리의 모든 죄를 짊어지셨음을 믿는 것이다. 그럴 때 우리는 그분의 피로 깨끗하게 된다. 그분의 피는 우리가 미래에 지을 수 있는 모든 죄까지 처리할 수 있다.

성령의 충만 ― 불

내 마음대로 방랑하여 성령 근심케 하고
나 냉담하고 후퇴해도 그는 미워 안 했네

(후렴) 성령을 더욱 많이 주사 비추고 태우소서
늘 기도하기 원하오니 생명 공급 주소서

(찬송가 206장)

믿음

믿음은 바라는 것들의 실질화요,
보이지 않는 것들의 확증입니다.
(히 11:1)

Now faith is the substantiation of things hoped for,
the conviction of things not seen.
(Hebrews 11:1)

석류나무 꽃이 피었는지(아 7:12)
石榴放蕊(歌 7:12)

주님을 신뢰하는 것의 의미

그러므로 믿음에 속한 사람들이 아브라함의 자손이라는 것을 아십시오.(갈 3:7)
Know then that they who are of faith, these are sons of Abraham.(Galatians 3:7)

구약의 아브라함은 '믿음의 조상'이라 불렸다. 그는 모든 것을 버렸다. 그에게는 하나님을 신뢰하는 것 외에 나아갈 다른 길이 없었다. 그는 자신이 어디로 가는지 알지 못했기 때문에 하나님을 신뢰했다. 하나님은 아브라함에게 그의 땅과 친척과 아버지의 집을 떠나라고만 말씀하셨다. 하나님은 아브라함이 어디로 가는지를 그에게 말씀하지 않으셨다. 그래서 그는 하나님을 신뢰할 수밖에 없었다. 아브라함은 이렇게 말했을 것이다. "나는 다만 하나님을 신뢰한다. 나는 어디든지 하나님께서 인도하시는 곳으로 간다." 아브라함의 역사를 살펴보면, 그의 생활은 신뢰하는 생활, 믿음의 생활이었음을 알게 될 것이다. 하나님은 아브라함이 어떤 것을 하기를 기대하지 않으셨다. 하나님은 그에게 이렇게 말씀하신 것 같다. "아브라함아, 너는 나의 부름을 받았다. 아무것도 하지 마라. 내가 너를 위해 모든 것을 할 것이다. 다만 나와 함께 거해라. 내가 움직일 때 너도 움직여라. 어디든지 내가 가는 곳에 너도 가야 한다. 너 스스로, 너 혼자 아무것도 하지 마라." 이것이 하나님을 신뢰하는 것의 의미이다.

많은 사람이 주 예수님을 믿는 것은 다만 "주 예수님, 저는 당신을 믿습니다. 저는 당신을 저의 구주로 받아들입니다."라고 말하는 것이라는 잘못된 인상을 가지고 있다. 물론 이것도 옳지만 믿는다는 것의 의미는 훨씬 광범위하다. 그것은 우리가 자신을 끝내야 함을 의미하고, 우리가 아무것도 아니고 아무것도 없으며 아무것도 할 수 없음을 인정하는 것이다. 순간순간 걸음을 뗄 때마다 우리는 그분을 신뢰해야 한다. 나는 일들을 어떻게 해야 할지 모른다. 나는 나의 주님을 신뢰하는 것만 알 뿐이다. 나는 하나님이 아닌 모든 것에서 나오도록 부름을 받았으며, 이제는 모든 것이 되시는 하나님 안으로 믿어 들어간다. 나는 그분을 믿고 그분께서 나를 위해 이루신 모든 것을 믿는다. 나는 그분께서 나를 위해 하실 수 있는 일과 그분께서 나를 위해 하실 일을 믿으며, 그분을 전적으로 신뢰한다. 우리는 믿음의 조상인 아브라함의 자손이며 믿음의 백성이다(갈 3:7-9).(로마서 라이프 스타디, 개정판)

믿음의 창시자와 완성자

우리 믿음의 창시자이시며 완성자이신
예수님을 주목합시다.(히 12:2)

Looking away unto Jesus,
the Author and Perfecter of our faith.(Hebrews 12:2)

우리에게는 믿음의 창시자이신 예수님이 필요한데, 왜냐하면 우리의 타고난 사람 안에는 믿는 능력이 없기 때문이다. 우리는 혼자 힘으로 믿음을 갖지 못한다. 우리를 구원한 믿음은 우리가 주님으로부터 얻은 보배로운 믿음이다. 우리가 예수님을 주목할 때, '생명 주시는 영'(고전 15:45)이신 그분은 우리 안에 그분 자신을, 그분의 믿는 요소를 옮겨 부으신다. 그때 자연스럽게 우리 존재 안에서 믿음이 일어나며, 우리는 그분을 믿을 수 있게 된다.

예수님은 주로 그분의 영광 안에서 그리고 하늘의 보좌에서 우리의 믿음을 완전하게 하시는 분이시다. 그분은 땅에 계실 동안 창시하신 믿음을 완전하게 하시기 위해 영광 안에 계시며 하늘의 보좌에 앉아 계신다. 그분은 믿음을 성취하시고 완전하게 하시는 분으로서 그분이 창시하시고 시작하신 것을 성취하시고 완전하게 하실 것이다.

우리가 그분을 주목할 때, 우리는 그분께 자유롭게 그분 자신을 우리 안으로 옮겨 부으실 기회를 드린다. 이런 식으로 생명의 법은 우리가 그분으로 완전히 적셔질 때까지 우리 존재의 속부분들 안에서 작용한다. 우리가 내적으로 그분으로 더욱더 적셔질수록 그분을 믿기가 더 쉬워진다. 이것이 믿음을 갖는 길이다.(히브리서 라이프 스타디)

믿음으로 살다

그러나 나의 의인은 믿음으로 살 것이다. 그가 뒤로 물러간다면,
나의 혼은 그를 기쁘게 여기지 않을 것이다.(히 10:38)

But My righteous one shall live by faith; and if he shrinks back,
My soul does not delight in him.(Hebrews 10:38)

믿음으로 사는 것은 그리스도인의 생활의 원칙이다. 하나님은 우리를 느낌에서 이끌어 내어 믿음으로 살게 하신다. 하나님은 우리가 그분의 진리를 얻기를 원하신다. 그러나 그분은 우리가 느낌으로 얻기를 원하지 않으시고 믿음으로 얻기를 원하신다.

우리는 우리가 외적 느낌이 아닌 믿음으로 사는 사람들임을 기억해야 한다. 믿음으로 사는 것은 가장 고갈된 상황에서도 가장 즐거운 생활을 할 수 있고, 가장 즐거운 상황에서도 가장 고갈된 생활을 할 수 있는 것이다. 비록 우리가 산골짜기에 떨어지고 어두운 동굴에 들어가더라도, 우리는 동굴에서 나와 산 정상에 이를 때까지 여전히 하나님을 앙망하며 기다릴 수 있다. 이것이 바로 믿음으로 사는 것이다.

믿음으로 살려면 마음을 다해 하나님의 기쁨을 구하고 절대로 뒤로 물러나지 않으려고 해야 한다. 때로 성경을 읽을 때 누림이 없다고 느껴지더라도 뒤로 물러나지 말아야 한다. 기도를 할 때 응답이 없다고 느껴지더라도 뒤로 물러나지 말아야 한다. 간증을 할 때 능력이 없다고 느껴지더라도 뒤로 물러나지 말아야 한다. 때로 동굴 속에 있는 것 같고 주위에 빛이 없는 것 같아도 뒤로 물러나지 말아야 한다. 겉으로 어떻게 느껴지든 여러분은 결코 뒤로 물러나지 말아야 한다. 그리하면 여러분은 믿음으로 살 수 있을 뿐 아니라 하나님을 기쁘시게 할 수 있다. 형제자매들이여, 의인은 느낌이 아닌 믿음으로 산다는 것을 기억하라.(열두 광주리 가득히, 7권, 믿음으로 말미암아 살리라)

나는 이미 감사 기도를 드렸다

그러나 우리는 뒤로 물러가 황폐하게 되는 사람들이 아니라,
믿음을 가져 혼을 얻게 되는 사람들입니다.(히 10:39)

But we are not of those who shrink back to ruin but of them
who have faith to the gaining of the soul.(Hebrews 10:39)

한번은 허드슨 테일러가 중국 본토에서 동역자들과 함께 여행하며 일하던 중에 음식을 살 수 없어서 배가 몹시 고팠다. 그때 테일러는 노래를 부르며 "우리에게 음식을 주신 주님께 감사드립니다."라고 말했다. 이 말을 들은 동역자들은 "음식이 어디에 있습니까?"라고 물었다. 테일러는 미소를 지으며 "여기에서 멀지 않습니다. 우리 아버지께서 우리가 배고픈 것을 아시고 속히 아침밥을 가져다주실 것입니다. 잠시 후 음식이 왔을 때 여러분은 감사 기도를 드린 후 먹겠지만, 저는 이미 감사 기도를 드렸기 때문에 바로 먹을 수 있습니다."라고 말했다. 과연 어떤 사람이 멜대를 메고 와서 음식을 팔았고, 그들은 배고픔과 목마름을 해결할 수 있었다.

때로 눈으로 보지 못하더라도 이미 받았음을 믿고 하나님께 감사를 드리는 것이 참된 믿음이다.

그리스도를 체험함 — 그분께 복종함

말씀 빛 가운데 주와 함께할 때
영광 내 온몸 비추시네 주의 말씀 믿고
주께 순종할 때 주가 내 영을 충만케 해

(후렴) 다만 믿고 주께 순종하라
주 기뻐하심 위해 믿고 순종하라

(찬송가 426장)

요양원을 열다

여러분이 기도하고 구하는 것은 무엇이든지 이미 받은 줄로 믿으십시오. 그리하면 여러분에게 그대로 이루어질 것입니다.(막 11:24)

All things that you pray and ask, believe that you have received them, and you will have them.(Mark 11:24)

미국 남캘리포니아주에 한 자매가 있었다. 그녀는 군인들과 공무원들은 갈 수 있는 요양원이 있는 데 비해, 평생 복음을 전하며 수고한 하나님의 종들은 늙고 병들어도 갈 수 있는 요양원이 없는 것을 보고, 하나님께 요양원을 시작할 수 있도록 25,000달러를 주시기를 기도했다. 그녀는 이것으로 요양원을 열고자 했다. 기도 후 그녀는 마음속에 확신이 들어 자리에서 일어나 하나님께 감사를 드렸다.

얼마 지나지 않아 그녀는 누군가가 땅을 매물로 내놓았다는 소식을 들었다. 그녀는 그 땅을 둘러본 후 매우 만족스러워했고, 몇백 달러를 계약금으로 지불한 후 약속한 날까지 잔금을 지불하기로 했다. 만일 그날까지 잔금을 지불하지 않으면 계약금까지 잃을 수 있었다. 그러나 잔금을 지불해야 할 날이 점점 다가왔지만 거액의 잔금을 마련할 길이 없었다. 그래도 그녀는 흔들리지 않았고 그녀의 마음은 태산과 같이 견고했다. 어느 날 어떤 사람이 그녀에게 찾아와서 "우리가 조사한 바에 의하면, 당신이 사려는 땅 밑에 석유가 매장되어 있다고 합니다. 그 땅을 제가 사고 싶습니다."라고 말했다. 그녀는 팔지 않겠다고 말했다. 그러자 그 사람이 "세를 놓으시겠습니까?"라고 물었다. 그녀는 "원래 세도 놓지 않으려고 했는데, 석유를 어느 기간 동안에 판매한 이익금의 5퍼센트를 제게 주신다면 세를 드리겠습니다."라고 말했다. 합의한 지 얼마 되지 않아 그녀는 25,000달러를 받았고, 그것으로 잔금을 지불할 수 있었다. 그런데 기이하게도 얼마 되지 않아 폭풍이 몰아쳐 유정 입구가 막혀 당분간 더 이상 석유를 채굴할 수 없었다. 그녀는 주님께 25,000달러를 구했고, 받기도 전에 마음과 영 안에서 이미 받았다는 것을 알고 있었기에, 입을 열어 하나님께 감사를 드릴 수 있었다. 이것이 믿음이다.

하늘의 아버지께서 우리를 위해 준비해 주신다

오직 믿음 안에서 구하고, 조금도 의심하지 마십시오.
의심하는 사람은 바람에 밀려서 뒤흔들리는 바다 물결과 같습니다.(약 1:6)

But let him ask in faith, doubting nothing,
for he who doubts is like the surge of the sea,
driven by the wind and tossed about.(James 1:6)

한 자매가 배를 타고 바다를 건너 여행을 하는 중에 병에 걸려 눕게 되었다. 의사는 그녀에게 오렌지 외에는 어떤 음식도 먹지 말라는 특별한 지시를 내렸다. 그래서 배의 승무원들이 매일 오렌지를 그녀에게 가져다주었다. 배는 바다 위를 계속 항해했고, 해안의 도시와 마을로부터 멀어져서 주변에는 바다만 보였다. 그러던 어느 날 승무원이 와서 "부인, 배에 있던 오렌지가 다 떨어졌습니다. 지금 배는 육지에서 멀리 떨어진 바다에 있어서 오렌지를 살 방법이 없습니다."라고 말했다. 이 말을 들은 그녀는 "걱정하지 마세요. 저의 아버지께서 저를 위해 오렌지를 준비해 주실 거예요."라고 담대하게 말했다. 그녀는 조금도 의심하지 않고 하나님의 약속을 의지하면서 선실에서 홀로 하늘을 향해 기도했다. 잠시 후 바다에서 기적 소리가 들렸고, 한 시간 후에 승무원이 양손에 많은 오렌지를 들고 그녀를 찾아와 매우 기뻐하며 말했다. "부인, 조금 전에 기적 소리를 들으셨나요? 짙은 안개 때문에 길을 잃은 배였는데, 물도 다 떨어져 가는 상황에서 우리를 발견하고는 구조 신호를 보내왔답니다. 우리는 그들에게 많은 물을 주었고, 마침 그들의 배에는 오렌지가 매우 많아서 그들은 우리에게 보답으로 많은 오렌지를 주었답니다. 이것들이 바로 그들이 우리에게 준 오렌지입니다."

약속한 우표책

하나님의 약속을 믿지 못해 의심한 것이 아니라
오히려 믿음으로 강하게 되어 하나님께 영광을 돌리며(롬 4:20)

But with regard to the promise of God, he did not doubt in unbelief,
but was empowered by faith, giving glory to God.(Romans 4:20)

조지라는 아이가 있었다. 조지의 할머니는 조지에게 우표책을 선물하겠다고 약속했지만, 시간이 지나도 주지 않았고 다시는 그 이야기를 꺼내지도 않았다. 하지만 조지는 친구들이 놀러 왔을 때, 자신이 받은 선물을 하나씩 보여주면서 항상 "할머니께서 나에게 우표책을 주셨어."라고 덧붙였다. 조지의 어머니는 조지가 이 말을 여러 번 하는 것을 듣고 이상해서 아들에게 물었다. "조지야, 너는 할머니에게서 우표책을 받지도 않았는데 왜 친구들한테 그렇게 말하니?" 조지는 "엄마, 할머니께서 약속하셨으니 이미 받은 거나 마찬가지예요."라고 대답했다. 조지의 어머니는 조지의 믿음에 상처를 줄까 봐 더 이상 아무 말도 하지 않았다. 하루는 조지의 어머니가 조지의 믿음을 시험해 보고 싶어서 "조지야, 할머니께서 그 약속을 잊어버리신 것 같구나."라고 말했다. 조지는 즉시 대답했다. "아니에요, 엄마. 할머니는 잊어버리실 리가 없어요." 그리고 기쁨에 찬 표정으로 "엄마, 제가 지금 할머니께 감사의 편지를 쓰면 어떨까요?"라고 물었다. 어머니는 "한번 써 보렴." 하고 대답했다. 오래지 않아 답장이 왔다. "사랑하는 조지야, 나는 네게 주기로 약속한 우표책을 잊지 않았단다. 네가 좋아하는 모양의 우표책을 사러 갔지만, 이곳에는 없어서 뉴욕에 주문을 했단다. 그러나 보내온 것이 마음에 들지 않아서 다시 시카고에 주문을 했단다. 너를 사랑하는 할머니가." 조지는 편지를 다 읽고 승리에 찬 표정으로 어머니에게 말했다. "엄마, 제가 말했죠? 할머니께서 약속하신 것은 제가 이미 받은 거나 마찬가지예요." 조지의 마음에는 조금도 의심이 없었다. 이것이 바로 "아브라함은 소망을 가질 수 없는 중에 소망을 갖고 믿었으므로"(롬 4:18)이다. 조지가 우표책을 이미 받았다고 믿은 것은 할머니의 약속을 믿었기 때문이다. 조지의 믿음은 오래지 않아 사실이 되었다.

가서 식사 준비를 해 주세요

여러분에게 겨자씨 한 알만 한 믿음이 있어도, 여러분이 이 산을 향하여
'여기서 저기로 옮겨 가거라.'라고 하면 옮겨 갈 것이니,
여러분에게 불가능한 일이 없을 것입니다.(마 17:20)

If you have faith like a mustard seed, you will say to this mountain,
Move from here to there, and it will move;
and nothing will be impossible to you.(Matthew 17:20)

조지 뮐러는 영국의 브릭스톤에서 고아원을 운영하기 시작했다. 당시 그의 나이는 32세였는데, 그 일을 93세가 될 때까지 계속했다. 그는 60여 년 동안 총 1,350만 달러의 기부금을 받았고 만여 명의 고아들을 키웠다. 그는 기부금을 요청한 적이 없었으며 모든 것에서 다만 하나님을 앙망했다. 하루는 점심시간이 다가오는데 고아원 주방은 텅 비어 있었다. 12시가 되기 20분 전에 주방장이 뮐러를 찾아와 말했다. "선생님, 오늘은 아이들을 먹일 음식 재료가 아무것도 없습니다. 어떻게 하죠?" 뮐러는 "하나님께서 주실 테니, 당신은 가서 식사 준비를 해 주세요!"라고 말했다. 주방장은 속으로 '밀가루 통이 비어 있는데 어떻게 준비하란 말이지?' 하고 생각했다. 어쨌든 그는 가서 접시를 식탁 위에 차려 놓았다. 잠시 후 또다시 뮐러에게 와서는 "선생님, 이제 10분밖에 안 남았는데 어떻게 해야 합니까?" 하고 물었다. 뮐러는 "걱정하지 말고 가서 기다리세요."라고 대답했다. 다시 5분이 지나고 식사 종을 칠 시간이 다가오자 주방장은 안색이 하얗게 되어 또다시 뮐러에게 와서 물었다. "선생님, 종을 칠 시간입니다. 어떻게 해야 합니까?" 뮐러는 "왜 이렇게 불안해합니까? 당신은 이곳이 하나님의 고아원이고 하나님께서 책임지신다는 것을 모릅니까? 하나님을 의심하다니, 물러가시오! 이것은 당신이 신경 쓸 필요가 없습니다."라고 말했다. 주방장은 여전히 이해가 되지 않아 불평하며 나갔다. 바로 그때 빵을 가득 실은 몇 대의 트럭이 왔고, 이천여 명의 고아들은 그것으로 식사를 했다. 알고 보니, 어떤 공장에서 빵을 주문했는데 사고로 갑자기 가동이 중단되어 공장에 일꾼들이 없게 되었던 것이다. 그래서 빵을 보관할 수 없었던 공장장은 고아원에 빵을 보내라고 했고, 보내온 빵의 양은 고아원의 필요에 딱 알맞은 양이었다.

토요일 오후까지 반드시 도착해야 한다

믿음은 바라는 것들의 실질화요, 보이지 않는 것들의 확증입니다.(히 11:1)

Now faith is the substantiation of things hoped for,
the conviction of things not seen.(Hebrews 11:1)

어떤 그리스도인 선장이 승객 중 한 사람에게 다음과 같은 간증을 했다. "저는 5주 전에 이곳을 지나갔었습니다. 그때는 안개가 짙어서 배가 하루 동안 멈춰 있었습니다. 당시 승객 중에 조지 뮐러 씨가 있었는데, 내게 와서는 '선장님, 저는 토요일 오후까지 반드시 퀘벡에 도착해야 합니다.'라고 말했습니다. 저는 '그건 불가능합니다.'라고 말했습니다. 그러자 그는 '좋습니다. 만일 선장님의 배가 제 약속 시간에 도착할 수 없다면 하나님께 다른 방법이 있으실 것입니다. 저는 57년 동안 누구와도 약속을 어긴 적이 없습니다. 우리 함께 무릎을 꿇고 기도합시다.'라고 말했습니다. 저는 이 전도자를 바라보며 속으로 '이 사람은 정신 병원에서 나온 사람이 아닐까? 나는 이런 말을 들어 본 적이 없어.'라고 생각했지요. 저는 그에게 '뮐러 씨, 당신은 이 안개가 얼마나 짙은지 아십니까?'라고 물었습니다. 그러자 그는 '아니요. 제 눈은 안개의 짙음을 보지 않습니다. 제 눈은 오직 제 삶의 상황을 주관하시는 살아 계신 하나님만 바라봅니다.'라고 대답했습니다. 그러고는 무릎을 꿇고 기도했습니다. 그의 기도가 끝나고 제가 이어서 기도하려고 할 때, 그는 제 어깨에 손을 얹고는 기도하지 말라고 했습니다. 그 이유로 그는 '첫째는 선장님이 하나님께서 응답하신다는 것을 믿지 않기 때문이고, 둘째는 하나님께서 이미 저의 기도에 응답하셨기에 더 이상 구할 필요가 없기 때문입니다.'라고 말했습니다. 저는 바보처럼 그를 바라보았습니다. 그는 계속해서 '저는 저의 주님을 57년 동안 알고 있습니다. 그동안 하나님은 한 번도 제 기도를 들어주지 않으신 적이 없습니다. 선장님, 일어나서 문을 열어 보세요. 안개가 이미 걷혔을 것입니다.'라고 말했습니다. 몸을 일으켜 보니 과연 안개가 전부 사라져 있었습니다. 그래서 뮐러 씨는 토요일 오후에 예정대로 퀘벡에 도착했습니다."

이 일을 통해 우리는 믿음이 바라는 것들의 실질화이고 보이지 않는 것들의 확증임을 알 수 있다.

아무것도 염려하지 말고

또한 약속하신 분은 신실하시니,
흔들리지 않는 소망에 대한 고백을 굳게 지킵시다.(히 10:23)

Let us hold fast the confession of our hope unwavering,
for He who has promised is faithful.(Hebrews 10:23)

한번은 워치만 니 형제님이 어려운 상황을 만나 헤쳐 나갈 수 없었을 때, "아무것도 염려하지 말고"(빌 4:6)라는 주님의 말씀이 생각났다. 그래서 그는 빈 들에 가서 기도했다. 열 번 넘게 기도했지만 여전히 평안이 없었다. 그는 이 말씀이 남에게는 효력이 있고 자신에게는 효력이 없다고 생각했다. 그때 하나님께서 "나는 네게 아무것도 염려하지 말라고 했고 네게 평안이 있다고 했는데, 지금 너는 평안이 없다고 하느냐?"라고 말씀하셨다. 그는 놀라서 벌떡 일어나 "하나님, 당신께서 평안이 있다고 하셨다면 제게 평안이 있는 것입니다. 저는 더 말하지 않겠습니다."라고 대답했다. 그는 이렇게 믿음으로 말하고 집으로 돌아갔고, 즉시 평안을 얻었다. 이 평안은 그가 평생에 체험해 본 적이 거의 없는 평안이었다.

그러므로 우리는 하나님의 말씀으로 기도할 때 먼저 하나님의 말씀을 믿어야 한다. 어떤 것이 이루어진 후에 믿는다면, 그것은 믿음이 아니다.

격려 — 주님을 믿음

주님 가까우니 염려 말아라
주님만을 믿고 요동치 마라
너의 마음대로 행하지 마라
혹시 주가 오늘 올지 모른다

(찬송가 481장)

하나님의 말씀이 사람의 말보다 더 믿을 만하지 않은가

하늘과 땅은 사라질 것이지만, 나의 말은 결코 사라지지 않을 것입니다.(마 24:35)

Heaven and earth will pass away,
but My words shall by no means pass away.(Matthew 24:35)

한 청년이 저녁 집회 후 매우 괴로워하며 무릎을 꿇고 기도했다. 다음 날 저녁에도 그곳에서 기도했다. 그는 이미 주님을 믿었지만 죄들을 용서받은 확실한 증거가 없어서 괴로워했던 것이다. 어떤 전도자가 하나님의 말씀을 인용하여 죄들의 용서에 대해 설명했지만 여전히 그를 도울 수 없었다. 얼마 후 청년은 일어나 집으로 돌아가려고 했다. 떠나기 전에 그는 그 전도자에게 기도를 부탁했고, 전도자는 기도해 주겠다고 약속했다.

청년이 몇 걸음 걸어갔을 때, 전도자가 그를 불러 "내가 그대를 위해 기도할 것이라고 믿습니까?"라고 물었다. 청년은 놀라며 "물론입니다."라고 대답했다. 그러자 전도자는 "왜 그렇게 믿습니까?"라고 물었고, 그는 "당신께서 약속했으니까요!"라고 대답했다. 그래서 전도자는 "하나님의 말씀이 제 말보다 더 믿을 만하지 않단 말입니까?"라고 물었다. 그러자 청년은 즉시 깨닫고, 죄들을 용서받은 확신을 얻었으며, 자신에게 영원한 생명이 있음을 알았다.

우리는 자주 자신의 느낌이나 다른 사람의 중보기도는 믿으면서도 우리의 기도를 들으시는 하나님이나 하나님의 말씀은 믿지 않는다.

구원의 확신과 기쁨 — 주님께 사함을 얻음

주는 내 죄를 등 뒤에 던지고 기억지 않네
내 죄를 발로 짓밟고 다시 또 살피지 않네

(후렴) 내 범한 죄 사면함이 구름 사라짐 같게 해
주 내 죄 모두 도말하심이 구름 다 소멸됨 같아

(찬송가 233장)

믿음으로 찬양함

진실한 마음으로 확신에 찬 믿음을 가지고 지성소로 나아갑시다.(히 10:22)

Let us come forward to the Holy of Holies with a true heart in full assurance of faith.(Hebrews 10:22)

한 형제가 병이 났을 때, 고쳐 주시겠다는 약속을 하나님에게서 받고 즉시 주님을 찬양하였고, 이틀 만에 병이 나아 성도들에게 간증했다. 그때 그는 믿음으로 치유되는 일곱 단계를 체험했다. 첫째는 병들었고, 둘째는 기도했고, 셋째는 약속을 받았고, 넷째는 약속을 믿었고, 다섯째는 찬양했고, 여섯째는 병이 나았고, 일곱째는 간증했다. 병에 걸린 다른 형제는 처음 다섯째 단계까지는 거쳤지만 여섯째 단계에는 이르지 못했다. 첫 번째 형제는 먼저 자신의 병이 나은 것을 믿었기 때문에 찬양을 하게 되었다. 그의 찬양은 믿음에서 나온 것이었다. 그러나 두 번째 형제의 찬양은 믿음에 이르기 위한 것이었다. 그는 찬양을 믿음에 이르기 위한 수단으로 사용한 것이다. 첫 번째 형제의 찬양은 결과였고, 두 번째 형제의 찬양은 수단이었다. 두 번째 형제는 찬양을 통해 병이 낫기를 바랐지만 참된 믿음이 없었기 때문에 아무 소용이 없었다. 우리는 믿음으로 찬양할 수 있을 뿐, 찬양이 믿음을 낳는 것은 아니다.

워치만 니 형제님은 한때 중병을 앓았다. 주님은 그에게 그가 믿음으로 살고, 믿음으로 일어서고, 믿음으로 걸을 것이라고 약속하셨다. 하나님께서 이 말씀을 하셨을 때, 그는 그 말씀을 믿고 더 이상 기도하지 않았다. 그는 살고 일어서고 걸을 것이라는 하나님의 약속을 믿었고, 그렇게 함으로써 살았고 일어섰고 걸었다. 그때 역시 병에 걸린 한 자매가 있었는데, 그 자매도 니 형제님의 간증에 따라 일어서려고 했지만 일어설 수 없었다. 그녀는 믿음이 없었음에도 믿음으로 서려고 했기에 성공하지 못했다. 믿음의 체험은 주님의 약속이 있고 나서 믿는 것이며, 그 후에 이 믿음에서 출발하여 찬양할 수 있다. 믿음의 체험은 다른 사람의 믿음의 행위에 근거할 수 없고, 찬양에서 믿음으로 나아갈 수도 없다. 다른 사람에게서 배운 것은 믿음의 공식에 불과하며, 공식은 쓸모가 없다. 오직 살아 있는 믿음만이 결과를 낳을 수 있다.

그리스도께서 승리하셨다

그들은 어린양의 피와 자기들이 증언하는 말로 그를 이겼으며,
또한 죽기까지 자기들의 혼생명을 사랑하지 않았다.(계 12:11)

And they overcame him because of the blood of the Lamb
and because of the word of their testimony,
and they loved not their soul-life even unto death.(Revelation 12:11)

한번은 워치만 니 형제님이 한 나이 많은 자매님의 집에 머물고 있었는데, 그는 병에 걸려 몸이 좋지 않았을 뿐 아니라 여러 가지 일로 마음이 몹시 괴로운 상태였다. 그는 자신의 상황을 그 자매님에게 이야기했다. 그가 말할 때마다 자매님은 그를 바라보며 "그리스도께서 승리하셨습니다."라고 말했다. 그는 그 자매님에게 "겉으로 보이는 병은 두렵지 않지만, 저의 내적인 문제들이 해결되지 않아 몹시 힘듭니다. 그것들을 생각할 때마다 식은땀이 나고 정말 견디기가 어렵습니다."라고 말했다. 그 말을 들은 그 자매님은 다시 "그리스도께서 승리하셨습니다."라고 말했다. 그러자 니 형제님은 "그렇게 말씀하지 마십시오. 원수에 대해서는 그리스도께서 승리하셨다고 말할 수 있고, 죄에 대해서는 주님의 피로 정결하게 되었다고 말할 수 있으며, 질병에 대해서는 그리스도께서 담당하셨다고 말할 수 있습니다. 그러나 제 자신에게 문제가 생겼고, 이 문제가 아직 해결되지 않았는데 어떻게 그리스도께서 승리하셨다고 말할 수 있겠습니까?"라고 말했다. 그러나 그 자매님은 여전히 "그리스도께서 승리하셨습니다."라고 말하고서 성경에 있는 두 절의 말씀을 읽어 주었다. 그제야 니 형제님은 안팎으로 분명해졌고, "그리스도께서 승리하셨습니다."라는 말의 의미를 알게 되었다. 예전에는 "그리스도께서 승리하셨습니다."라는 말에 대해 성경 지식만 갖고 있었지만, 이제는 하나님에게서 온 지식을 갖게 되었다.

주님의 은혜가 충분하다

주님은 나에게 말씀하셨습니다.
"나의 은혜가 너에게 충분하다. 왜냐하면 나의 능력은
사람이 약할 때에 온전하게 나타나기 때문이다."(고후 12:9)

And He has said to me, My grace is sufficient for you,
for My power is perfected in weakness.(2 Corinthians 12:9)

어느 말씀 전파자가 딸의 장례식을 마치고 다음 날이 주일이어서 어떤 말씀을 준비해야 할지 고민하다가, 고린도후서 12장 9절 말씀인 "나의 은혜가 너에게 충분하다."를 주제로 정했다. 그래서 그는 무릎을 꿇고 하나님께 이 주제를 축복해 달라고 간구했다. 그는 기도하면서 자문했다. '하나님의 은혜가 나에게 충분한가? 하나님의 은혜가 나에게 충분하지 않다면, 어떻게 다른 사람에게 하나님의 은혜가 충분하다고 말할 수 있겠는가? 내 딸이 세상을 떠났을 때, 내가 슬프고 상심해서 견딜 수 없었다는 것은 하나님의 은혜가 나에게 충분하지 않다는 것을 의미했다. 나는 거짓말을 할 수 없다.' 그는 주제를 바꾸고 싶었지만 너무 늦어서 하나님께 "오, 하나님, 당신의 은혜가 제게 충분하게 해 주십시오."라고 기도할 수밖에 없었다.

그는 오랫동안 기도했지만 전혀 효과가 없는 것 같았다. 그때 그는 어머니가 벽난로 위에 걸어 놓은 성경 말씀을 우연히 보게 되었다. 다름 아닌 바로 고린도후서 12장 9절 말씀인 "나의 은혜가 너에게 충분하다."였다. 그 말씀은 '나'와 '너'는 파란색으로, 나머지 단어는 검은색으로 인쇄되어 있었고, '충분하다'만 빨간색으로 인쇄되어 있었다. 갑자기 그는 하나님에게서 빛을 받아, 주님은 "나의 은혜가 너에게 충분하다."라고 말씀하셨는데, 자신은 "나의 은혜가 너에게 부족하다."라고 말하고 있다는 것을 깨달았다. 그러자 그는 하나님 앞에서 자신의 잘못을 자백하며 "하나님, 당신은 '나의 은혜가 너에게 충분하다.' 라고 말씀하셨지만, 저는 여전히 당신의 은혜가 제게 충분하도록 기도하고 있습니다."라고 말했다. 그는 한편으로 하나님께 자신의 죄를 자백하고, 다른 한편으로 "주님의 은혜가 제게 충분합니다."라고 말하며 하나님께 감사와 찬양을 드렸다. 그러자 그는 기쁨과 감사로 가득했다.

다음 날 그는 단상에 올라 생애 최고의 메시지를 전했다. 어떤 사람이 그에게 그 비결이 무엇인지 물었고, 그는 딸의 장례를 치르고 나서야 믿는다는 것이 무엇인지 알게 되었다고 대답했다. 믿는다는 것은 하나님께 약속을 이행해 달라고 구하는 것이 아니라, 이미 말씀하신 것에 대해 하나님을 찬양하고 감사하는 것이다.

믿음으로 주님을 바라보다

이제 내가 육체 안에서 사는 생명은
나를 사랑하시어 나를 위하여 자신을 버리신
하나님의 아들의 믿음 안에서 사는 생명입니다.(갈 2:20)

And the life which I now live in the flesh I live in faith,
the faith of the Son of God,
who loved me and gave Himself up for me.(Galatians 2:20)

〈사막에 샘이 넘쳐흐르리라〉를 쓴 카우만은 성경에 거룩한 생활을 하라는 권면이 가득한데 왜 사람은 그렇게 살지 못하는지 궁금해하며 한동안 낙심하기도 했다. 그는 '하나님의 요구'와 '인간의 체험' 사이의 불균형을 해결할 방법이 없었다. 후에 그는 하나님의 영으로 충만하여 어린아이처럼 하나님의 뜻과 일치하는 삶을 살아가는 한 형제를 만났다. 그는 그 형제를 통해 빛을 보았고, 하나님의 구원 안에서 거룩함과 마음의 평안을 얻을 수 있다는 것을 깨달았다. 그는 믿음의 눈으로 그분을 바라본다면, 그분께서 그의 의가 되시어 그분 안에서 거룩한 생활을 할 수 있게 하신다는 것을 알게 되었다. 그래서 그는 하나님의 인도하심에 순종했고, 그의 믿음은 그 자신의 체험이 되었다.

자신을 바라보는 사람은 결코 '자아'를 벗어 버릴 수 없고, 오직 예수님을 바라보는 사람만이 변화되고 갈수록 영광스럽게 될 수 있다. 왜냐하면 우리 안에는 선한 것이 하나도 없고, 오직 예수님 안에만 하나님의 영광과 거룩함이 있기 때문이다.

나침반과 망원경

왜냐하면 우리가 믿음으로 행하고,
보이는 것으로 행하지 않기 때문입니다.(고후 5:7)
For we walk by faith, not by appearance.(2 Corinthians 5:7)

한 척의 해군 군함이 전자 장치의 고장으로 인해 항로를 잃어 여러 날 동안 다른 배나 해안을 보지 못했다. 그러나 함장은 흔들림 없이 밤낮으로 항해했다. 어느 날 아침에 그는 마침내 자신의 군함이 목적지인 부두를 향해 가고 있음을 보았다.

그는 어떻게 길을 찾을 수 있었는가? 그는 자신의 나침반과 망원경을 믿었기 때문에, 육지가 보이든 보이지 않든 조금도 흔들림 없이 나침반의 바늘에 따라 항해했던 것이다. 그리스도인들의 영적인 노정도 마찬가지이다. 우리는 우리 자신의 눈을 의지하지 말고 우리 안에 계신 성령의 느낌과 하나님의 말씀을 의지해야 한다. 참된 믿음에는 순종이 포함되며, 우리의 믿음과 순종은 축복을 가져온다.

시련 중의 안위 — 주님의 이름

하나님 이름 넓고 광대해 그 이름 안에 내 맘 평온해
아무리 밤이 길다 하여도 당신만 계시면 충족해

(찬송가 497장)

상관 말고 뛰어내려라

주님은 신실하신 분이시므로, 여러분을 견고하게 하시고
악한 자에게서 지켜 주실 것입니다.(살후 3:3)

The Lord is faithful, who will establish you and guard you
from the evil one.(2 Thessalonians 3:3)

한 상인이 지하실에 창고를 갖춘 가게를 열었다. 어느 날 상인이 지하실에 물건을 가지러 내려갔다. 지하실은 등이 많지 않아 어두웠다. 그때 그의 아들이 지하실 창고 입구로 뛰어와 지하실을 내려다보았다. 어두워서 잘 보이지 않자 아들은 큰 소리로 "아빠!" 하고 외쳤다. 아버지가 "왜 그러니?" 하고 물으니, 아들은 "저도 아빠가 계신 곳에 가고 싶어요."라고 대답했다. 아버지는 아들을 올려다보며 "뛰어내리렴!" 하고 말했다. 아들이 "아무것도 보이지 않아요."라고 말하자, 아버지는 "아빠가 여기에 있으니 믿고 뛰어내리면 된단다."라고 말했다. 잘못되면 크게 다칠 수 있었기에, 아들은 불안한 마음으로 잠시 어두운 창고를 바라보았다. 하지만 아버지를 믿고 용기를 내어 뛰어내렸다. 아버지는 즉시 안전하게 아들을 받아 품에 안았다.

참된 믿음은 이 아들과 같이 환경을 바라보지 않고, 신실하시고 신뢰할 수 있는 분이신 하나님께 자신을 내맡기는 것이다.

격려 — 주님을 믿음

네 마음 아브람같이 하늘 별들 보라
어려움 가볍게 봐야 견고한 믿음 돼

(후렴) 천지는 없어져도 산들 다 무너져도
주 말씀 이뤄지리 주 믿는 자에게

(찬송가 482장)

밧줄에 매여 꽃을 꺾다

왜냐하면 나는 내가 믿는 분이 누구이신 줄을 알고 있으며, 내가 맡긴 것을 그분께서 그날까지 지키실 수 있으시다는 것을 확신하기 때문입니다.(딤후 1:12)

For I know whom I have believed, and I am persuaded that He is able to guard my deposit unto that day.(2 Timothy 1:12)

몇 명의 여행자들이 높은 산에서 식물 표본을 채집하고 있었다. 그들은 전에 본 적이 없는 희귀종의 꽃을 발견했다. 하지만 그 꽃은 산골짜기 깊숙한 곳에 피어 있었기 때문에, 채집하려면 밧줄을 타고 내려가야 했다. 그러나 너무 위험해서 아무도 내려가려고 하지 않았다. 그러던 중 그들은 양을 지키던 한 아이를 만났고, 꽃을 꺾어 달라고 부탁하며 충분한 사례를 약속했다. 그 여행자들은 밧줄로 아이를 묶어 주며 줄을 꽉 잡아 줄 테니 무서워하지 말라고 말했다. 그러나 아이는 안심이 되지 않아 “아버지를 모시고 오겠어요. 아버지는 줄을 꽉 잡아 주실 수 있을 거예요.”라고 말하고는 뛰어갔다.

얼마 안 되어 그의 아버지는 아주 단단한 밧줄을 가지고 와서 아이의 몸에 묶은 후 내려보냈다. 아이는 많은 꽃을 꺾어서 올라왔고, 그들에게서 많은 사례를 받았다. 여행자들 중 한 명이 그 아이에게 “왜 우리를 믿지 않았니? 우리도 네 아버지처럼 밧줄을 꽉 잡아 주었을 텐데.”라고 물었다. 그 아이가 이렇게 대답했다. “저는 아저씨들을 모르지만, 제 아버지는 줄을 꽉 잡아 주실 것을 알기에 아무것도 두렵지 않기 때문이에요.”

사도 바울은 자신이 믿는 분이 누구이신 줄을 알고 있었기 때문에, 그분께 온전히 자신을 맡길 수 있었다. 마찬가지로 우리도 하나님을 아는 만큼 그분을 믿고 의지할 수 있다.

구원의 확신과 기쁨 — 주님의 보호하심

(후렴) 내가 믿고 또 의지함은 내 모든 형편 잘 아는 주님
늘 돌보아 주실 것을 나는 확실히 아네

(찬송가 259장)

아이를 절대로 떨어뜨리지 않는다

세상에 있는 자기 사람들을 사랑하시기를 끝까지 사랑하셨다.(요 13:1)

Having loved His own who were in the world,
He loved them to the uttermost.(John 13:1)

매우 어려운 상황 때문에 큰 고통을 겪고 있던 한 자매가 있었다. 한 전도자가 그녀를 심방하러 왔는데, 그녀는 미소조차 없이 아이를 안은 채 앉아 있었다. 전도자는 그녀에게 "자매님은 아이를 손에서 놓아 땅에 떨어뜨릴 수 있습니까?"라고 물었다. 이 말을 들은 그녀는 이상하게 생각하며 "저는 절대로 제 아이를 땅에 떨어뜨리지 않을 거예요."라고 대답했다. 전도자는 다시 "제가 얼마를 지불하면 아이를 떨어뜨리겠습니까?"라고 물었다. 그녀는 "하늘의 별보다 더 많은 금을 준다고 해도 저는 제 아이를 손에서 떨어뜨리지 않을 거예요."라고 대답했다. 전도자가 "정말 아이를 떨어뜨리지 않으렵니까?"라고 묻자, 그녀는 "절대로 떨어뜨리지 않을 겁니다."라고 대답했다. 그러자 전도자는 그녀에게 "자매님이 자매님의 아이를 사랑하는 것이 하나님께서 그분의 자녀들을 사랑하시는 것보다 더 크다고 생각합니까?"라고 물었다. 그 말을 듣자 그녀의 얼굴이 갑자기 빛났고, 그녀의 믿음은 불처럼 타오르고 되살아났다.

시련 중의 안위 — 주님의 신실하심

주 지체하지 않으리 은혜 주시기 기뻐해
나에게 주가 있으니 누구를 두려워하랴

(찬송가 506장)

구름 속에 있는 연

여러분은 예수 그리스도를 뵌 적이 없으면서도 사랑합니다.
지금도 그분을 뵙지 못하지만, 그분을 믿으면서 말할 수 없는 기쁨과
영광이 가득 찬 기쁨으로 즐거워하며(벧전 1:8)

Whom having not seen, you love; into whom though
not seeing Him at present, yet believing, you exult with joy
that is unspeakable and full of glory.(1 Peter 1:8)

한 아이가 들에서 연을 날리고 있었다. 바람이 좋았기 때문에 연이 아주 높이 심지어 구름 위까지 올라가는 데 오랜 시간이 걸리지 않았다. 구름으로 인해 연이 보이지 않았지만, 그 아이는 여전히 실을 단단히 잡고 그곳에 서 있었다. 마침 한 노인이 그곳을 지나가다 아이에게 물었다. "얘야! 곧 날씨가 어두워질 텐데 여기서 무엇을 하고 있니?" 그 아이는 "연을 날리고 있어요."라고 대답했다. 노인은 고개를 들어 주위를 둘러보며 "연이 어디에 있다는 게냐?"라고 물었다. 그 아이는 "할아버지께서 믿으시든 믿지 않으시든 연은 있어요. 구름 속으로 들어가서 보이지 않을 뿐이에요. 하지만 저는 계속해서 위에서 어떤 힘이 저를 끌어당기는 것을 느껴요."라고 대답했다. 이와 마찬가지로, 보이지 않으시는 주님을 바라보는 사람만이 자신을 끌어당기는 힘을 느낄 수 있다.

주 예수 주 예수

주 예수 주 예수 이름 불러 만질 때
더욱더 더욱더 우리 속에서 자라네
황금 꽃 피우며 영원히 자라게 하소서
우리 속 주님을 모두 알게 될 때까지

(찬송가 912장)

허드슨 테일러의 믿음

예수님께서 들으시고 감탄하셨다. 그리고 따르는 사람들에게 말씀하셨다. "내가 진실로 여러분에게 말합니다. 이스라엘에 있는 그 어떤 사람에게서도 이렇게 큰 믿음을 보지 못하였습니다.(마 8:10)

Now when Jesus heard this,
He marveled and said to those who followed, Truly I say to you,
With no one in Israel have I found such great faith.(Matthew 8:10)

중국내지선교회의 창시자인 허드슨 테일러는 "주님은 나의 목자이십니다."라고 말했다. 우리는 '-이십니다'에 주목해야 한다. 이 말은 주님께서 '과거에' 나의 목자이셨다거나 '가끔' 나의 목자이시라는 것이 아니라, '지금' '항상' 나의 목자이시라는 것을 의미한다. 그는 이렇게 말했다. "주님은 주일에도 나의 목자이시고 월요일부터 토요일까지도 나의 목자이십니다. 주님은 1월 1일부터 12월 31일까지 매일매일 나의 목자이십니다. 내가 집에 있든 밖에 있든, 좋은 때든 나쁜 때든, 가난하든 부유하든 주님은 바로 나의 목자이십니다. 세상의 모든 금과 은이 하나님 것이고, 모든 산과 강, 땅 위의 모든 생물도 하나님 것입니다. 왜 우리는 스스로를 가난하다고 말합니까? 왜 우리는 채식만을 하려고 합니까? 내가 하인에게 어떤 물건을 사 오라고 한다면, 싸든 비싸든 나는 하인에게 그 물건을 살 돈을 줄 것입니다. 마찬가지로 하나님도 우리에게 큰일을 시키시든 작은 일을 시키시든, 어려운 일을 시키시든 쉬운 일을 시키시든, 어떤 경우에도 우리를 인도하시고 우리에게 필요한 모든 것을 주실 것입니다. 그러므로 해결하기 어려운 일이 있을 때 하나님께 지혜를 구하고, 처리하기 어려운 일이 있을 때 하나님께 은혜를 구하십시오. 왜냐하면 그분은 우리의 목자이시기 때문입니다. 그분은 우리와 함께 계시고 우리 마음속에 살아 계십니다."

이 믿음의 위인은 이러한 믿음으로 중국 대륙의 열한 성에 복음의 문을 열었다.

그리스도를 위해 상복을 입다

그분은 자신을 통하여 하나님께 나아오는 사람들을
철저히 구원하실 수 있으십니다. 왜냐하면 그분은 항상 살아 계셔서
그들을 위하여 중보기도를 하시기 때문입니다.(히 7:25)

He is able to save to the uttermost those who come forward to God through Him, since He lives always to intercede for them.(Hebrews 7:25)

마르틴 루터가 어떤 일로 매우 근심하고 있을 때, 아내가 상복을 입고 들어왔다. 이를 본 루터가 "당신은 왜 상복을 입고 있소?"라고 물었다. 그러자 그녀는 "그리스도께서 죽으셨습니다!"라고 대답했다. 루터가 매우 엄숙하게 "그리스도께서 어떻게 또 죽으실 수 있다는 말이오?"라고 말하자, 아내는 "그런데 당신은 왜 그렇게 근심하고 있나요?"라고 물었다. 루터는 이 말을 듣고 크게 깨달아 "그렇다! 그리스도께서 살아 계시는데, 내가 왜 두려워하고 근심해야 하는가!"라고 외쳤다.

주님을 찬미함 — 그분의 부활

영광 돌리세 부활하신 주님께
죽음 뚫고 정복했네 승리하셨네
흰옷 입은 천사 돌을 굴려 내었네
그가 누우셨던 곳엔 세마포뿐였네

(후렴) 영광 돌리세 부활하신 주님께
죽음 뚫고 정복했네 승리하셨네

(찬송가 106장)

구원을 잃을까 봐 두려워하다

내 말을 듣고 나를 보내신 분을 믿는 사람은 영원한 생명을 얻었고,
심판을 받지 않으며, 이미 죽음에서 나와서 생명 안으로 들어갔습니다.(요 5:24)

He who hears My word and believes Him who sent Me has eternal life,
and does not come into judgment
but has passed out of death into life.(John 5:24)

미국의 유명한 말씀 전파자인 무디가 영국에 갔는데, 어느 날 갓 그리스도인이 된 친구를 심방하러 갔다. 그때 그 친구가 매우 낙심한 표정으로 이렇게 말했다. “나는 갓 구원을 받았지만, 시간이 지나면 믿음이 흔들려 구원을 잃을까 봐 두렵네.” 무디는 고개를 들어 집에 큰 시계가 걸려 있는 것을 보고 친구에게 “자네는 지금 시계가 작동하고 있는 것을 믿는가?”라고 물었다. 그 친구가 “나는 믿네.”라고 대답하자, 무디는 다시 “내일이나 모레도 여전히 작동하리라 믿는가?”라고 물었다. 그 친구는 “그것은 의심의 여지가 없네.”라고 대답했다. 그러자 무디는 “다시 한번 묻겠네. 주님께서 자네를 구원하셨다는 것을 믿는가?”라고 말했다. 그가 “그렇다네.”라고 대답하자, 무디는 “그렇다면 내일이나 모레도 주님께서 자네를 구원하시리라고 믿지 않는가?”라고 물었다. 그 친구는 잠시 생각하다가 무언가를 깨닫고, 자신이 영원한 구원을 얻었음을 확신하게 되었다. 나중에 그 친구는 그 큰 시계를 미국으로 보내어 자신의 영원한 구원을 기념하는 의미로 무디에게 선물로 주었다.

새들이 지저귀다

가장 높으신 분의 비밀한 곳에 거주하는 이는
전능하신 분의 그늘에 거하리라.(시 91:1)
He who dwells in the secret place of the Most High will abide
in the shadow of the Almighty.(Psalm 91:1)

한번은 마르틴 루터가 매우 낙담하여 무엇을 해야 할지 몰랐다. 갑자기 작은 새 한 마리가 지저귀는 소리가 들려왔고, 새는 다 지저귀고 나서 날개 밑에 머리를 묻고 잠을 잤다. 이것을 보고 루터는 자신에게 이렇게 말했다. '이 작은 새는 배불리 먹고 이제 잠들려고 하는구나. 마음이 너무 만족스러워서 내일의 음식과 머물 곳에 대해 전혀 생각하지 않는구나. 마치 다윗이 전능하신 분의 그늘에 거하는 것과 같구나. 나뭇가지에서 안식하며 하나님께서 돌보시고 공급하시도록 온전히 맡기는구나.'

마태복음 6장은 우리에게 목숨을 위하여 무엇을 먹을까 무엇을 마실까, 몸을 위하여 무엇을 입을까 염려하지 말라고 말한다. 그것은 목숨이 음식보다, 몸이 옷보다 소중하기 때문이다. 들의 백합은 수고도 하지 않고 물레질도 하지 않는다. 심지어 이스라엘 왕국의 지혜로운 왕인 솔로몬도 온갖 영화를 누렸지만 이 꽃들 중 하나만큼 입지 못했다. 그러므로 무엇을 먹을까, 무엇을 마실까, 무엇을 입을까 염려하지 말라. 이 모든 것은 이방인들이 간절히 구하는 것이다. 우리의 하늘의 아버지는 이 모든 것이 우리에게 필요한 줄을 아신다(25~32절).

시련 중의 안위 — 주님의 돌아보심

너 근심 걱정 말아라 주 너를 지키리
주 날개 밑에 거하라 주 너를 지키리

(후렴) 주 너를 지키리 아무 때나 어디든지
주 너를 지키리 늘 지켜 주시리 (너를)

(찬송가 493장)

너의 해가 다시는 지지 않는다

너의 해가 다시는 지지 않고 너의 달도 다시는 기울지 않으리니
여호와가 너에게 영원한 빛이 되어 주고(사 60:20)

Your sun will no longer go down, nor will your moon withdraw;
for Jehovah will be an eternal light to you.(Isaiah 60:20)

앤드루 머리가 어떤 메시지를 전한 후, 한 자매가 그와 대화를 하기 위해 찾아왔다. 그 자매는 매우 경건한 사람이었다. 머리는 그녀에게 최근에 어떻게 지내는지 물었다. 그녀는 "예전과 같지 않고 때로는 밝고 때로는 어둡습니다."라고 대답했다. 머리는 "자매님, 성경의 어디에 그런 말이 있습니까?"라고 물었다. 그녀는 "자연에도 낮과 밤이 있듯이 우리 영성에도 낮과 밤이 있습니다."라고 대답했다. 그렇지 않다. 결코 그렇지 않다. 성경은 우리에게 이렇게 말한다. "너의 해가 다시는 지지 않고". 우리가 하나님의 자녀들이라는 것과, 아버지께서 그리스도 안에서 성령을 통해 우리를 사랑하시어 우리가 늘 그분의 임재 안에 거할 수 있게 하시고 그분의 임재를 끊임없이 얻을 수 있게 하신다는 것을 믿자.

격려 — 주님을 믿음

하나님 견고한 말씀 폐해지지 않네
말씀 다 이뤄지리니 다만 믿기만 해

(후렴) 천지는 없어져도 산들 다 무너져도
주 말씀 이뤄지리 주 믿는 자에게

(찬송가 482장)

하나님을 위해 계획을 세우지 말라

여호와 이스라엘의 하나님께서 이렇게 말씀하셨습니다.
'… 가루 담는 통도 비지 않고 기름 담는 병도 마르지 않을 것이다.'(왕상 17:14)

For thus says Jehovah the God of Israel,
the barrel of meal will not give out, nor will the jar of oil fail.(1 Kings 17:14)

어느 주일 아침에 주님의 종들의 음식을 담당하는 한 자매가 그들에게 이렇게 말했다. "장작은 점심을 해 먹을 만큼 있고, 고기를 사면 하루 동안 먹을 수 있지만, 채소만 사면 모레까지도 먹을 수 있습니다." 주님의 종들은 잠시 생각하다가 "우리는 하나님을 위해 계획을 세울 것이 아니라 평소 하던 대로 우리가 가진 것을 다 사용합시다."라고 말했다. 그런데 그들은 당시에 저녁 식사에 쓸 장작도 부족하다는 사실을 간과했다. 그래서 그들은 식재료는 샀지만 저녁 식사를 준비하기 위한 장작이 충분하지 않았다.

그런데 오후에 하나님께서 먼 곳에서 한 형제를 보내 주셨다. 사실 그는 일주일 전에 하나님에게서 돈을 보내라는 지시를 받았으나 그날까지 미루고 있다가 그제야 기회가 되어 온 것이다. 그가 하나님의 공급을 가지고 왔을 때는 이미 해가 저물었고, 주님의 종들은 날이 어두워 장작을 사기가 쉽지 않다는 것을 알았지만 장작을 구하기 위해 거리로 나섰다. 그러던 중 길을 잘못 들어 손님이 오기를 기다리는 장작 장수 두 명을 우연히 만났다. 그들은 너무 빠르지도 늦지도 않게 장작을 사서 돌아와 난로에서 마지막 한 줌의 불씨를 얻어 저녁 식사를 준비할 수 있었다. 종종 하나님께서 준비하신 것은 마지막 순간에 사람들에게 나타난다.

하나님께서 하시리라는 것을 알다

나의 하나님께서 그리스도 예수님 안에서 하나님의 풍성을 따라 여러분의 모든 필요를 영광 가운데서 채우실 것입니다.(빌 4:19)

And my God will fill your every need according to His riches, in glory, in Christ Jesus.(Philippians 4:19)

18세기 영국의 유명한 말씀 전파자인 스펄전은 여러 차례 다음과 같은 간증을 했다. "저의 할아버지는 가난한 전도자이셨습니다. 할아버지께는 소가 한 마리 있었는데, 그 소는 열 명의 자녀들을 먹여 살리는 데 매우 큰 도움이 되었습니다. 불행히도 어느 날 소가 죽었습니다. 그때 할머니께서 '이제 소가 없으니 어떻게 살아야 하나요?'라고 물으셨고, 할아버지는 '이제 우리가 무엇을 해야 할지 모르지만, 나는 하나님께서 하시리라는 것을 알고 있소. 나는 하나님께서 우리의 모든 필요를 채워 주실 방법을 가지고 계신다고 확신하오.'라고 대답하셨습니다. 다음 날 할아버지는 놀랍게도 선교회로부터 20파운드를 받으셨습니다. 할아버지는 이 금액을 신청하신 적이 없었지만 하나님께서 제때에 필요를 채워 주셨습니다."

시련 중의 안위 — 주님의 임재

주 사랑 안에 거해 나 두려움 없네
이 확신 변치 않아 떨어지지 않아
광풍이 몰아치고 소망 다 끊겨도
주 나를 보호하니 방황치 않으리

(찬송가 490장)

한커우에서 온 돈

슬퍼하는 것 같으나 항상 기뻐하고,
가난한 것 같으나 많은 사람을 부유하게 하고,
아무것도 없는 것 같으나 모든 것을 가진 사람들입니다.(고후 6:10)

As made sorrowful yet always rejoicing;
as poor yet enriching many;
as having nothing and yet possessing all things.(2 Corinthians 6:10)

태평양 전쟁이 발발한 해의 새해 전날, 사람들이 새해를 맞이할 준비를 하고 있을 때, 하나님의 종들은 마침 식량이 떨어지고 주머니에 돈도 없었다. 그들은 그날이 지나면 아무것도 살 돈이 없고, 한 해 동안 공급을 얻을 희망이 매우 적다는 것을 알고 있었다. 그날 오후에 주님의 종들은 함께 모여서 어려운 시기가 다가오고 있다는 것을 알면서도 서로를 쳐다보지 않았고, 무언가를 계획하지도 않았으며, 다만 안식했다. 바로 그때 문을 두드리는 소리가 났고 낯선 손님 두 명이 찾아왔다. 이 두 손님이 방문 목적을 설명하지 않아 하나님의 종들은 그들이 왜 찾아왔는지 알 수 없었다. 그들은 자리에 앉고 나서야 서둘러 자신들의 방문 목적을 설명했다. "우리는 이곳에 대해 들어 본 적이 없습니다. 하지만 우리는 돈을 전달하라는 위임을 받고 한커우에서 왔고, 시간이 이미 늦어서 마지막 배를 타고 한커우로 되돌아가야 합니다." 주님을 찬양한다. 지금까지도 하나님의 종들은 돈을 전달한 두 사람이 누구인지 모른다. 새해 아침에 그들은 쌀과 채소와 생필품을 사기 위해 거리로 나갔고, 그 어려운 시기를 풍족하게 통과했다.

하나님만으로도 충분하다

그를 믿는 사람은 결코 부끄러움을 당하지 않으리라.(벧전 2:6)

He who believes on Him shall by no means be put to shame.(1 Peter 2:6)

한번은 독일에서 막 돌아온 조지 뮐러가 주님의 일을 하다가 재정적으로 큰 어려움을 겪은 적이 있었다. 며칠 후, 그는 고아원에 정기적으로 후원하던 한 형제에게서 다음과 같은 편지를 받았다. "형제님이 하고 있는 일에 긴급하게 필요한 것이 있습니까? 저는 형제님이 사람들에게 어떤 도움도 구하지 않고 형제님이 섬기는 주님만 바라본다는 것을 알고 있지만, 저의 질문에 대답해 주셨으면 합니다. 후원자로서의 저의 질문은 정당한 질문입니다. 저는 형제님의 현재 재정 상태를 알고 싶습니다. 현재 얼마가 필요하고 앞으로 얼마나 필요한지 알려 주시기 바랍니다." 그때 뮐러의 수중에는 27펜스밖에 없었고, 부양해야 할 고아도 수백 명이나 되었지만 다음과 같이 답장을 보냈다. "형제님의 사랑에 감사하며, 형제님의 질문이 정당하다는 데 동의합니다. 그러나 제가 하는 일의 주된 목적은 믿음이 약한 사람들이 하나님과만 교통하는 것으로도 충분하다는 것을 깨닫게 하는 것이기 때문에, 저는 우리의 재정 상태를 알리고 싶지 않습니다." 답장을 보낸 후, 뮐러는 이 형제를 위해 기도했고 자신의 필요를 살아 계신 하나님께 말씀드렸다. "주님, 제가 당신을 위해 이 형제에게 우리의 필요를 말하지 않은 것을 당신께서 아십니다. 이제 주님, 우리의 필요를 당신께만 말씀드리는 것으로도 충분하다는 것을 다시 한번 보여 주십시오. 만일 이 형제가 우리를 돕는 것이 당신의 뜻이라면, 이 형제에게 직접 말씀해 주십시오." 하나님은 이 형제를 감동시켜 금 100파운드를 보내게 하셨다. 그 돈을 받았을 때 뮐러의 수중에는 돈이 한 푼도 없는 상황이었다.

1펜스

결국은 죽게 될 것이라고 스스로 단정하였습니다.
이것은 우리가 자신을 신뢰하지 않고 죽은 사람들을 살리시는
하나님을 신뢰하도록 하려는 것이었습니다.(고후 1:9)

Indeed we ourselves had the response of death in ourselves,
that we should not base our confidence on ourselves but on God,
who raises the dead.(2 Corinthians 1:9)

1841년 가을에 조지 뮐러와 그의 동료들은 그들의 믿음에 대한 가장 가혹한 시험에 직면했는데, 그들의 상황은 그 어느 때보다 어려웠다. 몇 달 전까지만 해도 고아원에 식량이 끝없이 공급되었지만, 이제는 거의 매 끼니마다 하나님을 앙망해야 했다. 기도는 여전히 끊임없이 계속되었지만, 도움의 손길이 어떤 때는 지연되는 듯했다. 그러나 뮐러와 그의 동료들은 이 상황을 하나님의 특별한 은혜로 여겼다. 그들은 하나님을 끝까지 믿었다. 하나님께서 그들을 참으로 붙들어 주셨고, 그들은 흔들림 없이 하나님의 사랑 안에서 안식했다.

한번은 가난한 한 여인이 "비록 적은 금액이지만 꼭 주님께 드리고 싶습니다."라고 말하며 동전 두 개를 헌금한 적이 있었다. 그런데 그 헌금은 너무도 시기적절해서 긴급하게 필요한 빵을 사기에 충분했다. 또 한번은 고아원에서 다음 끼니를 위해 8펜스가 필요했는데, 수중에는 7펜스밖에 없었다. 헌금함을 열어 보니 딱 필요한 1펜스가 들어 있었다.

빈 항아리 앞에서 삼일 하나님을 찬양하다

그러므로 '무엇을 먹을까, 무엇을 마실까, 무엇을 입을까?'라고 하며
염려하지 마십시오. … 여러분의 하늘의 아버지께서
이 모든 것이 여러분에게 필요한 줄을 아십니다.(마 6:31-32)

Therefore do not be anxious, saying,
What shall we eat? or, What shall we drink? or,
With what shall we be clothed? … For your heavenly Father knows
that you need all these things.(Matthew 6:31-32)

허드슨 테일러는 중국 북부에서 메시지를 전할 때 자주 "참된 믿음을 가진 사람이라면 빈 항아리를 보고도 삼일 하나님을 찬양할 수 있습니다."라고 말했다. 이 말을 한 지 얼마 지나지 않아 그에게 그런 일이 일어났다.

어느 날 그의 아내가 그를 부엌으로 데려갔다. 그는 아내에게 "무슨 일이오?"라고 물었다. 아내는 "삼일 하나님을 찬양하시기 바랍니다."라고 말했다. 아니나 다를까 테일러의 눈에 빈 항아리가 보였다. 아내는 "여보, 저는 당신이 '참된 믿음을 가진 사람이라면 빈 항아리를 보고도 삼일 하나님을 찬양할 수 있습니다.'라고 하는 메시지를 자주 들었어요. 찬송에도 축복의 근원이신 아버지를 찬양하라고, 우리의 몫이 되시는 삼일 하나님을 찬양하라고 해요(찬송가 5장). 보세요, 드디어 기회가 왔어요. 이제 당신이 전한 대로 실천하세요!"라고 말했다. 테일러 앞에는 빈 항아리가 입을 벌리고 그를 바라보고 있었다. 테일러는 주머니에 손을 넣어 보았지만 텅 비어 있었고, 당장 돈을 구할 곳도 없었다. 순간 믿음이 흔들린 테일러는 그곳을 벗어나려고 했는데, 아내가 손에 밀가루 뜨는 국자를 들고 문을 막고 있었다. 테일러는 아내에게 "빈 항아리 앞에서 삼일 하나님을 찬양하겠소. 그 대신 조건이 있는데, 당신이 나와 함께 찬송을 불러야 한다는 것이오. 우리가 결혼할 때, 기쁨과 슬픔을 함께 나누겠다고 약속했던 것을 기억하오?"라고 말했다. 그래서 그들은 빈 항아리 앞에서 함께 삼일 하나님을 찬양했다.

그때 그들의 마음은 기쁨으로 충만했다. 다음 날 식료품점에서 밀가루 한 부대가 도착했다. 그들은 밀가루를 보낸 사람이 누구인지 알지 못했지만, 하늘의 아버지께서 자신들의 필요를 알고 계신다는 것을 확실히 알게 되었다.

백지 수표

젊은 사자들은 배고프고 굶주릴지라도
여호와를 찾는 이들은 모든 좋은 것에 부족함이 없으리라.(시 34:10)

The young lions hunger and starve,
but those who seek Jehovah will not lack any good thing.(Psalm 34:10)

19세기 영국 형제회의 로버트 클리버 채프만은 자신의 저서에서 가족의 사고로 인해 많은 금전적 도움이 필요했던 시절에 대해 이야기했다. 그는 믿음으로 하나님께 자신의 필요를 말씀드렸다. 얼마 지나지 않아 어느 믿는 이가 그를 찾아왔다. 그 믿는 이는 항상 겸손했고, 주님을 매우 사랑했으며, 또한 백만장자였다. 그는 채프만에게 "형제님, 형제님이 최근 재정적으로 어려움을 겪고 계신다고 들었습니다. 이 소식을 어디서 들었는지는 묻지 마시기 바랍니다. 단지 그것이 사실인지 알려 주시기만 하면 됩니다."라고 말했다. 채프만은 대답하지 않고 다만 고개를 끄덕였다. 그 믿는 이는 "형제님의 필요를 제게 말씀하지 않으셔도 됩니다. 하지만 제가 형제님께 관심하고 있다는 것만 알아주셨으면 합니다. 형제님의 문제가 잘 해결되기를 바랍니다."라고 말했다. 채프만은 눈물을 흘리지 않을 수 없었다. 채프만은 자신이 들은 좋은 소식을 믿을 수 없었고, 아무 말도 하지 못한 채 눈을 크게 뜨고 그를 바라보기만 했다. 그 믿는 이는 주머니에서 수표 한 장을 꺼내어 채프만에게 건네며 "이 수표는 제 이름으로 서명되어 있습니다. 빈칸에 필요한 금액을 채워 넣으시면 됩니다."라고 말했다. 그리고 그는 채프만과 악수를 하고 떠났다. 채프만은 재정적인 문제를 해결해 주신 하나님께 감사를 드렸다.

하나님께서 우리에게 밀가루가 없는 것을 아신다

그래도 가루 담는 통이 비지 않았고 기름 담는 병도 마르지 않았는데,
여호와께서 엘리야를 통하여 하신 말씀대로였다.(왕상 17:16)

The barrel of meal did not give out, nor did the jar of oil fail,
according to the word of Jehovah,
which He had spoken through Elijah.(1 Kings 17:16)

영국 스코틀랜드에 많은 자녀를 둔 과부가 있었다. 그녀는 여러 면으로 검소했지만, 자녀들을 먹이고 입히는 데 필요한 만큼만 돈이 있어서 늘 여유가 없었다. 그러나 그녀의 마음은 온전히 하나님을 의지했고, 자녀들에게도 그렇게 하도록 가르쳤다. 그런데 어느 날 그녀의 지갑이 텅 비었고, 밀가루 항아리에도 밀가루가 한 줌밖에 남지 않았다. 그녀는 남은 밀가루로 자녀들에게 줄 음식을 만들려고 했지만, 그 후에 다음 끼니를 어떻게 해결해야 할지 막막했다. 그녀는 항아리에 밀가루가 바닥나자 슬픔에 잠겨 눈물을 흘렸다. 그녀의 아들 로버트가 어머니가 우는 모습을 보고는 다가와서 "하나님께서 우리에게 밀가루가 없는 것을 아실 거예요."라고 말하며 위로했다. 즉시 그녀의 믿음이 강해졌고, 그녀는 "그래, 맞아! 로버트, 하나님은 알고 계셔. 모든 것이 사라져도 하나님은 여전히 존재하셔. 하나님은 우리의 모든 필요를 공급하시겠다고 말씀하셨어."라고 말했다. 이 과부는 비록 가난했지만, 하나님은 놀라운 방법으로 그녀에게 공급하셔서 부족함이 없도록 하셨다.

시련 중의 안위 — 주님의 신실하심

주 이미 약속했으니 더 지체하지 않으리
믿음으로 다 찬미해 그분은 우리 하나님

(찬송가 506장)

낮은 돌담 너머를 올려다보다

내 혼아! 어찌하여 낙심하느냐? 어찌하여 속에서 불안해하느냐?
하나님을 바라라. … 그분의 얼굴로 구원하시는 분을.(시 42:5)

Why are you cast down, O my soul? And why are you disquieted within me?
Hope in God … for the salvation of His countenance.(Psalm 42:5)

어느 날 존 웨슬리는 고상한 인격을 지닌 한 남자와 함께 걷고 있었다. 그는 웨슬리에게 자신의 어려움을 이야기하고 있었는데, 그것을 해결할 방법을 몰랐다. 그때 마침 멀지 않은 곳에서 소 한 마리가 고개를 들고 낮은 돌담 너머를 바라보고 있었다. 웨슬리는 그에게 "저 소가 왜 고개를 들고 돌담 너머를 바라보고 있는지 아십니까?"라고 물었다. 그는 "모르겠습니다."라고 대답했다. 그러자 웨슬리는 그에게 이렇게 말했다. "돌담 때문에 앞을 볼 수 없기에 고개를 들어 올려다볼 수밖에 없는 것입니다. 당신도 마찬가지입니다. 어려움을 해결하려면, 어려움을 바라보지 말고 고개를 들어 주님을 바라보아야 합니다."

사모함 — 하나님

시내 찾는 사슴처럼 목마른 나의 맘
하나님이 적셔 주니 신성한 은혤세
(찬송가 269장)

덩굴을 꼭 붙잡고 위를 바라보라

'여호와는 나의 몫 그러기에 나 그분께 소망을 둔다네.' 하고
내 혼은 말한다네.(애 3:24)

Jehovah is my portion, says my soul;
therefore I hope in Him.(Lamentations 3:24)

한 전도자가 아프리카의 콩고에 갔다. 어느 날 그는 덩굴로 만든 다리를 건너야 했다. 그 다리는 양쪽이 나무에 고정된 채 공중에 매달려 있었는데, 계속 흔들려서 위험해 보였다. 전도자는 빠르게 흐르는 강물을 내려다보며, 물속에 있는 거대한 악어를 생각하고는 감히 다리를 건너지 못했다. 함께 가던 원주민 중 한 사람이 전도자가 너무 무서워하는 것을 보고는, 그에게 "두려워하지 마시고 덩굴을 꼭 붙잡고 아래가 아닌 위를 바라보세요. 그것이 이 다리를 건너는 유일한 비결입니다."라고 말했다. 그의 말대로 전도자는 덩굴을 꼭 붙잡고 위를 바라보았고, 무사히 건너편으로 갈 수 있었다.

그리스도인이 어려운 환경을 통과하는 유일한 비결은 위를 바라보는 것이다. 즉 고개를 들어 하나님을 바라보는 것이다. 환경을 바라보면 뒤로 물러나게 되고, 하나님을 바라보면 앞으로 나아갈 수 있다.

달려야 할 길 있다

달려야 할 길 있다 할렐루야 또 이기는 길도 있다
시작한 자들에게 할렐루야 하나님은 말씀하셨네

(후렴) 주목하라 주목해 예수만을 주목해
모든 것에서 떠나 예수만을 예수만을 주목할지라

(내 마음의 노래 30장)

위에는 안개가 없다

나 눈을 들어 산들을 보리라. 나의 도움 어디서 오리오?
나의 도움은 여호와에게서, 하늘과 땅을 만드신 분에게서 온다네.(시 121:1-2)

I will lift up my eyes to the hills. From where will my help come?
My help comes from Jehovah, who made heaven and earth.(Psalm 121:1-2)

대서양을 건너던 대형 유람선이 짙은 안개를 만났다. 그러나 배는 속도를 늦추지 않고 평소처럼 계속 빠르게 나아갔다. 승객들은 걱정이 되어 탑승객 회의를 열어 두 명의 대표를 선장에게 보냈다. 그들은 선장에게 안개 때문에 앞이 잘 보이지 않아 사고가 날 수 있으니 배의 속도를 줄이고 선수와 선미에 승무원들을 더 배치해 달라고 요구했다. 선장은 승객 대표들을 향해, 모든 승객들에게 걱정하지 말라고 말해 달라고 부탁했다. 승객 대표들이 보니, 배의 가장 높은 곳인 선장과 항해사가 있는 곳에는 안개가 없었다. 그들의 시야는 가려져 있지 않았다.

마찬가지로, 믿는 이들도 시련과 환난과 어려움을 만나면 앞이 깜깜하고, 앞으로 어떤 일을 겪게 될지 몰라 매우 괴로워하는 경우가 많다. 그러나 기억하라. 우리를 인도하시는 주님은 위에 계시며, 모든 것을 아시고 모든 것을 보신다. 그러므로 우리는 그분 안에서 안식하기만 하면 된다.

시련 중의 안위 — 주님의 인도

주여 날 인도하는 항구 되어 주소서
인생 거센 풍랑과 암초 통과하도록
방향판을 보이사 나를 인도하소서

(찬송가 507장)

우물 속의 달

제자들이 눈을 들어 보니,
오직 예수님 외에는 아무도 보이지 않았다.(마 17:8)

And when they lifted up their eyes,
they saw no one except Jesus Himself alone.(Matthew 17:8)

한 해 중 추석의 달은 가장 밝고 하늘 높이 떠오르며, 달빛은 은빛으로 대지를 덮는다. 어느 집에 다섯 형제가 있었는데, 추석에 마당에서 다 같이 숨바꼭질을 하고 있었다. 막내가 우물 옆에 숨어 있다가 우연히 우물 속에 있는 달을 발견했다. 그 달은 하늘에 떠 있는 달만큼이나 밝고 둥글었다. 그는 형들을 불러 "형들아, 봐! 우물 속에 있는 달이 얼마나 예쁜지 봐!"라고 말했다. 형들은 그 말을 듣자마자 달려와 우물 속을 보았다.

평소에 장난기가 많았던 셋째가 달려오면서 돌 하나를 주워 몸에 숨겼다. 형제들이 달에 정신이 팔려 있을 때, 셋째가 갑자기 주워 온 돌을 우물 속에 던졌다. '퐁당' 하는 소리에 모두가 깜짝 놀랐다. 우물 속의 물결로 인해 달이 찌그러져 버렸다. 막내는 울상이 된 얼굴로 "형, 달이 왜 이 모양이야?"라고 물었다. 형은 동생에게 "아우야, 너무 속상해하지 마. 하늘의 달을 봐. 여전히 둥글고 밝단다."라고 대답했다. 막내는 하늘을 올려다보더니 즉시 눈물을 멈추고 웃었다.

사실 사람들이 가진 희망은 유리처럼 깨지기 쉽고, 어떤 충격에도 견딜 수 없으며, 전쟁과 질병과 환난이 닥치면 산산조각 난다. 우리 모두는 눈을 들어 전에도 계셨고 지금도 계시며 장래에도 계실 영원하신 그리스도 예수님을 바라보아야 한다.

늑대 옆에서 기도하다

나는 여러분을 고아처럼 버려두지 않을 것입니다.
나는 여러분에게 돌아옵니다.(요 14:18)
I will not leave you as orphans; I am coming to you.(John 14:18)

어느 하나님의 종이 전도 여행을 하던 중 크게 낙담한 적이 있었다. 그는 자신이 해결할 수 없는 많은 어려움에 직면했고, 하나님께서 자신을 버리신 것 같은 느낌을 받았다. 그래서 그는 동굴을 찾아 들어가서 주님께 기도하며 자신이 처한 어려운 상황과 버림받은 것에 대해 말씀드렸다. 오랜 시간 기도하다가 눈이 동굴 안의 어둠에 익숙해졌을 때, 그는 얼마 떨어지지 않은 곳에 어미 늑대와 새끼 늑대가 누워 있는 것을 발견했다. 이 늑대는 그를 잡아먹으러 오지도 않았고, 심지어 미동도 없었다.

원래 새끼 늑대를 키우는 어미 늑대는 그 어떤 맹수보다도 사납다. 그러나 하나님은 그가 버림받았다고 느낀 그때 그를 안전하게 지켜 주셨다. 그는 모든 염려가 일시적인 것이고, 모든 어려움 속에는 하나님의 선한 의도가 있으며, 항상 하나님께서 가까이서 그를 인도하시기 때문에 염려하거나 두려워할 필요가 없다는 것을 깨달았다.

시련 중의 안위 — 주님을 믿고 의지함

주 다시 오시는 그날 그곳에서 다 알겠네
우리의 탄식과 눈물 그 모든 의미 알겠네

(후렴) 구주 믿고 의지하라
길 어둡고 험악해도
주 부축하니 두려워 마라
그날 다 알게 되리니

(찬송가 515장)

세 개의 베개

… 모든 위로의 하나님께 … 찬양을 드립니다.
그분은 우리를 모든 환난 가운데서 위로해 주시어,
우리 자신이 그분께 받은 그 위로로 각종 환난 가운데 있는 사람들을
위로할 수 있도록 하십니다.(고후 1:3-4)

Blessed be the … God of all comfort; Who comforts us in all our affliction
that we may be able to comfort those who are in every affliction
through the comforting with which we ourselves
are comforted by God.(2 Corinthians 1:3-4)

앞을 볼 수 없을 뿐 아니라 매우 고통스러운 병에 걸려 오랫동안 침대에 누워 지내던 가난한 여인이 있었다. 한 전도자가 그녀를 방문하여 그녀에게 "사는 것이 고통스럽지 않습니까?"라고 물었다. 그녀는 그에게 다음과 같은 이야기를 해 주었다. "예전에 어떤 전도자가 죽어 가는 사람을 심방하러 간 이야기가 생각나는군요. 전도자는 죽어 가는 사람에게 '지금 심정이 어떻습니까?'라고 물었고, 죽어 가는 사람은 이렇게 대답했습니다. '저는 세 개의 베개에 머리를 베고 있습니다. 첫 번째 베개는 하나님의 능력이고, 두 번째 베개는 하나님의 완전한 사랑이며, 세 번째 베개는 하나님의 온전한 지혜입니다.' 저도 지금 이 세 개의 베개에서 안식하고 있습니다. 그러므로 저의 마음은 평안하고 염려가 없습니다."

두 장의 안식하는 그림

내가 여러분에게 이러한 말들을 한 것은
여러분이 내 안에서 평안을 얻도록 하려는 것입니다.
세상에서는 여러분이 환난을 당하나,
용기를 내십시오. 내가 세상을 이겼습니다.(요 16:33)

These things I have spoken to you that in Me you may have peace.
In the world you have affliction, but take courage;
I have overcome the world.(John 16:33)

두 명의 화가가 만나 안식을 표현하는 그림을 그렸다. 첫 번째 화가는 잔잔하고 거울과 같은 표면이 있는 큰 호수를 그렸는데, 산의 아름다운 풍경이 호수의 물에 선명하게 비쳤다. 두 번째 화가는 커다란 폭포를 그렸는데, 폭포 옆에는 폭포수에 의해 구부러진 작은 관목의 가지들이 있었고, 그 가지들의 꼭대기에는 물에 젖은 작은 새 둥지가 있었다. 그리고 그 새 둥지 안에서 울새 한 마리가 자고 있었다.

첫 번째 그림은 단지 정적인 상태를 표현한 것이고, 두 번째 그림이야말로 안식을 표현한 것이다. 이는 안식은 그것과 대조되는 대상이 있을 때에야 안식으로 나타나기 때문이다. 험난한 역경 속에서도 그 역경을 기쁨으로 받아들일 수 있는 사람이 진정으로 안식을 누리는 사람이다.

다만 불러 주 예수

다만 불러 주 예수 주가 귀 기울인다
네 피곤한 머리 주께 기대고 쉬어라
그는 우리의 요새 평강 기쁨과 안식
주의 은혜 맛볼 때에 그의 품 안에 안식해

(찬송가 971장)

두려워할 필요가 없다

그러므로 내일을 위하여 염려하지 마십시오. 내일은 내일의 염려가 있을 것이요, 그날의 괴로움은 그날로 충분합니다.(마 6:34)

Therefore do not be anxious for tomorrow, for tomorrow will be anxious for itself; sufficient for the day is its own evil.(Matthew 6:34)

제1차 세계 대전 당시 프랑스에 군대에 징집되는 것을 두려워하는 한 청년이 있었다. 전방에 있던 한 친구가 그가 죽음을 두려워한다는 것을 듣고 그를 격려하기 위해 편지를 썼다. 우편물 감독관이 이 편지를 검토한 결과, 상당히 가치가 있다고 판단하여 목숨을 아끼고 죽음을 두려워하는 사람들에게 조언하기 위해 인쇄하였다. 편지의 내용은 다음과 같다.

"지금 너에게 둘 중 하나가 확실한데, 그것은 징집되거나 그냥 남아 있는 것이다. 만일 지금처럼 남아 있다면 두려워할 필요가 없다. 그러나 징집된다면 둘 중 하나가 확실한데, 그것은 전방에 보내지거나 그냥 후방에 남는 것이다. 후방에 남는다면 두려워할 필요가 없다. 그러나 전방에 보내진다면 둘 중 하나가 확실한데, 그것은 위험한 지역에 가거나 안전한 지역에 가는 것이다. 안전한 지역에 가게 되면 두려워할 필요가 없다. 그러나 위험한 지역에 가게 된다면 둘 중 하나가 확실한데, 그것은 부상을 입거나 안전한 것이다. 안전하다면 두려워할 필요가 없다. 그러나 부상을 입는다면 둘 중 하나가 확실한데, 그것은 심각한 부상을 입거나 가벼운 부상을 입는 것이다. 가벼운 부상을 입으면 두려워할 필요가 없다. 그러나 심각한 부상을 입으면 둘 중 하나가 확실한데, 그것은 죽거나 치료되는 것이다. 치료되면 두려워할 필요가 없다. 그러나 죽는다면 더 이상 두려워할 필요가 없다."

"여러분 중에 누가 염려한다 해서, 자기 키에 일 규빗이나 더할 수 있습니까?"(마 6:27)

마귀의 짐을 지지 말라

수고하며 짐을 진 사람들이여, 다 나에게로 오십시오.
내가 여러분에게 안식을 줄 것입니다.(마 11:28)

Come to Me all who toil and are burdened,
and I will give you rest.(Matthew 11:28)

주님을 오랫동안 믿어 온 중년 여인이 있었다. 그녀는 살면서 수많은 고초를 겪었기 때문에, 항상 얼굴에 수심이 가득했다. 그녀의 아들이 그녀를 도우려고 했지만 아무런 도움이 되지 못했다. 어느 날 아침에 그녀는 평소와 다르게 미소를 지으면서 아침 식사를 하기 위해 아래층으로 내려왔다. 아들은 매우 놀라며 어머니에게 "어머니! 어머니의 웃는 얼굴을 보니 얼마나 기쁜지 몰라요. 도대체 무슨 일이 있었던 거예요?"라고 물었다. 그녀는 아들에게 자신이 겪은 이야기를 해 주었다. "아들아, 나는 어젯밤에 이상한 꿈을 꾸었단다. 그 꿈에서 등에 무거운 짐을 지고 가는 한 무리의 매우 지친 사람들을 보았어. 그런데 나도 그들 중에 있었어. 그들 앞에는 무서운 악마들이 있었는데, 고의로 검은색의 짐을 땅에 많이 뿌리고 있었어. 나도 다른 사람들처럼 걸으면서 계속 그 검은색 짐을 주워서 짊어졌어. 걸을수록 짐의 무게가 점점 무거워져 숨 쉬기조차 어려웠어. 잠시 후 고개를 들어 보니 영광으로 빛나는 사람이 보였단다. 그 사람은 사람들 사이로 왔다 갔다 하다가 마지막으로 내 곁에 왔단다. 자세히 보니 바로 나의 주님이셨어. 나는 '주님! 저는 너무나 피곤합니다. 더 이상 이 짐을 짊어질 수 없습니다.'라고 말씀드렸어. 그분은 '사랑하는 아이야! 너는 이 무거운 짐을 질 필요가 없단다. 왜냐하면 그것은 마귀가 준 것이지 내가 준 것이 아니기 때문이란다. 그러므로 너의 짐을 버리고 만지지도 마라. 그러면 길을 잘 갈 수 있고, 날개가 달린 것처럼 쉽게 걸을 수 있을 거야.'라고 말씀하셨어. 말씀을 마치신 후 그분은 손으로 나를 만져 주셨고, 그러자 모든 무거운 짐이 사라지고 나의 마음이 기쁨과 평안으로 가득했어. 내가 막 주님의 발 앞에 무릎을 꿇고 감사드리려는 순간 잠에서 깨어났단다. 나의 모든 걱정도 완전히 사라졌단다."
그날부터 세상을 떠나는 날까지 그녀는 가족 중 가장 행복한 사람이었다.

'만약에'라고 말하는 습관

그대는 이 시대의 부자들에게 명령하여, 거만한 생각을 갖지 말며, 믿을 수 없는 재물에 소망을 두지 말고, 우리에게 모든 것을 풍성히 주셔서 누리게 하시는 하나님께 소망을 두라고 하십시오.(딤전 6:17)

Charge those who are rich in the present age not to be high-minded, nor to set their hope on the uncertainty of riches but on God, who affords us all things richly for our enjoyment.(1 Timothy 6:17)

하루하루 매우 힘든 삶을 사는 한 흑인 하녀가 있었다. 그녀는 주님을 믿는 사람이었는데, 매일 아침부터 밤까지 기쁨이 넘쳐서 입에서 "할렐루야!"와 "주님을 찬양합니다!"라는 말이 떠나지 않았다. 어느 날 주인의 고모가 찾아왔다. 그녀는 백인 귀부인이었는데, 흑인 하녀가 기뻐하는 것을 보고 "너는 무엇이 그리 기쁘니?"라고 물었다. 그녀는 "저는 주 예수님을 믿어요. 그분은 저의 구주이시고 저를 구원해 주셨어요."라고 대답했다. 그녀가 계속 기뻐하는 것을 보고 더 화가 난 귀부인이 다시 물었다. "어떻게 그렇게 기뻐할 수 있지? 너는 너의 앞날에 대해 조금도 걱정이 없는 거니? 만약에 너의 주인이 더 이상 너를 필요로 하지 않는다면, 만약에 네가 아파서 네 일을 하지 못한다면, 만약에 네 아들이 아프다면, 만약에 네가 번 돈을 도둑맞는다면, 만약에 네게 불행한 일이 닥친다면, 만약에 …." 기쁨으로 가득한 그 하녀는 귀부인이 또 다른 '만약에'를 말할 때까지 기다리지 않고 즉시 대답했다. "부인, 제가 보기에 부인은 모든 것이 좋으십니다. 단지 '만약에'라고 말씀하시는 습관만 제외하신다면요. 부인께 이 '만약에'라고 말하는 습관이 없으시다면, 부인은 이미 저처럼 기뻐하셨을 거예요."

시련 가운데서 굳게 서다

시련을 견디는 사람은 복이 있습니다.
왜냐하면 그가 시험을 거쳐 인정받게 되었을 때,
주님께서 그분을 사랑하는 사람들에게 약속하신 생명의 면류관을
그가 받을 것이기 때문입니다.(약 1:12)

Blessed is the man who endures trial,
because when he has become approved by testing,
he will receive the crown of life,
which He promised to those who love Him.(James 1:12)

어떤 사람이 조지 뮐러에게 어떻게 하면 강한 믿음을 가질 수 있는지 물었다. 믿음의 대가인 뮐러는 이렇게 대답했다. "한 가지 방법밖에 없습니다. 바로 시련을 견디는 것입니다. 저도 어려운 시련 가운데서 굳게 서는 법을 배움으로써 믿음을 배웠습니다."

이 말은 진실이다. 모든 것이 믿을 만하지 않을 때, 그때가 바로 하나님을 진정으로 믿고 의지해야 할 때이다.

시련 중의 안위 — 소망의 주

새벽의 이슬과 같이 신선한 그리스도
부드런 기름부음이 속삭여 위로하네
시련이 지나가도록 풍랑이 범주노록
하나님 영광을 위해 주와 함께 서리라

(후렴) 소망의 주 그 음성 달콤하니
주 앞에서 내 마음 즐거워

(찬송가 520장)

믿음의 날개

그러므로 여러분이 온갖 박해와 환난을 참으면서
여전히 인내와 믿음을 가지고 있는 것에 대해서(살후 1:4)

Concerning your endurance and faith in all your persecutions
and the afflictions which you bear,(2 Thessalonians 1:4)

한 벌새에게 새끼 두 마리가 있었다. 새끼 벌새들은 시간이 지나 날개가 완전히 자랐고, 어미 벌새는 나는 법을 가르쳤다. 그중 한 마리는 어미새의 지도에 따라 곧바로 날개를 퍼덕이며 날았다. 그러나 다른 한 마리는 너무 겁이 많아 날개를 펴지 못하고 둥지에 서 있었다. 어미 새는 계속 둥지 주위를 돌며 그 어린 벌새에게 날기를 재촉했다. 하지만 겁이 많은 이 어린 벌새는 자기 앞에 펼쳐져 있는 세상이 너무 넓고 자기는 한없이 작다고 느껴 감히 시도조차 하지 못했다. 비록 어미 벌새가 계속 다급하게 부르고 동생 벌새가 아무런 위험 없이 자유롭게 날아다니는 모습을 보았지만, 이 작고 불쌍한 새는 자기도 날 수 있다는 것을 믿지 못하고 둥지에 주저앉아 버렸다. 어미 벌새는 실망했지만 어떻게 도와야 할지 몰랐다.

그때 땅벌 한 마리가 '윙윙' 소리를 내며 날아왔다. 이 어린 벌새는 적이 자신을 공격한다고 생각하여 매우 두려워했다. 날아서 피하고 싶었지만, 그럴 용기가 없어서 부리로 쪼아 쫓아 버리려고 했다. 그러나 땅벌은 오히려 더 가까이 왔고 윙윙거리는 소리도 더 커졌다. 어린 벌새는 너무나 무서워서 몸을 돌려 날개를 퍼덕이며 아래로 뛰어내렸다. 그러면서 비로소 날개를 펴서 날면서 땅에 내려왔다. 엄청난 긴장 끝에 어린 벌새는 무사히 땅에 착륙했다. 어떤 사람이 이 광경을 보고 어린 벌새를 들어 올려 둥지에 다시 넣어 주었다. 하지만 어린 벌새는 둥지에 머물지 않고 즉시 날아가 버렸다.

많은 때 하나님도 믿는 이들에게 환경을 일으켜 시련과 어려움을 주시는데, 그 목적은 믿는 이들이 자신의 둥지에 안주하지 않고 그분을 믿고 의지하는 것을 배움으로 날게 하시기 위해서이다.

목발을 놓치다

이것은 살아 있는 우리가 항상 예수님을 위하여 죽음에 넘겨짐으로써,
예수님의 생명도 우리의 죽을 육체에 나타나게 하려는 것입니다.(고후 4:11)

We who are alive are always being delivered unto death
for Jesus' sake that the life of Jesus also may be manifested
in our mortal flesh.(2 Corinthians 4:11)

주님을 믿는 한 여인이 있었는데, 그녀는 수년 동안 척추 질환으로 인해 목발을 짚고 걸어야 했다. 한번은 의사가 그녀에게 목발 없이 걸어 다녀 보아야 한다고 말했지만, 그녀는 감히 시도하지 못했다. 하루는 그녀가 계단을 내려오다가 발을 헛디뎌 계단 밑바닥까지 굴러 떨어졌다. 그때 그녀는 목발이 멀리 있어서 바닥에 누운 채 큰 소리로 도움을 청했지만, 공교롭게도 주변에는 아무도 없었다. 그녀는 필사적으로 난간을 붙잡고 목발이 있는 곳까지 걸어갔다. 그 이후로 그녀는 목발 없이 걸을 수 있게 되었다. 넘어져 목발을 놓친 것은 그녀의 인생에서 가장 좋은 경험이 되었다.

많은 때 하나님은 우리가 단순히 그분만을 의지할 수 있도록, 환경을 통해 우리가 의지하는 것을 가져가신다.

사모함 — 그리스도

내 맘에 사모하는 것 빼앗아 가려면
주여 그 대신 주님을 내게 주옵소서

(후렴) 오 사랑하는 주여 당신 더 주소서
나 주께 순종하니 당신 더 주소서

(찬송가 276장)

다이아몬드의 진위를 구별하는 법

여러분의 믿음의 시련은 불로 단련해도 없어지고 마는 금을
단련하는 것보다 훨씬 더 보배로워서, 예수 그리스도께서 나타나실 때에
칭찬과 영광과 존귀를 얻게 합니다.(벧전 1:7)

So that the proving of your faith, much more precious than of gold
which perishes though it is proved by fire,
may be found unto praise and glory and honor
at the revelation of Jesus Christ.(1 Peter 1:7)

한 다이아몬드 상인이 다이아몬드의 진위를 구별하는 것에 대해 다음과 같이 말했다. "진짜 다이아몬드와 가짜 다이아몬드를 구별하는 가장 확실한 방법은 '물로 시험해 보는 것'입니다. 진짜 다이아몬드는 물에 넣어도 그 아름다움이 감소되지 않고 여전히 빛나지만, 가짜 다이아몬드는 물에 넣으면 광채를 잃고 보통 돌과 같게 됩니다. 진짜 다이아몬드와 가짜 다이아몬드를 동시에 물에 넣으면 더 쉽게 구별할 수 있는데, 심지어 경험 없는 사람도 구별할 수 있습니다."

가짜 믿음은 환경의 시험을 견딜 수 없지만, 진짜 믿음은 시험을 받을수록 더욱 빛난다.

시련 중의 안위 — 주님을 믿고 의지함

예수 믿고 의지함이 심히 기쁜 일일세
주의 말씀 확신하고 약속 위에 안식해

(후렴) 예수 예수 의지하리 다시 요동 않으리
살아 계신 주 하나님 지체하지 않으리

(찬송가 516장)

나무에 묶여서 밤을 보내다

그러나 모든 은혜의 하나님, 곧 그리스도 예수님 안에서
여러분을 그분의 영원한 영광 안으로 부르신 분께서
잠시 동안 고난을 받은 여러분을 직접 온전하게 하시고, 견고하게 하시며,
강하게 하시고, 터를 튼튼하게 하실 것입니다.(벧전 5:10)

But the God of all grace, He who has called you
into His eternal glory in Christ Jesus,
after you have suffered a little while, will Himself perfect,
establish, strengthen, and ground you.(1 Peter 5:10)

천성적으로 겁이 많은 인디언 아이가 있었다. 아버지는 용기를 길러 주기 위해 아이를 숲으로 데려가 나무에 묶고는 밤새도록 그곳에 두었다. 들짐승들이 무서웠던 아이는 큰 소리로 울부짖었다. 아버지는 아들을 떠나지 않고 나무 뒤에 숨어 총을 들고 아들을 공격할 모든 들짐승을 쏠 준비를 하고 있었다.

하나님 아버지도 같은 방식으로 우리의 믿음을 훈련시키신다. 많은 때 그분은 우리를 어려운 환경 가운데 두시고 보이지 않게 우리를 보호하시어 우리의 믿음이 성장하게 하신다.

시련 중의 안위 — 주님의 돌아보심

시련과 아픔 만나고 저 가시덤불 지날 때
내 주님 나를 품으심 난 확실히 믿네

(후렴) 주 예수 날 품네 주 예수 날 품네
주 나를 품어 주시니 왜 두려워하랴

(찬송가 496장)

진짜 꽃과 가짜 꽃을 식별하다

믿음도 마찬가지입니다.
행위가 없다면, 믿음 자체만으로는 죽은 것입니다.
그래서 어떤 사람은 "그대는 믿음이 있고, 나는 행위가 있으니,
행위가 없는 그대의 믿음을 나에게 보여 주십시오.
그러면 나는 행위로 나의 믿음을 그대에게
보여 주겠습니다."라고 할 것입니다.(약 2:17-18)

So also faith, if it does not have works, is dead in itself.
But someone will say, you have faith, and I have works;
show me your faith without the works,
and I will show you my faith by my works.(James 2:17-18)

전해지는 이야기에 따르면, 솔로몬이 왕위에 있었을 때 나라가 매우 강성하여 먼 나라에서도 조공을 바치러 왔다. 어느 나라에서 특사를 보내면서 솔로몬왕에게 귀한 꽃 화분 두 개를 선물했다. 하나는 생화이고 다른 하나는 조화였는데, 둘 다 아름다웠다. 특사는 한편으로는 자기 나라의 기술을 과시하고 다른 한편으로는 조공을 받는 나라의 왕의 지혜를 알고자, 솔로몬왕에게 어느 꽃이 진짜인지 식별해 줄 것을 요청했다.

솔로몬왕은 조금도 주저하지 않고 이렇게 말했다. "나와 당신이 함께 감상할 수 있도록 두 화분을 화원에 둡시다." 화원에는 여러 꽃들이 아름다움을 뽐내며 향기를 날렸고, 벌들과 나비들이 꽃 사이를 날아다녔다. 잠시 후, 솔로몬왕은 미소를 지으면서 어느 꽃이 진짜이고 어느 꽃이 가짜인지를 알려 주었다. 진짜 꽃에는 꿀이 있어서 벌과 나비들이 모여들었고, 가짜 꽃은 그렇지 않았던 것이다. 특사는 솔로몬왕의 지혜에 놀랐다.

우리의 믿음도 꽃과 같다. 비록 어떤 순간에는 그것이 진짜인지 가짜인지 식별하기 어렵지만 시험해 보면 알 수 있다. 진짜 믿음은 진짜 꽃과 같이 생명이 있어서, 꽃이 필 때에도 향기로 사람들의 마음을 매료할 뿐 아니라 꽃이

지고 나서도 열매를 맺을 수 있다. 꽃에 따라 열매의 크기는 다르지만 가짜 꽃처럼 그저 흙만 차지하고 있지는 않는다. 그래서 야고보는 이렇게 말했다. "믿음도 마찬가지입니다. 행위가 없다면, 믿음 자체만으로는 죽은 것입니다. … 나는 행위로 나의 믿음을 그대에게 보여 주겠습니다."(약 2:17-18) 그러므로 믿음이 있는지 없는지는 우리 자신이 시험할 수 있을 뿐 아니라 다른 사람들도 알 수 있다.

과거를 끝냄

누구든지 그리스도 안에 있으면 새 창조물입니다.
옛것들은 지나갔습니다. 보십시오, 새것이 되었습니다.
(고후 5:17)

If anyone is in Christ, he is a new creation.
The old things have passed away;
behold, they have become new.
(2 Corinthians 5:17)

석류나무 꽃이 피었는지(아 7:12)
石榴放蕊(歌 7:12)

옛 생활을 청산하다

여러분은 지난날의 생활 방식을 따르는 옛사람…을 벗어 버린 것이며 … 새사람을 입은 것입니다.(엡 4:22, 24)

That you put off, as regards your former manner of life, the old man, … and put on the new man.(Ephesians 4:22, 24)

구원받은 후 우리는 새사람이 되었기 때문에, 새 생활을 하기 위해 새로운 출발과 새로운 시작을 가져야 한다. 이를 위해 우리는 옛 생활을 청산해야 한다. 데살로니가전서 1장 9절에 따르면, 데살로니가에 있는 믿는 이들은 주님을 믿은 후 우상들을 버리고 하나님께 돌아와서 살아 계시고 참되신 하나님을 섬겼다.

하나님은 질투하시는 하나님이시다. 그러므로 하나님은 그분을 섬기는 사람이 어떤 우상 앞에 절하거나 우상에 경배하는 것을 용납하지 않으신다. 왜냐하면 우상들의 배후에는 귀신들이 숨어 있기 때문이다. 따라서 우리가 주님을 믿고 하나님께로 돌아온 후, 우리는 금이나 은이나 동이나 철이나 나무나 돌로 모양을 만들거나 조각한 크고 작은 각종 형상의 우상들을 떠나고 버려야 한다. 구약에서 하나님은 그분의 백성에게 모든 우상을 깨뜨리고 불태워 버릴 것을 요구하셨다. 하나님께 속한 우리도 마땅히 그렇게 해야 한다. 다른 이들에게 주려고 어떤 우상을 보관하는 일이 결코 있어서는 안 된다. 이것은 하나님께 죄를 짓는 것이고 다른 이들을 부패시키는 것이다. 우상들뿐 아니라 우상들과 관련된 모든 물건도 깨뜨리고 불태워 버려야 한다.

점술이나 점성술에 관한 책들, 용의 형상이 있거나 용이 새겨진 물건들, 모든 형태의 노름하는 기구들과 같이 우상숭배와 사악한 일에 관련된 악하고 더러운 모든 것을 버려야 한다. 그 모든 것은 사탄과 관련된 것들이다. 우리는 하나님께 속하고 하나님께 경배하고 하나님을 섬기는 사람들이기 때문에, 우리가 입는 옷이나 장신구나 우리 집에 있는 장식품이나 진열된 것들에서 이런 악하고 더러운 것들의 어떤 흔적도 보여서는 안 된다. 반대로 우리의 의복과 장신구들과 우리 집의 가구나 장식품들은 사람들에게 우리가 주님을 믿고 하나님을 사랑하는 사람임을 보여 주는 것이어야 한다. 또한 우리는 주님을 믿은 후, 부당하게 얻은 불의한 재물들을 우리가 손해를 끼친 사람들에게 가능한 한 빨리 돌려주어야 한다. 오직 그럴 때에만 우리는 사람들 앞에서 증거를 지니게 되고, 양심이 평안해지며, 진실한 그리스도인이 되기에 합당하게 될 것이다.(생명 공과, 개정 2판)

옛 생활을 청산한 조지 뮐러

여러분은 온갖 독설과 화와 격분과 소란과 모독을
모든 악의와 함께 버리고(엡 4:31)

Let all bitterness and anger and wrath and clamor and evil speaking
be removed from you, with all malice.(Ephesians 4:31)

청년 때 조지 뮐러는 술 취하고 도둑질하고 속이고 위조하는 등 온갖 방탕한 삶을 살았다. 그 당시에 그는 대학생에 불과했지만, 성직을 맡아 국교회의 예배당에서 메시지를 전하기도 했다. 그러나 그는 아무리 노력하고 개선하려 해도 능력의 비결을 찾지 못하여 실패를 거듭했다. 후에 그는 어느 가정 집회에서 빛 비춤을 받고 분명하게 구원을 받았다. 그는 즉시 새롭게, 정결하게 하고 거룩하게 하는 능력을 받아 죄의 쾌락을 미워하게 되었고 옛 친구들을 멀리하게 되었으며 술도 끊게 되었다. 또한 말에 제한을 받아, 입에 파수꾼을 세운 것처럼 모든 말에 점검을 받게 되었다.

당시 그는 프랑스 소설을 번역하고 있었는데, 번역료를 받으면 파리와 다른 곳을 여행하려고 했다. 그러나 어떤 사정으로 인해 이 여행 계획은 포기했지만, 소설은 계속 번역했다. 나중에 그는 이 책 번역이 믿음에서 나온 것이 아니라 죄악에서 나온 것임을 알고는 번역한 것을 모두 불태워 버렸다. 그때부터 그는 자주 성경을 읽고 기도하며 주님 안에 있는 믿는 이가 되었다. 그는 계속 집회에 참석했고, 담대히 주님 편에 서서 동급생들의 조롱과 굴욕을 견뎠으며, 주님을 따르기 위해 어떤 대가도 기꺼이 지불했다. 그 결과 그는 주님께서 크게 사용하신 종이 되었다.

네 발의 총알이 들어 있는 권총

그러나 그리스도 예수님께 속한 사람들은 육체를 그 정욕과 욕망과 함께 십자가에 못 박았습니다.(갈 5:24)

But they who are of Christ Jesus have crucified the flesh with its passions and its lusts.(Galatians 5:24)

시골에 사는 한 청년에게 사랑하는 여인이 있었다. 그러나 그 여인은 다른 남자와 사랑에 빠져 그 남자와 함께 도망을 가 버렸다. 이 일이 그에게 사무치는 한이 되어 그는 땅을 팔아 권총 한 자루와 총알 네 발을 샀다. 연습 삼아 두 발을 쏘아 보니 아주 잘 명중하였다. 그는 남은 두 발의 총알이 든 권총을 들고 그 남자를 죽이러 갔다. 그러나 그 남자를 찾지 못하자 인생의 의미를 잃고 자살을 하려고 했다. 그러던 중 한 전도자가 마을에서 복음을 전하는 것을 보았다. 마침 그 전도자는 사람의 구원에 대해 전하고 있었다. 전도자는 사람에게는 영과 혼이 있어 구원받지 못하면 죽은 후에도 고통을 겪게 된다고 말했다. 그래서 청년은 주 예수님을 믿고 기도했다. 그는 그의 구원의 문제가 해결되었으니 이제는 죽어도 되겠다고 생각했다. 집에 돌아온 그는 새 옷을 입고 침대에 누워 이불을 뒤집어쓴 채 권총을 가져다 머리에 대고 생을 마감하려 했다. 그런데 총을 두 번 쏘았는데도 총알이 나가지 않았다. 그가 이상해서 일어나 권총을 살펴보니, 총알이 탄창에 끼어 발사되지 않은 채 있었다. 그때 그는 이렇게 생각했다. '나는 이미 주 예수님을 믿고 진심으로 주님께 돌아왔다. 그녀는 죄를 지었고 나를 원하지도 않으며 나도 그녀를 원하지 않는데, 왜 내가 자살해야 하지?' 그래서 그는 그동안 간직해 두었던 연애편지들을 불태워 버렸고, 그 여인과 관련된 사진들과 소소한 것들을 모두 없애 버렸다. 그리고 온 마음을 다해 주님께 돌아왔다.

사람이 구원을 받으면, 과거의 모든 것을 끝내고 완전히 새로운 삶을 살기 시작한다.

시동생이 주 예수님으로 인해 변화되다

어떤 나쁜 말도 여러분의 입 밖에 내지 말고, 오히려 듣는 사람들을 건축하는 데 좋은 말을 필요에 따라 하여 그들에게 은혜를 끼치도록 하십시오.(엡 4:29)

Let no corrupt word proceed out of your mouth, but only that which is good for building up, according to the need, that it may give grace to those who hear.(Ephesians 4:29)

한 전도자가 침례를 받은 지 8년이 된 형제를 만나 그에게 물었다. "형제님은 형제님 안에 주님의 생명이 있다는 것을 분명히 알고 계십니까?" 그는 "네, 알고 있습니다. 주님을 믿은 지 8년이나 되었는 걸요."라고 대답했다. 그 전도자는 "형제님의 생활을 보면 주님의 생명이 있는 것 같지 않습니다."라고 말했다. 그러자 그는 매우 화를 내며 나와 버렸다. 그런데 길을 가는데 그의 안에 작은 음성이 있었다. "너는 침례를 받은 지 8년이나 되었지만, 구원에 대해 분명하지 않아. 너에게 주님의 생명이 있는 것 같지 않아." 그는 집에 돌아와 한 시간 넘게 기도했고, 주님은 그에게 빛을 비추어 주셨다. 그의 형과 형수는 주님을 믿지 않는 사람들이었다. 전에 재산을 분할할 때 형이 한 마지기의 땅과 30위안을 더 가진 것 때문에 그는 형과 다투었었다. 그때부터 그는 3년 동안 형과 말을 하지 않고 있었다. 그때 성령께서 그에게 이렇게 말씀하셨다. "너는 주님의 사람이다. 30위안과 한 마지기의 땅이 너에게 무슨 의미가 있느냐? 왜 3년 동안 너의 형과 말하지 않았느냐? 형이 병에 걸렸을 때 너는 죽는 게 낫다고 말했다. 주님을 믿는 네가 사람에게 죽으라고 저주하면서 어떻게 사람들에게 주님을 믿게 할 수 있겠느냐?" 다음 날 주님은 다시 그에게 "네가 나에게만 죄를 자백하는 것으로는 충분하지 않다. 네 형에게도 가서 죄를 자백해라."라고 말씀하셨다. 그는 이것이 너무 어려운 일이라고 생각했다. 그러던 중 형이 집에 돌아오자, 그는 주님께 자신의 잘못을 시인할 수 있는 능력을 주시기를 구했고, 가서 형과 형수에게 잘못을 자백했다. "형님, 3년 동안 형님과 말을 하지 않은 것은 잘못이니 용서해 주십시오. 형수님, 시집오신 지 20년이 지나도록 형수님이라고 부르지 않았는데 정말 죄송합니다." 형수는 매우 기뻐하며 전도자에게 가서 이렇게 말했다. "선생님, 저도 주 예수님을 믿겠습니다. 시동생이 주 예수님으로 인해 아주 놀랍게 변했어요. 저도 이 놀라운 하나님의 말씀을 듣고 싶습니다."

좋아하던 것에 참여하지 않다

내가 모든 것을 또한 해로운 것으로 여기는 것은
내 주 그리스도 예수님을 아는 지식이 가장 탁월한 것이기 때문입니다.
내가 그리스도 때문에 모든 것을 잃어버리고, 그 모든 것을 배설물로 여깁니다.
그래서 내가 그리스도를 얻고(빌 3:8)

I also count all things to be loss on account of the excellency
of the knowledge of Christ Jesus my Lord,
on account of whom I have suffered the loss of all things
and count them as refuse that I may gain Christ.(Philippians 3:8)

사범대에 다니는 한 학생이 있었는데 음악과 연극을 매우 좋아했다. 그는 합창단과 극단에서 자주 활동했다. 그러나 구원받은 후 그는 이런 생활이 하나님을 기쁘시게 해 드리지 못하고, 하나님의 영광을 나타내지 못한다고 느꼈다. 그래서 그는 주님께 다시는 합창단과 극단에 참여하지 않고 이런 생활을 끝내기를 원한다고 기도드렸다. 그의 이런 갑작스러운 행동은 많은 동료들의 오해를 샀다. 동료들은 그가 어떤 좌절을 겪었는지, 무슨 실의에 빠졌는지, 혹은 무슨 상심한 일이 있었는지 물었지만, 그는 모호한 변명을 늘어놓았다. 그는 자연히 동료들의 오해를 풀어 줄 수도 없었다. 다시 기도한 후에 그는 동료들에게 그 이유를 분명히 설명해야 한다고 느꼈다. 그렇게 함으로써 한편으로는 많은 오해를 피할 수 있고, 다른 한편으로는 자신이 굳게 믿는 주님을 증언할 수 있다고 생각했다. 그의 말을 들은 동료들은 모두 놀랐다. 그러고는 그가 이미 예수님을 따르는 사람이 되었으니, 더 이상 그에게 기대를 걸지 말고 그를 잦지도 말자고 말했다. 그때부터 그는 친구들은 잃었지만, 가장 귀한 구원자이신 그리스도를 얻었다.

술친구를 끊다

여러분은 거짓된 것을 벗어 버렸으니,
각자 자기 이웃과 더불어 참된 것을 말하십시오.
왜냐하면 우리가 서로 지체들이기 때문입니다.(엡 4:25)

Having put off the lie, speak truth each one with his neighbor,
for we are members one of another.(Ephesians 4:25)

비단을 팔던 홍 형제는 인간관계가 넓고 친구들도 많아서 자주 그들과 술자리를 가지면서 먹고 마시며 놀았다. 그런 그가 구원받은 후 수십 명의 술친구들을 저녁 식사에 초대했고, 여러 형제들도 함께 초대했다. 그는 먼저 자신이 주님을 믿게 된 것을 간증했고, 이어서 이제부터 자신은 먹고 마시며 놀지 않을 것이고 술도 마시지 않을 것이라고 말했으며, 친구들도 조만간 예수님을 믿기 바란다고 말했다. 간증이 끝나자 이어서 한 형제가 일어나 복음을 전했다. 홍 형제는 큰 비단 가게를 운영했었는데, 일본 제품을 미국 제품이라고 하고, 대만 제품을 홍콩 제품이라고 하며 속여서 돈을 벌었었다. 구원받고 나서 그는 더 이상 거짓말을 하지 않게 되었고, 그 가게를 다른 사람에게 헐값에 팔아 과거의 떳떳하지 않았던 생활을 완전히 청산했다.

구원의 확신과 기쁨 — 그리스도 안에 있음

아담의 한계 떠나 지금 주 안에 있네
땅의 일 다 변하여 하늘에 속했네
주 찬미하세 은혜 받고 생명과 평안 누려
주 안에 있네 주 찬미해

(찬송가 229장)

술을 마시던 장 씨가 죽다

나는 그리스도와 함께 십자가에 못 박혔습니다.
그러므로 이제는 더 이상 내가 사는 것이 아니라,
그리스도께서 내 안에 사십니다.(갈 2:20)

I am crucified with Christ; and it is no longer I who live,
but it is Christ who lives in me.(Galatians 2:20)

옛날에 장 씨와 리 씨라는 두 신사가 있었는데, 둘 다 술을 좋아해서 친한 친구가 되었다. 한번은 리 씨가 사업차 한커우에 갔다가 한 달 후에 돌아왔다. 상하이에 돌아오자마자 그는 술집에 가서 술을 시키고는 사람을 시켜 장 씨에게 자신이 있는 술집에 오라는 쪽지를 전달하게 했다. 그런데 심부름하는 사람이 "술을 마시던 장 씨는 죽었다."라는 쪽지를 들고 돌아왔다. 리 씨는 헤어진 지 한 달 만에 친구가 이미 죽어 영원히 보지 못하게 되었다는 것을 알고는 큰 충격을 받았다. 그는 너무 놀라 술을 마시는 것도 잊고 즉시 차를 잡아타고 장 씨 집으로 갔다. 장 씨의 집 문은 굳게 닫혀 있었고, 문을 두드리자 오래지 않아 문이 열렸다. 그런데 놀랍게도 장 씨가 문 앞에 서 있는 것이 아닌가! 리 씨는 귀신으로 여겨 놀라서 도망가려고 했다. 장 씨는 재빨리 그를 붙잡고는 웃음을 멈추지 못했다. 리 씨는 너무 놀라서 몸을 덜덜 떨며 말했다. "나는 자네의 친구이고 평생 자네에게 잘못한 것이 없는데, 왜 나를 이렇게 대하나?" 장 씨는 좋은 말로 그를 위로하며 "무서워하지 말게. 난 죽지 않았네."라고 말했다. 리 씨는 "자네가 보낸 쪽지에는 분명 술을 마시던 장 씨는 죽었다고 하지 않았는가?"라고 묻고는 두 손에 쪽지를 들고 공손히 서 있었지만, 마음속으로는 여전히 무서워했다. 장 씨는 "나는 이미 회개하고 예수님을 믿었네. 그리고 술과도 작별하고 더 이상 술을 마시지 않네. 그러니 술을 마시던 장 씨는 죽은 게 아닌가? 지금 살아 있는 사람은 주님을 믿는 장 씨일세."라고 대답했다.

술집과 도박장을 부수다

누구든지 그리스도 안에 있으면 새 창조물입니다.
옛것들은 지나갔습니다. 보십시오, 새것이 되었습니다.(고후 5:17)

If anyone is in Christ, he is a new creation.
The old things have passed away;
behold, they have become new.(2 Corinthians 5:17)

미국의 토레이에 난폭하기로 유명한 사람이 있었다. 그는 술집과 도박장을 열어 손님들을 취할 정도로 마시게 한 후 도박을 하게 해서 그들의 모든 돈을 속임수로 갈취했다. 그래서 많은 사람이 패가망신하고 자살한 사람도 적지 않았다. 또한 그는 뉴욕에서 한 아름다운 여인을 속여 아내로 취했는데, 술에 취하면 아내를 때리고 문밖으로 쫓아내곤 했다. 또 한번은 딸을 때렸는데, 아이가 뜨거운 난로에 넘어져 어깨부터 손까지 피부가 성한 곳이 없었다. 어느 때에는 네 사람을 총으로 죽인 일도 있었다. 이런 일들 때문에 그 지방의 모든 사람이 그를 두려워했다. 나중에 그는 피니의 메시지를 듣고 회개하여 구원을 받았다. 구원받은 다음 날 아침에 그는 자신의 술집으로 달려가 술병과 술잔을 모두 부수었고, 자신의 도박장으로 가서 도박 기구들과 테이블을 난로에 태워 버렸다. 그러고는 집으로 돌아가 아내와 딸을 안고 통곡하였다. 그리고 시간이 어느 정도 흐른 후 감정을 추스르며 아내와 딸에게 말했다. "여보, 딸아, 무서워하지 마오. 오늘 아침에 하나님께서 나를 새 사람, 새 아버지가 되어 집으로 돌아오게 하셨소."

사람이 구원을 받으면 합당하지 않은 모든 것을 끝내야 하고, 과거의 행위도 끝내야 하며, 모든 일에 새로운 시작이 있어야 한다.

손을 씻다

도둑질하는 사람은 더 이상 도둑질하지 말고,
오히려 궁핍한 사람에게 나누어 줄 것이 있도록
자기 손으로 힘써 정당한 일을 해야 합니다.(엡 4:28)

He who steals should steal no more, but rather should labor,
working with his own hands in that which is respectable, that he may
have something to share with him who has need.(Ephesians 4:28)

구원받기 전에 천 형제는 60만 대만 달러로 추정되는 돈을 훔친 유명한 소매치기였다. 그는 대만 전역을 다니며 훔쳤다. 후에 그는 감옥에서 회개하고 주님께로 돌아와 소매치기를 청산하고 손을 씻었다. 한번은 어떤 사람이 가짜 상표를 붙인 전구를 팔면 큰 수익을 올릴 수 있으니 팔아 보라고 했다. 그러나 그는 가짜 상표를 붙인 전구를 팔고 세금도 내지 않는 것은 그리스도인이 할 일이 아니라고 생각하여 거절했다. 또 한번은 옛 동료 중 한 명이 찾아와 함께 남쪽으로 내려가 도둑질을 하자고 유혹했다. 그 동료는 천 형제에게 직접 나서지 않고 그저 여관에 앉아 있기만 해도 수익의 삼분의 일을 주겠다고 말했다. 당시 천 형제는 경제적으로 어려웠다. 그러나 그는 자신이 이미 과거를 청산했기 때문에 그 동료에게 "나는 갈 수 없네."라고 말했다. 나중에 그는 길거리에서 아이스크림을 팔면서 생활했다. 자연히 수입이 적었고 겨우 생계를 유지할 정도였다. 그러나 그는 고난받기를 원하고 기꺼이 가난하게 되고자 했다. 그는 과거의 범죄 생활을 완전히 끝냈다.

대도가 옳은 길로 돌아서다

그러므로 여러분은 회개하고 돌이켜, 여러분의 죄들이 지워지도록 하십시오.
그러면 새롭게 되는 때가 주님의 임재로부터 올 것이고(행 3:19-20상)

Repent therefore and turn, that your sins may be wiped away,
so that seasons of refreshing may come from
the presence of the Lord.(Acts 3:19-20a)

푸젠성 안시 출신인 린부는 대도(大盜)였고 부하들도 매우 많았다. 그는 경찰에 체포되지 않기 위해 이곳저곳으로 도망 다니던 중 교회 집회소 옆을 지나가게 되었다. 그때 그는 누군가가 자신을 미행하는 것을 느꼈다. 경찰이라고 의심한 그는 당황한 나머지 집회소 안으로 들어가 사람들 가운데 섞여 메시지를 듣는 척했다. 그런데 뜻밖에도 메시지의 내용이 매우 강렬하여 그는 감동을 받았다. 그는 깊이 마음이 찔려 즉시 회개하고 구주를 받아들였다. 그리고 즉시 집으로 돌아가 부하들에게도 주님을 믿고 악행을 버리고 옳은 길로 돌아서도록 권유했다. 그는 부하들에게 재산을 나누어 주고 새로운 직업을 찾았다. 그리고 더 이상 도둑질을 하지 않고 주님을 위해 살기로 헌신했다. 그뿐만 아니라 곳곳에서 열렬히 복음을 전하며 주님을 위해 증언했다.

구원의 확신과 기쁨 — 생명의 변화

주 예수 내 맘에 들어와 계신 후 변하여 새 사람 되고
내가 늘 바라던 참빛을 찾음도 주 예수 내 맘에 오심

(후렴) 주 예수 내 맘에 오심 주 예수 내 맘에 오심
물밀 듯 내 맘에 기쁨이 넘침은
주 예수 내 맘에 오심

(찬송가 241장)

채식을 중단하고 우상을 불태워 버리다

또 여러분이 어떻게 우상들을 버리고 하나님께 돌아와서
살아 계시고 참되신 하나님을 섬겼는지를 알려 주기 때문이며(살전 1:9)

And how you turned to God from the idols
to serve a living and true God.(1 Thessalonians 1:9)

정다창 형제는 원래 독실한 불교 신자로 18년 반 동안 채식을 했고, 1년간 기름과 소금을 먹지 않았으며, 심지어 점술을 통해 영의 세계에 접근할 수 있었다. 그러던 중 그는 갑자기 중병에 걸렸고 형제들은 그를 위해 기도했다. 그는 꿈에서 이상을 보고 예수님을 믿게 되었으며, 약을 쓰지 않고 병이 치료되었다. 그는 구원받은 지 얼마 되지 않아 형제들의 초대를 받아 식당에 가서 고기와 생선을 먹기 시작했다. 그는 우상과 과거에 보물로 여겼던 불교 경전들을 불태웠고, 점술에 사용했던 모든 도구도 부수었으며, 놋으로 만든 향로도 강에 버렸다. 당시에 정 형제는 장위란 형제의 집에서 살고 있었는데, 아래층이 집회 장소였다. 옆집에는 오랫동안 병을 앓아 재산을 모두 탕진했지만 병이 낫지 않은 한 여인이 살고 있었다. 그녀는 정 형제가 우상과 경전을 불태우는 것을 보고 우상들이 그를 벌하여 재앙을 가져올 것이라고 생각하여 정 형제를 매우 걱정했다. 그런데 며칠이 지나도 정 형제가 무사하고 오히려 병이 완전히 치료되고 기쁨이 충만한 것을 보고는 매우 놀라워했다. 어느 날 형제들이 집회에서 기도하고 있을 때, 그녀가 갑자기 문을 열고 들어와 무릎을 꿇고 주님께 자신의 병을 고쳐 달라고 간구했다. 기도를 하고 나자 그녀의 온몸에서 땀이 나 옷을 흠뻑 적시더니 몸과 마음이 가벼워졌고 즉시 병이 완치되었다. 그리고 30년 동안 담배를 피우던 나쁜 습관도 사라졌다. 다음 날 그녀는 집회에 참석하여 예수님께서 참으로 살아 계신 하나님이시라고 간증했다.

그리스도인은 구원받은 후 반드시 모든 미신적인 것을 제거해야 하고, 미신이나 우상과 관련된 모든 악한 것을 없애 버려야 한다.

우상 한 무더기를 불사르다

이것은 그들의 눈을 뜨게 하여 어둠에서 빛으로,
사탄의 권세에서 하나님께로 돌아가게 하고,
나를 믿음으로써 죄들이 용서받을 뿐만 아니라,
거룩하게 된 사람들 가운데 있는 유업을 받게 하려는 것이다.(행 26:18)

To open their eyes, to turn them from darkness to light
and from the authority of Satan to God,
that they may receive forgiveness of sins and an inheritance
among those who have been sanctified by faith in Me.(Acts 26:18)

대만에 린씨 성을 가진 형제가 있었는데, 그는 구원받기 전에 아주 심한 폐병을 앓았다. 그는 약으로 치료받지 못하자 이곳저곳에 가서 점을 보고, 우상 앞에 절하고 경배하며, 어떤 때에는 절에 살면서 병이 낫기를 구했다. 집 안에는 크고 작은 우상들이 있었는데, 그는 밤낮으로 향을 피우고 촛불을 켜 놓고 절했으며 크고 작은 절기에 제사를 드렸다. 그는 미신을 따르기 위해 많은 돈을 썼고, 재앙을 피하고자 스님들과 도사들을 부르는 데에도 많은 돈을 썼으며, 절에 시주도 많이 했다. 큰 절기에는 제사도 드리고 식사도 대접했다. 돈이 없을 때에는 체면을 유지하기 위해 돈을 빌려서 하기까지 했는데도 병은 낫지 않고 가난하게 되어 너무나 고통스러웠다. 그러다가 그는 어떤 계기로 예수님을 믿게 되었는데, 예수님을 믿자 병세가 호전되어 점차 건강이 회복되었다. 한번은 교회에서 과거를 청산하는 큰 움직임이 있었다. 그는 집 안에 있는 크고 작은 우상 십여 개와 향로와 촛대를 바구니에 담아 자전거 뒤에 싣고 집회소로 가져와 다 부수고 불태웠다. 그때부터 그는 우상과 관계를 끊고 영 안에 불타서 주님을 섬겼다.

나는 이것이 좋단다

어린 자녀 여러분, 여러분 자신을 지켜 우상들을 멀리하십시오.(요일 5:21)
Little children, guard yourselves from idols.(1 John 5:21)

왕씨 성을 가진 형제가 있었는데, 그의 어머니는 주님을 믿은 후에도 여전히 배불뚝이 우상을 가지고 있었다. 왕 형제는 마음에 너무 평안이 없어서 어머니에게 그것을 버리자고 했으나 그녀는 허락하지 않았다. 왕 형제는 어머니에게 "제발 불상을 버리세요. 그 대신 어머니께서 원하시는 것은 무엇이든지 사 드리겠습니다."라고 말했다. 그러나 어머니는 "나는 이것이 좋단다."라고 말했다. 왕 형제가 "이것은 마귀입니다. 주님을 믿는 사람은 이런 것을 가지고 있으면 안 됩니다."라고 말하자, 어머니는 "절만 하지 않으면 되지 않니?"라고 대답했다. 왕 형제의 처제에게도 불상이 있었는데, 그녀는 그것을 상자 안에 넣어 보관하고 있었다. 어느 날 갑자기 그녀의 침대에 불이 나 이불이 타 버렸다. 그녀는 놀라서 급히 불을 껐으나, 불이 어디서 났는지는 알 수 없었다. 왕 형제는 이것이 우상 때문에 일어난 일이라고 말했다. 그제야 그들은 정신을 차리고 불상을 모두 꺼내어 부수어 버렸다. 그의 어머니는 주님을 믿기는 했지만 구원에 대해 분명하지 않았었는데, 이 일을 계기로 영적인 깨달음을 얻었다.

헌신 — 주의 아름다움에 매혹됨

주만 내 마음 채우도록 사랑으로 날 이끄소서
주의 구속된 동반자인 나 우상과 아무 상관없네

(후렴) 오 만인의 으뜸이신 주여
내 마음 더 사로잡으소서
우상 다 깨고 내게 관 씌운
당신은 으뜸 나의 주 예수

(찬송가 333장)

마룻바닥 밑에 산다

또 마술을 행하던 상당수의 사람들이
그들의 책을 모아 가지고 와서 모든 사람 앞에서 불태웠는데,
그 책값을 계산하니, 은전 오만이나 되었다.(행 19:19)

And a considerable number of those who practiced magic
brought their books together and burned them before all;
and they counted up the price of them and found it to be
fifty thousand pieces of silver.(Acts 19:19)

1933년 봄에 저장성 원링이라는 곳에 귀신 들린 한 여인이 있었다. 어떤 사람이 형제들에게 그녀를 위해 기도해 달라고 부탁했다. 기도가 끝나자 곧바로 귀신이 그녀를 떠났지만, 얼마 지나지 않아 다시 돌아왔다. 한 형제가 귀신에게 "주님의 이름으로 물러가라고 했는데 왜 다시 돌아왔느냐?"라고 물었다. 귀신은 "나는 떠나지 않을 것이다. 여기에 내가 있을 곳이 있다."라고 대답했다. 그 형제는 "네가 있을 곳이 있다고 했는데, 어디에 머무느냐?"라고 물었다. 귀신은 가르쳐 주지 않겠다고 말했다. 그 형제가 "주 예수 그리스도의 이름으로 명하니 어서 말해라."라고 하자, 그제야 귀신은 마룻바닥 밑에 산다고 대답했다. 그래서 그 형제는 사람을 시켜 마룻바닥 밑을 살펴보게 했다. 잠시 후 그 사람이 돌아와서는 "낡은 부적 한 장 외에는 별다른 것이 없었어요."라고 말했다. 그러자 형제들이 "빨리 그것을 찢어서 없애 버리세요."라고 말했다. 그 남자가 부적을 찢으려고 할 때, 귀신이 "흥! 내가 있을 곳이 여기뿐인 줄 알아?"라고 말했다. 형제들은 그 장소가 어디인지 물었지만, 귀신은 말하려고 하지 않았다. 그러자 형제들이 주인에게 집 어딘가에 사악한 물건들을 둔 곳이 없느냐고 물었다. 주인은 혹시 잡동사니 더미 속에 있을지도 모른다고 대답했다. 형제들은 주인에게 거기를 찾아보자고 말했다. 그 순간 귀신이 갑자기 소리를 지르며 "안 돼, 안 돼! 찾지 마!"라고 했다. 이 말을 들은 형제들

은 분명히 거기에 있을 것이라고 확신하고 사람들에게 빨리 가서 찾아보라고 말했다. 귀신은 막아도 소용이 없다는 것을 알고는 "너희는 왜 이런 쓸데없는 일을 하느냐?"라고 말했다. 잠시 후 그들은 많은 불경과 우상과 위패 등을 찾아내서는 모두 내다 버렸다. 어떤 형제가 귀신에게 "이제는 네가 있을 곳이 없으니 어서 떠나라!"라고 말하자, 귀신은 "가겠다, 가겠다."라고 말했다. 그 귀신은 떠났고 다시는 돌아오지 않았다.

만일 여러분의 집 안에 사악하고 더러운 물건이 있다면, 여러분의 집을 귀신의 거처로 만들지 않도록 반드시 모두 제거해야 한다.

쉬 형제가 용을 잡다

그러므로 여러분은 하나님께 복종하고, 마귀에게 대항하십시오.
그러면 마귀가 여러분에게서 도망갈 것입니다.(약 4:7)

Be subject therefore to God; but withstand the devil,
and he will flee from you.(James 4:7)

쉬 형제는 주님을 믿은 지 여러 해가 되었다. 어느 날 그는 침대에 누워 있다가 이불에 작은 꼬리가 있는 것을 보았다. 자세히 보니 작은 용이 있었는데, 그것은 둥근 꽃 모양으로 이불 전체에 그려져 있었다. 그는 용이 사탄을 상징하는데 어떻게 그것을 덮을 수 있겠느냐면서, 재빨리 그것을 떼어 내어 불태워 버렸다. 그는 혹시 신경 쓰지 못한 다른 물건에도 용이 있을 수 있다고 생각하여 온 집 안을 샅샅이 뒤졌다. 아니나 다를까 보온병의 상표에 용이 그려져 있는 것을 보고 즉시 떼어 내 버렸다. 그리고 작은 용 그림이 있는 컵도 깨뜨려 버렸다. 그는 그 외에도 용이 그려진 물건들을 모두 남김없이 내다 버렸다.

우리 그리스도인들은 하나님의 그릇으로서 하나님을 담아 하나님으로 충만해야 하므로, 하나님께서 기뻐하지 않으시는 땅에 속한 모든 것, 특히 마귀적인 것은 모두 제거해야 한다. 그럴 때 우리 마음이 순수해지고, 다른 세력의 지배를 받지 않게 되며, 또한 우리 생활도 깨끗하게 되어 어떤 더러움도 없게 된다.

사진과 연극을 멀리하다

세상이나 세상에 있는 것들을 사랑하지 마십시오.
누구라도 세상을 사랑하게 된다면,
그 사람 안에는 아버지에 대한 사랑이 없습니다.(요일 2:15)

Do not love the world nor the things in the world.
If anyone loves the world, love for the Father is not in him.(1 John 2:15)

우 형제는 구원받기 전에 연예인들의 사진을 좋아했다. 그래서 국내외의 유명 연예인들의 사진을 액자에 넣어 벽에 걸어 두고 감상하면서 진귀한 보물 대하듯이 대했다. 그는 또 오락거리를 좋아했고 대본을 쓰기도 했는데, 그가 쓴 어떤 대본은 청중의 많은 찬사를 받았다. 그러나 우 형제는 구원받은 후 이것들이 하나님을 기쁘시게 해 드리지 못한다고 느껴, 벽에 걸려 있던 연예인들의 사진을 모두 떼어 냈고, 자신이 쓴 대본들도 교회에서 '옛 생활을 청산함'에 대해 교통할 때 모두 찾아내어 불태워 버렸다. 우 형제는 이것들이 자신의 시간과 에너지를 많이 낭비하게 했다고 간증하면서, 그 시간 이후로 그러한 것들을 멀리하겠다고 말했다.

복음 — 사랑과 은혜

얼마나 깊고 넓은가 이 사랑 이 은혜
하나님 아들 우리를 대신해 죽었네
사랑의 길이 열렸네 은혜의 문이 열렸네
이 사랑 거절 말고서 주께로 나오라

(찬송가 690장)

돼지 피를 팔지 않다

우상들 앞에 바쳤던 희생 제물과 피와 목매어 죽인 것과 음행을 멀리하십시오.
여러분이 이런 것에서 조심하여 자신을 지킨다면, 잘하는 것입니다.
건강하시기 바랍니다.(행 15:29)

To abstain from things that have been sacrificed to idols
and blood and things strangled and fornication,
from which if you carefully keep yourselves, you will do well.(Acts 15:29)

돼지 피를 전문적으로 파는 한 형제가 있었다. 그는 돼지 피를 길거리에서 팔거나 국으로 만들어 팔았는데, 맛이 대단히 좋고 많은 사람이 사 먹어서 큰 수익을 올렸다. 어느 날 그는 주 예수님을 믿고 성경에 이런 말씀이 있는 것을 알았다. "너희는 어떤 육체의 피도 먹어서는 안 된다."(레 17:14) 그는 피를 먹어서는 안 되기에 다른 사람에게 팔아서도 안 된다고 생각하여 자신의 직업을 바꾸었다.

구원의 확신과 기쁨 — 은혜로 구원받음

오 놀라운 주의 은혜 나 구원 얻었네
길을 잃고 헤매던 나 생명 길 찾았네

(찬송가 247장)

깨진 유리창

삭개오가 서서 주님께 "주님, 보십시오,
내 소유의 절반을 가난한 사람들에게 주고, 내가 누구의 것을
속여 빼앗았다면 네 배로 갚겠습니다."라고 하니(눅 19:8)

And Zaccheus stood and said to the Lord, Behold,
the half of my possessions, Lord, I give to the poor,
and if I have taken anything from anyone by false accusation,
I restore four times as much.(Luke 19:8)

어느 교회 선물에 한 장에 400달러나 하는 매우 비싼 큰 유리창이 있었다. 어느 날 한 아이가 공을 가지고 놀다가 그 유리창을 깨뜨리고 말았다. 그 교회 책임자는 아이를 붙잡지 않고, 숨어서 그 아이가 문 앞에까지 와서 두리번거리다 떠나는 모습을 지켜보았다. 그 후 세월이 흘러 아이는 청년이 되었다. 어느 날 그의 어머니가 죽게 되었는데, 그때 그 교회의 많은 믿는 이들이 그 집을 방문하여 장례식을 도와주며 위로해 주었다. 그리하여 그 청년은 그리스도의 사랑에 감동을 받아 예수님을 자신의 구주로 받아들였다. 구원받은 후 청년은 유리창을 깨뜨린 일이 생각나 이 문제를 해결하기 원했다. 그래서 돈이 생기는 대로 교회에 보냈다. 처음에는 10달러를 보냈다가 어떤 때는 더 많이, 어떤 때는 더 적게 보냈다. 어떤 때는 편지를 써서 자신의 상황을 설명하기도 했다. "학비가 필요해서 이번 달에는 더 보낼 수가 없어서 20달러만 보내겠습니다." "이번 달은 조금 여유가 있어 100달러를 보냅니다." 이런 식으로 계속 교회에 돈을 보냈다. 교회에서는 그가 보낸 돈이 유리창 값을 넘게 되자 책임자가 사람들을 모아 어떻게 해야 할지 의논했다. 그런 후 책임자는 이제 더 이상 배상하지 않아도 된다는 글을 교회 게시판에 써서 붙였다. 그날부터 그 청년은 더 이상 돈을 보내지 않았다. 10년이 지난 후 그 교회의 책임자가 바뀌게 되었는데, 놀랍게도 새로 온 책임자가 바로 과거에 유리창을 깬 청년이었다. 그는 자리에서 일어나 그 이야기를 들려주었고 많은 성도들이 큰 감동을 받았다.

이것은 과거를 청산한 좋은 예이고, 배상하는 것의 좋은 결과이다. 그 청년은 하나님의 자녀가 되었을 뿐 아니라 하나님의 일꾼이 되었다.

특별한 사람을 보내시다

그러나 하나님께 감사하는 것은
여러분이 이전에는 죄의 노예들이었으나,
이제는 … 죄에게서 해방되어
의에게 노예가 되었다는 것입니다.(롬 6:17-18)

But thanks be to God that though you were slaves of sin,
… And having been freed from sin,
you were enslaved to righteousness.(Romans 6:17-18)

한번은 위트니스 리 형제님이 다음과 같은 간증을 했다. "주님을 믿기 전에 제가 일하던 곳에 큰불이 났는데, 모든 사람이 물건을 옮기느라 바빴습니다. 그때 저는 한 책상 위에 있는 고급 중국 도자기로 만든 작은 잉크병과 서양 붓을 보고는 너무 마음에 들어 몰래 집으로 가져왔습니다. 그러나 구원받은 후에 성령은 제게 이 불의한 일을 처리하라고 하셨습니다. 그런데 작은 잉크병은 있었지만 붓이 없어져 돈으로 배상할 수밖에 없었습니다. 그래서 저는 작은 잉크병과 돈을 가지고 물건의 주인을 찾아갔습니다. 저는 얼굴을 붉히며 그에게 그 물건들을 훔친 사실을 자백했고, 이제 와서야 돌려주고 배상하게 되었다고 말했습니다. 주인은 이야기를 듣고는 받을 수 없다고 거절했습니다. 저의 거듭된 요청에, 그는 '이 잉크병은 받겠지만 이 돈은 절대로 받을 수 없습니다.'라고 말했습니다. 그때 그는 당시에 사람들이 좋아하고 물량도 적은 물건이었던 음력이 적힌 달력을 제가 가지고 있는 것을 보고 이렇게 말했습니다. '좋습니다. 그럼 당신의 달력으로 없어진 붓을 대신하는 것으로 합시다.' 저는 비록 그 달력이 아까웠지만 제가 잘못한 것이기에 할 수 없이 그렇게 하였습니다. 그의 집에서 나오면서 저는 한편으로는 그 좋은 달력이 아까웠고, 다른 한편으로는 남은 돈을 처리하기가 곤란했습니다. 그래서 마음속으로 '가장 좋은 것은 하나님께서 내게 특별한 사람을 보내셔서 내가 이 돈을 그에게 주는 것이다.'라고 생각하며 집으로 돌아왔습니다. 그런데 놀라운 것은 제가 집에 들어온 지 얼마 되지 않았을 때, 어떤 사람이 집 문을 두드리며 도움을 구하는 것이었습니다. 그 사람은 하루 종일 먹을 것을 구하지 못해 도움을 요청하러 온 것이었습니다. 저는 이 사람이 하나님께서 제게 보내신 특별한 사람이라고 생각했습니다. 그래서 그를 집 안으로 데려와 배불리 먹이고 또 중국 빵도 싸 주었습니다. 그가 유숙하는 곳을 어떻게 가는지 모른다고 해서 저는 그를 그곳까지 바래다 주었습니다. 함께 가는 길에 저는 그에게 그 돈을 주며 '이것은 주 예수님께서 주시는 것입니다.'라고 말했습니다. 그가 유숙하는 곳을 찾아 주고 집으로 돌아오는 길에 저는 한 형제를 만났습니다. 그 형제는 제게 포장된 상자를 건네며 '이것은 형제님을 위한 것입니다.'라고 말했습니다. 집에 돌아와 상자를 열어 보니 음력이 적힌 달력이 들어 있었습니다. 저는 이것이 하나님의 인도하심임을 깨달았습니다. 이 일련의 일은 하나님께서 우리가 불의한 일을 처리하고 배상하는 것을 기뻐하신다는 것을 확실히 증명합니다."

사전과 작은 상자

자기가 지은 죄를 자백해야 하며, 자기가 피해를 준 것에 대해 전부를 배상하고, 거기에다 오분의 일을 보태어 피해 입은 그 사람에게 주어야 한다.(민 5:7)

Then they shall confess their sin which they have committed,
and he shall make restitution according to its principal for his wrong
and add to it one-fifth of it
and give it to the one whom he has wronged.(Numbers 5:7)

구원받은 초기에 항상 자신이 선한 사람이고 죄가 없다고 느낀 한 자매가 있었다. 그녀는 예수님을 믿었지만, 자신의 죄를 씻기 위해 예수님의 피가 필요하다고는 느끼지 못했다. 그녀에게 예수님은 단지 도덕적으로 따라야 할 모범이었을 뿐 생명의 실재가 아니셨다. 한번은 그 자매가 집회에서 한 전도자의 간증을 들었다. "저의 아버지는 은행 지점장으로서 지위가 높고 돈도 많으셨습니다. 은행 지점장의 아들인 저도 물질적으로 풍족하고 부족함이 없는 것은 당연했습니다. 그런데 제가 종종 도둑질을 하리라고 누가 알았겠습니까?" '은행 지점장의 아들이 도둑질했다.'는 이 한마디가 그녀의 양심을 만졌고, 내면에서 그녀를 책망하는 음성이 있었다. '전에 선생이었을 때, 너는 허락도 없이 학교의 사전과 작은 상자 등을 가져가지 않았느냐?' 그때 그녀는 회개하며 죄를 자백하고, 내면의 주님의 음성에 순종하여 자신이 몰래 가져온 물건들을 돌려주기로 했다. 그러나 잠시 후 그녀는 이런 식으로 물건을 돌려주는 일이 매우 부끄럽게 느껴졌다. 그래서 그 물건들의 가치만큼 현금을 동료 교사에게 부탁해서 돌려주려고 했다. 그러나 안에 계신 주님께서 이것을 허락하지 않으시고 그녀가 직접 가야만 한다고 말씀하셨다. 결국 그녀는 순종하여 직접 그것들을 학교에 가지고 가서 교장에게 잘못을 시인하고 돌려주었다. 이 순종의 체험을 통해, 그녀는 그녀 안에 살아 계시는 그리스도를 만날 수 있었다.

동전 여섯 개

너희는 도둑질해서는 안 된다. 너희는 속여서도 안 되고
서로 거짓말을 해서도 안 된다.(레 19:11)

You shall not steal; neither shall you deceive nor deal falsely
with one another.(Leviticus 19:11)

11, 12세 정도 되는 한 소년이 있었다. 몇 년 전에 그 소년은 같은 반 친구들이 학교 앞에서 사탕을 사 먹는 것을 보고 자신도 먹고 싶었지만 돈이 없었다. 그때 선생님의 책상 위에 놓여 있던 동전이 생각났다. 그 소년은 속으로 '선생님이 안 계시면 동전을 가져와서 사탕을 사 먹어야지.'라고 생각하고는 바로 교실로 뛰어갔다. 마침 선생님이 계시지 않았다. 그는 즉시 동전 여섯 개를 가지고 나와서 사탕을 사 먹었다. 어느 날 복음을 듣고 그 소년은 자신의 그 죄 때문에 몹시 괴로워했다. 선생님에게 돈을 돌려드리고 싶었지만 돈이 한 푼도 없었다. 그래서 그는 누나에게 "누나, 부탁이야. 동전 여섯 개만 줘."라고 말했다. 누나는 그에게 왜 그러는지 이유를 물었다. 소년은 계속 이유를 말하지 않으려 하고 그저 동전 여섯 개를 달라고 했고, 누나는 할 수 없이 동생에게 동전을 주면서 몰래 따라가 보기로 했다. 소년은 그 돈을 가지고 선생님을 찾아가서는 이렇게 말했다. "선생님! 제가 지난번에 사탕을 사 먹으려고 선생님의 책상 위에 있는 동전 여섯 개를 몰래 가져갔어요. 오늘 이렇게 돌려드리니 용서해 주세요." 그제야 비로소 그 소년은 마음의 참된 평안을 얻을 수 있었다.

구원의 확신과 기쁨 — 은혜로 구원받음

죄 대신한 은혜 내 맘속 다스려
날 죄의 권능 벗게 해 옛 성품 벗게 해

(후렴) 은혜 족하니 부족함 없네
주 내 안에 사셔서 은혜 누리게 해

(찬송가 248장)

몰래 나쁜 짓을 하다

거짓말하는 입술은 여호와께서 가증히 여기시나
신실하게 행하는 이들은 그분의 기쁨이 된다.(잠 12:22)

Lying lips are an abomination to Jehovah,
But those who deal faithfully are His delight.(Proverbs 12:22)

한 중학생이 어느 날 밤에 분명하게 구원을 받았다. 주님은 그 학생이 과거에 행한 불의한 일들을 하나씩 보여 주셨다. 그는 주님의 인도를 따라 자신의 죄들을 하나씩 자백했다. 이미 밤이 깊었고 그의 부모님은 잠들었다. 그는 부모님의 방으로 조용히 들어가서 어머니의 머리맡에서 무릎을 꿇고 부모님에게 지은 많은 죄를 생각하며 하염없이 눈물을 흘렸다. 그때 그의 어머니가 잠에서 깨어나 놀라서 물었다. “아들아, 왜 여기서 울고 있니?” 그는 울면서 “어머니, 죄송해요. 제가 전에 자주 어머니 지갑에서 돈을 훔쳐 사탕과 담배를 샀고, 아버지를 위해 남겨 놓은 간식도 자주 몰래 먹었어요. 게다가 자주 어머니와 아버지를 화나게 했어요. 정말 죄송해요. 이제 저는 주 예수님을 믿고 회개합니다.”라고 말했다. 그는 계속해서 “지금은 밤이 깊었고 아버지도 주무시니 아버지를 깨우고 싶지는 않아요. 어머니께서 저 대신 아버지께 제가 용서를 구한다고 전해 주세요.”라고 말했다. 그러자 어머니는 아들에게 “착한 아들아, 엄마는 너를 용서한단다. 앞으로 다시는 훔치지 마라.”라고 말했다. 그는 눈물을 닦으며 방으로 돌아와 죄들을 자백하는 몇 통의 편지를 썼다. 어떤 것은 선생님이나 교장 선생님에게 시험을 볼 때 부정행위를 한 사실을 자백한 편지였고, 어떤 것은 친구에게 앞으로 화목하게 지내자는 편지였으며, 또 어떤 것은 불량 친구들에게 더 이상 나쁜 일에 가담하지 않겠다는 편지였다.

전등을 불법적으로 사용하다

서로 거짓말을 하지 마십시오. 왜냐하면 여러분이 옛사람을
그 행실과 함께 벗어 버리고 새사람을 입었기 때문입니다.(골 3:9-10)
Do not lie to one another, since you have put off the old man
with his practices and have put on the new man.(Colossians 3:9-10)

어느 중학생이 구원받은 후, 주님께서 그에게 그의 죄를 생각나게 하셨다. 가난했던 그는 지난 몇 개월 동안 공부를 하기 위해 전기를 몰래 끌어다 사용했던 것이다. 그는 매일 밤 불을 켜기 전에 사람들에게 들킬까 봐 매우 두려워서 항상 문과 창에 커튼을 쳤다. 그는 구원받은 날 밤 전구를 떼어 내고 다시는 전등을 불법적으로 사용하지 않기로 했다. 그리고 전등 대신으로 작은 등유 램프를 준비했다. 당연히 작은 등유 램프는 이전 전등보다 밝지 않았지만, 그는 설령 시력을 잃을지라도 다시는 전등을 불법적으로 사용하지 않기로 결심했다. 그리고 이미 몇 개월간 사용한 전기 요금을 어떻게 해결할 것인지를 고민했다. 배상하고 싶었지만 돈이 없었고, 부모님께 돈을 달라고 하자니 부모님이 주님을 믿지 않아 부모님께 간증이 되지 않았다. 그래서 그는 마음속으로 자신이 졸업하고 직장을 잡으면 두 배로 배상하기로 결심했다. 6년 후 그는 외지로 갔는데, 주님께서 그를 위해 약간의 돈을 예비하셨고, 그는 곧바로 우체국에 가서 소액환으로 바꾸어 등기로 자신이 전에 살던 곳의 전기 회사에 보냈다. 그리고 그들에게 용서를 구하고 약속대로 전기 요금의 두 배를 배상했다. 그날 이후로 그의 생명이 자라기 시작했고, 그는 하나님을 섬기면서 많은 표적과 기이한 일을 자주 체험했다.

20년 전의 전기 요금을 배상하다

자애와 진리로 죄악은 속죄되고
여호와를 경외함으로 사람들은 악에서 떠난다.(잠 16:6)

By lovingkindness and truth iniquity is expiated,
And by the fear of Jehovah men depart from evil.(Proverbs 16:6)

어느 날 한 형제가 리 형제님을 찾아와서 이렇게 말했다. “리 형제님, 저를 도와주십시오. 제가 20년 전에 남의 집 전기를 몰래 썼습니다. 그런데 지금 기도할 때마다 평안이 없습니다. 제가 어떻게 해야 하겠습니까?” 리 형제님은 그 형제에게 이렇게 말했다. “그 사람에게 갚아야만 문제가 해결이 되니, 형제님은 전기 회사에 편지를 써서 거기에 그 사람의 이름과 주소를 자세히 쓰고, 전기를 몰래 쓴 기간의 전기 요금을 계산하고 이자를 더해서 소액환으로 바꾸어 보내면 됩니다.” 그는 “참 간단하네요.”라고 말하고는 그대로 했다. 이 편지가 전기 회사에 도착한 후 그곳 책임자는 이 편지를 읽고 매우 놀랐다. 어느 날 그 책임자는 자신이 아는 왕 형제에게 이렇게 말했다. “왕 어르신! 예수님을 믿는다는 것은 정말 놀라운 일이군요. 이 편지와 소액환을 보세요. 한 사람이 예수님을 믿고 수십 년 전에 몰래 쓴 전기 요금을 보내어 왔습니다. 1년 전도 아니고 2년 전도 아니고 무려 20년 전의 전기 요금을 보내오다니요!” 왕 형제는 편지를 읽고는 그 책임자에게 “세상 사람들은 모두 정직하지 않지만, 오직 예수님을 진정으로 믿는 그리스도인들만이 이렇게 정직할 수 있습니다.”라고 말하며 복음을 전했다.

구원의 확신과 기쁨 — 은혜로 구원받음

이전에 내 맘에 죄뿐일 때 내 발걸음은 주 떠났었네
지금은 주님 날 찾으셨네 내 어찌 기뻐 안 하랴

(후렴) 이 죄인 은혜 받았네 이 죄인 은혜 받았네
이는 내 신분 큰 영광일세 이 죄인 은혜 받았네

(찬송가 251장)

물건을 훔치고 돈을 가로채다

우리가 우리에게 죄 빚진 사람들을 용서하여 준 것같이
우리의 죄 빚을 용서하여 주시며(마 6:12)

And forgive us our debts,
as we also have forgiven our debtors.(Matthew 6:12)

서양 선교사 집의 한 요리사가 자주 집주인의 쌀, 밀가루, 설탕, 연탄 등을 훔쳤다. 또 시장에서 물건을 살 때도 1위안으로 구입하면 1위안 50자오를 청구하고, 50위안으로 구입하면 65위안을 청구하여 집주인의 돈을 가로챘다. 그가 이런 식으로 집주인의 돈과 식량을 훔쳤기 때문에, 그의 가족은 비교적 풍족한 생활을 하였다. 어느 날 그가 구원을 받았고, 주님은 계속해서 그에게 빛을 비추시며 집주인에게 죄들을 자백하라고 하셨다. 그는 자신이 죄들을 자백하면 직장을 잃게 되기에 매우 곤란해했다. 그는 '나는 훔친 물건과 훔친 돈을 이미 다 써 버렸는데, 무슨 돈으로 배상한단 말인가?' 하고 생각했다. 그러나 성령은 계속 그의 안에서 재촉하셨고, 그는 가시방석에 앉아 있는 것 같았다. 오랜 실랑이 끝에 마침내 주님께서 승리하셨다. 그는 선교사를 찾아가 눈물을 흘리며 말했다. "선생님, 죄송합니다. 제가 자주 선생님의 물건을 훔쳐 집에 가져가 먹고 썼으며, 시장에서 물건을 살 때도 자주 선생님의 돈을 조금씩 몰래 빼돌렸습니다. 이제 저는 구원을 받았습니다. 제가 배상하고 싶지만 돈이 없어서 갚을 수가 없으니, 저를 선생님의 종으로 받아 주십시오. 제 몸으로 선생님을 섬겨 배상하겠습니다." 선교사는 그에게 이렇게 말했다. "주님께 감사드립니다. 주님께서 이미 형제님을 용서하셨는데, 제가 어떻게 형제님을 용서하지 않을 수 있겠습니까? 형제님이 제 종이 되는 것은 제가 감당할 수 없으니, 형제님이 주님을 사랑하기만 한다면 그것으로 충분합니다." 훗날 이 요리사 형제는 많은 사람을 구원으로 인도했다.

은화 두 냥

신실한 사람은 복이 넘치게 되나
부자가 되는 데 급급한 사람은 벌을 피하지 못하게 된다.(잠 28:20)

A faithful man will abound with blessings,
but he who makes haste to be rich will not go unpunished.(Proverbs 28:20)

중 형제는 구원받기 전에 자신의 부하 직원에게 은화 두 냥을 빌린 적이 있었는데 계속 갚지 않았다. 왜냐하면 상사와 부하 직원의 관계였기 때문에, 아예 갚을 생각조차 하지 않았던 것이다. 구원받은 후 그는 집회에서 빛 비춤을 받아 그 돈을 꼭 갚아야겠다고 생각했다. 그런데 부하 직원을 찾을 수 없었다. 그는 기도하며 주님의 인도를 구했다. 얼마 지나지 않아, 길을 가다가 우연히 여러 해 동안 보지 못한 그 부하 직원을 만나게 되었다. 주님께서 돈을 갚을 절호의 기회를 주신 것이다. 그런데 그의 주머니 속에 있는 현금은 은화 두 냥보다 적었다. 그래서 그는 손에 끼고 있던 금반지를 팔아 돈으로 바꾸고 10위안을 더 얹어 부하 직원에게 주었다. 처음에 그 부하 직원은 한사코 받기를 거절했다. 그러나 그가 이렇게 성의 있게 권하자, 부하 직원은 하는 수 없이 돈을 받았다. 집으로 돌아온 중 형제는 기쁨이 충만했다. 며칠 후 오래전에 그에게서 금화 두 돈을 빌려 간 친구가 간만에 찾아와서는 금화 한 돈을 갚았다.

모든 빚은 가능한 한 빨리 갚아야 한다. 그러지 않으면 하나님은 여러분을 축복하실 수 없다.

구원의 확신과 기쁨 — 생명의 변화

기쁨 내 맘을 채우네 채우네
돌 같은 내 맘 부드러운 맘으로 바꾸네
성령은 나를 새롭게 하시네
기쁨 내 맘을 채우네 채우네

(찬송가 242장)

빚을 대신 탕감해 줄 수 없다

그의 자녀들 가난한 이들에게 은총 구하고
제 손으로 모은 재산 도로 내놓는다네.(욥 20:10)

His children seek the favor of the poor,
and his hands return his wealth.(Job 20:10)

한 부대장이 장교들과 병사들에게, 다른 사람에게 돈을 빌려서는 안 된다는 명령을 내렸다. 그런데 한 군인이 다른 군인에게 수십 위안을 빌렸지만 갚지 못했다. 그래서 그는 부대장에게 가서 명령을 어긴 잘못을 고백했고, 어떤 처벌도 달게 받겠으니 자신의 과실을 용서해 주고 그 군인에게 갚아야 할 빚을 탕감해 달라고 요청했다. 그 부대장이 빚을 탕감해 달라는 그 군인의 요청을 들어줄 수 있겠는가? 부대장은 명령을 어기고 돈을 빌린 그 군인의 잘못만을 용서해 줄 수 있을 뿐 그 군인을 위해 그의 빚을 대신 탕감해 줄 수는 없다.

오늘날 우리가 사람들에게 죄의 빚을 졌다면, 그것은 한 면으로 사람들에게 죄의 빚을 진 것이고 다른 한 면으로는 하나님께 죄의 빚을 진 것이다. 우리는 사람들에게 죄의 빚을 지게 될 때, 하나님께만 죄들을 자백하고 사람들에게는 배상할 필요가 없다고 말해서는 안 된다. 하나님은 우리를 대신하여 우리의 죄의 빚을 탕감해 주실 수 없다.

구원의 확신과 기쁨 — 주님에 의해 해방됨

저 쇠악과 정욕은 날 못 묶네 이 세상의 근심도 묶지 못해
이 땅 위의 묶임 다 끊어졌네 주 예수 날 해방했네

(후렴) 오 영광의 해방일세 또 묶이지 않으리라
난 보혈로 씻어서 맑게 됐네 주 예수 날 해방했네

(찬송가 244장)

성경 과목 시험에서 부정행위를 하다

너희가 해야 할 일은 이러하다.
각자 자기 이웃에게 진실을 말하며(슥 8:16)

These are the things which you shall do:
Each man speak truth to his neighbor.(Zechariah 8:16)

워치만 니 형제님이 다음과 같은 간증을 한 적이 있다. "전에 제가 기독교 학교에서 공부를 할 때, 시험을 보면 매 과목마다 거의 백 점을 받곤 했습니다. 그래서 평균 점수는 늘 90점 이상이었습니다. 그러나 성경에 대해서는 관심이 없어서 자주 낙제 점수를 받았습니다. 이 때문에 시험을 아무리 잘 봐도 성경 과목 때문에 평균 점수가 낮았습니다. 3학년이 되던 해였습니다. 그때까지도 저는 주님을 믿지 않았기 때문에 성경을 별로 좋아하지 않았습니다. 그러나 선생님이 성적을 발표하실 때 늘 제가 모든 과목은 다 잘하면서 성경 과목만 점수가 낮은데 그리 좋은 일은 아니라고 하셨습니다. 그래서 저는 이 과목을 열심히 준비하기로 결심했습니다. 그해 시험 내용은 사도행전이었습니다. 저는 몇 개월 동안 준비했지만, 막상 시험 때가 되자 시험을 잘 봐야 한다는 생각에 성경의 중요한 요점들을 팔에 써서 긴소매로 가렸습니다. 부정행위를 한 것입니다. 비록 어떤 문제들은 맞혔지만 70점 정도밖에 받지 못했습니다."

구원받은 후 니 형제님은 이 일 때문에 평안이 없었다. 그러나 감히 가서 죄를 자백할 수도 없었다. 왜냐하면 그가 그 일을 사실대로 말하면 선생님과 교장 선생님이 그가 이전에 좋은 점수를 받은 과목들도 모두 부정행위로 받은 점수라고 생각할까 봐 두려웠기 때문이다. 더구나 니 형제님은 교장 선생님이 이 기회를 이용하여 그를 퇴학시킬까 봐 겁이 났다. 학교 규정에 의하면, 시험에서 부정행위를 한 학생은 퇴학시킬 수 있었기 때문이다. 게다가 그의 가족이 믿는 진리는 성공회와 조금 달랐기 때문에, 교장 선생님은 이미 그를 탐탁하지 않게 생각하고 있었다. 이렇게 퇴학당하고 나면 집에 가서 부모님을 뵐 면목도 없었다. 그래서 그는 여러 날 동안 괴로워하다가 결국 죄를 자백하지 않으면 안에 평안이 없다는 것을 알고서 교장 선생님께 잘못을 인정하는 편지를 썼다. 왜냐하면 양심은 잠을 잘 수는 있지만 결코 죽지 않기 때문이다. 그 일이 있은 후 교장 선생님은 그를 불러 "학교를 대표하여 너의 죄를 용서한다."라고 말했다.

모든 불의를 처리하지 않는다면 그것이 계속 흉터로 남아서 양심에 평안이 없게 된다.

가짜 졸업 증명서

나의 율례들을 따르고 나의 규례들을 지켜 진리를 행하면,
그는 의로우니 반드시 살 것이다. 주 여호와의 선포이다.(겔 18:9)

If he walks in My statutes and keeps My judgments to do truth—
he is righteous; he shall surely live, declares the Lord Jehovah.(Ezekiel 18:9)

한 대학생이 구원받은 후, 자신이 입학시험 때 제출한 가짜 졸업 증명서가 생각나 며칠 동안 양심에 평안이 없었다. 그래서 전도자를 찾아가서 어떻게 해야 좋을지 물었다. 전도자는 그에게 "형제님은 먼저 하나님께 죄를 자백하고, 주님의 보배로운 피가 형제님의 죄를 씻는다는 것을 믿어야 합니다. 그런 후에 학장을 찾아가 죄를 자백하십시오."라고 말했다. 그러나 그 학생은 감히 그렇게 할 수 없다고 말했다. 그러자 전도자가 다시 "형제님은 하나님의 능력을 의지하여 학장에게 죄를 자백해야 합니다. 반드시 그렇게 죄를 자백해야 양심이 평안할 수 있습니다."라고 말했다. 그래서 두 사람은 함께 무릎을 꿇고 기도했다. 다음 날 그는 학장을 찾아가서 정직하게 자신의 가짜 졸업 증명서에 대한 죄를 자백했다. 학장은 매우 감동하여 "우리는 이미 많은 학생의 졸업 증명서가 가짜라는 것을 알고 있네. 그러나 오직 주 예수님을 믿는 자네만이 이렇게 와서 죄를 자백했네. 그러니 자네를 용서하겠네. 그 대신 한 학년을 유급시키겠네."라고 말했다. 그 학생은 그러한 처벌을 달게 받아들였다. 돌아가는 길에 그의 얼굴은 기쁨이 충만했고, 그의 양심은 평안해졌다.

헌신

왜냐하면 하나님께서 값을 치르시고
여러분을 사 오셨기 때문입니다.
그러므로 여러분의 몸으로
하나님을 영광스럽게 하십시오.
(고전 6:20)

For you have been bought with a price.
So then glorify God in your body.
(1 Corinthians 6:20)

석류나무 꽃이 피었는지(아 7:12)
石榴放蕊(歌 7:12)

헌신의 의미

그러므로 형제님들, 내가 하나님의 자비로 말미암아 여러분에게 권유합니다. 여러분의 몸을 하나님께서 기뻐하시도록 거룩하고 살아 있는 희생 제물로 드리십시오. 이것이 여러분의 합리적인 봉사입니다.(롬 12:1)

I exhort you therefore, brothers, through the compassions of God to present your bodies a living sacrifice, holy, well pleasing to God, which is your reasonable service.(Romans 12:1)

구원받은 사람들인 우리가 자신을 헌신하는 것은 주님의 구원에 대한 적극적인 반응이다. 우리가 주님께 자신을 헌신하는 것은 그분에 대한 우리의 보답으로서 주님께서 우리를 얻으시도록 허락해 드리는 것이다. 우리가 자신을 주님께 헌신하는 근거는 주님께서 그분 자신의 피로 값을 치르시어 우리를 사셨기 때문에 우리가 주님의 노예들이라는 사실에 있다(고전 6:19-20). 주님을 믿고, 주님께 구속받고, 주님께서 사신 우리는 주님의 노예들이므로 우리의 것이 아니라 주님의 것이다. 그러므로 우리에 대한 권리는 우리에게 있지 않고 주님께 있다. 주님께 구속받고 주님께서 사신 우리는 주님께 속한 사람들이기 때문에, 살든지 죽든지 주님의 것이다(롬 14:8). 이것이 우리가 그분께서 쓰시도록 우리 자신을 헌신하는 근거이다.

더욱이 우리가 자신을 주님께 헌신하는 이유는 그분의 사랑이 우리를 강권하고 격려하기 때문이다. 그분의 사랑이 우리를 밀어붙이기 때문에 우리는 그분께 헌신하지 않을 수 없다. 그분께서 우리를 대신하여 죽으셨기 때문에 우리 모두가 죽었다. 더 나아가 그분께서 죽으신 것은 우리가 그분의 생명을 얻어 그분을 향하여 살도록 하려는 것이다. 이러한 사랑이 우리를 격려하고 밀어붙여 그분을 사랑하게 하고 그분께 자신을 헌신하게 한다. 이 헌신은 그분의 큰 사랑에 대한 우리의 감사이며 보답이다(고후 5:14-15).

우리가 자신을 주님께 헌신하는 것은 소와 양을 희생 제물로 하나님께 드렸던 구약의 사람들과는 달리 자신을 살아 있는 희생 제물로 주님께 드리는 것이다(롬 12:1). 우리가 이렇게 자신을 살아 있는 희생 제물로 드리는 것은 거룩한 것이고, 주님께서 쓰실 수 있도록 자신을 주님께 분별해 드리는 것이며, 또한 하나님을 기쁘시게 해 드리고 그분의 마음의 갈망을 만족시키는 것이다.(생명 공과, 개정 2판)

그리스도인의 재물 관리

우리를 원수들의 손에서 구출하신 것은
일생 동안 주님 앞에서 거룩함과 의로 두려움 없이
주님을 섬기도록 하시려는 것입니다.(눅 1:74-75)

To grant us that we,
having been delivered out of the hand of our enemies,
might serve Him without fear,
in holiness and righteousness before Him all our days.(Luke 1:74-75)

사람이 타락으로 말미암아 하나님과 문제가 생겨 하나님을 자신의 모든 것으로 취하던 위치에서 떠났을 때부터, 재물은 타락한 인류의 생활에서 큰 비중을 차지하는 것이 되었다. 타락한 상태에 있는 사람은 하나님을 인정하지 않고 오직 재물만을 인정하고, 하나님을 의지하지 않고 오직 재물만을 의지하며, 심지어 재물을 섬기고 재물을 하나님으로 삼으며 재물이 하나님을 대치하도록 하는 어둠에 빠졌다. 그러나 우리는 하나님의 긍휼과 주님의 구원을 받아 사탄의 권세에서 구출되어 하나님께로 돌아왔다(행 26:18). 그러므로 우리는 재물에 대한 우리의 마음가짐과 태도를 바꾸어야 한다.

성경은 우리의 생활 가운데 있는 모든 물질적인 누림이 겉으로는 재물에서 온 것처럼 보이지만 하나님께서 풍성히 주심으로 우리에게 공급된 것임을 말해 준다. 그러므로 우리는 사람을 속이는 믿을 수 없는 재물에 소망을 두지 말고, 우리에게 모든 것을 주셔서 누리게 하시는 하나님께 소망을 두어야 한다(딤전 6:17). 성경은 또한 재물을 드리는 것을 씨를 뿌리는 것으로 간주한다(고후 9:10). 씨는 하나님께서 주신 것이며, 우리는 하나님께서 우리에게 주신 것을 하나님께 드린다. 주님은 우리에게 생활을 돌본 후 남은 이 여분의 재물을 땅에 쌓아 두지 말고 하늘에 쌓아 두라고 분부하셨다(마 6:19-20). 이것은 곧 궁핍한 사람들을 구제하여 친구로 사귀는 것과(눅 16:9) 그분의 복음을 확산시키는 것과(빌 1:5) 같은 일들을 하는 것이다. 이렇게 우리가 선을 행하고 선한 일에 풍성해지며 기꺼이 나눌 때, 우리는 보물을 하늘에 쌓아 두게 되고 하나님의 영원한 생명을 붙잡을 수 있게 된다(딤전 6:18–19).

만일 우리가 하나님을 위하여 우리의 재물을 궁핍한 이들에게 기꺼이 나누어 준다면, 하나님은 반드시 풍성하고 풍족하게 곧 후히 되어 누르고 흔들어 넘치도록 하여 우리의 품에 안겨 주실 것이다(눅 6:38). 교회가 풍성한 공급을 받을 수 있도록 우리가 하나님께 마땅히 드려야 할 것을 온전히 드린다면, 하나님은 우리를 위해 하늘의 창들을 여시고 더 이상 쌓을 곳이 없을 때까지 복을 쏟아부으실 것이다(말 3:10).(생명 공과, 개정 2판)

재물을 드리는 실행

각 사람이 마음에 정한 대로 해야 하고,
마지못해 하거나 억지로 하지 말아야 합니다.
왜냐하면 하나님은 즐거이 드리는 사람을
사랑하시기 때문입니다.(고후 9:7)

Each one as he has purposed in his heart,
not out of sorrow or out of necessity,
for God loves a cheerful giver.(2 Corinthians 9:7)

우리는 재물을 드릴 때 네 가지 목적을 위해 드릴 수 있다. 첫째는 구약의 하나님의 백성이 성막과 성전을 위해 속전을 드린 것처럼(출 30:11-16) 교회의 필요를 위해 드리는 것이다. 둘째는 복음의 확산을 위해 드리는 것이다(빌 1:5). 셋째는 빌립보 성도들이 바울의 필요를 공급한 것처럼 주님의 종들에게 공급하는 것이고(빌 4:15-16), 잘 인도하는 장로들과 하나님의 말씀과 가르침에 수고하는 사람들에게 공급하는 것이다(딤전 5:17). 넷째는 궁핍한 성도들에게 공급하는 것이다(롬 12:13). 우리는 하나님에게서 받은 재물로 가난한 이들을 기억하며 돌보아야 한다(갈 2:10).

우리는 재물을 드림에 있어서 하나님을 가장 기쁘시게 해 드리는 것이, 먼저 우리 자신을 주님께 드리고 또 우리를 돌보는 사도들에게 주는 것이며, 또한 마케도니아에 있는 교회들이 유대의 가난한 성도들에게 재물을 공급하여 은혜와 교통에 참여한 것처럼 그러한 은혜와 교통에 참여하는 것이다(고후 8:4-5). 더욱이 우리는 무슨 용도로든 재물을 하나님께 드릴 때, 사람들에게서 영광을 얻고 보상을 받기 위해 일부러 보이도록 사람들 앞에서 해서는 안 된다. 그렇게 하면 우리는 하늘에 계신 아버지에게서 보상을 받지 못할 것이다. 오히려 우리는 은밀한 가운데 드려, 하늘에 계신 아버지께서 보시고 갚으시도록 해야 한다.

믿는 이들이 재물을 드리는 것은 하나님의 눈에 매우 가치 있는 것이다. 하나님께서 보시기에, 본래 재물은 '불의의 재물'(눅 16:9), 곧 속이는 재물(마 13:22)이자 믿을 수 없는 재물(딤전 6:17)로서 결국은 '필요 없게'(눅 16:9) 될 것이다. 그러나 그것이 하나님께 속한 우리를 거쳐 하나님께서 사용하시도록 드려질 때, 실지로 우리와 성도들의 '교통'이 되고(고후 8:4), 하나님 앞에서 사람을 향한 우리의 의가 되며(9:9), 또한 하나님께서 받으실 만한 '희생 제물'(히 13:16)과 하나님을 기쁘시게 하는 '향기'가 된다(빌 4:18).(생명 공과, 개정 2판)

헌금 바구니 위에 서다

왜냐하면 내가 구하는 것은 여러분의 소유물이 아니라,
여러분 자신이기 때문입니다.(고후 12:14)

For I do not seek what is yours but you.(2 Corinthians 12:14)

한번은 대집회에서 해외 복음 전파에 대한 메시지가 전해졌다. 많은 사람이 그 메시지를 듣고 깊은 감동을 받아 해외 복음 전파를 위해 헌금을 했다. 헌금이 끝나자 집사들은 헌금 바구니를 가지고 뒤편으로 물러났다. 알렉산더 다포라는 10세 정도 되는 소년이 그 집회에 참석하고 있었다. 그 소년은 깊은 감동을 받아 헌금을 하고 싶었지만 헌금할 돈이 없었다. 그래서 그는 자리에서 일어나 집사들에게 가서 헌금 바구니를 바닥에 놓아 달라고 부탁했다. 집사들은 처음에 이상하다고 생각했지만 그의 말대로 헌금 바구니를 바닥에 놓았다. 알렉산더 다포는 그 바구니 위에 서서 "하나님, 제 자신을 당신께 드립니다." 라고 말했다. 그날 이후로 그는 뒤로 물러나지 않고 변함없이 주님을 섬겼으며, 후에 복음을 전하는 전도자가 되었다.

바울은 "내가 구하는 것은 여러분의 소유물이 아니라, 여러분 자신이기 때문입니다."(고후 12:14)라고 말했다. 하나님의 뜻은 우리가 먼저 우리 자신을 주님께 드리는 것이다.

나는 손이 없단다

그분은 우리의 죄들을 직접 자기의 몸에 짊어지시고 나무에 달리셨습니다.
그것은 우리가 죄들에 대하여 죽음으로써
의에 대하여 살도록 하시려는 것입니다.(벧전 2:24)

Who Himself bore up our sins in His body on the tree, in order that we, having died to sins, might live to righteousness.(1 Peter 2:24)

사람이 무슨 일을 하든 몸이 필요하다. 물건을 운반할 때도 몸이 필요하고, 걸을 때도 몸이 필요하며, 외출할 때도 몸이 필요하다. 하나님은 세상을 구원하시기 위하여 주님께 몸을 준비해 주셨고, 그분은 이 몸으로 나무에 달리셔서 사람의 죄들을 직접 짊어지셨다. 몸은 우리가 주님을 섬기기 위해서도 필요하다. 하지만 여러분은 주님께서 여러분의 몸을 쓰시도록 기꺼이 드리겠는가? 한번은 어떤 사람이 이렇게 기도했다. "주님, 제 친구가 당신을 믿지 않습니다. 당신께서 친구의 마음을 만지셔서 그가 주님을 믿게 해 주십시오." 그러자 주님은 그에게 "나는 손이 없단다. 네 손을 사용하여 그의 마음을 만져라. 네 발을 사용하여 그의 집을 방문하고, 네 입을 사용하여 그에게 복음을 전해라."라고 말씀하셨다.

로마서 12장에 따르면, 우리가 교회생활을 위해 우리 몸을 드리려면, 첫째로 시간을 따로 분별해야 하고, 둘째로 우리 몸으로 직접 집회에 참석하거나 사람들을 만나러 나가거나 심방해야 한다. 그럴 때 주님은 우리를 공급의 통로로 사용하셔서 사람들에게 생명을 공급하실 수 있다.

헌신 — 모든 것을 주님께 드림

주여 나의 일생이 헌신되게 하시고
매일 순간순간을 쓰임 받게 하소서

(후렴) 나를 위해 가시관 쓰고 나를 위해 못 박히셨네
영원히 내 생명 주께 바쳐서 주를 사랑하겠네

(찬송가 339장)

집만 준비하면 되다

유월절 육 일 전에 예수님께서 베다니에 가셨는데,
그곳은 예수님께서 죽은 사람들 가운데서 살리신 나사로가 있는 곳이었다.
사람들이 거기에서 예수님을 위하여 잔치를 베풀었다.(요 12:1-2)

Then Jesus, six days before the Passover, came to Bethany,
where Lazarus was, whom Jesus had raised from the dead.
Therefore they made Him a supper there.(John 12:1-2)

미국 북서부에 한 선교사 부부가 있었는데, 어느 날 인디언 부부에게 그들의 집에서 식사를 할 수 있는지 물었다. 그 인디언 부부는 미안해하며 그들에게는 마땅한 음식이 없고 생선만 조금 있다고 말했다. 그러자 선교사 부부는 집만 깨끗이 청소해 놓으면 된다고 말했다. 약속한 날에 선교사 부부는 그 가난한 인디언 부부의 집에 갔다. 그들은 차와 커피와 설탕과 빵과 토란, 인디언 부부가 처음 보는 버터와 간식 등 많은 좋은 것들을 가지고 갔다. 그들은 함께 먹고 마시며 즐거워했다. 선교사 부부는 그 집의 실지적인 주인이 되었고, 그 덕분에 가난한 인디언 부부는 한 번도 먹어 본 적이 없는 음식들을 마음껏 먹었다.

이것은 우리가 우리 자신을 주 예수님께 드리는 것에 대한 좋은 예이다. 우리가 그분을 받아들이는 것은 그분을 우리의 가난한 집에 초대하는 것과 같고, 우리가 우리 자신을 주님께 드리는 것은 생선을 조금 드리는 것과 같다. 그럴지라도 우리가 우리 자신을 그분께 드릴 때, 그분은 기쁘게 받으시고 그분의 가장 좋은 것을 우리에게 주신다. 그분은 우리가 드린 것을 받으시고, 그분의 풍성을 우리에게 주신다.

칼과 그릇과 말과 자신을 드리다

그들은 우리가 기대했던 것 이상으로 하나님의 뜻을 따라
먼저 자신을 주님께 드리고 또 우리에게 주었습니다.(고후 8:5)

They gave themselves first to the Lord,
and to us through the will of God.(2 Corinthians 8:5)

과거에 미국의 대부분의 인디언들은 숲에서 사냥을 하며 살았다. 그래서 그들에게 가장 중요한 것은 먹고 마시는 데 필요한 그릇과 칼과 말이었다. 이 물건들만 있으면 어디를 가도 생활할 수 있었다. 어느 날 한 전도자가 마을에 찾아와 복음을 전했다. 그들 중 추장이 매우 열심히 복음을 들었다. 그는 주 예수님께서 죄인들을 사랑하셔서 하늘을 떠나 이 땅에 오셨다는 것을 들었을 때, 예수님을 사랑하는 마음이 생겼다. 그래서 자리에서 일어나 전도자에게 가서 "저는 저의 칼을 예수님께 드리겠습니다."라고 말했다. 그 후 그는 주 예수님께서 풍성하신 분이셨지만 우리를 위해 가난하게 되셨고, 그분께서 가난하게 되심으로 우리를 풍성하게 하셨다는 말씀을 들었다. 추장은 두 번째로 일어나 전도자에게 가서 "저는 저의 그릇을 주님께 드리겠습니다."라고 말했다. 그리고 그는 악인들이 예수님을 박해하고 괴롭히고 죽이려고 한 것과, 선하고 자비로우신 주 예수님께서 그분을 박해한 사람들을 어떻게 대하셨는지를 들었다. 그러자 그 인디언 추장은 자신의 말을 끌고 와서 전도자 앞에 두고는 "저는 제 말을 주님께 드리겠습니다."라고 말했다. 그가 무엇을 더 드릴 수 있겠는가? 그는 이미 자신이 가지고 있던 가장 귀하고 가장 유용한 것들을 모두 주님께 드렸다. 그러고 나서도 그는 자리로 돌아가 말씀을 들었다. 그리고 주 예수님께서 어떻게 모욕을 당하시고 채찍에 맞으시고 가시 면류관을 쓰셨는지, 결국 사람의 죄들과 이 가련한 인디언들의 죄들 때문에 어떻게 십자가에 못 박히시고 창에 옆구리를 찔리셨는지를 들었을 때, 뜨거운 눈물을 흘리며 전도자 앞에 달려가 "저는 제 자신을 주님께 드리겠습니다."라고 말했다.

이것이야말로 주 예수님께서 원하시는 것이다. 형제자매들이여! 여러분도 많은 돈과 시간과 힘 그리고 다른 많은 것을 주 예수님께 드렸을 것이다. 그러나 여러분은 여러분 자신을 그분께 드렸는가?

'내어 줄 때'
비로소 사용할 수 있다

이전에 여러분이 여러분의 지체를 더러움과 불법에게
노예로 내어 주어 불법에 이른 것과 같이, 이제는 여러분의 지체를
의에게 노예로 드려 거룩하게 됨에 이르십시오.(롬 6:19)

For just as you presented your members as slaves
to uncleanness and lawlessness unto lawlessness,
so now present your members as slaves
to righteousness unto sanctification.(Romans 6:19)

한 여학교에서 학생 수가 늘어나 기숙사를 증축해야 했다. 그래서 여러 협상 끝에 학교에 인접한 집들을 매입했다. 계약서를 작성하고 대금까지 다 지불했다. 그러나 가을이 되어 개학이 다가오는데도 학교는 새로 산 땅에 건물을 지을 수 없었다. 왜냐하면 집을 판 사람들이 그 집들을 비우지 않았기 때문이다. 매입은 권리상의 명의만 있는 것이다. 오직 집을 '내어 줄 때' 비로소 실제로 사용할 수 있다.

주님은 큰 대가를 지불하여 우리를 사셨다. 우리가 우리 자신을 온전히 그분께 헌신할 때(내어 드릴 때), 그분은 비로소 우리를 사용하실 수 있다.

헌신 — 모든 것을 주님께 드림

나 이제 주께 모두 드려
다 내어 놓고 주께 드려
내 모든 소유를 제단에 놓으리
날 속량해 주신 주께 드려

(찬송가 340장)

집을 팔고도 넘겨주지 않다

여러분의 몸이 여러분 안에 계신 성령의 성전인 것을 알지 못합니까?
이 성령은 여러분이 하나님께 받은 것이며,
또한 여러분은 여러분 자신의 것이 아닙니다.(고전 6:19)

Or do you not know that your body is a temple of the Holy Spirit within you, whom you have from God, and you are not your own?(1 Corinthians 6:19)

한번은 한국의 어느 그리스도인 모임에서 한 형제가 "어떤 사람이 집을 팔기 위해 계약도 하고 돈까지 받았는데, 때가 되어도 집을 넘겨주지 않았습니다. 여러분이라면 이 일을 어떻게 처리하겠습니까?"라고 물었다. 사람들이 해결책을 제시했지만, 어느 누구도 만족스러운 해결책을 제시하지 못했다. 그때 이 형제가 "여러분, 이상하게 생각하지 마십시오. 사실 이 집주인은 바로 우리입니다."라고 말했다.

주 예수 그리스도께서 그분의 피로 우리를 사셨고 우리는 이미 주님께 돌이켰지만, 여전히 이 집 곧 우리의 몸을 그분께서 사용하시도록 드리려고 하지 않는다. 이것은 집을 차지하고 억지를 부리는 집주인과 무엇이 다르단 말인가?

헌신 — 주께로 돌아감

냉랭하여 물러나서 성령을 근심케 한 나
주님은 기다려 오늘 난 몸을 돌이켜
미련을 두지 않고서 주 따르기 원해

(찬송가 354장)

어머니께 영광을 돌리다

왜냐하면 하나님께서 값을 치르시고 여러분을 사 오셨기 때문입니다. 그러므로 여러분의 몸으로 하나님을 영광스럽게 하십시오.(고전 6:20)

For you have been bought with a price. So then glorify God in your body.(1 Corinthians 6:20)

어느 대학생이 온전히 그의 어머니의 노고와 근검절약으로 대학을 졸업하게 되었다. 졸업식 전날 그는 어머니에게 졸업식에 참석해 달라고 요청했다. 그러나 어머니는 "착한 아들아, 내게는 입을 만한 좋은 옷이 없단다. 이렇게 낡은 옷을 입고 가면 너를 부끄럽게 할 것 같구나."라고 말하며 거절했다. 아들은 "어머니, 제가 이렇게 대학을 졸업하게 된 것은 모두 어머니 덕분이고 어머니의 영광입니다. 제발 참석해 주세요!"라고 말했다. 아들은 온갖 방법으로 어머니를 설득하여 마침내 졸업식에 참석하겠다는 어머니의 약속을 받았다. 다음 날 아침 졸업식장에는 사람들이 가득 찼고, 모두가 잘 차려입고 환한 얼굴로 모였다. 졸업식장 입구에는 예복을 입고 사각모를 쓴 한 졸업생이 그의 어머니를 맞이하고 있었다. 사람들은 그 졸업생이 초라해 보이는 노부인의 손을 잡고 졸업식장 맨 앞줄에 함께 앉는 것을 보고 모두 놀랐다. 알고 보니 이 졸업생은 최우수 성적을 받아 졸업생을 대표하여 연설을 하게 되어 있었다. 졸업 연설에서 그는 그가 학업을 마치도록 그의 어머니가 얼마나 고생하고 근검절약하면서 뒷바라지를 해 주셨는지 이야기했다. 그 이야기를 들은 모든 사람이 감동했다. 잠시 후 총장이 졸업장과 장학금을 줄 때, 그 졸업생은 단상 아래로 내려가 어머니를 단상 위로 모시고는 공손하게 졸업장과 장학금을 어머니에게 드리며 "어머니, 이 모든 것은 어머니 덕분입니다."라고 말했다. 이를 본 참석자들과 졸업생들은 모두 크게 감동을 받고 박수를 치며 환호했다. 어떤 사람들은 눈물을 흘리기까지 했다.

주 예수님은 우리를 위해 가난하게 되셨고, 일생 동안 우리를 위해 수고하셨으며, 결국 우리를 위해 십자가에 못 박혀 피를 흘리시고 죽으셨다. 그러므로 우리는 우리 자신을 그분께 드릴 뿐 아니라 우리의 모든 영광도 그분께 드려야 한다.

철로가 화원을 통과하다

온갖 선한 일에서 여러분을 온전하게 하셔서 그분의 뜻을 행하게 하시고,
그분께서 보시기에 매우 기쁜 일을 예수 그리스도를 통하여
우리 안에서 하시기를 원합니다.(히 13:21)

Perfect you in every good work for the doing of His will,
doing in us that which is well pleasing in His sight
through Jesus Christ.(Hebrews 13:21)

미국의 20대 대통령 제임스 가필드가 괴한의 암살 시도로 중상을 입어 경호원들에 의해 한적한 마을의 한 주택에 옮겨졌다. 엔지니어들은 의사와 간호사와 의료 장비와 친척 및 친구들의 이동을 편리하게 하기 위해 임시로 간이 철로를 만들었다. 그러나 철로가 한 늙은 농부의 화원을 통과해야 하자 이 농부의 강경한 반대에 부딪히게 되었다. 이에 엔지니어들이 그 농부에게 "이 철로는 대통령을 치료하기 위해 설치하는 것입니다."라고 하자, 농부는 깜짝 놀라며 "대통령을 위해서요? 그럼 얘기가 다르지요. 제 집을 통과하여 철로를 설치하는 것까지도 괜찮습니다."라고 말했다.

하나님도 미국 대통령의 필요처럼 여러분의 계획, 사회에서의 기회, 쇼핑 약속 등을 통과하려고 하실 것이다. 여러분은 하나님께서 아무 방해 없이 여러분을 통과하시도록 하겠는가? 하나님을 두 번째 위치에 두는 것은 하나님께 어떤 지위도 드리지 않는 것과 같다는 것을 명심하라.

왕관을 주님의 발 앞에 놓다

그러나 나에게 유익이 되었던 것을
나는 그리스도 때문에 해로운 것으로 여기게 되었습니다.(빌 3:7)

But what things were gains to me,
these I have counted as loss on account of Christ.(Philippians 3:7)

영국의 한 주교가 빅토리아 여왕에게 그리스도의 두 번째 오심에 대해 메시지를 전한 적이 있었다. 그때 여왕은 "내가 아직 왕위에 있을 때 주님께서 오셨으면 좋겠습니다."라고 말했다. 주교는 여왕에게 왜 그런 소망을 가지고 있는지 물었다. 여왕은 "나는 나의 이 왕관을 기꺼이 주님의 발 앞에 놓기를 원하기 때문입니다."라고 대답했다.

사랑하는 형제자매들이여, 오늘 여러분은 여러분의 왕관, 곧 여러분이 귀하게 여기는 사람들과 일들과 물건들을 주 예수님의 발 앞에 놓기를 원하는가?

아버지를 경배함 — 그분의 구속

하나님 감사해 그 영광 면류관
들풀처럼 마르지 않고 영영 썩지 않네
그날에 주의 보좌 향해서
면류관 던질 때 참기쁨 넘치리

(찬송가 40장)

부상을 입거나 불구가 되거나 폐인이 되거나 죽을 것이다

그 모든 것을 제단 위에서 태워야 한다.
이것이 번제물이고 화제물이며 여호와를 만족시키는 향기이다.(레 1:9)

Burn the whole on the altar, as a burnt offering,
an offering by fire, a satisfying fragrance to Jehovah.(Leviticus 1:9)

이탈리아의 혁명 지도자인 게리 포터는 수많은 젊은이들 앞에 서서 조국의 자유를 위해 참전할 것을 촉구한 적이 있었다. 그때 한 소심한 청년이 "선생님, 제가 전쟁에 참가하면 무슨 보상을 받을 수 있습니까?"라고 물었다. 게리 포터는 냉정하고 단호하게 "부상을 입거나 불구가 되거나 폐인이 되거나 죽을 것입니다! 그러나 이탈리아는 그대의 희생으로 인해 해방될 것입니다." 라고 대답했다.

헌신은 자신을 제단 위에 올려놓고 한 줌의 재가 되도록 불태워져서 그 향기가 하나님께 이르게 하는 것이다.

헌신 — 주와 함께 싸움

하나님 어린양 좇아 십자가 지려면
내 어찌 대가 두려워 세상에 굽히랴

(후렴) 주의 이름 인하여 어떤 고난 있어도
주 은혜 의지하면서 주 기쁨 구하리

(찬송가 351장)

땔감으로 걸작을 만들다

우리는 하나님의 걸작품입니다. 그리스도 예수님 안에서 선한 일들을 위하여
창조되었습니다. 이 선한 일들은 하나님께서 미리 예비하신 것으로,
우리가 그것들을 행하도록 하기 위한 것입니다.(엡 2:10)

For we are His masterpiece, created in Christ Jesus for good works,
which God prepared beforehand in order that
we would walk in them.(Ephesians 2:10)

최고의 걸작을 조각하기 위해 특별하고 가치 있는 목재를 찾아 백방으로 수소문한 한 예술가가 있었다. 수년간의 노력에도 불구하고 목재를 찾을 수 없자, 그는 낙담하여 포기하려고 했다. 그러던 어느 날 밤 그는 갑자기 영감이 떠올라 화로 주변의 땔감을 조각하는 데에 사용할 수 있겠다는 생각이 들었고, 즉시 작업에 착수했다. 후에 땔감으로 쓰려던 나무에서 걸작이 탄생했다.

우리가 비록 가난하고 비천하고 출신이 평범할지라도 기꺼이 자신을 주님의 손에 맡긴다면, 분명 하나님의 걸작으로 조각될 것이다.

헌신 — 주께 굴복함

토기장이인 주 뜻 따라 진흙인 나를 빚으소서
나 굴복하고 기다리니 주 형상 따라 만드소서

(찬송가 344장)

쓰레기 더미에 버려진 대리석

토기장이가 같은 진흙덩이로 하나는 귀하게 쓸 그릇을 …
만들 권위를 갖고 있지 않겠습니까?(롬 9:21)

Or does not the potter have authority over the clay
to make out of the same lump one vessel unto honor …?(Romans 9:21)

어느 날 이탈리아의 예술가인 미켈란젤로는 피렌체의 거리를 걷다가 길가의 쓰레기 더미에 버려져 있는 대리석 하나를 발견했다. 아마도 어떤 조각가나 작업자가 조각하다가 잘못해서 버린 것 같았다. 미켈란젤로는 이 하얀 대리석에 흥미가 생겨 자세히 살펴보며 생각에 잠겼다. 비록 이 대리석이 이미 조각을 잘못해서 망가졌지만, 버리기에는 아깝다는 생각에 사람을 시켜 자신의 집으로 가져오게 했다. 그리고 3년 후에 미켈란젤로는 유명한 걸작인 '다비드'를 세상에 내놓았다. 이 조각상은 그 쓰레기 더미에서 주운 대리석으로 조각한 것이었다.

마찬가지로 우리도 쓰레기 더미 속에 버려진 것에 불과하지만, 우리가 기꺼이 우리 자신을 창조주의 손에 맡긴다면, 그분은 우리를 그분의 걸작으로 만들어 주실 것이다.

헌신 — 만유를 얻음

부분과 완전을 바꾸는 거룩한 이 거래
만사 만물 다 구속된 우릴 위해 있네
나 그리스도께 속할 때 만유 내게 속해
무한한 이 생명 누리는 놀라운 이 특권

(찬송가 355장)

집주인이 누구인가

하나님께서 또 영광에 이르도록 예비하신 긍휼의 그릇들에 대하여
그분의 영광의 풍성을 알게 하고자 하셨을지라도 어찌하겠습니까?(롬 9:23)

In order that He might make known
the riches of His glory upon vessels of mercy,
which He had before prepared unto glory,(Romans 9:23)

우리는 모두 집주인이 누구인가에 따라 집의 용도가 달라진다는 것을 알고 있다. 집의 이름도 주인에 따라 바뀌는 경우가 많다. 주인이 춤을 좋아하는 사람이라면 그 집은 무도회장이 될 수 있을 것이고, 도박을 좋아하는 사람이라면 그 집은 도박장이 될 수 있을 것이며, 술을 좋아하는 사람이라면 그 집은 술집이 될 수 있을 것이다. 마찬가지로, 주인이 하나님을 경외하는 사람이라면 그 집은 집회 장소가 될 수 있다.

만일 여러분이 여러분의 집인 여러분의 몸을 주님께 드린다면, 즉 여러분이 집이 되고 주 예수님이 집주인이 되시게 한다면, 여러분은 주 예수님과 같이 될 것이고 여러분의 생활은 주 예수님을 표현할 수 있을 것이다.

헌신 — 주께 굴복함

주의 뜻 따라 내 온 존재 주 앞에 굴복하기 원해
주 충만하고 주 나타내 주 형상으로 주를 살리

(찬송가 344장)

우유 짜는 소녀의 꿈

보십시오 … 제가 주님의 뜻을 행하러 왔습니다.
오, 하나님!(히 10:7)

Behold, I have come to do Your will,
O God.(Hebrews 10:7)

우유 짜는 한 소녀가 우유 한 통을 머리에 이고 우유를 팔러 시장에 가고 있었다. 그 소녀는 길을 가면서 마음속으로 이런 생각을 하고 있었다. '우유를 팔아 그 돈으로 이웃집에 가서 병아리를 몇 마리 사야지. 그다음에 병아리가 커서 알을 낳으면 매일 그 계란을 팔아 그 돈으로 내가 가장 좋아하는 녹색 옷을 사야지. 그 옷을 입으면 나는 아름다운 아가씨가 될 거야. 그러면 많은 청년들이 와서 배우자가 되어 달라고 서로 다투며 구애를 하겠지. 내가 모른 척하면 그들은 더욱 열렬히 나를 쫓아다닐 거야. 그러면 나는 그들을 무시하면서 그들 앞으로 걸어가서는 일부러 한번 머리를 쓸어 올리며 하늘을 쳐다보는 거야.' 그러면서 머리를 쳐들었고, 우유 통이 땅에 떨어져 안에 있던 우유가 다 쏟아졌다. 그러자 그녀의 모든 꿈도 함께 사라져 버렸다.

우리도 자신을 주님께 헌신한 후 자주 다음과 같은 영적인 환상을 갖지는 않았는가? "주님을 위해 열심을 내고, 복음을 전하며, 형제자매들을 섬겨야지. 그래서 영적 거인이 되어야지." 헌신은 주님을 위해 스스로 무언가를 하는 것이 아니라, 주님께서 나를 통해 일하시도록 해 드리는 것이다.

흠잡을 데 없는 편지

그러나 어떤 사람이 하나님을 사랑한다면,
하나님도 그 사람을 알아주십니다.(고전 8:3)

If anyone loves God,
this one is known by Him.(1 Corinthians 8:3)

카우만 부인이 한번은 자신에게 있었던 일을 이렇게 간증한 적이 있다. "어느 날 하나님께서 데려가신 제가 가장 사랑하는 언니의 유산을 정리해 달라는 요청을 받았습니다. 언니가 생전에 특별히 소중히 여기던 물건들 중에 제가 7세 때 언니에게 쓴 편지가 있었습니다. 그때 언니는 친구를 만나러 멀리 떠났고, 저는 제가 매우 사랑하는 언니가 떠나는 것을 보지 못했습니다. 그래서 더욱 언니가 그리웠습니다. 그 편지는 제 마음속에 있는 사랑을 글로 표현한 것이었습니다. 사실 그 편지는 '흠잡을 데 없는 편지'가 아니었습니다. 글씨도 문법도 엉망이었고, 철자도 많이 틀렸습니다. 하지만 그 편지는 저의 사랑에서 나온 편지였고, 제가 쓸 수 있는 가장 좋은 것을 모두 담고 있었기에 죽은 언니의 눈에는 '흠잡을 데 없는 편지'였습니다."

하나님은 우리가 얼마나 선한지 악한지를 보지 않으시고, 우리가 그분을 얼마나 사랑하는지를 보신다.

헌신 — 주님을 좇음

어떻게 내 주 사랑해 주님을 기쁘게 할까
늘 주의 길을 안 떠나 주 가까이함 배우리

(찬송가 345장)

여러분은 하나님의 것이다

나는 내 사랑하는 이의 것, 내 사랑하는 이는 나의 것.
그이는 백합화들 가운데서 양 떼를 먹인답니다.(아 6:3)

I am my beloved's, and my beloved is mine;
He pastures his flock among the lilies.(Song of Songs 6:3)

어떤 사람이 하나님의 종인 웬델 필립스에게 그의 헌신의 체험에 대해 물었다. 그는 다음과 같이 말했다. "저는 14세 때 '여러분은 하나님의 것이다.'라는 주제의 메시지를 듣고 큰 감동을 받았습니다. 그리고 집에 돌아온 즉시 방문을 닫고 엎드려 기도했습니다. '하나님! 저는 당신의 것입니다. 제가 마땅히 해야 할 의로운 일을 대할 때 제 스스로의 힘으로 하지 않게 해 주시고, 하지 말아야 할 악한 일을 대할 때 어떤 유혹도 저를 이기지 못하게 해 주십시오.' 하나님은 그날 밤부터 지금까지 저를 지켜 주셨습니다. 저는 주님의 것이고, 주님은 저의 것이십니다. 이것은 한때나 몇 년 동안이 아닌 영원히 그러합니다."

주여 당신만을 정말 사랑하네

주여 당신만을 정말 사랑하네 주 없으면 다 헛되네
날 이끄시며 내 맘 매혹하니 당신 풍성 다 측량 못해
달콤한 주 이름 날 만족게 하네 주 나의 것 나는 주의 것
연결 연합 합병 하나님-사람 돼 새 예루살렘 미리 맛봐

(내 마음의 노래 84장)

반역의 마음을 버리다

이 백성이 입술로는 나를 공경하지만, 마음은 나에게서 멀리 떠나 있다.
… 나에게 헛되이 경배하고 있다.(마 15:8-9)

This people honors Me with their lips,
but their heart stays far away from Me;
but in vain do they worship Me,(Matthew 15:8-9)

파시니는 로마 제국의 속국의 왕자였다. 그는 로마 황제 카이사르에게 반역했는데, 어떤 일로 인해 그에게 왕관을 바칠 수밖에 없었다. 카이사르는 "그가 먼저 반역의 마음을 버려야 그 왕관을 받을 수 있다."라고 말하며 그 왕관을 거절했다.

마찬가지로, 많은 사람이 말로는 그리스도께 많은 왕관을 드리지만, 생활에서는 주님을 사랑하는 증거를 잃어버리고 있다. 이것은 마치 가시 면류관을 만들어 주님의 머리에 씌우는 것과 같다. 그래서 주님은 이렇게 말씀하셨다. "더 이상 헛된 제물을 가져오지 마라. / 분향하는 것도 내게 가증하다."(사 1:13) "이 백성이 입술로는 나를 공경하지만, 마음은 나에게서 멀리 떠나 있다. … 나에게 헛되이 경배하고 있다."(마 15:8–9)

헌신 — 주님의 길을 감

주의 영광 사모하나 수욕 원찮네
왕 노릇은 원하지만 손실 원찮아
주로 인해 모든 것을 해로 여기고
배설물로 여기는 자 어디에 있나

(찬송가 349장)

그리스도의 죽음과 부활과 연결된 헌신

우리가 그분의 죽음과 같은 모양 안에서 그분과 연결되어 자랐다면,
또한 그분의 부활과 같은 모양 안에서도
그분과 연결되어 자랄 것입니다.(롬 6:5)

For if we have grown together with Him in the likeness of His death,
indeed we will also be in the likeness of His resurrection,(Romans 6:5)

한 형제는 젊은 시절에 주님께 자신을 온전히 드리려고 몇 번이나 노력했지만 거듭 실패했다. 그는 자신의 실패로 인해 매우 괴로워했다. 마침내 그는 숫양의 피를 제사장의 오른쪽 귓불과 오른손 엄지와 오른발 엄지에 바른다는 말씀(출 29:20-21)에서 빛을 얻어 헌신에 대한 생각이 완전히 바뀌게 되었다. 그는 그 말씀에서 헌신이 그리스도의 죽음과 연결되고 그리스도의 부활과 연결되는 것임을 깨달았고, 그의 헌신에 있어서의 어려움은 해결되었다.

"우리가 그분의 죽음과 같은 모양 안에서 그분과 연결되어 자랐다면, 또한 그분의 부활과 같은 모양 안에서도 그분과 연결되어 자랄 것입니다."(롬 6:5)

그리스도와의 연합 — 그분의 죽음과 부활에 연합함

주님과 함께 죽고 사니
내가 할 일이 무엇이랴
허공을 치듯 분투 않고
새 생명 좇아 행함으로
주님께 영광

(찬송가 364장)

편도 티켓

또한 여러분의 지체를 불의의 무기로 죄에게 내어 주지 말고, 오직 여러분은 죽은 사람들 가운데서 살아난 사람으로서 자신을 하나님께 드리며, 여러분의 지체를 의의 무기로 하나님께 드리십시오.(롬 6:13)

Neither present your members as weapons of unrighteousness to sin, but present yourselves to God as alive from the dead, and your members as weapons of righteousness to God.(Romans 6:13)

한국의 한 여전도자가 있었는데, 그녀는 그리스도인들을 박해하고 신사 참배를 강요하는 일본에 가서 복음을 전하는 것이 싫어 하나님과 7년 동안 씨름했다. 그러나 결국 하나님께서 그녀를 이기셨다. 마침내 하나님의 부름에 순종한 그녀는 도쿄행 비행기 편도 티켓 한 장만 구입했다. 이것은 그녀가 자신의 모든 것을 포기하고 죽을 때까지 하나님의 부름에 순종하겠다는 의지를 나타낸 것이었다. 그리고 그녀는 한국에 돌아오지 않았다.

우리가 제단 위의 불과 희생 제물을 자르는 칼을 두려워한다면, 마지막 날에 수치를 당하지 않도록 그분의 사랑과 긍휼로 우리를 강하게 해 주시기를 간구해야 한다. 그럴 때 우리는 더 이상 자신의 육체에 기회를 주지 않고, 십자가에서 내려와 자신을 구원하지 않으며, 자신을 영원한 번제물로 하나님께 드리게 된다.

헌신 — 주님을 좇음

주님의 기쁨 얻으려 모든 것 해로 여기네
아낌없이 내 모든 것 다 배설물로 여기네

(찬송가 345장)

말뚝이 증거이다

우리는 살아도 주님을 향하여 살고,
죽어도 주님을 향하여 죽습니다.
그러므로 우리는 살든지 죽든지 주님의 것입니다.(롬 14:8)

For whether we live, we live to the Lord,
and whether we die, we die to the Lord.
Therefore whether we live or we die, we are the Lord's.(Romans 14:8)

어떤 집회에서 한 형제가 자신을 하나님께 드리기로 서원했다. 그 후 그는 매일 밤 기도하고 자신을 헌신했는데, 어느 날 사탄이 찾아와 그를 비난했다. "너는 예전과 달라진 것이 없어. 하나님이 너의 헌신을 받아들이지 않으신 게 틀림없어!" 이런 일이 여러 차례 계속되자, 그는 대적에게 패배하고 말았다. 마지막 날 저녁에 그는 망치와 기다란 말뚝을 가지고 와서, 자신을 헌신한 후에 무릎을 꿇었던 곳에 그 말뚝을 박았다. 이것은 자신의 헌신이 이 말뚝처럼 견고하다는 것을 상기하기 위해서였다. 그날 밤 사탄이 다시 찾아와 그에게 "너의 헌신은 단지 쇼에 불과해."라고 하며 비난했다. 그러자 그는 즉시 말뚝을 박은 곳으로 가서 그 말뚝을 가리키며 "사탄아, 이 말뚝이 보이지 않아? 이 말뚝은 하나님께서 나의 헌신을 영원히 받으셨다는 증거야."라고 말했다. 그러자 사탄은 즉시 그를 떠났다. 그 후 그 형제는 자신의 헌신에 대해 더 이상 의심하지 않았다.

우리는 자신을 주님께 드린 그날부터, 우리의 느낌이 어떠하든 외부의 환경이 어떠하든 자신이 이미 주님의 손안에 있음을 믿어야 한다.

청춘을 헌신하다

그러나 여러분의 믿음의 희생 제물과 믿음의 봉사 위에
내가 전제물로 부어지더라도, 나는 기뻐하며,
여러분 모두와 함께 기뻐합니다.(빌 2:17)

But even if I am being poured out as a drink offering
upon the sacrifice and service of your faith,
I rejoice, and I rejoice together with you all.(Philippians 2:17)

시골에 사는 한 젊은 자매가 있었다. 그녀는 온전하게 함을 많이 받지 못했고, 헌신이 무엇인지도 몰랐다. 어느 날 아침에 그녀는 집 복도에 있는 장미를 감상하고 있었는데, 그 장미가 너무나 마음에 들어 아직 완전히 피지 않은 장미를 잘라 몸에 장식하고 싶었다. 왜냐하면 며칠이 지나면 꽃이 피고 향기도 사라지고 꽃잎도 떨어지고 색깔도 퇴색해 버릴 것이기 때문이었다. 그녀가 장미 앞에서 생각에 잠겨 있을 때, 그녀 안에서 부드럽고 나지막한 목소리가 들려왔다. '나는 너의 청춘을 원한다. 네가 이 꽃을 원하는 것처럼 나도 너의 청춘을 원한다. 너는 얼굴에 주름이 지고 늙어서야 나에게 헌신하겠느냐, 지금 당장 헌신하겠느냐?' 그녀는 주님의 사랑에 감동되어 즉시 주님께 "주님, 당신께서 저를 감상하시고 또 사용하실 수 있도록 지금부터 제 청춘을 온전히 당신께 드리겠습니다."라고 대답했다. 이 자매는 20년 넘게 주님을 섬기며 주님께서 크게 사용하신 종들 중 한 사람이 되었다.

청년 형제자매들이여! 여러분이 이 글을 읽으면서 지금 주님 앞에 엎드려 "주님, 제가 여기에 있습니다. 제가 당신께 헌신하기를 원하십니까?"라고 기도한다면, 주님은 여러분의 가장 깊은 곳에서 친밀하게 말씀하실 것이고, 여러분은 자신을 그분께 온전히 드릴 것이다.

딸의 헌신이 아버지를 구원하다

드려진 반죽 덩어리의 첫 부분이 거룩하면 반죽 덩어리 전체도 거룩하고, 뿌리가 거룩하면 가지들도 거룩합니다.(롬 11:16)

Now if the dough offered as the firstfruits is holy, the lump is also; and if the root is holy, the branches are also.(Romans 11:16)

어느 날 인도의 한 어린 소녀가 선교사를 찾아와 "제가 한 가지 일을 해도 될까요?"라고 물었다. 선교사가 "어떤 일이니?"라고 묻자, 소녀는 "저는 선교사님을 존경하기 때문에, 제 자신을 선교사님께 드리고 싶습니다."라고 말했다. 그러고는 무릎을 꿇고 선교사의 손에 두 손을 얹으며 "저는 제 자신을 선교사님께 드립니다."라고 말했다. 얼마 지나지 않아 소녀는 주 예수님의 사랑에 감동을 받아 어떻게 해야 자신을 예수님께 드릴 수 있는지 선교사에게 물었다. 그 선교사는 "네가 나에게 자신을 준 것처럼 예수님께 네 자신을 드리면 된단다."라고 대답했다. 그러자 소녀는 즉시 무릎을 꿇고 두 손을 꼭 쥐고 하늘을 우러러보며 "주 예수님, 저는 당신을 사랑하기 때문에 제 자신을 당신께 드립니다."라고 말했다.

소녀에게는 매우 먼 곳에 사는 아버지가 있었는데, 아버지는 사납고 마음이 강팍했으며 하나님의 복음을 듣지도 않았다. 소녀는 이 아버지를 위해 늘 기도했다. 어느 날 소녀는 선교사에게 어떻게 하면 아버지를 구원받게 할 수 있는지를 물었다. 선교사는 이렇게 대답했다. "아버지에게 편지를 써서 네가 주 예수님께 헌신했다는 것을 알리고, 아버지께도 그렇게 해 보시라고 권해 보렴." 소녀는 많은 눈물을 흘리며 여러 번 기도한 후, 편지를 써서 아버지에게 보냈다. 며칠이 지났지만 아무 소식이 없었다. 소녀는 아버지가 편지를 받고 분명히 크게 화가 났을 것이므로 다시 만나면 반드시 혼날 것이라고 생각했다. 그러던 어느 날 아버지는 약 60킬로미터나 되는 길을 걸어서 선교사를 만나러 왔고, 눈물을 흘리며 자신은 주 예수님께 헌신하기 위해 왔다면서 침례를 받게 해 달라고 부탁했다. 이 거칠고 강팍한 죄인은 침례를 받고 자신을 주 예수님께 헌신한 후, 놀랍게도 평생 주님을 따르고 주님을 위해 증언하는 겸손한 사람이 되었다.

사랑하는 형제자매들이여, 주님께서 다른 사람을 얻기 위해 여러분을 사용하시도록 자신을 기꺼이 헌신하겠는가?

너를 나에게 주면
나도 너에게 주리라

네 입을 크게 벌려라. 내가 채워 주리라.(시 81:10)

Open your mouth wide, and I will fill it.(Psalms 81:10)

어느 청년 집회에서 한 청년이 자신의 그리스도인 생활에 큰 전환이 있었던 일에 대해 간증했다. 그날의 큰 전환이 있고 나서부터 그는 하나님의 모든 약속이 참되다는 것을 진정으로 깨달았다. 그는 이렇게 말했다. "저는 어느 때에 자신의 영적인 생명이 조금도 성장하지 못하고 있다는 것을 알게 되었습니다. 저는 낙심하여 홀로 조용한 곳에서 무릎을 꿇고 '주님, 갈릴리의 주님, 겟세마네의 주님, 골고다의 주님, 제 자신과 제 모든 것을 당신께 드리겠습니다. 당신의 약속대로 당신과 당신의 모든 것을 제게 주십시오.'라고 부르짖었습니다. 이 기도 후에 저는 분명한 기도의 응답을 받았고, 제 자신의 그리스도인 생활에 큰 전환을 가졌습니다."

자신을 주님께 온전히 내어 드린 사람만이 주님께 귀한 것을 요구할 수 있다. 귀한 것을 얻은 사람만이 하나님의 모든 충만으로 충만하게 될 수 있다.

나 세상일로 바쁠 때

나 세상일로 바쁠 때 날 따르라 말하신 주
피곤 속에 주저할 때 또 부르사 이끄셨네
기쁨과 빛 곧 솟았네 부름에 응할 때
영광 안식과 또 환호 나의 앞길에 함께해

(후렴) 나 여기서 헌신의 단 쌓았네
숯불로 날 단련하소서
주는 은혜로 날 선택해
난 주 선택해 꿈 이뤄

(내 마음의 노래 177장)

손실은 계산하지 않고 대가만 계산하다

나와 복음을 위하여 집이나 형제나 자매나
어머니나 아버지나 자녀나 논밭을 버린 사람은 지금 이 시대에
집과 형제와 자매와 어머니와 자녀와 논밭을
백 배나 받지만 박해도 함께 받으며,
오는 시대에 영원한 생명을 받을 것입니다.(막 10:29-30)

There is no one who has left house or brothers or sisters or mother
or father or children or fields for My sake and for the gospel's sake,
but that he shall receive a hundred times as such now at this time,
houses and brothers and sisters and mothers and children and fields,
with persecutions, and in the coming age, eternal life.(Mark 10:29-30)

두 청년이 함께 이야기를 나누던 중, 한 청년이 "주 예수님께서 내게 얼마나 소중한 분이신지, 그분께서 나를 위해 얼마나 큰 일을 하셨는지 말로 표현할 수 없습니다. 저는 참으로 형제님도 그리스도의 군대에 합류하기를 바랍니다."라고 말했다. 다른 한 청년은 "저도 그러고 싶지만 그렇게 하려면 많은 것을 포기해야 하는데, 그 대가를 계산해 봐야겠습니다."라고 말했다. 그때 어느 그리스도인이 이 말을 듣고는 "젊은이, 젊은이는 주님을 따를 때 드는 대가만 계산하는데, 주님을 따르지 않을 때 얻게 될 손실이 얼마나 큰지는 계산해 보았습니까?"라고 말했다. 이 말은 계속 그 청년을 붙잡아 주었고, 남은 일생 동안 주님을 신실하게 따르도록 했다. 그는 27년 동안 그리스도 예수님의 훌륭한 군인으로서 달려야 할 경주를 완주했다.

수혈과 피부 이식을 해 주다

그분께서 모든 사람을 대신하여 죽으신 것은 살아 있는 사람들이 더 이상 자신을 향하여 살지 않고, 자기들을 대신하여 죽으셨다가 살아나신 분을 향하여 살도록 하려는 것입니다.(고후 5:15)

He died for all that those who live may no longer live to themselves but to Him who died for them and has been raised.(2 Corinthians 5:15)

팔에 악성 종양이 생겨 심각한 상태로 병원에 입원한 어느 가난한 중국 여인이 있었다. 한 서양 간호사가 그녀에게 주 예수님을 전했지만 그녀는 받아들이지 않았다. 의사가 그녀에게 "누군가가 당신의 마른 팔에 수혈을 하고 피부를 이식해 주면 희망이 있습니다."라고 하자, 그녀는 자신의 아들을 불러서 자신에게 수혈을 해 주고 피부를 이식해 주겠느냐고 물었다. 그러나 뜻밖에도 아들은 거절했다. 그러자 그녀는 슬픔과 절망으로 울었다. 그녀가 우는 것을 보고 있던 서양 간호사는 그녀에게 자신이 수혈을 해 주고 피부를 이식해 주겠다고 했다. 그녀는 서양 간호사에게 크게 감동을 받았지만, 그 간호사가 자신을 위해 그런 큰 희생을 하는 것을 원하지 않았다. 그러나 결국 수혈과 피부 이식 수술이 진행되었고, 후에 그녀는 점점 회복되어 완쾌되었다. 하얀색 피부가 그녀의 팔뚝에 이식되어 예전의 종양이 생겼던 부위를 대신했다. 어느 날 서양 간호사가 그녀가 다시 울고 있는 것을 보고 그 이유를 물었다. "제가 이 하얀 피부를 보면 간호사님이 제게 수혈을 해 주고 피부를 이식해 주어 제 병이 치료된 것이 생각납니다. 간호사님은 왜 제게 이렇게까지 해 주셨나요?" 그 간호사는 "그저 주 예수님 때문이지요. 그분은 자신의 생명을 제게 주셨거든요." 라고 대답하였다. 이 말을 듣고 그녀는 또다시 울기 시작했고, 고개를 들며 "저도 간호사님이 믿는 예수님을 믿고 싶어요. 제 자식조차도 저를 구하려고 하지 않았는데, 예수님께서 간호사님이 저를 이렇게 사랑하게 하셨으니 저도 그분을 믿고 싶어요."라고 말했다. 그렇게 그 여인은 그리스도를 받아들였다.

주 예수님께서 우리를 구원하시기 위해 피를 흘리시고 몸이 찢기신 것을 생각한다면, 우리도 우리를 위해 죽으신 그분의 사랑에 감동되어 우리 몸을 살아 있는 희생 제물로 드리게 될 것이다.

너는 나를 위해 무엇을 버렸느냐?

그리스도의 사랑이 우리를 강권합니다. 우리가 단정하는 것은 한 사람이 모든 사람을 대신하여 죽으셨으므로, 모든 사람이 죽었다는 것입니다.(고후 5:14)

For the love of Christ constrains us because we have judged this, that One died for all, therefore all died.(2 Corinthians 5:14)

어느 화가가 십자가에 못 박히신 예수님을 그린 후 어느 소녀의 초상화를 그리게 되었다. 화가가 그림에 집중하고 있을 때, 그 소녀는 예수님께서 십자가에 못 박히신 그림을 보고 마음에 큰 충격을 받았다. 그리고 화가에게 이렇게 자상하게 생기신 분이 왜 십자가에 못 박혀야 했는지를 물었다. 화가는 그림을 그리는 것을 멈추고, 예수님께서 죄인들을 구원하시기 위해 십자가에 못 박히신 일을 처음부터 끝까지 소녀에게 이야기해 주었다. 그 소녀는 매우 감동을 받아 눈물을 흘리며 "그분은 아저씨를 위해 생명을 버리셨는데, 아저씨는 그분을 위해 무엇을 버렸나요?"라고 물었다. 화가는 이 말을 듣고 마음이 크게 찔려 "나는 너를 위해 생명을 버렸는데, 너는 나를 위해 무엇을 버렸느냐?"라는 문구를 그림 옆에 써 넣었다. 이 그림은 후에 어느 전시회에 전시되었다. 그때 친첸도르프라는 젊은 백작이 전시회에 왔다가 이 그림을 보고 큰 감동을 받아 한참 동안 말없이 서서 바라보았다. 특히 그림에 새겨진 글이 그의 마음을 깊이 감동시켰다. 이 백작은 훗날 주님께 크게 사용되는 종이 되어 모라비아 교회의 인도자가 되었다. 하버걸 자매는 이 글을 가지고 시를 지었는데, 그것이 바로 찬송가 331장이다.

헌신 — 주님의 사랑의 격려

널 위해 피 흘려 내 생명 버렸다
널 깨끗이 씻고 죽음서 살렸다
널 위해 생명 줬건만 넌 무엇 주느냐
널 위해 생명 줬건만 넌 무엇 주느냐

(찬송가 331장)

영원히 노예가 되기로 하다

그러나 그 종이 '저는 저의 주인과 아내와 자식들을 사랑하기 때문에 나가 자유로운 몸이 되지 않겠습니다.'라고 분명하게 말하면(출 21:5)

But if the servant plainly says, I love my master, my wife, and my children; I will not go out free.(Exodus 21:5)

영국의 한 부자가 유람선을 타고 튀르키예를 여행하고 있었다. 그 배에는 튀르크족 지도자도 함께 타고 있었는데, 그에게는 흑인 노예 한 명이 있었다. 영국인들은 노예들을 거칠고 몰상식한 사람들이라고 생각했는데, 그 노예는 매우 교양이 있었다. 그래서 이 영국인 부자가 그 노예에게 "그대 같은 사람이 어떻게 노예가 되었습니까?"라고 물었다. 그는 "종족 간의 전쟁에서 패배해 포로가 되어 노예가 되었습니다."라고 대답했다. 그 후 그들은 매일 대화를 나누었고, 영국인 부자는 그 노예를 존경하게 되었다. 그래서 값을 주고 그 노예를 사기 원했다. 그러자 그 흑인 노예는 "영국에는 노예 제도가 없어서 영국으로 팔려 간 사람들은 모두 자유의 몸이 되는데, 저를 노예로 산다면 영국의 법에 어긋나는 것이 아닙니까?"라고 물었다. 그때는 이미 몸값 지불이 끝났고, 계약서도 이 영국인 부자의 손에 있었다. 영국인 부자는 그에게 "나는 그대를 노예로 삼기 위해 산 것이 아니라 그대에게 자유를 주기 위해 샀습니다."라고 대답했다. 그리고 바로 그 자리에서 계약서를 찢어 버리고는 그에게 "그대는 이제부터 자유인이니 그대 마음대로 가도 좋습니다."라고 말했다. 그 흑인 노예는 너무나 감동을 받아 그 자리에서 무릎을 꿇고 영원히 그의 노예가 되기로 했다.

형제자매들이여! 여러분은 주님의 사랑에 감동받아 자신을 온전히 그분께 헌신한 적이 있는가?

흑인 노예가 은혜에 감동하다

그의 주인은 그를 하나님에게 데리고 와야 하며,
또 그를 문이나 문설주로 데리고 가서 송곳으로 그의 귀를 뚫어야 한다.
그러면 그는 영원토록 그 주인을 섬겨야 한다.(출 21:6)

Then his master shall bring him to God and shall bring him to the door or to the doorpost, and his master shall bore his ear through with an awl; and he shall serve him forever.(Exodus 21:6)

500년 전에 어떤 사람들이 아프리카의 흑인들을 잡아다가 유럽 각국에 노예로 팔았다. 그 노예들은 소나 말같이 취급되었다. 노예들은 온갖 고된 노동을 했을 뿐 아니라, 죽을 정도로 맞아도 불평할 수 없었다. 어떤 때는 한 가족이 여러 곳으로 나뉘어 팔려 가 부모와 자녀가 다시는 만나지 못하는 일이 비일비재했다. 한번은 어느 시장에서 흑인 노예들이 팔렸는데, 마지막에는 키가 크고 특별히 건장한 노예가 경매로 올랐다. 그의 두 손에는 쇠사슬이 채워져 있었고 모두가 그를 흔하지 않은 진귀한 물건으로 보았다. 그래서 값이 매우 높았고 모두가 그를 사려고 경쟁했다. 그때 한 신사가 그의 모습을 보고 가련히 여겨 매우 많은 돈을 지불하여 그를 샀다. 노예 상인은 계약서를 주면서 "이 노예는 매우 힘이 세서 반드시 일주일을 굶긴 후에 쇠사슬을 풀어 주어야 합니다. 만일 그렇게 하지 않는다면 이 노예는 당장 선생님을 때려 죽이고 도망갈 것입니다."라고 당부했다. 그 신사는 계약서를 받아서 노예가 보는 앞에서 찢어 버리고는 "내가 너를 산 것은 노예로 삼으려는 것이 아니라 너에게 자유를 주려는 것이다."라고 말했다. 그리고 쇠사슬을 풀어 주고는 집으로 돌아가라고 했다. 흑인 노예는 감사의 인사를 하고 자기의 길을 갔다. 흑인 노예가 반쯤 갔을 때, 마음속으로 '세상에 이렇게 좋은 사람이 있다니, 내가 이 사람을 사랑하지 않으면 누구를 사랑하겠는가?'라고 생각했다. 그러고는 다시 돌아서서 그 신사를 쫓아갔고, 서둘러 무릎을 꿇고 기쁜 마음으로 큰 은혜에 보답하고자 그의 노예가 되겠다고 하였다. 신사는 거듭 거절하다가 마침내 그를 자신의 아들로 받아들였다.

주님도 우리를 죄에서 해방하고 자유를 주시려고 값비싼 대가를 지불하여 우리를 사셨다. 그러므로 우리는 마땅히 그분을 사랑하고 그분께 자신을 드리며 기쁜 마음으로 그분의 노예가 되어야 한다.

모든 것을 다 드려도
여전히 부족하다

한 여인이 매우 값진 향유가 든 옥합을 가지고 나아와서,
상에 앉으신 예수님의 머리에 부었다.(마 26:7)

A woman came to Him,
having an alabaster flask of ointment of great value,
and she poured it on His head as He reclined at table.(Matthew 26:7)

미국에 예수님을 믿는 한 과부가 있었다. 그녀에게는 세 아들이 있었는데, 그들도 모두 예수님을 믿었다. 그녀는 자신의 세 아들을 모두 주님께 드렸다. 후에 주님은 그녀의 큰아들을 감동시키시어 아프리카에 가서 복음을 전하게 하셨다. 그러나 얼마 후 큰아들은 아프리카 원주민에게 죽음을 당했다. 이 사실을 알게 된 그녀는 하나님 앞에 무릎을 꿇고 자신의 큰아들이 주님을 위해 순교한 것에 대해 기도하며 찬양을 드렸다. 곧이어 주님은 그녀의 둘째 아들도 아프리카로 보내어 복음을 전하게 하셨다. 이 둘째 아들도 큰아들과 마찬가지로 죽음을 당했다. 막내인 셋째 아들도 아프리카로 갔고 역시 죽음을 당했다. 어느 날 그녀의 친구가 찾아와 "너는 세 아들을 모두 주님께 드려 복음을 전하다가 모두 죽었는데 후회하지 않아?"라고 묻자, 그녀는 "나에게 주님께 드릴 넷째 아들이 없는 것이 너무나 죄송해."라고 대답했다. 그녀는 "주님, 저의 모든 것을 다 드려도 여전히 부족합니다."라고 기도했다. 한 시인이 이 기도를 듣고 깊이 감동을 받아 우리가 부르는 찬송가 85장을 지었다.

주님을 찬미함 — 그분의 고통받으심

모든 사람 대신 죽은 십자가의 주 생각할 때
자신 위해 살던 생활 버리고 주 위해 살겠네

(찬송가 85장)

시각 장애인 여인의 기름값

예수님께서 알아차리시고 그들에게 말씀하셨다.
"왜 여러분은 이 여인을 괴롭힙니까?
이 여인이 나에게 아름다운 일을 하였습니다.(마 26:10)

But Jesus, knowing it, said to them,
Why do you trouble the woman?
She has done a noble deed to Me.(Matthew 26:10)

스위스에 한 시각 장애인 여인이 있었는데, 어느 날 그녀는 은화 스물일곱 개를 한 전도자에게 주면서 해외 복음 전파에 써 달라고 했다. 전도자는 "자매님은 시각 장애인이고 집안 형편도 매우 어려운데 헌금을 이렇게 많이 하다니, 너무 많은 금액인 것 같습니다."라고 말했다. 시각 장애인 여인은 "저는 밤에 일할 때 등잔불을 켤 필요가 없으니 기름값을 절약할 수 있습니다. 주님께서 제게 베푸신 은혜를 갚기 위해 이 절약한 기름값을 주님께서 사용하시도록 드립니다. 제가 매일 돈을 벌어 생활할 수 있게 해 주신 주님의 은혜에 감사합니다."라고 말했다. 주님은 우리가 어떤 상황에 있든 그분을 사랑하고 그분께 헌신하는 것을 기뻐하신다. 이는 그분께서 보시기에, 우리가 그분을 사랑하는 것이 결코 지나칠 수 없기 때문이며, 우리가 그분께 드리는 것도 결코 지나칠 수 없기 때문이다.

헌신 — 주님의 길을 감

성실히 주 섬기는 자 해든 복이든
묻지 않고 주 위하여 생명 버리네
주여 나로 살든 죽든 모두 다 잊고
끝 날까지 충성하게 하시옵소서

(찬송가 349장)

나사렛 사람 예수님은 목마르시다

사람들에게는 버림받으셨으나 하나님께는 선택받으신,
살아 있는 보배로운 돌이신 그분께 나아오십시오.
그러면 여러분 자신도 살아 있는 돌들로서 영적인 집으로 건축되어,
예수 그리스도를 통하여 하나님께서 기쁘게 받으실
영적인 희생 제물을 드리는 거룩한 제사장 체계가 됩니다.(벧전 2:4-5)

Coming to Him, a living stone,
rejected by men but with God chosen and precious,
You yourselves also, as living stones, are being built up as a spiritual house
into a holy priesthood to offer up spiritual sacrifices
acceptable to God through Jesus Christ.(1 Peter 2:4-5)

유럽 어딘가에서 예수님의 '성(聖)금요일'에 몇몇 사람이 테이블에 둘러앉아 술을 마시며 카드놀이를 하고 있었다. 그중 한 사람이 잔을 들고 큰 소리로 "어떤 사람이 '나사렛 사람 예수님이 오늘 목마르시다.'라고 했으니, 우리 모두 건배합시다."라고 말했다. 다른 한 사람은 이렇게 비웃는 것이 옳지 않다고 여기고 '나사렛 사람 예수님이 오늘 목마르시다'는 말에 양심이 찔려 자리를 떠났다. 그때 그의 귀에 "나사렛 사람 예수님이 오늘 목마르시다."라는 음성이 들렸다. 그는 속으로 '왜 목마르신 걸까?' 하고 생각했다. 다시 "너의 죄 때문이다. 너의 죄 때문이다."라는 음성이 들렸다. 이 사람은 이전에 여러 번 주님의 음성에 순종하지 않았지만, 이번에는 주님의 음성에 순종하여 자신 때문에 목마르신 나사렛 사람 예수님께 자신을 드렸다.

나사렛 사람 예수님은 그날 우리를 대신하여 하나님의 진노의 심판을 받으셨기 때문에 목마르셨다. 오늘 그분은 여러분을 얻기 원하시고, 그 때문에 목마르시다. 오늘 여러분은 그분께 자신을 기꺼이 드리겠는가?

여러분은 주님을 어떻게 대하는가?

여호와께서 그분의 음성을 청종하는 것보다
번제물과 희생 제물을 기뻐하십니까?
보십시오, 순종하는 것이 희생 제물보다 낫고
귀를 기울이는 것이 숫양의 기름보다 낫습니다.(삼상 15:22)

Does Jehovah delight in burnt offerings and sacrifices
as much as in obeying the voice of Jehovah?
Behold, to obey is better than sacrifice,
and to heed, than the fat of rams.(1 Samuel 15:22)

독일의 한 예배당의 건물 안에는 다음과 같은 비문(碑文)이 있다. "우리 주 예수 그리스도께서 우리에게 말씀하신다. '너희는 나를 주님이라고 하면서도 나에게 순종하지 않는다. 너희는 나를 빛이라고 하면서도 나를 보지 못한다. 너희는 나를 길이라고 하면서도 그 위를 걷지 않는다. 너희는 나를 생명이라고 하면서도 그것을 받아들이려고 하지 않는다. 너희는 나를 전지하신 분이라고 하면서도 나를 따르지 않는다. 너희는 나를 아름답다고 하면서도 나를 사랑하지 않는다. 너희는 나를 모든 것이 풍족하신 분이라고 하면서도 나에게 기도하지 않는다. 너희는 나를 영원한 생명이라고 하면서도 나를 찾지 않는다. 너희는 나를 자비롭다고 하면서도 나를 의지하지 않는다. 너희는 나를 존귀하다고 하면서도 나를 섬기지 않는다. 너희는 나를 전능하신 분이라고 하면서도 나를 존경하지 않는다. 너희는 나를 의롭다고 하면서도 나를 경외하지 않는다. 그러므로 내가 너희의 잘못을 유죄판결 하더라도 나를 탓하지 마라.'"

복음 — 구주

긍휼 사랑 용서 온유와 겸손
풍성하신 주님 십자가 졌네
너를 위해 수치 고통 겪고서
목숨 버린 주를 받아들여라

(찬송가 677장)

안나티가 가장 많이 드렸다

한 가난한 과부는 와서 두 렙돈, 곧 한 고드란트를 넣었다.
그러자 예수님께서 제자들을 가까이 부르셔서 말씀하셨다.
"내가 진실로 여러분에게 말합니다. 이 가난한 과부는 헌금함에 돈을 넣은
어느 누구보다도 더 많이 넣었습니다.(막 12:42-43)

And one poor widow came and cast in two lepta, which is a quadrans.
And He called His disciples to Him and said to them,
Truly I say to you that this poor widow has cast in
more than all those who were casting into the treasury,(Mark 12:42-43)

고대 유럽의 한 도시에서, 종소리가 들리면 그 소리에 이끌려 하나님께 경배하러 오도록 하기 위해 아름답고 맑은 소리를 내는 종을 주조하려고 했다. 다만 필요한 자금은 시민들의 자발적인 기부로 충당하기로 했다.

그 주민들 중에는 안나티라는 아주 가난한 소녀가 있었다. 그녀의 아버지는 돌아가셨고, 어머니는 하녀로 일해서 생활이 몹시 궁핍했다. 하지만 안나티는 진심으로 주님을 사랑했고 종을 주조하는 일에 참여하고 싶어 했다.

어느 날 안나티는 다른 사람의 잡다한 물건을 나르는 일을 도와준 대가로 동전 하나를 받았다. 그녀는 처음에는 "돈을 원해서 도와드린 것이 아니니 돌려드리겠습니다."라고 말하며 받기를 거절했다. 계속 거절할 수 없었던 그녀는 동전을 받고서 어머니의 허락을 받아 그 동전을 종을 주조하는 데 기부했다.

기부할 때 많은 사람이 거액의 돈을 기부했다. 그러나 안나티가 맨발에 누더기 옷을 입고 동전 하나만 들고 수줍게 건네는 것을 본 시청 직원은 "뭐죠? 동전 하나는 필요 없으니 가져가세요."라고 말했다. 안나티는 집으로 돌아와 울면서 어머니에게 "어머니, 시청 직원이 제 동전을 받으려 하지 않았어요."라고 말했다. 어머니는 "괜찮다. 하나님 아버지께서 네 마음을 알고 계시니 슬퍼할 필요가 없단다."라고 말하며 위로해 주었다. 안나티는 어쩔 수 없이 동전을 보관해 두었다.

장인들이 종을 주조한 후 여러 번 손을 보았지만 종소리는 항상 탁했다. 종을 주조한 이들은 모두 유명한 장인들이었는데 낙담할 수밖에 없었다. 어떤 이들은 제작자의 솜씨가 좋지 않다고 말했고, 어떤 이들은 날씨가 좋지 않아 소리가 좋지 않다고 말했다. 마지막으로 한 사람이 "종을 만드는 데에 기부금이 다 쓰였는지 물어봐도 될까요?"라고 물었다. 시청 직원은 "기부금은 다 썼습니다만, 한 가난한 소녀가 동전 하나를 가져왔는데 제가 받지 않았습니다."라고 대답했다. 그 사람은 "아, 우리가 그 기부금을 받지 않아서 종소리가 맑게 울리지 못하는 것 같습니다."라고 말했다. 시청 직원은 말도 안 된다고 말했다. 그러나 군중은 "우리가 그 소녀를 찾아야 합니다."라고 말했다.

즉시 누군가가 안나티를 찾아 그녀에게 "빨리 너의 그 동전을 가져가서 기부해라."라고 말했다. 안나티는 무슨 뜻인지 이해하지 못했지만, 시키는 대로 동전을 기부했다. 그러고 나서 사람들이 다시 종을 쳤을 때, 종소리는 정말 조화롭고 아름다웠다. 사람들은 매우 기뻐하며 한목소리로 말했다. "안나티가 가장 많이 드렸다."

소 대신 쟁기질을 하는
아버지와 아들

믿는 사람들이 모두 함께 있으면서 모든 것을 공동으로 소유하고,
재산과 소유를 팔아서 모든 사람에게
각 사람의 필요에 따라 나누어 주었다.(행 2:44-45)

And all those who believed were together and had all things common;
and they sold their properties and possessions and divided them to all,
as anyone had need.(Acts 2:44-45)

한 부자와 유명한 변호사가 함께 전 세계를 여행했는데, 곳곳에서 인상적인 것들을 많이 보았다. 그들은 특히 한 곳에서 본 광경을 잊을 수 없었다. 어느 날, 그들은 시골길을 걷다가 쟁기를 끄는 아들과 쟁기를 잡고 밭을 갈고 있는 노인을 보았다. 변호사는 이를 매우 이상하게 여겨 사진을 찍었다. 얼마 지나지 않아 그들은 우연히 이 사진을 어떤 서양 전도자에게 보여 주면서, 사람들이 왜 이런 식으로 밭을 가는지 물었다. 전도자는 이 사진을 보고는 다음과 같이 대답했다. “예, 이것은 드문 일입니다. 제가 알기로 이 두 사람은 아주 가난한 사람들인데, 이 지방의 믿는 이들이 집회소를 지을 때 그들은 헌금을 매우 하고 싶어 했으나 헌금할 돈이 없어서 하나뿐인 소를 팔아 헌금했습니다. 이제 소가 없기에 소 대신 쟁기질을 하는 것입니다.” 이 말을 들은 변호사와 부자는 당황한 듯 서로를 바라보며 잠시 말을 잇지 못했다. 잠시 후 그들은 “이 얼마나 어리석은 희생입니까? 왜 그들에게 그렇게 하도록 했습니까?”라고 물었다. 그러자 전도자는 “아, 그들은 그렇게 생각하지 않습니다. 그들은 주님을 섬기는 일에 자신의 소를 바칠 수 있어서 매우 기뻐했습니다.”라고 대답했다.

훠저우 금연 센터

여러분의 소유를 팔아 구제하여, 여러분 자신을 위하여 낡아지지 않을 돈주머니,
곧 하늘에 있는 없어지지 않을 보물을 마련하십시오.
거기에는 도둑도 가까이 오지 못하고, 좀도 먹는 일이 없습니다.(눅 12:33)

Sell your possessions and give alms; make for yourselves purses
which do not become old, an unfailing treasure in the heavens,
where thief does not come near nor even moth corrupts.(Luke 12:33)

청나라 말기에 시성모라는 형제가 있었다. 그는 복음도 전하고 흡연 중독에 걸린 사람들을 해방하기 위해 여러 금연 센터도 세웠다. 훠저우 금연 센터 중 하나는 다음과 같은 배경에서 설립되었다. 어느 날 그의 아내가 그에게 "우리는 훠저우를 위해 오랫동안 기도해 왔어요. 이제 일을 시작해야 하지 않을까요?"라고 물었다. 시 형제는 "지금은 돈도 없고 임대료도 비싸서 쉽지 않소."라고 대답했다. 그러자 그녀는 "얼마나 필요한가요?"라고 물었고, 시 형제는 금액을 알려 주었다. 그녀는 아무 말 없이 자리를 떠났다. 다음 날 아침에 그녀의 집에서 모임이 있었는데, 그녀의 옷차림이 평소와 달리 매우 수수했다. 모임이 끝난 후 그녀는 탁자 위에 작은 가방을 올려놓으며 "하나님께서 훠저우를 위한 우리의 기도를 들어주신 것 같아요."라고 말했다. 이 말을 들은 시 형제는 아내의 수수한 옷차림에 분명 어떤 이유가 있을 것이라고 생각하며 작은 가방을 열어 보았는데, 그 안에는 금과 은으로 만든 그녀의 장신구들이 있었다. 시 형제는 아내에게 "이 모든 것을 주님께 드리는 거요?"라고 물었다. 그녀는 매우 기쁜 마음으로 "물론이죠. 저는 이런 것들이 없어도 살 수 있지만, 훠저우는 복음이 없어서는 안 돼요."라고 대답했다. 시 형제는 이 패물들을 팔아 금연 센터를 세웠다. 당시에 허드슨 테일러도 함께 있었는데, 그는 이 상황을 보고 그녀에게 "이 아름다운 패물들이 아깝지 않습니까?"라고 물었다. 그녀는 "아까울 게 뭐가 있나요? 저는 예수님이 계시니 그것으로 충분해요."라고 대답했다.

하늘에서 온 전보

여러분 자신을 위하여 보물을 땅에 쌓아 두지 마십시오.
거기에서는 좀이 먹고 녹이 슬며, 도둑이 구멍을 뚫고 훔쳐 갑니다.(마 6:19)

Do not store up for yourselves treasures on the earth,
where moth and rust consume
and where thieves dig through and steal.(Matthew 6:19)

한 사업가가 복음의 일을 위해 2,500달러를 기부했다. 그 사업가는 수표를 전도자에게 건네자마자 급한 전보를 받았는데, 그 내용을 읽고 표정이 어두워졌다. 그는 전도자에게 "이 전보에는 제 화물선 중 하나가 침몰하여 배에 실린 모든 화물이 바닷속에 가라앉았다고 적혀 있습니다. 이 일로 인해 제 상황이 크게 바뀌어서 새 수표를 드려야겠습니다."라고 말했다. 전도자는 그 상황을 이해하고 그에게 수표를 돌려주었다. 그런데 그 사업가가 새로 써 준 수표에는 무려 10,000달러가 적혀 있었다. 전도자는 깜짝 놀라서 "금액을 잘못 쓰신 게 아닙니까?"라고 물었다. 그 사업가는 "아닙니다, 잘못 쓴 게 아닙니다. 그 긴급 전보는 하늘에 계신 우리 아버지 하나님께서 보내신 것인데, '보물을 땅에 쌓아 두지 마십시오.'라고 쓰여 있었습니다."라고 말했다.

그리스도를 체험함 — 그분께 복종함

모든 무거운 짐 주가 돌보시네
모든 어려움 돌보시네
믿고 순종할 때 모든 고통 손실
모든 수치 다 축복 되리

(후렴) 다만 믿고 순종하라
주 기뻐하심 위해
믿고 순종하라

(찬송가 426장)

보물을 하늘에 쌓아 두십시오

그러므로 여러분 자신을 위하여 보물을 하늘에 쌓아 두십시오.
거기에서는 좀이 먹거나 녹이 슬지도 않으며,
도둑이 구멍을 뚫지 못하고 훔쳐 가지도 못합니다.(마 6:20)

But store up for yourselves treasures in heaven,
where neither moth nor rust consumes
and where thieves do not dig through nor steal.(Matthew 6:20)

조지 뮐러의 고아원 연례 보고서를 읽어 보면, 중간중간에 수십 년 동안 꾸준히 기부해 온 익명의 기부자를 찾을 수 있다. 기록에는 그가 '그리스도의 사랑에 감동하여 보물을 하늘에 쌓아 둔 주 예수님의 종'으로만 묘사되어 있다. 그의 기부금을 모두 합산하면 1898년 3월 1일 기준으로 81,490파운드 18실링 8펜스에 달했다. 이 기부자는 뮐러 자신이었다. 그는 자신이 가지고 있거나 개인적으로 받은 모든 돈을 주님께서 사용하시도록 드렸다.

사모함 — 주님을 닮음

주처럼 되길 갈망하여 대가 지불해 주 따르리
내 모든 것과 내 모든 소유 온전히 주께 드리겠네

(후렴) 주를 닮으리 주를 닮으리 사랑의 구주 닮으리라
주의 달콤함 견고함 닮아 주 형상 내게 새기리라

(찬송가 301장)

여왕에게 부러진 우산을 빌려주다

또한 악한 영들에게서 벗어나
여러 가지 병이 낫게 된 여인들 … 많은 여인도 함께 있어,
자기들의 소유로 예수님의 일행을 섬겼다.(눅 8:2-3)

As well as certain women who were healed
of evil spirits and infirmities, … and many other women,
who ministered to them out of their possessions.(Luke 8:2-3)

비가 많이 내리던 어느 날, 한 여인이 허름한 오두막집을 향해 걸어가서 그 집에 사는 노인에게 우산을 빌려 달라고 부탁했다. 그 노인은 매우 인색해서 부러진 우산을 빌려주었다. 다음 날 왕실의 사신이 와서 부러진 우산을 노인에게 돌려주었다. 노인은 크게 놀라며 "아, 빅토리아 여왕님인 줄 알았더라면 진작 좋은 우산을 빌려드렸을 텐데."라고 말하며 후회했다.

오늘날 여러분이 주님께 자신을 드리는 데 인색한 가장 큰 이유는 아직도 그분이 누구이신지 모르기 때문이다.

헌신 — 주의 아름다움에 매혹됨

네 영 이미 주 접촉하고 네 맘 주께 빼앗겼으니
응당 주를 으뜸으로 여겨 분복으로 즐겨 택하라

(후렴) 오 만인의 으뜸이신 주여
내 마음 더 사로잡으소서
우상 다 깨고 내게 관 씌운
당신은 으뜸 나의 주 예수

(찬송가 333장)

너무 어리석은 방법

그대의 보물이 있는 그곳에,
그대의 마음도 있습니다.(마 6:21)

For where your treasure is,
there will your heart be also.(Matthew 6:21)

찰리가 조지 뮐러에게 "평소에 저축해 둔 돈이 있습니까?"라고 물은 적이 있었다. 그때 뮐러는 이렇게 대답했다. "그것은 너무 어리석은 방법입니다. 돈을 저축하면 어려울 때 어떻게 주님께 도움을 요청할 수 있겠습니까? 저는 돈을 저축해야 한다는 생각을 해 본 적이 없습니다. 우리의 돈은 하늘에 보관되어 있습니다. 영원하신 하나님께서 우리의 전부이십니다. 저는 그분께서 제게 20펜스도 주실 수 있고 수천 파운드도 주실 수 있다고 믿습니다. 우리가 그분을 신뢰하는 것은 결코 헛되지 않습니다."

헌신 — 모든 것을 주님께 드림

내 모든 것 주 예수께 아낌없이 드리네
영영 주를 사랑하며 주님 앞에 살겠네

(후렴) 모두 드리네 모두 드리네
은혜로운 나의 주께 모두 드리네

(찬송가 337장)

떡 한 조각을 드리다

온전한 십일조를 창고에 들여 내 집에 음식이 있게 하여라.
만군의 여호와의 말이다. 원한다면 이것으로 나를 시험하되,
내가 하늘의 창들을 너희에게 열어
더 이상 쌓을 곳이 없을 때까지 복을 쏟아붓지 않나 보아라.(말 3:10)

Bring the whole tithe to the storehouse that there may be food
in My house; and prove Me, if you will, by this, say Jehovah of hosts,
whether I will open to you the windows of heaven and pour out
blessing for you until there is no room for it.(Malachi 3:10)

한 아이가 참깨 떡을 먹고 있었다. 어머니가 아이에게 "엄마한테 좀 줄래?"라고 물었다. 아이는 떡을 바라보고 어머니를 바라보다가 도저히 거절할 수 없어서 어머니에게 떡 한 조각을 드렸다. 어머니는 매우 기뻐하며 방으로 들어가 사탕 한 봉지를 꺼내어 아들에게 주었다.

하나님은 신언자 말라기를 통해 이스라엘 백성에게 "온전한 십일조를 창고에 들여 내 집에 음식이 있게 하여라. … 내가 하늘의 창들을 너희에게 열어 더 이상 쌓을 곳이 없을 때까지 복을 쏟아붓지 않나 보아라."라고 말씀하셨다. 여러분은 주님께 드리는 것에 대한 지혜가 있는가?

사모함 — 그리스도

사랑하는 귀한 주께 나의 것 다 드리네
주님만이 아름답고 달콤하고 온유하네
비교할 이 없는 주님 누가 주와 비하리

(찬송가 275장)

하나님은 그에게 더 좋은 기회를 주셨다

여러분이 재는 그 분량대로 재어서 여러분에게 줄 것이고, 또 여러분에게 더 줄 것입니다.(막 4:24)

With what measure you measure, it shall be measured to you, and it shall be added to you.(Mark 4:24)

더글러스는 오랫동안 실직 상태여서 주머니에 1달러밖에 남지 않았다. 주일 집회에서 그는 자신이 가진 돈의 절반인 50센트를 헌금함에 넣었다. 다음 날 갑자기 어떤 도시에서 일꾼을 구한다는 소식을 듣고 지원해 보고 싶었다. 하지만 그곳까지 가는 기차 요금이 1달러였다. 그는 남은 50센트로 기차표를 사서 중간 지점에서 내려 나머지 거리를 걸어가야 했다. 겉으로 보기에는 어제 헌금함에 50센트를 넣지 말았어야 했을 것 같았다. 그런데 그가 기차역에서 내려 나머지 거리를 걸어서 갈 때, 하나님은 그에게 더 좋은 기회를 주셨다. 그가 한 블록도 채 가기 전에 근처에 있는 한 공장에서 일꾼을 구한다는 구인 광고를 보게 되었고, 삼십 분 만에 일반 근로자의 임금보다 훨씬 좋은 조건으로 일자리를 구했다. 후에 그는 유명한 신발 제조업체의 사장이 되었다.

구원의 확신과 기쁨 — 주님의 보호하심

그 얼굴 뵙기 전까지 어떤 일 닥칠지
어떤 길 놓여 있는지 난 알 수 없도다*

(후렴) 내가 믿고 또 의지함은
내 모든 형편 잘 아는 주님
늘 돌보아 주실 것을 나는 확실히 아네

(찬송가 259장)

---

* 한국어 찬송가에는 이 절이 번역되지 않았음—역자 주

석유왕의 장부

제가 무엇이며 제 백성이 무엇이라고 이렇게 기꺼이 바칠 힘이 있었겠습니까?
모든 것은 주님에게서 나온 것이니,
저희는 주님의 손에서 받아 주님께 드렸을 뿐입니다.(대상 29:14)

But who am I, and who are my people,
that we should have strength to offer so willingly in this way?
For all things are from You,
and from Your hand we have given to You.(1 Chronicles 29:14)

석유왕 록펠러는 한 무리의 젊은이들에게 자신의 첫 번째 회계 장부를 보여 준 적이 있다. 1855년에 작성한 이 장부에는 그해의 수입과 지출이 자세히 적혀 있었다. 당시 그는 가난한 사람이었는데, 나중에 엄청난 부자가 되었다. 삼 개월 동안 그는 50달러를 벌었고, 집세와 세탁비와 기타 비용을 지불하고 약간의 저축을 했다. 그 장부에는 또한 매주 10센트는 복음 사역에, 50센트는 누군가에게, 12센트는 그 도시의 말씀 전파자에게, 10센트는 가난한 믿는 이들에게 드렸다고 적혀 있었다. 비록 적은 금액이었지만 당시 그의 수입에 비하면 적지 않은 금액이었다. 그는 수입이 적을 때부터 이렇게 남을 위해 베풀고 돌보는 일을 시작했기 때문에, 부자가 되었을 때 더 많은 돈을 드리고 더 많은 사람을 돌볼 수 있었다.

많은 그리스도인이 자신의 수입이 적다고 생각하여 주님께 돈을 드리는 것을 훈련하지 않는다. 그럴 때 어느 날 수입이 많아져도 돈을 드리는 것을 더욱 꺼려 할 것이다.

안전한 헌금함

믿음은 그의 행위와 함께 작용하였으며,
행위로 믿음이 온전하게 되었다 ….(약 2:22)

Faith worked together with his works,
and by these works faith was perfected.(James 2:22)

거미 두 마리가 서로 이야기를 나누는 우화가 있다. 한 마리는 어느 날 강단 위의 탁자를 지나가는데 설교자가 갑자기 탁자를 쳐서 죽을 뻔했다고 말했고, 다른 한 마리는 자신은 헌금함에 살고 있어서 한 번도 위험했던 적이 없고 매우 안전하다고 말했다.

이 이야기는 설교를 듣는 사람은 많고 설교하는 사람도 어느 정도 있지만 헌금하는 사람은 적다는 것을 보여 주는 우화이다.

헌신 — 모든 것을 주님께 드림

나의 은금까지도 보류 않게 하시고
나의 재능 얻으사 주 뜻대로 쓰소서

내 뜻 감정 얻으사 돌이키게 하시고
나의 사랑 얻으사 주만 보게 하소서

(후렴) 나를 위해 가시관 쓰고
나를 위해 못 박히셨네
영원히 내 생명 주께 바쳐서
주를 사랑하겠네

(찬송가 339장)

헌금함에 쳐진 거미줄

그대는 이 시대의 부자들에게 명령하여, 거만한 생각을 갖지 말며,
믿을 수 없는 재물에 소망을 두지 말고,
우리에게 모든 것을 풍성히 주셔서 누리게 하시는
하나님께 소망을 두라고 하십시오.(딤전 6:17)

Charge those who are rich in the present age not to be high-minded,
nor to set their hope on the uncertainty of riches but on God,
who affords us all things richly for our enjoyment;(1 Timothy 6:17)

어떤 지역의 믿는 이들이 유명한 화가에게 자신들의 크고 웅장한 예배당 건물을 그려 달라고 부탁했다. 화가는 그것을 수락하고 즉시 그림을 그리기 시작했다. 그는 웅장하고 장엄한 윤곽선, 아름답고 눈길을 끄는 다채로운 색의 유리창, 정교하게 조각된 강단, 값비싼 오르간, 수천 명을 수용할 수 있도록 줄지어 늘어선 좌석 등을 그렸다. 그리고 문 바로 안쪽에 있는 헌금함에 "복음과 자선 사역을 위해 기꺼이 헌금해 주십시오."라는 문구를 넣었다. 이 그림을 본 사람들은 모두 그 솜씨를 크게 칭찬하며, 이 그림이 가장 사실적이고 위대한 걸작이라고 생각했다. 그들이 그림을 가져가려고 하자, 화가는 그들에게 "잠시만 기다려 주십시오. 그려야 할 중요한 것이 있으니 몇 획을 더 그리겠습니다."라고 말했다. 그러고 나서 그는 붓을 들고 헌금함 입구에 거미줄을 그려 입구가 거미줄로 완전히 덮이게 하였다. 이것은 누구도 헌금함에 헌금하지 않았다는 것을 의미한다.

겉모습만 아름답고 내적으로 헌신의 실재가 없는 것은 추한 것이다.

물이 흐르려면 수도관을 설치해야 한다

또한 선을 행하고, 선한 일에 풍성해지며,
아낌없이 베풀고, 기꺼이 나누어 주라고 하십시오.
그리하여 그들의 장래를 위해서 보화인 좋은 기초를 스스로 쌓아,
참된 생명을 붙잡으라고 하십시오.(딤전 6:18-19)

To do good, to be rich in good works,
to be ready to distribute, to be ones willing to share;
laying away for themselves a good foundation as a treasure for the future,
that they may lay hold on that which is really life.(1 Timothy 6:18-19)

한번은 한 형제가 믿는 이들에게 주님의 일에 부족함이 없도록, 할 수 있는 모든 일을 하라는 메시지를 전하고 있었다. 그가 진지하게 말하고 있는 중에 한 믿는 이가 그 자리에서 "은혜는 우리가 숨 쉬는 공기처럼, 우리가 마시는 물처럼 거저 주어진 것이라고 하지 않았습니까? 형제님의 말이 사실이라면, 헌금에 대해 자주 이야기해서는 안 됩니다."라고 말했다. 그 형제는 엄숙하게 그를 바라보며 "형제님, 맞습니다. 은혜는 우리가 숨 쉬는 공기처럼, 우리가 마시는 물처럼 거저 주어진 것입니다. 그러나 그 물을 부엌에 흐르게 하려면 수도관을 설치해야 하며, 이에 대한 비용은 유료입니다."라고 말했다. 수도관을 설치하기 위해 지불한 비용은 물이 흐르도록 하기 위한 것이다. 마찬가지로 십일조는 하나님께서 우리에게 축복을 부어 주시도록 하늘의 창들을 열기 위한 것이다.

잃어버린 1센트는 주님의 것이다

네 눈이 그것을 주목할 때 그것은 사라져 버리니
재물은 참으로 하늘로 날아가는 독수리처럼 날개를 냄이라.(잠 23:5)

When you set your eyes upon it, it is gone;
for wealth certainly makes itself wings,
like an eagle that flies toward heaven.(Proverbs 23:5)

한 아이가 2센트를 가지고 집회에 갔다. 1센트는 자신을 위한 돈이었고, 다른 1센트는 헌금을 하기 위한 돈이었다. 그런데 가는 중에 실수로 1센트를 잃어버렸다. 그러자 아이는 잃어버린 1센트가 주님의 것이라고 말했다.

이 아이의 말은 많은 어른들의 상황을 말해 준다. 사람들은 항상 잃어버린 돈은 주님의 돈이라고 말하면서 주님께 드려야 할 것을 드리려고 하지 않는다. 사람의 손에 있는 돈은 항상 자신의 것이고, 사람의 손에 있지 않은 돈은 주님의 것이라는 것이다. 이것이 바로 사람들이 갖고 있는 문제이다.

헌신 — 주님께 속함

피곤하던 몸부림을 그만 포기하여라
자신 보류하지 말고 모두 주께 드리라
너를 얻기 위해 주가 그분 자신 주셨다
그의 전부 주셨으니 네 것 어찌 아끼랴

(후렴) 나는 주의 것 나는 주의 것
자신의 것 아닌 그리스도의 것

(찬송가 341장)

오직 돈을 벌고 저축하는 것만 생각하다

너의 재물과 너의 모든 소산의 첫 열매로 여호와를 공경하여라.
그러면 너의 창고는 가득히 차고
너의 포도주 통은 새 포도주로 넘쳐 나리라.(잠 3:9-10)

Honor Jehovah with your substance
and with the firstfruits of all your produce;
Then your barns will be filled with plenty,
and your vats will burst open with new wine.(Proverbs 3:9-10)

한번은 존 웨슬리가 한 모임에서 헌금에 대한 메시지를 전하고 있었다. 그가 첫 번째 요점인 '최선을 다해 돈을 벌라'는 말을 했을 때, 청중 가운데 한 구두쇠가 고개를 끄덕이며 속으로 '이 말씀 전파자는 정말 메시지를 전할 줄 아는군.' 하고 생각했다. 그가 두 번째 요점인 '최선을 다해 저축하라'는 말을 했을 때, 구두쇠는 덩실덩실 어깨춤을 추며 속으로 '맞습니다! 맞습니다!' 하고 수긍했다. 마지막으로 세 번째 요점인 '저축한 돈을 최선을 다해 드리라'고 말하자, 구두쇠는 크게 실망하며 속으로 '안타깝게도 그는 방금 전에 한 말들을 완전히 망쳐 놓았다.' 하고 말했다.

사람의 문제는 사람이 자신의 뜻만 생각하고 하나님의 뜻을 생각하지 않기 때문에, 하나님의 축복을 받지 못하고 하나님 자신도 얻지 못한다는 것이다.

존 웨슬리의 유산

만족할 줄 아는 경건은 큰 유익이 됩니다.
왜냐하면 우리가 세상에 아무것도 가지고 오지 않았으므로,
아무것도 가지고 갈 수 없기 때문입니다. 다만 먹을 것과 덮을 것이 있다면,
우리는 그것으로 만족해야 합니다.(딤전 6:6-8)

Godliness with contentment is great gain;
For we have brought nothing into the world,
because neither can we carry anything out. But having food and covering,
with these we will be content.(1 Timothy 6:6-8)

존 웨슬리는 주님께서 크게 쓰신 종이었다. 그의 생애 동안 주님을 사랑하는 많은 사람이 그에게 적어도 65만 달러에 달하는 많은 돈을 헌금했다. 웨슬리는 이 모든 돈을 하나님의 일을 위해 사용했다. 그는 1791년에 88세의 나이로 주님 품에 안식했다. 그가 남긴 유일한 유산은 은주전자 하나와 은수저 두 개뿐이었다. 이 유산은 지금도 런던의 한 박물관에 보관되어 있다. 그리스도인은 생전에 재물을 하나님의 일에 드려 자신을 위한 좋은 기초를 쌓아야 한다. 사후의 유산으로 남겨 두지 말아야 한다. 그것은 헛되고 의미 없는 일이다.

헌신 — 주님의 사랑의 격려

주여 내 생명과 세월 다 드려서
이 땅 묶임 벗고 주 명령 따릅니다
날 위해 다 버린 당신 위해 다 버립니다
날 위해 다 버린 당신 위해 다 버립니다

(찬송가 331장)

휴지로 변한 루블

그러나 부자가 되고 싶은 사람들은 유혹과 올무와
여러 가지 어리석고 해로운 욕심에 떨어지게 되는데,
그런 것들은 사람들을 멸망과 파멸에 빠뜨립니다.(딤전 6:9)

But those who intend to be rich fall into temptation and a snare
and many foolish and harmful desires,
which plunge men into destruction and ruin.(1 Timothy 6:9)

중화민국 초기에 중국 북부의 많은 사람이 러시아의 루블을 사 두기 위해 경쟁했고, 심지어 어떤 사람들은 여러 자루의 루블을 쌓아 두기도 했다. 그들은 당시에 사용되던 화폐인 '하대양(哈大洋)'과 '봉표(奉票)'를 신뢰하지 않았고 외화만이 믿을 만하다고 생각했다. 그러나 제정 러시아가 전복된 후 이 루블은 쓸모없는 휴지가 되고 말았다. 중화민국이 20년이 되었을 때에도 많은 어린이들이 루블을 장난감처럼 가지고 노는 모습을 볼 수 있었고, 많은 사람이 벽지로도 사용했다. 오늘날 많은 믿는 이가 보물을 하늘에 쌓아 두는 비결을 모른다. 그들은 단지 금과 달러를 땅에 쌓아 두는 비결만 알고 있다. 어느 날 땅에 있는 돈이 쓸모없게 될 때, 그것이 우리에게 무엇을 해 줄 수 있겠는가?

그리스도를 체험함 — 그분으로 인해 만족함

난 이미 예수 택했네 나의 세계로
그 사랑 실로 내 전체 만족게 하네
난 주의 그릇이니 주님만 채우네
수가의 물은 마셔도 목말라

(후렴) 예수 예수 난 예수 택했네
내 마음 만유 근원이신 주 안에 사네
예수 예수 내 만족이시니
그가 내 요구 내 원함 다 채워 주시네

(찬송가 438장)

건물이 퇴락하다

돈을 사랑하는 것이 모든 악의 뿌리입니다.
어떤 사람들은 돈을 따라가다가 믿음을 떠나 길을 잃고,
많은 고통으로 자신을 찔렀습니다.(딤전 6:10)

The love of money is a root of all evils, because of which some,
aspiring after money, have been led away from the faith
and pierced themselves through with many pains.(1 Timothy 6:10)

미국 플로리다주 마이애미시는 부자들의 겨울 휴양지이다. 그곳에 부자인 존 딜링이 지은 저택이 있는데, 그 아름다움과 웅장함은 타의 추종을 불허했으며, 건축하는 데 1,600만 달러나 들었다. 그런데 이 웅장한 건물이 낡아져 가고 있었다. 건물은 비바람에 침식되었고, 섬세한 처마 장식도 떨어져 나가기 직전이었다. 정문은 판자로 덮여 있었고 건물은 텅 비어 썰렁했다. 딜링은 이 건물을 마이애미시에 기증했다. 마이애미시는 관광객들에게 1.85달러의 관광 티켓을 팔아 이 건물에 들어가 구경할 수 있도록 했다. 나중에 마이애미시는 연간 수리비와 경비를 감당할 수 없어서 건물을 원래 주인에게 돌려주었다. 어떤 사람들은 딜링의 건축 자금이 선교의 일에 사용되었다면, 16년 동안 천 명의 선교사를 해외에 파송할 수 있었을 것이고, 열여섯 명의 선교사를 파송했다면 그들은 1,000년 동안 사역할 수 있었을 것이라고 말한다. 그렇게 했다면 이 1,600만 달러는 아무도 받아 주지 않는 무너지기 직전의 건물로 남는 대신 영원한 가치를 지녔을 것이다.

부유한 믿는 이들이여, 여러분은 여러분의 돈을 썩게 할 것인가, 아니면 여러분의 의의 열매가 되게 할 것인가?

니 형제님의 젠어우 방문(1)

빈곤한 사람에게 은혜 베푸는 이는 그분을 존중하는 것이다.(잠 14:31)

He who is gracious to the needy honors Him.(Proverbs 14:31)

워치만 니 형제님이 푸저우에서 공부하고 있을 때, 동급생인 웨이 형제님에게서 푸저우에서 약 200킬로미터 떨어져 있는 곳인 젠어우에 와서 그곳에 있는 교회를 도와달라는 부탁을 받았다. 당시에 주님은 여비의 삼분의 일만 예비해 주신 상태였고, 그것은 몇십 위안 정도였다. 젠어우에 있는 교회는 모든 것이 준비되어 있으니 그에게 어서 오기를 재촉했다. 니 형제님은 곧 가겠다고 답장을 보냈다. 그는 금요일 저녁에 떠나기로 결정했다. 금요일 아침에 일어났을 때, 문득 "네가 다른 사람에게 준다면, 내가 네게 줄 것이다."라는 음성이 있었다. 그때 니 형제님의 마음속에는 '위안*은 다른 사람에게 주고, 자오*는 가지고 있어야 한다'는 느낌이 있었다. 니 형제님은 "그럼, 그 돈을 누구에게 주어야 합니까?"라고 여쭈었다. 그러자 "가정이 있는 어떤 형제에게 주어야 한다."라는 음성이 있었다. 기도를 마친 니 형제님은 그 음성에 순종할지 말지 감히 결정하지 못하고, 주님께 "당신께서 제가 그 형제에게 주기를 원하신다면, 길에서 그를 만나게 해 주십시오."라고 말씀드렸다. 길을 가던 중에 마침 그 형제가 앞에서 걸어왔고, 니 형제님은 "형제님, 주님께서 이것을 형제님에게 주라고 하셨습니다."라고 말하고 떠났다. 니 형제님은 몇 걸음 안 가서 눈물을 흘리며 주님께 "저는 이미 젠어우에 있는 웨이 형제에게 가겠다고 전보를 보냈습니다. 이제 돈을 다른 사람에게 주었으니, 저는 어떻게 가야 합니까?"라고 말씀드렸다. 그러나 다른 한 면으로 주님께서 그에게 "네가 다른 사람에게 준다면, 내가 네게 줄 것이다."라고 말씀하셨다. 그의 마음은 매우 평안해졌다. 그래서 그는 주님께 "주님, 당신은 제게 주셔야 합니다. 배에 탑승할 시간이 되었습니다."라고 말씀드렸다.

성실하게 주님을 사랑하는 사람의 헌신은 언제나 절대적이고 확고하다.

---

* 중국의 화폐 단위. 1위안은 1자오의 열 배임—역자 주

니 형제님의 젠어우 방문(2)

긍휼히 여기는 사람들은 복이 있습니다.
왜냐하면 그들이 긍휼히 여김을 받을 것이기 때문입니다.(마 5:7)
Blessed are the merciful,
for they shall be shown mercy.(Matthew 5:7)

그날 니 형제님은 푸저우를 떠나 민간 선박을 탈 때까지 기도했고, 갑판에 누워 잠들 때도 줄곧 기도했다. 그는 민간 선박을 타고 훙산교까지 간 다음 소형 증기선을 타고 수이커우까지 가서 젠어우로 이동할 계획이었다. 소형 증기선에 탔을 때, 그는 위에서 아래로, 아래에서 위로 여러 번 걸으며 하나님의 안배가 있는지 살펴보았다. 그는 마음속으로 '하나님께서 주기 원하신다면, 그것을 더 쉽게 주실 수 있도록 내가 두 번 더 걸어야겠다.'라고 생각했다. 소형 증기선에는 아는 사람이 한 명도 없었지만, 마음속에는 계속 '네가 다른 사람에게 준다면, 내가 네게 줄 것이다.'라는 음성이 있었다. 당시 그는 소형 증기선의 뱃삯을 지불한 후 100자오가 남았었다. 그는 매우 난처해하며 "주님, 이제 수이커우에 도착하려고 하는데, 젠어우에는 어떻게 가야 합니까?"라고 기도했다. 그때 "너는 왜 나에게 조금 더 저렴한 비용으로 갈 수 있도록 해 달라고 기도하지 않느냐?"라는 음성이 있었다. 이 음성이 있자, 그는 주님께 "저는 당신께 돈을 주시기를 구하지 않고, 제가 젠어우에 갈 수 있게만 해 주시기를 구하겠습니다."라고 기도했다. 이렇게 기도하고 난 후 그의 마음속에는 큰 평안이 있었다. 배가 수이커우에 도착하기 전에 니 형제님이 뱃머리에 서 있을 때, 배에 탄 누군가가 다가와 "난핑에 가시나요, 아니면 젠어우에 가시나요?"라고 물었다. 니 형제님이 "젠어우에 갑니다."라고 하자, 그 사람은 "제가 거기까지 데려다 드리죠."라고 말했다. 니 형제님이 "비용은 얼마입니까?"라고 묻자, 그 사람은 "70자오입니다."라고 대답했다. 그 비용은 니 형제님이 가진 돈보다 적었다. 니 형제님은 그 말을 듣자마자 이것이 주님의 예비하심임을 알았고, 그 배를 타기로 결정했다. 그 사람은 니 형제님의 짐을 즉시 자신의 배로 옮겨 실었다. 원래대로라면, 젠어우까지 가는 데에는 70, 80위안은 들었다. 니 형제님은 그 사람에게 "왜 이렇게 저렴하게 해 주십니까?"라고 물었고, 그 사람은 "제가 저렴하게 해 드리는 것이 아니라, 이 배는 이미 현(縣) 정부의 한 사람이 전세를 낸 배입니다. 그는 배 앞쪽에 있고, 저에게 배 뒤쪽의 빈자리에 손님을 한 명 태워도 된다고 해서 저렴하게 해 드릴 수 있었습니다."라고 대답했다. 그날 니 형제님은 남은 돈으로 약간의 채소와 고기를 샀고, 그렇게 젠어우에 도착했다.

"가난한 사람을 불쌍히 여기는 이는 여호와께 빌려드리는 이이니 / 그분께서 그의 선행을 갚아 주시리라."(잠 19:17)

니 형제님의 젠어우 방문(3)

여러분은 먼저 그분의 왕국과 그분의 의를 추구하십시오.
그러면 이 모든 것을 여러분에게 더하실 것입니다.(마 6:33)

Seek first His kingdom and His righteousness,
and all these things will be added to you.(Matthew 6:33)

니 형제님이 젠어우에서 집으로 돌아가려고 할 때, 그에게는 12자오밖에 남지 않았다. 그가 10자오를 물건을 사는 데 써서 이제 2자오만 남았다. 그래서 집회를 마친 후에도 계속 기도했다. 주일 저녁에 루페이리라는 형제님이 니 형제님을 저녁 식사에 초대했다. 그는 니 형제님에게 "형제님, 이번에 오셔서 저희가 큰 도움을 받았습니다. 돌아가는 여비를 제가 책임지고 싶습니다. 괜찮겠습니까?"라고 물었다. 이 말을 듣자 니 형제님은 한 면으로는 기뻤지만, 다른 한 면으로는 이 돈을 받을 수 없다고 느꼈다. 그래서 니 형제님은 "제게는 이미 책임지시는 분이 계십니다."라고 말했다. 루 형제님은 이 말을 듣고 아쉽다고 말했고, 그 일은 그렇게 지나갔다. 니 형제님은 떠나려고 할 때 그것을 거절한 것을 매우 후회했다. 그래도 한 면으로는 계속 기도했고 다른 한 면으로는 마음속에 평안이 있었다. 다음 날 니 형제님이 떠나려고 할 때 주머니에는 2자오밖에 없었고, 뱃삯을 지불할 방법이 없어서 큰 곤경에 처했다. 웨이 형제님과 그의 가족이 배웅하러 왔고, 웨이 형제님은 니 형제님과 함께 가서 짐들을 먼저 내려놓았다. 니 형제님은 다음과 같이 기도했다. "주님, 당신께서 저를 젠어우에 데려오셨으니, 제가 돌아갈 수 있게 해 주셔야 합니다. 당신께서 저를 책임지셔야 합니다. 제가 틀렸다면, 저는 기꺼이 제 잘못을 인정하겠습니다. 그러나 저는 제가 틀렸다고 생각하지 않습니다. 왜냐하면 당신께서 '네가 다른 사람에게 준다면, 내가 네게 줄 것이다.'라고 말씀하셨기 때문입니다." 니 형제님이 기도를 마치고 배에 타려는데, 루 형제님이 보낸 사람이 편지를 전해 주었다. 편지는 다음과 같은 내용이었다. "비록 누군가가 형제님을 책임져 준다는 것을 알고 있지만, 형제님을 젠어우에 오게 하신 일에 제가 함께해야 한다는 느낌을 하나님께서 주셨습니다. 이 나이 든 형제에게도 함께 참여할 몫을 주지 않으시겠습니까? 얼마 되지 않지만 이 돈을 받아 주십시오." 니 형제님은 이 돈을 받았다. 그리고 하나님께 "하나님, 지금의 이 돈은 합당한 것입니다."라고 말씀드렸다. 니 형제님은 이 돈을 여비로 사용했고, 남은 돈으로는 《부흥보》를 한 차례 출간했다.

"주십시오. 그러면 여러분에게 줄 것인데"(눅 6:38).

니 형제님의 젠어우 방문(4)

나의 하나님께서 그리스도 예수님 안에서 하나님의 풍성을 따라
여러분의 모든 필요를 영광 가운데서 채우실 것입니다.(빌 4:19)

And my God will fill your every need
according to His riches, in glory, in Christ Jesus.(Philippians 4:19)

니 형제님이 돌아온 후, 푸저우에서 니 형제님이 돈을 주었던 그 형제의 아내가 니 형제님을 보고 질문했다. “니 형제님, 궁금한 것이 있습니다. 푸저우를 떠나실 때 왜 저의 남편에게 돈을 주셨나요? 왜 남편에게 돈을 건네자마자 바로 떠나셨나요?” 니 형제님은 “다른 이유가 있었던 것은 아닙니다. 그때 제가 하루 종일 기도했는데, 주님께서 형제님에게 돈을 주어야 한다는 것을 알려 주셨습니다. 그래서 제가 집에서 나와 길에서 형제님을 만났기에 돈을 준 것입니다.”라고 말했다. 그녀는 “그날 저녁 식사가 저희 가족의 마지막 식사였고, 그날 저녁에 쓴 땔감이 마지막 땔감이었습니다. 형제님이 돈을 주셔서, 저희는 쌀도 사고 땔감도 많이 살 수 있었습니다. 며칠 지나서 주님께서 저희에게 약간의 돈을 더 보내 주셨습니다. 당시에 저희는 주님 앞에서 주님의 공급을 기다리고 있었습니다.”라고 말했다. 니 형제님은 돈을 주머니에 넣어 두면 죽은 돈이 되지만, 다른 사람에게 주면 유용하게 쓰일 수 있다는 것을 마음속으로 분명히 알게 되었다. 그 자매와 헤어진 후, 니 형제님은 길을 가면서 고개를 들어 주님께 “주님, 저는 누가복음 6장 38절을 처음 봅니다.”라고 말씀드렸다. 거기서 그는 주님께 자신을 다시 헌신하며 다음과 같이 말씀드렸다. “오늘부터 저는 반드시 주는 사람이 되겠습니다. 저는 다만 얼마의 돈도 제 손에서 게으른 돈이 되지 않도록 하겠습니다. 하나님께서 기적을 행하실 수 있도록 돈을 내보내겠습니다. 하나님께서 기도에 응답하시도록 돈을 내보내겠습니다.”

우리도 하나님께서 기적을 행하실 수 있도록 돈을 내보내고, 하나님께서 기도에 응답하시도록 돈을 내보내야 하지 않겠는가?

하나님의 계량컵은 나의 계량컵보다 크다

주십시오. 그러면 여러분에게 줄 것인데,
후히 되어 누르고 흔들어 넘치도록 하여
여러분의 품에 안겨 줄 것입니다.(눅 6:38상)

Give, and it will be given to you;
a good measure, pressed down, shaken together, and running over,
they will give into your bosom.(Luke 6:38a)

한 그리스도인이 있었는데, 그는 힘든 농사를 하는 농부임에도 불구하고 사랑이 많고 자신이 가진 많은 것을 다른 사람들에게 나누어 주었다. 나누어 주는데도 그는 전혀 부족하지 않았고 오히려 날이 갈수록 더 부유해졌다. 그의 친구들은 이것을 매우 이상하게 생각했고, 그 비결을 물어보았다. 그는 그들에게 이렇게 말했다. "이것은 아주 간단한 일이네. 나에게도 계량컵이 있고, 하나님께도 계량컵이 있으시네. 내가 나의 계량컵으로 다른 사람들에게 공급하면, 하나님은 그분의 계량컵으로 나에게 공급하신다네. 그러나 하나님의 계량컵은 나의 계량컵보다 훨씬 더 크다네. 그러므로 내가 아무리 공급해도 그분께서 해 주시는 공급을 넘어설 수 없다네."

우리는 이 말씀을 귀담아들어야 한다. "주십시오. 그러면 여러분에게 줄 것인데, 후히 되어 누르고 흔들어 넘치도록 하여 여러분의 품에 안겨 줄 것입니다."

아버지를 경배함 — 그분의 신실하심

신실한 하나님 당신 자신이 나에게 위로와 길 되시네
당신 자신만이 오늘 내 능력 내일의 찬란한 소망 되네

(후렴) 신실한 하나님 신실한 하나님 긍휼과 은혜가 풍성하셔
내 모든 필요함 다 공급하셔 신실한 하나님 내 아버지

(찬송가 13장)

줄어드는 대신 늘어나다

왜냐하면 여러분이 되어 주는 그 되로
여러분도 되어 받을 것이기 때문입니다.(눅 6:38하)

For with what measure you measure,
it shall be measured to you in return.(Luke 6:38b)

사업을 하는 한 믿는 이가 있었는데, 다음과 같은 헌금 계획을 세워 실행했다. 처음에는 순이익의 10퍼센트를 주님께 드렸다. 나중에 순이익이 500달러 이상이면 12.5퍼센트를, 900달러 이상이면 17.5퍼센트를, 1,300달러 이상이면 22.5퍼센트를, 1,500달러 이상이면 25퍼센트를 드렸다. 자본금이 상당한 금액에 도달하면 순이익의 50퍼센트를 드렸고, 더 이상 자본금을 추가할 필요가 없으면 순이익 전액을 드렸다. 그는 몇 년 동안 이 계획을 따랐다. 하나님은 그의 사업을 축복해 주셨다. 그는 계속해서 많은 금액의 순이익을 드렸는데, 그의 돈은 줄어드는 대신 오히려 늘어났다.

하나님의 계산은 항상 우리의 계산과 다르다.

격려 — 믿음으로 드림

(후렴) 사랑으로 드릴 때에 더욱 풍성해지니
너의 모든 것을 드려도 주가 배나 더 채워

(찬송가 488장)

40위안을 의지하겠느냐, 하나님을 의지하겠느냐

젊은 사자들은 배고프고 굶주릴지라도
여호와를 찾는 이들은 모든 좋은 것에 부족함이 없으리라.(시 34:10)

The young lions hunger and starve,
but those who seek Jehovah will not lack any good thing.(Psalms 34:10)

위트니스 리 형제님이 난징에서 한(韓) 형제를 만났는데, 그에게 돈을 주어야 한다는 느낌이 있었다. 그러나 리 형제님에게는 지난과 톈진으로 가는 데 드는 경비인 40위안밖에 없었다. 한편으로는 돈을 주어야 한다는 생각이 들었고, 다른 한편으로는 필요를 위해 가지고 있어야 한다는 생각도 들었다. 이렇게 고민하고 있을 때, 그의 마음속 깊은 곳에서 '40위안을 의지하겠느냐, 아니면 하나님을 의지하겠느냐?'라는 음성이 있었다. 리 형제님은 떠나기 직전까지 그 형제에게 돈을 주기를 망설였다. 경비가 없으면 그곳에 어떻게 가야 하는가? 결국 리 형제님은 주님께 순종하여 그 형제에게 돈을 주었다. 그런데 출발 당일 저녁에 어떤 자매가 리 형제님에게 여비를 보내 주었는데, 그 금액은 리 형제님이 그 형제에게 준 금액의 몇 배에 달했다.

하나님은 신실하시며 결코 그분의 약속을 어기지 않으신다.

그리스도를 체험함 — 생명으로

주의 생명 흘러 나를 비추며
영 안에서 주와 교통케 하네
나의 모든 필요 공급하시며
나로 주님 안에 서게 하시네

(찬송가 381장)

버터를 나누어 준 무어(1)

여러분도 아시는 것처럼, 이 두 손으로
나와 내 일행에게 필요한 것을 공급하였습니다.(행 20:34)

You yourselves know that these hands have ministered
to my needs and to those who are with me.(Acts 20:34)

영국에 무어라는 사람이 있었다. 어느 날 그의 집에는 거의 아무것도 남아 있지 않았다. 영국인에게 가장 중요한 것은 밀가루였는데, 무어는 그마저도 다 떨어졌다. 하루나 이틀을 기다렸지만 아무것도 생기지 않았다. 그러자 그는 아내에게 "우리 집에 물건이 너무 많아서 주님께서 우리에게 주지 않으시는 거요."라고 말했다. 그러고 나서 그들은 무릎을 꿇고 기도하며 주님께 집 안에 무엇이 너무 많은지 보여 주시기를 간구했다. 기도를 마친 후 그들은 다락방부터 시작하여 모든 것을 하나하나 살펴보았다. 그리고 어떤 물건이 너무 많은지 살펴보았다. 심지어 아이들의 옷도 살펴보았는데 적당했다. 집 전체를 하나씩 살펴본 후, 그는 주님께 "이 집에는 더 이상 너무 많은 것이 없습니다. 주님, 제게 주지 않으신다면 당신의 잘못입니다."라고 말했다. 잠시 생각한 후, 그는 아내에게 "주님은 틀리실 수 없소. 우리 집에 물건이 많은 것이 확실하오."라고 말했다. 그리고 다시 가서 지하실을 뒤져 보니, 전에 누군가가 가져다준 버터 한 상자가 구석에 있었다. 그는 매우 기뻐하며 아내에게 "틀림없이 이것이 너무 많은 것이오."라고 말했다. 그들은 그 버터 상자를 누군가에게 주려고 했지만, 누구에게 주어야 할지 알지 못했다. 그들은 주변의 모든 가난한 성도들에게 한 조각씩 주어야 한다고 느꼈다. 그래서 부부는 버터를 칼로 잘라 포장해서 가난한 형제자매들의 집으로 보냈다.

버터를 나누어 준 무어(2)

내가 모든 일에서 여러분에게 본을 보였으니,
여러분도 이렇게 수고하여 약한 사람들을 도와주어야 하고,
또한 '주는 것이 받는 것보다 복이 있습니다.'라고 하신
주 예수님의 말씀을 기억해야 합니다.(행 20:35)

In all things I have shown you by example that toiling in this way
we ought to support the weak and to remember the words of the Lord Jesus,
that He Himself said, It is more blessed to give than to receive.(Acts 20:35)

무어는 버터를 하나씩 나누어 준 후, 아내에게 "이제 우리는 해야 할 모든 것을 했소."라고 말했다. 그런 다음 무릎을 꿇고 "주님, 당신께서 '주십시오. 그러면 여러분에게 줄 것인데'라고 말씀하신 것을 당신께 상기시켜 드립니다. 우리에게 밀가루가 없다는 것을 기억해 주십시오."라고 기도했다. 그의 버터를 받은 많은 사람들 중에는 하루 종일 침대에 누워 있는 아주 가난하고 불구인 자매가 있었다. 그녀는 며칠 동안 버터가 없어서 빵만 먹었다. 그래서 그녀는 "주님, 저를 불쌍히 여기시어 버터를 조금 보내 주십시오."라고 기도했다. 그녀가 기도한 지 얼마 지나지 않아 무어가 와서 버터 한 조각을 주었고, 그녀는 주님께 감사드렸다. 잠시 후 그녀는 고개를 들어 "그는 부족한 것이 없어서 제게 버터를 주었지만, 주님, 제가 알지 못하는 부족한 것이 있다면 그의 기도를 들어주십시오."라고 기도드렸다. 왜냐하면 무어는 자신에게 부족한 것이 있다는 것을 사람들에게 알린 적이 없었고, 사람들도 그에게 부족한 것이 있다는 것을 전혀 느끼지 못했기 때문이다. 그리고 무어가 매우 부유한 형제라는 소문이 돌았다. 그는 종종 사람들에게 물건을 나누어 주곤 했는데, 이번에는 버터를 많이 나누어 주었던 것이다. 그날 두세 시간이 지나지 않아 무어는 누군가에게서 밀가루 두 자루를 받았다.

주님은 의로운 이를 돌보시고 약한 이를 도우신다. 주는 것이 받는 것보다 복이 있다.

빵 한 조각과 옷 한 벌

어린 자녀 여러분, 우리는 말과 혀로만 사랑하지 말고,
행동과 진실성으로 사랑합시다.(요일 3:18)

Little children, let us not love in word nor in tongue
but in deed and truthfulness.(1 John 3:18)

어느 추운 겨울 아침에 한 소녀가 존 웨슬리의 집에 왔다. 그 소녀는 얇은 옷만 입고 있었고, 얼굴은 추위로 파랗게 질려 있었으며, 쓰러지기 일보 직전이었다. 웨슬리는 급히 주머니를 뒤져 보았으나 동전 한 푼 없었고, 그 소녀를 물질적으로 도와줄 방법이 없어서 마음이 매우 아팠다. 그래서 그는 하나님께 "제 자신의 빵 한 조각, 옷 한 벌도 가난한 사람들을 위해 드리겠습니다."라고 말씀드렸다. 그 후 그는 링컨 대학교에서 교편을 잡게 되었는데 첫해의 월급이 30파운드였다. 그는 생활비를 제외한 2파운드를 가난한 사람들에게 주었다. 다음 해에 그는 60파운드를 받았는데, 여전히 28파운드만 생활비로 사용하고 나머지는 가난한 사람들을 위해 사용했다. 3년째에는 그의 수입이 90파운드였는데, 62파운드를 가난한 사람들을 위해 사용했다. 4년째가 되었을 때 그는 120파운드를 받았는데, 꼭 필요한 28파운드를 제외한 나머지를 모두 가난한 사람들을 돕는 데 사용했다.

격려 — 믿음으로 드림

공중 나는 새를 보라 들에 백합화 보라
심고 수확하지 않아 수고와 길쌈 안 해
내일 일을 염려 말자 오늘로서 족하다
내일 염려 안 사 오면 오늘 편치 않으랴

(후렴) 사랑으로 드릴 때에 더욱 풍성해지니
너의 모든 것을 드려도 주가 배나 더 채워

(찬송가 488장)

옷을 잘라
거지를 따뜻하게 해 주다

가난한 사람을 불쌍히 여기는 이는 여호와께 빌려드리는 이이니
그분께서 그의 선행을 갚아 주시리라.(잠 19:17)

He who has pity upon a poor man lends to Jehovah,
and He will repay him for his good deed.(Proverbs 19:17)

어느 겨울에 마틴과 그의 동료들이 눈보라를 맞으며 말을 타고 어느 도시에 들어갔다. 그 도시에 들어섰을 때 한 무리의 사람들이 모여 있는 것을 보고, 마틴은 말에서 내려 무슨 일인지 알아보기 위해 갔다. 그는 거의 벌거벗은 채 떨면서 손을 내밀어 구걸하고 있는 한 나이 많은 거지를 보았다. 곧바로 마틴은 몸에 걸치고 있던 외투를 벗어서 칼로 반으로 잘라 그 반쪽 옷을 거지의 어깨에 덮어 주고는 말을 타고 떠났다. 그날 밤 그는 꿈을 꾸었는데, 한 남자가 반쪽 외투를 입고 있는 것을 보았다. 그리고 그 남자에게서 이 반쪽 옷을 본 적이 있는지 묻는 음성을 들었다. 처음에 그는 그 반쪽 외투를 걸치고 있는 사람이 나이 많은 거지인 줄 알았다. 그러나 자세히 보니 노인의 모습은 보이지 않고 주 예수님으로 보이는 분이 나타나 맑은 목소리로 사람들에게 "마틴은 새로운 믿는 이이지만 옷을 벗어 내게 입혀 주었다."라고 말씀하셨다.

동전은 나눌 수 없다

그가 흩어 뿌려 가난한 이들에게 주었으니,
그의 의가 영원히 남아 있습니다.(고후 9:9)

He has scattered abroad; he has given to the poor;
his righteousness abides forever.(2 Corinthians 9:9)

허드슨 테일러는 한 가난한 남자의 집에 초대받은 적이 있었다. 그는 가난한 남자의 아내가 매우 아프고 가족이 재정적인 도움이 절실히 필요한 상황에 처해 있는 것을 보았다. 그 당시 그의 주머니에는 동전 한 닢만 있었는데, 그 돈은 그가 가진 전부였고 다음 날 점심 식사에 사용해야 했다. 그는 동전을 여러 닢 가지고 있었다면 그 돈의 일부를 그에게 주고 일부는 내일 점심 식사로 남겨 둘 수 있었을 것이라고 생각했다. 그러나 자신이 가진 것은 동전 한 닢뿐이어서 그에게 나누어 줄 수 없었다. 동전을 주자니 내일 점심 식사를 하기가 어려워지고, 주지 않자니 속에서 통과되지 않았다. 이런 상황에서 그는 그들을 위로하며 하늘에 자애로우신 하나님이 계신다고 말하고 싶었지만, 그의 안에는 이렇게 책망하는 음성이 있었다. '너는 하늘에 자애로우신 하나님이 계신다고 말하면서 정작 너 자신은 동전 한 닢도 주지도 않고 그 하나님을 의지하지도 않는구나.' 결국 하나님은 승리하셨고, 그는 그 가난한 사람에게 동전 한 닢을 주었다. 돈을 주고 난 후 그의 마음은 기쁨으로 가득 찼다. 다음 날, 아침 식사가 끝나기도 전에 그는 출처를 알 수 없는 편지를 받았다. 그 안에는 전날 밤에 준 금액의 세 배에 달하는 돈이 들어 있었다. 그는 그때 내적인 느낌에 순종하는 공과를 배워, 그 이후로 중국에서 일할 때 생길 엄청난 수요에 대처할 믿음을 갖게 되었다.

도둑질하는 사람이 되고 싶지 않다

씨를 뿌리는 사람에게 씨뿐만 아니라 먹을 양식도 넘치게 공급하시는 분께서
여러분의 씨를 공급하시고 번성하게 하실 것이며,
여러분의 의의 열매도 증가시켜 주실 것입니다.(고후 9:10)

Now He who bountifully supplies seed to the sower
and bread for food will supply and multiply your seed
and cause the fruits of your righteousness to increase.(2 Corinthians 9:10)

프란치스코가 길을 가다가 어떤 가난한 사람을 만났다. 그는 같이 가던 형제들에게 "내 외투를 이 가난한 사람에게 주겠습니다! 그는 우리보다 가난하기 때문에 이 외투는 그의 것입니다."라고 말했다. 그러나 형제들은 그 외투가 프란치스코에게도 필요하다고 생각했기 때문에 주는 것을 반대했다. 그러자 프란치스코는 "나는 도둑이 되고 싶지 않습니다. 이 외투는 이 사람에게 더 필요한데, 내가 주지 않는다면 나는 도둑질하는 사람이 됩니다."라고 말했다.

십자가의 길 — 주를 좇는 길

이 세상 명예와 부귀 영광과 친구들
성공과 칭송과 발전 너희가 얻으라

난 외롭고 가난해도 충성을 다하여
끝까지 나의 주님만 따르기 원하네

내 주님 가신 그 길은 죽음의 길이니
난 다만 주로 인하여 잃는 자 되기 원해

영광은 장래 오리니 오늘은 인내해
난 결코 주 오시기 전 세상 복 구치 않네

(찬송가 468장)

놀라운 기쁨의 비결

예수님께서 말씀하셨다. "그대가 온전해지기를 원한다면,
가서 그대의 소유를 팔아, 가난한 사람들에게 주십시오.
그러면 그대가 하늘에서 보화를 얻을 것입니다.
그리고 그대는 와서, 나를 따르십시오."(마 19:21)

Jesus said to him, If you want to be perfect,
go, sell your possessions and give to the poor,
and you will have treasure in the heavens;
and come, follow Me.(Matthew 19:21)

한 부자가 있었다. 그는 처음 주님을 믿었을 때 기쁨이 매우 충만했다. 그러나 얼마 후 기쁨은 사라지고 주님을 믿는 것이 무미건조하게 되었다. 그는 한 전도자에게 그 이유를 물었다. 전도자는 "형제님이 기쁨을 얻으려면 어떤 가정을 심방해 보십시오. 심방을 하고 나서 다시 저를 찾아오십시오."라고 대답하고는, 그 집의 주소를 알려 주었다. 그는 전도자가 알려 준 곳을 찾아갔다. 그곳은 가난한 믿는 이의 집이었다. 그 집은 너무 낡아 물이 새고 그의 아내는 병으로 누워 있었다. 아이들은 누더기 옷을 입고 있었고, 쌀통은 텅텅 비어 있었다. 그들 가족은 그곳에서 하나님께 기도하고 있었다. 그 부자 믿는 이는 그 광경을 보고 매우 감동을 받아, 급히 집으로 가서 그들의 생활에 필요한 쌀과 옷과 돈 등을 가져다주었다. 그 일로 인해 부자 자신도 너무나 기뻤다. 그 후에 그는 자주 심방을 갔고 그때부터 부흥되었다. 어느 날 그는 전도자를 다시 만나 "왜 이 놀라운 기쁨의 비결을 진작 알려 주지 않았습니까? 전에 제가 얼마나 많은 고통을 당했는지 모릅니다."라고 말했다.

나의 영이 평안하다

오직 선을 행하는 것과 서로 나누어 주는 것을 잊지 마십시오.
하나님은 그러한 희생 제물들을 기쁘게 받으십니다.(히 13:16)

But do not forget doing good and sharing with others,
for with such sacrifices God is well pleased.(Hebrews 13:16)

다음은 리 샤프가 자신의 체험에 대해 말한 내용이다. “제가 어렸을 때, 하루는 아버지가 제게 짐 트루셀 대장장이 가게에 같이 가자고 하셨습니다. 아버지는 그곳에 맡긴 수리한 물건을 가져오려고 하셨습니다. 대장장이 가게에 도착했을 때, 저희 물건이 새것처럼 수리된 것을 보았습니다. 아버지는 대장장이에게 수리비를 주려고 하셨지만, 그는 받지 않겠다고 고집을 부렸고, 아버지는 그렇게 하도록 하셨습니다. 그때 들은 대장장이의 말은 천년이 지나도 기억에 남을 말이었습니다. 그는 ‘친구, 자네는 내가 이 몇 가지 일을 거저 해 줌으로써 나의 영이 평안해진다는 것을 모르는가?’라고 말했습니다.”

형제자매들이여! 여러분은 여러분의 영이 평안해지도록 다른 사람을 섬기는가? 여러분의 영이 평안해지도록 여러분의 재물을 가난한 사람에게 나누어 주는가?

헌신 — 주와 함께 싸움

누가 주 편에서 왕을 맞을까
누가 싱싱하고 항상 푸른가
의문 문자 떠나 영 안에 사나
누가 회복 위해 주 편에 설까

(후렴) 형제자매 모두 주 편에 서세
영 안에 뜨겁게 항상 찬송해

(찬송가 350장)

정부보다 더 빨리 구제하다

그래서 제자들은 각자 하나님께서 번창하게 해 주신 것에 따라 몫을 정하여, 유대에 사는 형제들에게 구제 헌금을 보내기로 하였다.(행 11:29)

And the disciples, according to how one was prospered, determined, each one of them, to send things for dispensing to the brothers dwelling in Judea,(Acts 11:29)

영국 형제회에는 아름다운 이야기들이 많이 있다. 대서양의 한 섬에 많은 형제자매들이 살고 있었는데, 한번은 큰 태풍이 불어 섬의 많은 집들이 무너졌다. 그때 많은 형제자매들의 집과 집회소도 무너졌다. 그러나 몇십 분도 안 되어 영국 형제회에서 20만 파운드를 송금했는데, 이것은 정부의 구제보다도 빨랐다.

"그 무렵 신언자들이 예루살렘에서 안디옥에 내려왔다. 그들 중에 하나인 아가보라는 사람이 일어나, 온 천하에 심한 기근이 들 것이라고 그 영을 통하여 알려 주었는데, 이 기근이 글라우디오 때에 생겨났다. 그래서 제자들은 각자 하나님께서 번창하게 해 주신 것에 따라 몫을 정하여, 유대에 사는 형제들에게 구제 헌금을 보내기로 하였다. 그들이 그대로 실행하여, 바나바와 사울의 손을 통해 장로들에게 보냈다."(행 11:27-30)

죄들을 처리함

우리가 우리의 죄들을 자백하면,
하나님은 신실하시고 의로우셔서
우리 죄들을 용서하시고 모든 불의에서
우리를 깨끗하게 하실 것입니다.
(요일 1:9)

If we confess our sins,
He is faithful and righteous
to forgive us our sins and cleanse us
from all unrighteousness.
(1 John 1:9)

석류나무 꽃이 피었는지(아 7:12)
石榴放蕊(歌 7:12)

헌신과 죄들을 처리함

그러므로 누구든지 이런 것들에서 벗어나 자신을 깨끗하게 하면,
그는 귀한 그릇이 되어 거룩해지고, 주인에게 쓸모 있게 되며,
온갖 선한 일을 위하여 예비될 것입니다.(딤후 2:21)

If therefore anyone cleanses himself from these,
he will be a vessel unto honor, sanctified, useful to the master,
prepared unto every good work.(2 Timothy 2:21)

죄들을 처리함은 믿는 이들이 헌신한 후에 나오는 자연적인 결과이다. 일단 우리가 자신을 하나님께 헌신하여 하나님께서 우리를 사용하시게 한다면, 하나님은 우리를 정결하게 하시고, 처리하시고, 그분께서 쓰시기에 적합하도록 모든 문제를 해결하셔야 한다. 우리가 유리잔을 쓰려고 할 때 우선 그것을 씻을 것이다. 유리잔이 완전히 깨끗하게 되면, 우리가 사용할 수 있는 잔이 된다. 우리가 자신을 헌신하기 전이나 헌신의 위치에서 벗어나 있을 때에는 처리받아야 할 필요성을 느끼지 못한다. 우리가 자신을 헌신하거나 헌신의 위치로 되돌아올 때, 하나님께서 우리를 쓰실 수 없게 만드는 많은 장애물이 우리 안에 있음을 즉시 발견하게 된다. 따라서 우리가 헌신의 목적을 충족하려면, 장애물을 하나씩 처리하지 않으면 안 된다. 우리가 이런 식으로 자신을 깨끗하게 한다면, 귀한 그릇이 되어 주인에게 쓸모 있게 된다(딤후 2:21). 그러므로 우리는 헌신한 후 즉시 자신을 처리해야 한다. 우리가 처리해야 할 모든 장애물 중에서 죄들이 가장 노골적이고 가장 더러우며 가장 현저한 것이다. 자신을 헌신하고 나서 가장 먼저 처리해야 할 것이 죄들이다.(생명의 체험(상), 개정판)

교통과 죄들을 처리함

하나님께서 빛 안에 계신 것같이
우리도 빛 안에서 행하면, 우리는 서로 교통을 갖게 되고,
그분의 아들 예수님의 피가
우리를 온갖 죄에서 깨끗하게 합니다.(요일 1:7)

If we walk in the light as He is in the light,
we have fellowship with one another,
and the blood of Jesus His Son
cleanses us from every sin.(1 John 1:7)

우리가 죄를 처리하기 위해서는 먼저 죄에 두 방면, 곧 안의 죄의 본성과 밖의 죄의 행위가 있다는 것을 알아야 한다. 우리 안에 있는 죄의 본성을 가리키는 영어는 단수형 죄(sin)이다. 단수형의 죄는 우리 안에 있는 사탄의 생명인데, 우리에게는 그것을 처리할 방법이 없다. 우리가 그것을 처리할수록 그것은 더 활동적이 된다. 우리가 말하는 죄의 처리는 밖의 행위로 범하는 죄들을 처리하는 것이다. 행위로 범하는 죄들이란 무엇인가? 요한일서 5장 17절은 "모든 불의가 죄이지만"이라고 말하고, 3장 4절은 "죄짓는 것을 일삼는 사람마다 불법을 일삼는데, 죄는 불법입니다."라고 말한다. 온갖 불의와 불법적인 행위가 우리가 범하는 죄들이며, 우리가 처리해야 하는 대상이다.

요한일서 1장 7절은 우리가 하나님과 교통할 때 빛 안에서 우리의 죄들을 보게 되고, 이 빛 안에서 본 것에 따라 하나님께 자백하고 처리한다면 하나님의 용서를 받고 깨끗하게 된다는 것을 보여 준다. 그러므로 죄를 처리한다는 것은 우리가 하나님과 교통할 때 받은 느낌에 따라 사람과 하나님을 향하여 처리하는 것이다. 사람이 교통할 때 빛 안에서 자신의 죄를 깨닫고도 그것을 처리하지 않는다면, 그의 교통은 즉시 방해를 받게 되고, 우리 양심이 우리를 비난하게 되어 구멍이 생긴다. 그로 인하여 영적인 것들이 모두 새어 나가게 된다.

그러므로 죄들을 처리하는 것은 주님과 교통하는 가운데 얻은 느낌에 근거하고, 이 느낌은 교통의 정도에 근거한다. 교통의 정도가 깊으면, 교통의 느낌도 예민하고 많아지게 된다. 반대로 교통의 정도가 얕으면, 교통의 느낌도 무디고 적어질 것이다. 그러므로 우리는 주님과의 교통의 범위를 넓혀서 모든 것을 주님 앞에 놓아야 한다. 그럴 때 우리는 모든 것에 대해 느낌을 갖게 되고, 이로 인해 모든 것을 처리할 수 있게 된다. 동시에 우리는 죄늘에 대한 느낌이 더 예민해지고 죄들을 더욱 철저히 처리할 수 있도록 주님과의 교통도 더 깊어져야 한다.(생명의 체험(상), 개정판)

죄들을 처리하는 실행

불법들이 용서받고 죄들이 가려진 사람들은 복이 있다.(롬 4:7)

Blessed are they whose lawlessnesses have been forgiven, and whose sins have been covered over.(Romans 4:7)

하나님 앞에 있는 우리의 범죄의 기록이 없어진 것은 주님께서 십자가에서 이루신 구속에 기인한다. 주님은 우리를 위해 하나님의 의로운 심판을 받으셨다. 주님의 피가 우리를 위해 하나님의 율법의 요구를 만족시켰다. 따라서 하나님 앞에 있는 우리의 온갖 범죄의 기록이 사라졌다. 그러나 이 객관적인 사실이 우리에게 주관적인 사실 곧 체험이 되려면, 우리가 계속 적용해야 한다.

우리가 구원받기 전에 지은 모든 죄는 우리가 주님을 믿을 때 모두 용서받았다. 이것은 사도행전 10장 43절에서 "그분을 믿는 사람마다 … 죄들이 용서를 받을 것"이라고 말한 대로이다. 우리가 구원받기 전에 가진 범죄의 기록을 없애는 것은 우리의 믿음에 달려 있고, 우리가 믿음으로 적용하는 것에 달려 있다. 우리가 구원받은 후에 지은 죄에 대하여 빛 가운데서 깨닫는다면 즉시 하나님께 자백해야 한다. 이렇게 한다면 우리는 용서받고 깨끗하게 될 것이다. 그러므로 우리가 구원받은 후에 범죄의 기록들이 없어지는 것은 우리의 자백에 달려 있고, 우리가 자백함으로써 적용하는 것에 달려 있다. 만일 우리가 자백하지 않는다면, 하나님은 우리를 용서하실 수 없고 깨끗하게 하실 수 없다. 그러나 자백한다면, 우리는 용서받고 깨끗하게 된다. 이러한 자백이 하나님 앞에서의 처리이다.

우리가 하나님께 죄를 짓는다면, 하나님 앞에서 그것을 처리하고 그분의 용서를 받아야 한다. 우리가 어떤 사람에게 죄를 짓는다면, 그 사람 앞에서 그것을 처리하고 그의 용서를 구해야 한다. 우리가 어떤 사람에게 죄를 지은 것이 도덕적인 문제라면, 그에게 이것을 말하고 사과만 하면 된다. 그러나 재산이나 이익의 손실의 문제라면, 우리는 손실을 입힌 것에 따라 배상해야 한다. 이렇게 사과하고 배상하는 행위는 우리가 구원받은 후에 지은 죄들에 적용될 뿐 아니라 우리가 구원받기 전에 지은 온갖 죄들에도 적용된다.(생명의 체험(상), 개정판)

죄들을 처리함과 영적 생명의 성장

그가 성소로 들어가는 날 곧 성소에서 섬기러 안뜰로 들어가는 날, 그는 자기의 속죄제물을 바쳐야 한다. 주 여호와의 선포이다.(겔 44:27)

And on the day he enters the sanctuary, into the inner court to minister in the sanctuary, he shall present his sin offering, declares the Lord Jehovah.(Ezekiel 44:27)

죄들을 처리하는 일은 율법의 규정이 아니라 우리 안에 있는 하나님의 생명의 자연스러운 요구이자 강권함이다. 만일 우리가 항상 교통 안에 살고 죄들을 처리하라는 이 생명의 요구에 순종한다면, 우리의 영적 생활과 봉사는 강해지고 해방될 것이며, 언제나 빛을 얻어 영적인 것들을 알게 될 것이고, 우리 안에 있는 하나님의 생명이 자유롭게 뻗어 나가고 성장할 것이다. 반대로 우리의 영적 상태가 비정상적이고, 빛이 없고, 속의 느낌이 약하고, 가련하고, 억눌림이 있다면, 성도 개개인이든 교회든 그 이유는 대부분 죄들을 처리하는 것이 부족하기 때문이다. 이것이 매우 정확한 진단이다.

죄들을 처리하는 것이 우리의 영적 생명과 매우 밀접한 관계가 있기 때문에, 우리는 이 가르침을 계속 체험하기를 힘써야 한다. 이러한 체험은 깊은 것이 아니지만, 죄들을 처리할 필요가 없을 만큼 영적인 사람은 아무도 없다. 이 공과를 졸업하기는 불가능하다. 그러므로 우리는 이러한 체험을 해 본 적이 있는지 자문해 볼 뿐 아니라, 지금 이러한 체험 가운데 살고 있는지 자문해 보아야 한다. 이것은 우리가 매일 세수를 해야 하는 것과 같다. 우리가 3년 전에 세수를 하고 그 후에 한 번도 하지 않았다면, 형편없는 모습을 하고 있을 것이다! 마찬가지로 우리가 날마다 죄들을 짓는 데서 벗어나지 못하는 한, 날마다 죄들을 처리해야 한다. 한 젊은 믿는 이가 하나님의 종에게 어떻게 하면 자신의 영적 생명이 성장할 수 있는지 물은 적이 있었다. 하나님의 종은 그에게 "형제님이 마지막으로 죄들을 처리한 때가 언제입니까?"라고 물었다. 우리의 영적 생명이 성장하기를 바란다면 확실하게 죄들을 처리해야 한다. 우리가 죄들을 처리하지 않은 날은 영적 생명이 자라지 않은 날이다. 매일 죄들을 처리한다면, 매일 영적 생명이 자랄 것이다. 이것이 철칙이다. 하나님께서 우리에게 은혜를 베푸셔서 우리가 계속 전진하게 하시기를 바란다.(생명의 체험(상), 개정판)

죄들을 처리하는 원칙들

이 때문에 나 자신도 하나님과 사람들에 대하여
항상 거리낌 없는 양심을 간직하려고
훈련하고 있습니다.(행 24:16)

Because of this I also exercise myself to always have
a conscience without offense toward
God and men.(Acts 24:16)

사람들 앞에서 죄들을 처리하는 네 가지 기본 원칙이 있다. 첫 번째 원칙은 다른 사람들과 자신 사이에 있는 평안하지 않거나 합당하지 않은 모든 상황을 제거하는 것이다. 우리가 죄를 지을 때마다 다른 사람들에게 피해를 주었든 주지 않았든 간에 그것이 사람들에게 알려지면, 다른 사람들과 우리 사이에 평안하지 않거나 합당하지 않은 상황이 일어난다. 그러므로 빛 비춤을 받아 죄를 지은 것을 알게 되면, 한편으로 하나님께 자백하여 용서를 구해야 하고, 다른 한편으로 관련된 사람들에게 가서 사과하여 우리 사이에 있는 평안하지 않거나 합당하지 않은 모든 상황을 처리해야 한다. 우리가 다른 사람들을 용서하고 다른 사람들과 화평을 추구하는 것도 이러한 처리에 포함된다. 우리가 다른 사람들을 용서하든 다른 사람들과 화평을 구하든, 그 목적은 다른 사람들과 우리 자신 사이에 있는 온갖 나쁜 인상과 불화를 없앰으로 우주 안에서 하나님과 그리고 다른 사람들과 화평하고 화목하게 살기 위해서이다.

죄들을 처리하는 두 번째 원칙은 정결하고 거리낌 없는 양심을 갖는 것이다. 우리가 지은 온갖 죄는 다른 사람들의 반감을 일으킬 뿐 아니라, 우리의 양심에도 유죄판결의 느낌을 일으켜 양심에 거리낌이 있게 한다. 죄들을 처리하는 것은 우리의 양심의 거리낌을 제거하여 양심이 정결하게 되고 온갖 비난으로부터 자유롭게 한다.

죄들을 처리하는 세 번째 원칙은 하나님의 구원을 증거하는 것이다. 사람이 손해나 체면을 개의치 않고 자신을 낮추어 기꺼이 죄들을 처리하려고 하는 것은 하나님의 구원이 그에게 임했다는 강한 증거이다. 각 사람이 진정으로 죄들을 처리하는 것은 그의 안에 하나님의 은혜가 운행한 결과이고, 또한 하나님의 은혜에 대한 강력한 증거이기도 하다.

죄들을 처리하는 네 번째 원칙은 다른 사람들을 이롭게 하는 데 있다. 우리가 자신의 죄들을 처리할 때 결코 다른 사람들에게 손실이나 어려움을 주지 말아야 한다. 죄들을 처리한 결과는 자신 안에 평안이 있게 되고 다른 사람들 안에도 평안이 있게 되는 것이어야 하며, 또한 다른 사람들이 영적으로나 물질적으로 유익을 얻고 온전하게 되는 것이어야 한다.(생명의 체험(상), 개정판)

생명 보험

모든 것을 살펴보아 선한 것을 굳게 잡으십시오.
모든 종류의 악을 멀리하십시오.(살전 5:21-22)

But prove all things. Hold fast to what is good;
abstain from every kind of evil.(1 Thessalonians 5:21-22)

어떤 사람이 이런 질문을 했다. "주 예수님의 피가 언제든지 우리의 죄들을 씻을 수 있다면, 우리는 얼마든지 죄를 지을 수 있지 않나요? 한 면으로 죄를 짓고 다른 한 면으로 피의 씻음을 구한다면, 예수님의 보배로운 피는 수돗물과 똑같지 않습니까?" 이렇게 말하는 사람은 하나님의 은혜를 알지 못하는 사람이고, 죄가 얼마나 고통스러운 것인지를 알지 못하는 사람이다. 예를 들어, 20년 만기 생명 보험에 든 사람이 20년 안에 죽으면 10,000달러의 보험금을 받게 된다고 하자. 죽으면 10,000달러를 받을 수 있다고 해서 자신의 몸을 상하게 하고 자신의 목숨을 잃게 하겠는가? 이런 사람은 보험의 의미를 모르고 죽음의 고통도 모르는 사람이다. 우리에게 있는 주님의 보배로운 피는 일종의 보험과 같아서 우리가 어쩌다 죄를 짓게 되었을 때를 대비해 어쩔 수 없이 사용하기 위한 것이다.

복음 — 보혈

나의 죄를 씻기는 예수의 피밖에 없네
다시 성케 하기도 예수의 피밖에 없네

(후렴) 예수의 흘린 피 날 희게 하오니—
귀하고 귀하다 예수의 피밖에 없네

(찬송가 684장)

상처에 바르는 약

오, 하나님! 제 속에 깨끗한 마음을 창조하여 주시고
제 안에 견고한 영을 새롭게 하여 주십시오.(시 51:10)

Create in me a clean heart, O God,
and renew a steadfast spirit within me.(Psalm 51:10)

어떤 사람이 한번은 친구 집에 묵게 되었는데, 아침에 면도를 하다가 실수로 얼굴에 상처를 내었다. 그 친구는 집에 많은 약품을 구비하고 있었는데, 그 사람의 얼굴 상처를 보고는 바로 약을 가져와 상처가 난 곳에 발라 주었다. 그리고 그 약을 선물로 주며 "언제라도 상처가 난 곳에 이 약을 바르면 세균 감염과 위험을 피할 수 있어."라고 말했다. 친구는 그 약이 떨어지면 언제든지 또 약을 주겠다고 말했다. 그 사람은 진심으로 그 친구에게 감사했다.

그 후 그 사람이 집에 돌아와서 약병을 열어 보니 백 번 이상 충분히 사용할 만한 매우 많은 양이었다. 우리에게 약이 있다고 해서, 면도칼로 자신의 왼쪽과 오른쪽 뺨에 여러 번 상처를 낸 후 약을 꺼내어 상처마다 바르며 "아주 좋구나. 나에게 상처에 바르는 약이 있으니, 언제든지 얼굴이나 손에 상처를 입혀도 걱정할 것이 없겠다."라고 말할 수 없다. 만일 이렇게 한다면, 사람들이 우리를 미쳤다고 하지 않겠는가? 상처에 바르는 약은 유용하고 좋은 것임에 틀림없다. 그 사람은 친구의 선물에 감사하며 잘 간직하고 있다가 실수로 상처가 났을 때 사용하겠지만, 약이 있다고 결코 마음대로 자신의 몸에 상처를 내지는 않을 것이다. 피부를 긋는 일은 그에게 상처를 줄 뿐 아니라 고통까지 준다. 정신에 이상이 있는 사람이 아니라면 누가 이런 행동을 하겠는가?

변색 족제비

그분은 이 영광과 미덕을 통하여 보배롭고 지극히 큰 약속들을
우리에게 주셨습니다. 그것은 여러분이 이 약속들을 통하여,
세상에서 정욕으로 부패되는 데서 벗어나, 신성한 본성에
동참하는 사람들이 되도록 하시려는 것이었습니다.(벧후 1:4)

Through which He has granted to us
precious and exceedingly great promises
that through these you might become partakers of the divine nature,
having escaped the corruption which is in the world by lust.(2 Peter 1:4)

변색 족제비는 어떤 대가를 지불하더라도 털을 깨끗하게 유지하려는 습성이 있다. 그래서 노련한 사냥꾼들은 이러한 습성을 이용하여 변색 족제비를 잡는다. 사냥꾼들은 먼저 변색 족제비의 집을 찾아내어 문 앞에 매우 더러운 것들을 놓아둔다. 변색 족제비는 사냥개에게 쫓기다가 집으로 돌아왔을 때 입구에 더러운 것들이 막고 있는 것을 보게 된다. 변색 족제비는 즉시 돌아서서 흥분해 있는 사냥개와 대치한다. 변색 족제비는 자기 몸을 더럽히느니 차라리 싸워서 목숨을 잃는 것을 선택한다.

그리스도인들도 거룩한 생명을 가지고 있기 때문에 거룩한 삶을 살기를 원하고 죄짓는 것을 가장 두려워한다.

그리스도를 체험함 — 생명으로

내 생명 된 주님 내 안에 사셔
하나님의 모든 충만 주시네
주의 신성으로 날 거룩게 해
주의 부활 내게 승리 주시네

(찬송가 381장)

어머니의 손에 난 상처

나의 어린 자녀 여러분, 내가 여러분에게 이러한 것들을 써 보내는 것은
여러분이 죄를 짓지 않도록 하려는 것입니다. 만약 어떤 사람이 죄를 짓는다면,
우리에게 아버지와 함께하시는 변호자께서 계시니,
곧 의로우신 예수 그리스도이십니다.(요일 2:1)

My little children, these things I write to you that you may not sin.
And if anyone sins, we have an Advocate with the Father,
Jesus Christ the Righteous.(1 John 2:1)

어떤 지방의 법에는 도박을 하면 누구든지 500루피의 벌금을 내도록 규정되어 있었다. 한번은 관리들이 도박을 한 두 명의 젊은이를 붙잡아 감옥에 넣었다. 그중 한 명은 부자의 아들이었고, 다른 한 명은 시골에서 온 가난한 젊은이였다. 500루피는 부자의 아들에게는 얼마 되지 않은 돈이었으므로 그는 즉시 돈을 내고 석방되었다. 그러나 가난한 젊은이는 벌금을 낼 길이 없어서 감옥에 남아야 했다. 그의 어머니는 벌금을 낼 돈을 마련하기 위해 하루 종일 돌을 나르며 고된 노동을 했다. 그러던 중 어머니는 일하다가 돌에 부딪쳐 손을 다쳤다. 어느 날 어머니가 감옥에 있는 아들을 면회하러 왔는데, 아들이 감옥 창문으로 어머니의 손을 보고 "어머니, 왜 손에 상처가 났어요?"라고 물었다. 그러자 어머니는 자신에게 있었던 일을 아들에게 말해 주었다. 마침내 어머니는 500루피를 모았고 아들은 석방될 수 있었다.

어느 날 그 부자의 아들이 그를 만나 다시 도박하러 가자고 했다. 그러니 그는 부자의 아들에게 이렇게 말했다. "이제부터 나는 절대로 도박을 하지 않겠네. 자네는 석방되기가 쉽지만, 나는 어머니가 손을 다쳐 가며 힘들게 일해서 번 돈으로 석방되었네. 어머니를 고통스럽게 한 이 일을 다시는 하고 싶지 않다네." 만일 믿는 이들이 자신의 죄로 인하여 주님께서 십자가에서 피를 흘리시고 목숨을 버리신 것을 기억한다면, 다시는 죄를 지으려고 하지 않을 것이다.

쥐구멍이라도 찾고 싶었다

이것은 그들의 눈을 뜨게 하여 어둠에서 빛으로,
사탄의 권세에서 하나님께로 돌아가게 하고,
나를 믿음으로써 죄들이 용서받을 뿐만 아니라,
거룩하게 된 사람들 가운데 있는 유업을 받게 하려는 것이다.(행 26:18)

To open their eyes, to turn them from darkness
to light and from the authority of Satan to God,
that they may receive forgiveness of sins
and an inheritance among those who have been sanctified
by faith in Me.(Acts 26:18)

한 그리스도인이 유대인에게 구원받기를 원하는지 물었다. 그가 원하지 않는다고 대답하자, 그 그리스도인은 그에게 함께 무릎을 꿇고 하나님께 그분을 알게 해 달라고 기도하자고 말했다. 그 후 하나님의 빛이 그 유대인을 비추었고, 그는 자신이 얼마나 더러운지 보게 되었다. 그때 그는 쥐구멍이라도 찾고 싶었다. 하나님께서 빛을 비추어 주지 않으시면, 사람은 자신이 죄인이라는 것을 알 수 없다.

구원의 확신과 기쁨 — 은혜로 구원받음

내 있는 모든 것 주 은혜로 주신 것 다 받은 것 뿐일세
내 자랑할 것 자존할 것 없고 주의 은혜 뿐일세

(후렴) 이 죄인 은혜 받았네 이 죄인 은혜 받았네
이는 내 신분 큰 영광일세 이 죄인 은혜 받았네

(찬송가 251장)

화려한 코트와 진흙

우리를 구원하셨습니다.
그것은 우리가 행한 의로운 행위로 말미암은 것이 아니라,
그분의 긍휼에 따라 새로 남의 씻음과
성령의 새롭게 함으로 말미암은 것이었습니다.(딛 3:5)

Not out of works in righteousness which we did
but according to His mercy He saved us,
through the washing of regeneration
and the renewing of the Holy Spirit.(Titus 3:5)

집안이 무척 부유한 한 아이가 있었다. 어느 날 그의 어머니가 아들에게 화려한 새 코트를 입히고 새 신발을 신겨 주었다. 아이는 매우 기뻐하며 밖에 나갔고, 아이들은 그를 보고 무척 부러워했다. 하루는 그가 뽐내며 길을 걷다가 실수로 진흙탕에 빠져 그의 새 신발 한 짝이 더러워졌다. 그는 급한 마음에 코트 소매로 신발을 닦았다. 신발은 깨끗해졌으나 이번에는 코트의 소매가 더러워졌다. 그는 뭔가 잘못되었다고 생각하고 급히 코트의 소매를 옷자락으로 문질러 닦았으나 그럴수록 코트가 더 더러워졌다. 이렇게 여러 번 하다 보니 화려했던 코트가 온통 진흙투성이가 되어 버렸다.

마찬가지로 사람도 죄를 지으면 스스로 자신을 구원할 수 없다. 오직 회개하고 자신의 죄들을 자백해야만 주님의 보배로운 피로 깨끗하게 될 수 있다.

복음 — 부르짖음

만세 반석 여시어 나를 감춰 주시네
주가 흘린 피와 물 이중 죄를 해결해
내 죄 씻어 주시고 죄의 권능 벗게 해

(찬송가 731장)

가장 멋있는 사람

왜냐하면 하나님은 한 분이시며, 하나님과 사람 사이의 중보자도 한 분,
곧 사람이신 그리스도 예수님이시기 때문입니다.
그분은 모든 사람을 위하여 자신을 속전으로 주셨습니다.
이 사실은 적절한 때에 증명될 것입니다.(딤전 2:5-6)

For there is one God and one Mediator of God and men,
the man Christ Jesus, Who gave Himself as a ransom for all,
the testimony to be borne in its own times.(1 Timothy 2:5-6)

억울하게 사형 선고를 받은 아들을 둔 한 여인이 있었다. 그녀는 어떤 사람의 도움을 받아 링컨 대통령을 만날 수 있었고, 그에게 아들의 억울함을 호소하며 사면을 요청했다. 링컨 대통령은 면밀히 재검토한 후 억울하게 누명을 썼음을 알고는 그녀의 아들을 사면해 주었다. 어머니는 너무 놀란 나머지 할 말을 잃은 채 대통령 집무실을 나왔다. 나오면서 그녀는 갑자기 자신을 안내하던 사람에게 "그것은 거짓말이었어요!"라고 말했다. 그 사람은 놀라며 "무엇이 거짓말이라는 거죠?"라고 물었다. 그녀는 "저는 지금까지 링컨 대통령이 못생겼다는 말을 들었어요. 그런데 그는 제가 만나 본 사람들 중 가장 멋있는 사람이었어요."라고 대답했다.

만일 우리가 죄를 짓는다면, 우리에게 아버지와 함께하시는 변호자가 계시는데 곧 의로우신 예수 그리스도이시다. 그분은 긍휼이 많으신 분이시기 때문에, 우리가 그분 앞에 나아가서 우리의 죄들을 자백하는 한, 그분은 우리를 용서해 주시고 우리는 그분이 얼마나 사랑스럽고 친근한 분이신지 알게 된다. 주 예수님은 이렇게 말씀하셨다. "이 여인의 많은 죄들이 용서받았습니다. 왜냐하면 그녀가 많이 사랑하였기 때문입니다."(눅 7:47)

주 예수님을 뵐 때까지 회개하라

그리스도 예수님께서 죄인들을 구원하시려고 세상에 오셨다는 이 말씀은
믿을 수 있고 완전히 받아들일 수 있는 말씀입니다.
내가 죄인들의 우두머리입니다.(딤전 1:15)

Faithful is the word and worthy of all acceptance,
that Christ Jesus came into the world to save sinners,
of whom I am foremost.(1 Timothy 1:15)

필립 헨리는 주님께서 크게 쓰신 종이었다. 어느 날 한 청년이 그를 찾아와 "사람은 회개를 얼마나 오래 해야 합니까? 사람은 항상 회개해야 합니까?"라고 물었다. 헨리는 그 청년에게 이렇게 대답했다. "저는 주님을 뵐 때까지 회개하기를 바라고 있습니다. 저는 매일 저의 죄를 발견하기 때문에 늘 회개해야 한다고 느낍니다. 저는 하나님의 도움으로 주님을 뵐 때까지 회개하기를 원합니다."

바울은 "내가 죄인들의 우두머리입니다."라고 말했다. 우리가 죄를 지을 때마다 우리 안에서 회개하라는 음성이 들리지 않는가?

헌신 — 모든 것을 주님께 드림

주여 나의 일생이 헌신되게 하시고
매일 순간순간을 쓰임 받게 하소서

(후렴) 나를 위해 가시관 쓰고
나를 위해 못 박히셨네
영원히 내 생명 주께 바쳐서
주를 사랑하겠네

(찬송가 339장)

마지막으로 죄들을
자백한 때가 언제인가

하나님께서 원하시는 희생 제물은 상한 영입니다.
오, 하나님! 상하고 통회하는 마음을
주님은 멸시하지 않으실 것입니다.(시 51:17)

The sacrifices of God are a broken spirit;
a broken and a contrite heart, O God,
You will not despise.(Psalm 51:17)

한번은 아킴이라는 사람이 로버트 선생에게 그리스도인의 영적 생명의 성장에 대해 질문한 적이 있었다. 로버트 선생은 아킴에게 "마지막으로 죄들을 자백한 때가 언제입니까?"라고 물었다. 그는 이 질문을 이해하지 못했다. 그는 죄들을 자백하는 것을 밥 먹는 것처럼 매일 해야 하는 것인지 의아해했다. 그제야 그는 문득 자신이 몇 년 동안 회개하지 않았다는 것을 알게 되었다. 나중에 그는 로버트 선생이 그에게 한 말의 의미를 깨닫게 되었다. 그는 그리스도인의 성장이 죄들을 자백함에 있다는 것을 깨달았다.

하나님께 죄를 지었다면 하나님께 자백하고, 사람에게 죄를 지었다면 사람에게 그 죄를 시인하는 것이다. 이렇게 할 때 그 사람의 영성은 진보할 수 있다.

사모함 — 주님 안에서의 성장

주여 내 맘에 더 자라소서 주만 구합니다
주님과 날로 더 친근하여 죄 벗게 하소서

(후렴) 주 능력 매일 날 부축하여
약함 돌봐 주소서
주의 빛 나의 어둠 제하여
사망 삼키소서

(찬송가 298장)

자백할 뿐 아니라
배상까지 해야 한다

저의 죄악에서 저를 철저히 씻겨 주시고
저의 죄에서 저를 깨끗하게 하여 주십시오.(시 51:2)

Wash me thoroughly from my iniquity,
and from my sin cleanse me.(Psalm 51:2)

어떤 지방의 교회에서 일주일간 집회가 있었는데, 성령께서 운행하셔서 많은 사람이 감동을 받고 은혜를 입었다. 청중 중에는 회개하고 주님을 믿고자 하는 도둑이 있었다. 집회가 끝난 후 그는 강단 앞으로 나가 말씀 전파자에게 자신을 위해 기도해 달라고 했다. 자신도 하나님 앞에 나아가 “주님, 저는 큰 죄인입니다. 저는 남의 소 말뚝을 훔치지 말았어야 했습니다. 저를 용서해 주십시오.”라고 기도하며 죄를 자백했다. 기도한 후에도 그는 마음에 여전히 평안이 없었다. 다음 날 그는 다시 강단 앞으로 나가 “주님, 저는 다른 사람의 소 고삐를 훔쳤습니다. 저의 죄를 용서해 주십시오.”라고 기도했다. 그러나 여전히 평안이 없었다. 그는 삼 일째 되는 날 집회 후에 다시 강단 앞으로 나가 “주님, 큰 소를 훔친 것을 용서해 주십시오. 제가 배상하겠습니다.”라고 기도했다. 그 순간 그의 마음에서 큰 돌이 떨어져 나간 것 같았고, 즉시 온전한 평안을 얻을 수 있었다.

내막은 이러했다. 어느 날 밤 그는 사람이 없는 틈을 타서 어느 집 외양간에 들어가 소를 훔쳤다. 그런데 인기척이 들리자, 그는 고삐도 풀지 않고 급히 말뚝을 뽑아 그대로 소를 끌고 갔다. 그가 복음을 들을 때 성령께서 그를 책망하셨지만, 그는 하나님 앞에서 말뚝과 고삐를 훔친 것만 자백했다. 그는 이 자백을 통해 양심을 평안하게 하고 싶었지만, 성령은 그가 소를 훔친 죄를 자백할 때까지 놓아주지 않으셨다.

참된 평안을 얻으려면 반드시 죄들을 철저히 자백해야 한다.

자루째 물속에 넣다

그러므로 사랑하는 여러분, 우리가 이런 약속들을 가졌으니,
육체와 영의 모든 더러움에서 자신을 깨끗하게 하고,
하나님을 두려워하는 가운데 거룩함을 온전히 이룹시다.(고후 7:1)

Therefore since we have these promises, beloved,
let us cleanse ourselves from all defilement of flesh and of spirit,
perfecting holiness in the fear of God.(2 Corinthians 7:1)

한 여인이 더러운 옷들이 담긴 큰 자루를 들고 강에 가서 빨래를 했다. 강에 도착했을 때, 그녀는 사람들이 자신의 더러운 옷들을 볼까 봐 하나씩 빨지 못하고 자루째 물속에 넣었다가 바로 꺼내었다. 이렇게 여러 번 반복한 후 그대로 집으로 돌아갔다. 물론 그녀의 옷들 중 깨끗해진 옷은 하나도 없었다.

그리스도인은 하나님 앞에서 죄들을 자백할 때, 빨래를 자루째 물속에 넣어 빨듯이 두리뭉실하게 하나님께 모든 죄를 용서해 달라고 구하기만 해서는 안 된다. 반드시 자루를 열어 하나씩 자백하여 주님의 보배로운 피로 씻겨져야 한다.

나가네 나가네 나가네

나가네 나가네 나가네 내 맘속의 정죄는 나가네
나가네 나가네 나가네 내 맘속의 정죄는 나가네
모든 죄 나가네 주님 흐를 때
나가네 나가네 나가네 내 맘속의 정죄는 나가네

(찬송가 1050장)

형식적인 자백

우리가 우리의 죄들을 자백하면,
하나님은 신실하시고 의로우셔서 우리 죄들을 용서하시고
모든 불의에서 우리를 깨끗하게 하실 것입니다.(요일 1:9)

If we confess our sins, He is faithful and righteous to forgive us our sins and cleanse us from all unrighteousness.(1 John 1:9)

어느 날 한 형제가 비사엘 형제를 찾아와 "형제님, 죄송합니다. 그저께 제가 형제님에게 거짓말을 해서 형제님을 속였습니다."라고 말했다. 비사엘 형제는 "괜찮습니다. 지나간 일이니 잊어버리세요."라고 말했다. 다음 날 그 형제가 다시 찾아와 "제가 형제님께 거짓말한 것이 생각나 견딜 수 없어서 다시 용서를 빕니다."라고 말했다. 비사엘 형제는 "이미 용서했지 않습니까? 더 이상 말하지 않아도 됩니다."라고 말했다. 그러나 이틀 후에도 그 형제는 다시 찾아와 "제가 거짓말을 하고 형제님을 속였으니, 형제님과 말할 자격도 없습니다."라고 말했다. 그다음 날에도 찾아와 같은 말을 하자, 비사엘 형제는 그에게 이렇게 말했다. "저를 그만 괴롭히세요. 제가 이미 형제님을 용서한 것을 믿지 못하시나요?"

믿는 이들은 자신의 죄들을 자백할 때, 한 번 참되게 자백하는 것으로 충분하며 반복할 필요가 없다. 반복해서 자백할 경우, 그 자백은 형식적인 자백에 불과하게 된다. 성경은 "우리가 우리의 죄들을 자백하면, 하나님은 신실하시고 의로우셔서 우리 죄들을 용서하시고 모든 불의에서 우리를 깨끗하게 하실 것입니다."(요일 1:9)라고 말한다.

먹고 닦고 기도하다

내가 마음속에 죄악을 품었다면
주님께서 듣지 않으셨으리.(시 66:18)

If I regarded iniquity in my heart,
the Lord did not hear.(Psalm 66:18)

어떤 부부에게 릴리라는 아주 영리하고 똑똑한 아이가 있었다. 하루는 부부가 모두 외출하고 아이는 혼자 집에 있었다. 아이는 한참 놀다가 식탁에 가서 꿀을 퍼서 몇 입 먹었다. 아이는 부모님도 하늘에 계신 아버지도 이렇게 몰래 먹는 것을 싫어하신다는 것을 알고 있었다. 그래서 꿀 묻은 손을 옷에 닦고 무릎을 꿇고 하늘에 계신 아버지께 음식을 몰래 먹은 죄를 용서해 달라고 기도했다. 조금 후에 아이는 꿀이 또 먹고 싶어서 다시 가서 몇 입 먹고 다시 기도했다. 부모님이 돌아와서 꿀로 범벅이 된 아이의 옷을 보고 "릴리, 너 도대체 무슨 일을 저지른 거니?"라고 물었다. 릴리는 "엄마, 죄송해요. 먹을 때마다 손을 닦고 주님께 용서를 구했어요. 꿀이 너무 맛있어서 몰래 먹었어요."라고 말했다.

많은 경우 우리도 이렇게 하지 않는가? 우리는 자주 죄를 지은 후 기도하고, 기도한 후 다시 죄를 짓는다. 다윗은 이렇게 말했다. "내가 마음속에 죄악을 품었다면 / 주님께서 듣지 않으셨으리."(시 66:18)

기도 — 주님께 고함

죄 짐 맡은 우리 구주 어찌 좋은 친군지
걱정 근심 무거운 짐 우리 주께 맡기세
주께 고함 없는 고로 복을 얻지 못하네
사람들이 어찌하여 아뢸 줄을 모를까

(찬송가 571장)

본성이 이러하다

죄짓는 것을 일삼는 사람은 마귀에게서 나왔습니다.
왜냐하면 마귀가 처음부터 죄를 지었기 때문입니다.
하나님의 아들께서 나타나신 목적은
마귀에게서 나온 일을 제거하시기 위한 것입니다.(요일 3:8)

He who practices sin is of the devil,
because the devil has sinned from the beginning.
For this purpose the Son of God was manifested,
that He might destroy the works of the devil.(1 John 3:8)

다음과 같은 우화가 있다. 독사가 불길에 갇혀 빠져나오지 못하자, 지켜보던 젊은이에게 "선생님, 저 좀 구해 주세요."라고 말했다. 젊은이가 "내가 너를 구해 주면, 너는 나를 물 것이다."라고 말하자, 독사는 절대 물지 않겠다고 몇 번이나 약속했다. 그래서 젊은이는 독사를 구해 주었다. 그러자 독사가 갑자기 날카로운 송곳니를 드러내며 그 젊은이를 물려고 했다. 젊은이는 놀라며 독사에게 "나를 물지 않겠다고 약속하지 않았느냐?"라고 말했다. 독사는 "나도 알고 있소. 그런데 내 본성이 이러한데, 어떻게 하겠소? 나도 나 자신을 억제할 수 없소."라고 말했다. 결국 젊은이는 독사에게 물려 죽고 말았다.

죄와 세상의 유혹도 이와 같다. 그러므로 처음부터 용납하지 말아야 한다.

기도 — 주님께 고함

시험 걱정 모든 괴롬 없는 사람 누군가
부질없이 낙심 말고 기도드려 아뢰세
이런 진실하신 친구 찾아 볼 수 있을까
우리 약함 아시오니 어찌 아니 아뢸까

(찬송가 571장)

한 번 심고 한 번 수확할 때까지

자기의 육체를 위하여 씨를 뿌리는 사람은 육체에서 썩을 것을 거두겠지만,
그 영을 위하여 씨를 뿌리는 사람은
그 영에게서 영원한 생명을 거둘 것입니다.(갈 6:8)

For he who sows unto his own flesh will reap corruption of the flesh,
but he who sows unto the Spirit will
of the Spirit reap eternal life.(Galatians 6:8)

어떤 수도원장이 수도원 옆에 있는 땅을 사고 싶어 했다. 그러나 땅 주인이 팔려고 하지 않아, 여러 번 설득하고 협상한 끝에 땅 주인은 수도원 측에 한 번 심고 한 번 수확할 때까지만 임대해 주기로 동의했다. 계약을 맺은 후 그 수도원장은 상수리나무 씨앗을 그곳에 심었다. 그런데 이 나무는 자라서 수확하는 데 1년이 아닌 300년이 걸리는 나무였다.

마찬가지로 사탄은 먼저 우리 마음 밭에 약간의 범죄와 잘못과 더러움을 용납하도록 요구한다. 사탄은 그것이 사소한 죄라고 말한다. 그 결과 사탄은 씨앗을 심고, 그 씨앗은 영원히 마음 밭을 점유하고 만다. 사소한 죄라 할지라도 그것이 영원히 '사소한' 죄로 남아 있지 않는다는 점이 위험하다.

시련 중의 안위 — 주님을 믿고 의지함

나의 길에서 시험을 만날 때
포기하라고 사탄은 말해도
짐이 중해도 근심치 않으리
적은 믿음이 어려움 쫓으리

(후렴) 주여 나는 믿습니다
믿음 더해 나로 산을 옮기게 하소서
주여 나는 믿습니다
모든 의심 던져 버립니다

(찬송가 519장)

작은 느릅나무

욕심이 잉태하여 죄를 낳고,
죄가 완전히 자라면 죽음을 낳습니다.(약 1:15)

The lust, having conceived, gives birth to sin;
and the sin, when it is fully grown, brings forth death.(James 1:15)

성벽 아래에 집을 짓고 사는 자오라는 성을 가진 사람이 있었다. 하루는 그의 아버지가 그에게 "성벽 위에 작은 느릅나무가 있는데, 나중에 자라서 성벽을 부수고 집을 무너뜨리며 생명까지 해칠 수 있으니 뽑아 버려야 한다."라고 말했다. 아들은 나무가 작아서 문제가 되지 않을 것이라 생각하고 말을 듣지 않았다. 후에 아버지가 돌아가시고 그 아들은 사업 때문에 바빠서 그 나무에 신경 쓸 틈이 전혀 없었다. 10년 후 느릅나무가 크게 자랐다. 어느 날 폭풍우가 심하게 몰아쳐 느릅나무가 심하게 흔들렸다. 결국 성벽은 붕괴되었고 그의 집도 무너졌다. 그로 인해 그의 아들은 깔려 죽었고 그의 아내는 다리가 부러졌으며 자신도 중상을 입었다.

모든 죄는 반드시 처리해야 한다. 작은 죄라고 가볍게 지나쳐서는 안 된다. 야고보는 이렇게 말한다. "욕심이 잉태하여 죄를 낳고, 죄가 완전히 자라면 죽음을 낳습니다."

격려 — 깨어 있음

어둔 밤 깊었으니 늘 깨어 있으라
세상을 사랑 말고 깨어 있으라
주님 곧 오시리니 허리띠 띠고서
게으름 떨치고서 깨어 있으라

(찬송가 486장)

오리를 쏘아 죽이다

자기 잘못들을 감추는 이는 잘되지 못하나
그것들을 자백하고 내버리는 이는 누구든지 긍휼을 얻게 된다.(잠 28:13)

He who covers his transgressions will not prosper, but whoever confesses and forsakes them will obtain mercy.(Proverbs 28:13)

한 형제가 아프리카로 복음을 전하러 갔다. 그는 그곳의 물가가 싸서 일꾼 몇 명을 고용했다. 어느 날 일꾼 중 한 흑인 아이가 고무나무로 활을 만들어 가지고 놀았는데, 주인의 오리 한 마리가 화살에 맞아 죽었다. 그 아이는 배상할 돈이 없어서 고민을 하다가 땅을 파서 죽은 오리를 묻어 버렸다. 비록 아무도 본 사람이 없었지만 죽은 오리 생각에 늘 불안했다. 어느 날 그 집 요리사가 아이에게 "내 대신 가서 물을 길어 오너라."라고 말했다. 물을 긷는 것이 자신의 일이 아니어서 거절하자, 요리사는 "네가 주인의 오리를 죽인 것을 내가 주인에게 일러바칠까?"라고 말했다. 아이는 두려워서 즉시 물을 길어 주었다. 요리사는 또한 아이에게 장작을 패라고 했는데, 아이는 "저는 힘이 없어요."라고 말했다. 그러자 요리사는 "네가 주인의 오리를 죽인 것을 내가 주인에게 말할 거야!"라고 말했다. 아이는 겁이 나서 장작을 패 주었다. 아이는 이렇게 매일 요리사가 시키는대로 했지만, 마음은 죽은 오리 때문에 평안이 없었다.

하루는 아이가 결심을 하고 주인에게 가서 무릎을 꿇고 눈물을 흘리며 자신이 어떻게 오리를 죽게 하고 파묻었는지를 말했다. 주인은 "네 죄를 솔직히 시인했으니 용서해 주겠다."라고 말했다. 아이는 비로소 평안을 얻을 수 있었다. 어느 날 요리사가 다시 아이에게 물을 길어 오라고 했다. 아이가 거절하자, 요리사는 아이에게 주인의 오리를 죽인 것을 기억하느냐고 물었다. 아이가 "저는 이제 요리사님이 두렵지 않아요."라고 말하자, 요리사는 "주인에게 이 일을 말하겠다."라고 했다. 아이는 "저는 겁나지 않아요. 저는 이미 주인께 제 죄를 시인하고 용서를 받았어요."라고 말했다.

만일 믿는 이가 죄를 짓고도 자백하지 않는다면, 사탄에게 비난을 받고 밤낮으로 괴롭힘을 받아 사탄의 손에 떨어지게 될 것이다. 그러나 언제든지 주님께 죄를 자백하면 마음에 평안을 얻게 되고 악한 자는 아무것도 할 수 없게 된다.

1에이커만 남겨 두었다

화가 나더라도 죄를 짓지 말고, 해가 지도록 분을 품지 말며,
마귀에게 틈을 주지 마십시오.(엡 4:26-27)

Be angry, yet do not sin;
do not let the sun go down on your indignation,
neither give place to the devil.(Ephesians 4:26-27)

벨슨이라는 사람이 이렇게 말했다. "제가 전에 법을 공부했었는데, '주위토지통행권'이 있다는 것이 기억납니다. 예를 들어, 제가 100,000에이커의 땅을 갖고 있는데, 그중 99,999에이커를 팔고 1에이커만 남겨 두었다고 합시다. 법에 따르면, 비록 99,999에이커를 새 주인에게 팔았다고 하더라도 새 주인은 원래 땅 주인을 위해 드나들 수 있는 길을 남겨 두어야 합니다. 이것이 '주위토지통행권'입니다."

마찬가지로 믿는 이가 한 가지 죄라도 남겨 두고 처리하지 않는다면, 사탄이 자유롭게 드나들 수 있는 여지를 남겨 두게 된다.

구원의 확신과 기쁨 — 생명의 변화

성령 내 맘을 채우네 채우네
내 죄 사하고 내 모든 약함을 소멸하시네
나 성결에 이르게 하신다네
성령 내 맘을 채우네 채우네

(찬송가 242장)

볼 때마다
구원받았는지 묻다

주님은 … 아무도 멸망하지 않고 모든 사람이 회개에 이르도록, 여러분에 대하여 오래 참으시는 것입니다.(벧후 3:9)

The Lord … not intending that any perish but that all advance to repentance.(2 Peter 3:9)

산둥성 핑두에 멍씨 성을 가진 여선교사가 있었는데, 어느 날 믿는 이들에게 죄에 대해 이야기해야 한다고 느꼈다. 그러나 그녀는 그리스도인 가정에서 자랐기 때문에 죄에 대한 체험이 거의 없었다. 그래서 그녀는 이 문제를 놓고 기도하기 시작했다. 며칠 동안 기도하던 어느 날 성령께서 그녀에게 이상을 보여 주셨고, 그녀는 죄가 얼마나 더럽고 가증스러운 것인지를 보게 되었다. 보는 것도 죄이고, 냄새를 맡는 것도 죄이며, 앉는 것도 죄인 것 같았다. 그녀의 온 존재가 죄의 영역 안에 있는 것 같아서 너무나 혐오스러웠다. 그 이후 그녀는 메시지의 주제를 바꾸어 매번 죄에 대해 전했고, 성령의 큰 능력으로 사람들의 가장 깊은 곳을 만져 그 지방에 큰 부흥을 가져왔다.

한번은 허우 자매의 셋째 오빠가 이 집회에 참석했다. 집회가 끝난 후 여선교사가 그에게 다가가 “당신은 구원받았습니까?”라고 물었다. 그는 “저는 구원받았습니다.”라고 대답했다. 그러자 그녀는 “당신의 목소리를 들어 보니 아직 죽어 있어서 구원받지 않은 것 같군요.”라고 말했다. 그다음 날에도 그녀는 그에게 다시 구원받았는지 물었다. 그는 어제처럼 “저는 구원받았습니다.”라고 대답했다. 그러자 그녀는 “당신의 눈을 보니 구원받은 것 같지 않고 아직도 죄가 있습니다.”라고 말했다. 셋째 날에도 그녀는 그에게 똑같은 질문을 했다. 그는 그녀로 인해 매우 괴로워했고, 자신도 자신의 눈빛이 죽어 있다고 느꼈다. 그날 그는 집에 돌아가서 하나님께 빛을 비추어 주시기를 기도했다. 결국 성령은 그에게 그가 지은 죄들을 파노라마같이 보여 주셨는데, 그는 그것들을 볼수록 더럽다고 느꼈고, 자신의 모든 죄를 자백하고 회개했다. 마지막에 성령은 그에게 십자가의 구원을 보여 주셨고, 주님의 피가 모든 죄를 씻었음을 보여 주셨다. 그는 큰 해방을 얻었다. 마지막 날 집회에 참석했을 때, 그는 "나는 멍 선교사에게 내가 이미 분명히 구원받았음을 말하지 않겠다. 나는 그녀가 나에게 내가 구원받았음을 말해 주길 원한다."라고 말했다. 그날 그는 맨 앞자리에 앉아 메시지를 들었다. 여선교사는 메시지를 전하는 도중에 그를 바라보더니 갑자기 "여기에 구원받은 사람이 있는데 그의 간증을 들어 봅시다."라고 말했다. 그리고 그를 찾고는 그에게 "축하합니다. 당신은 정말로 은혜로 구원받았습니다."라고 말했다.

감히 고개를 들고 선생님을 쳐다보지 못하다

저는 주님께 저의 죄를 인정하고 저의 죄악을 가리지 않았습니다.
제가 "저의 잘못들을 여호와께 자백합니다."라고 하였더니
주님께서 제 죄의 악을 용서해 주셨습니다.(시 32:5)

I acknowledged my sin to You, and I did not cover my iniquity.
I said, I will confess my transgressions to Jehovah.
Then You forgave the iniquity of my sin.(Psalm 32:5)

어느 초등학교에서 한 반의 학생들이 쉬는 시간에 놀기 위해 운동장에 나갔고, 교실에는 단 한 명의 학생만 남아 있었다. 그 학생은 친구의 예쁘고 작은 칼을 보고 갖고 싶어서 그것을 훔쳤다. 모두가 교실에 돌아왔을 때 칼 주인은 자신의 칼이 없어진 것을 알고 선생님께 알렸다. 선생님은 학생들을 추궁했지만, 모두가 훔치지 않았다고 말했다. 그 후 선생님은 수업을 하면서 학생들을 관찰했다. 한 학생이 감히 선생님을 쳐다보지 못하자, 선생님은 그 학생을 따로 불러 "왜 고개를 들고 나를 쳐다보지 못하니? 네가 칼을 훔쳤니?"라고 물었다. 그 학생은 한동안 입을 열지 못하다가 벌벌 떨면서 "예."라고 대답했다.

믿는 이들이 죄를 짓고도 자백하지 않는다면, 영 안에서 고개를 들 수 없게 되고 답답하고 일어설 수 없게 되며 부끄러움으로 주님을 보지 못하게 된다.

설교로 생계를 이으려고 하다

그분 안에 거하는 사람마다 죄를 짓지 않습니다.
죄를 짓는 사람마다 그분을 보지도 못하였고 알지도 못하였습니다.(요일 3:6)

Everyone who abides in Him does not sin;
everyone who sins has not seen Him or known Him.(1 John 3:6)

치 씨는 오랫동안 기독교의 설교자로 일했지만 아직 구원받지 못했다. 그렇지만 그는 백여 편의 메시지 원고를 준비하고는 '나는 3년 동안 전할 메시지 원고를 준비했다. 한 곳에서 3년 동안 설교를 한 후, 열 곳에서 똑같은 메시지로 30년 동안 설교를 할 수 있다. 30년 후에는 연금을 받을 수 있으니, 평생 먹고사는 데는 문제가 없겠지.'라고 생각했다. 그는 영화와 성가대의 노래로 사람들의 관심을 끈 후 설교를 듣게 했는데, 성령의 능력이 조금도 없었다. 영화가 끝나면 사람들이 흩어졌고, 성가대의 노래가 끝나면 사람들이 돌아갔다. 이런 것들은 효과가 없었다. 하나님은 주권적으로 그를 물러나게 하셨고, 그는 일할 곳이 없어져 끼니조차도 해결할 수 없었다. 어느 날 그는 자신의 죄를 보게 되었고 크게 회개하여 참되게 구원받았다. 그때부터 그의 설교가 변했고 듣는 이들이 온전하게 되었다.

그리스도와의 연합 — 그분의 죽음과 부활에 연합함

네가 사랑하는 것 그것이 네가 돼
주 사랑하려느냐 흙 사랑하려느냐
주 채우면 주 되고 흙 채우면 흙 돼
네 자신 비울 때에 주 만유 채우리

(후렴) 네 맘에 받아들이라 그리스도의 십자가
네 자아 대하여 죽고 주 대하여 살도록

(찬송가 366장)

담대함을 얻다

우슬초로 저의 죄를 없애 주십시오.
그러면 제가 깨끗해질 것입니다.
저를 씻겨 주십시오. 그러면 제가
눈보다 더 희어질 것입니다.(시 51:7)

Purge my sin with hyssop,
and I will be clean; wash me,
and I will be whiter than snow.(Psalm 51:7)

구원받은 지 오래된 한 형제가 있었는데, 그는 침례 집회가 있다는 것을 듣고 장로 형제에게 침례 주는 일을 돕겠다고 했고, 또 안수하는 일이 있다는 것을 듣고는 자신에게 안수해 달라고 요청했다. 그러나 장로 형제는 모두 허락하지 않았다. 그는 안수 집회 전의 한 집회에서 장로 형제가 안수에 관해 말하는 것을 들었는데, 그때 그는 안에서 두 마디의 음성을 들었다. 그것은 안수는 함부로 하는 것이 아니고, 이런 일에 주제 넘게 참여하여 죄를 지어서는 안 된다는 것이었다. 이 두 말씀은 침례와 안수를 요청한 그 형제를 깊이 만졌고, 그는 즉시 자신의 두 가지 죄를 보았다. 그리고 그 두 가지 죄에서부터 시작하여 네 가지, 여섯 가지, 여덟 가지, 열 가지 등 자신의 셀 수 없는 죄들을 보게 되었다. 그것을 본 후 그는 감히 집회에 갈 수 없었다. 왜냐하면 그가 '내가 또 집회에 가서 형제들과 손을 잡으면 다른 형제들을 더럽히게 되는 것이 아닌가?' 하고 생각했기 때문이다. 그는 그의 죄를 아직 처리하지 못했기에 감히 만찬 집회에도 참석할 수 없었다.

그래서 그는 죄들을 처리하기 시작했고, 주님은 처리해야 할 죄들이 생각나게 하셨다. 책을 보면 도서관에서 빌려 온 책을 아직 반납하지 않은 것이 생각났고, 돈을 쓰면 공금을 횡령한 일이 생각났다. 옷을 입으면 다른 사람에게 전해 주라고 부탁받은 털옷을 자신이 가져다 입은 것이 생각났다. 주님은 그가 과거에 행한 온갖 불의를 환경 가운데서 그에게 보여 주셨다. 그는 이러한 죄들을 하나씩 처리했다. 죄들을 다 처리한 후, 어느 날 그는 집회에서 다음과 같이 간증했다. "저는 죄들을 처리하기 전에는 비록 집회에 자주 참석했지만 늘 우울해져서 돌아갔습니다. 친구들이 제게 와서 구원에 대해 알고 싶어 할 때마다 사탄은 제게 '너 같은 사람은 복음을 전할 자격이 없다.'라고 말하며 비난해서, 저는 핑계를 대며 피하곤 했습니다. 주님께 감사드립니다. 이제 저는 사람들에게 복음을 전할 담대함을 얻었습니다."

오, 우리에게 처리하지 않은 죄들이 있기 때문에, 증언할 힘이 없고, 다른 사람이 은혜를 받을 때에도 자신은 받지 못한다. 만일 우리가 죄들을 처리하겠다고 결심한다면, 하나님은 우리가 오랫동안 잊고 있던 죄들이 생각나도록 여러 상황 속에서 일하실 것이다.

신발값을 아직 받지 못하다

믿음과 선한 양심을 가지십시오. 어떤 사람들은 이것들을 버렸고,
믿음에 있어서는 파선하였습니다.(딤전 1:19)

Holding faith and a good conscience,
concerning which some, thrusting these away,
have become shipwrecked regarding the faith.(1 Timothy 1:19)

예전에 말씀을 잘 전하는 사람이 있었다. 어느 날 그가 집회에서 의기양양하게 말씀을 전하고 있었는데, 전하는 중에 "제가 참으로 거듭났다는 것을 여러분은 알고 있습니다. 지금 저는 이사야서 26장 4절에서 말하는 '영원한 반석' 위에 서 있습니다."라고 말했다. 그때 청중 가운데 한 사람이 갑자기 일어나서 이렇게 말했다. "지금 말씀을 전하고 계신 분은 자신이 서 있는 곳이 '영원한 반석'이라고 하시는데, 그것은 완전히 틀린 말입니다. 그의 발은 지금 신발 위에 서 있습니다. 그 신발은 제 가게에서 15달러 5센트에 파는 것인데, 매우 튼튼해서 아마 거의 1년 동안 신었을 것입니다. 저는 그에게 신발값을 청구했지만 그는 아직까지도 지불하지 않았습니다. 그런데도 그가 서 있는 곳이 '영원한 반석'입니까?"

친구들이여! 여러분은 자신이 구원받았다고 말하면서도 여전히 자신에게 불의가 있는가? 그렇다면 빨리 처리하라. 그러지 않으면 여러분의 간증이 오히려 사탄에게 빌미를 주기 때문에 주님의 이름을 영광스럽게 하지 못할 것이다.

강단에서는 메시지를 전하고 길에서는 농담하다

더러운 말이나 어리석은 말이나 상스러운 농담은 합당하지 않으니, 오히려 감사하는 말을 하십시오.(엡 5:4)

And obscenity and foolish talking or sly, filthy jesting, which are not becoming, but rather the giving of thanks.(Ephesians 5:4)

어느 농부가 병으로 위급한 중에 전도자를 자신의 집으로 초대했다. 안부를 주고받은 후 농부는 다음과 같은 이야기를 들려주었다. "저는 20년 전에 선생님의 메시지를 들은 적이 있습니다. 그때 저는 큰 감동을 받았고 제가 매우 큰 죄인이라고 느꼈습니다. 그래서 제가 회개하지 않으면 멸망할 것이라고 느꼈습니다. 집회를 마치고 집으로 돌아오는 길에 공교롭게도 선생님과 같은 방향으로 걸어가게 되었습니다. 저는 선생님께 가르침을 받고 저의 고민을 해결하고 싶었는데, 선생님이 길에서 한 친구와 나누던 이야기가 대부분 농담이었습니다. 그래서 저는 선생님이 전한 말씀이 사실이 아닐 것이라고 생각했습니다. 그렇지 않다면 어떻게 길에서 한 말과 강단에서 한 말이 이렇게 다를 수가 있습니까? 이 일로 인해 저는 죄에 대한 두려움을 더 이상 갖지 않게 되었습니다. 그러나 이제 죽을 때가 가까워지자 죄에 대한 두려움이 다시 일어났습니다. 선생님, 제게 도움이 되는 말씀을 해 주십시오."

믿는 이들이여, 여러분이 사람들과 대화할 때 더러운 말이나 어리석은 말이나 상스러운 농담을 하는 것은 합당하지 않다. 왜냐하면 부주의한 한마디도 다른 사람을 넘어지게 할 수 있기 때문이다. 성도들은 항상 감사하는 말과 사람들을 온전하게 하는 말을 하는 것이 합당하다.

칼레 해안의 등대

이와 같이 여러분의 빛을 사람들 앞에 비추어,
그들이 여러분의 좋은 행실을 보고,
하늘에 계신 여러분의 아버지께 영광을 돌리게 하십시오.(마 5:16)

In the same way, let your light shine before men,
so that they may see your good works and glorify your Father
who is in the heavens.(Matthew 5:16)

한 관광객이 칼레 해안의 등대지기에게 “만일 등대의 불빛이 갑자기 꺼져 버리면, 어떻게 합니까?”라고 물었다. 그 등대지기는 이렇게 대답했다. “등대의 불빛이 꺼지는 것은 절대 있어서는 안 될 일입니다! 왜냐하면 전 세계의 눈이 저를 주시하고 있기 때문입니다. 우리 눈에는 아무것도 보이지 않지만, 배들은 매시간 전 세계 곳곳에서 항해하고 있습니다. 만일 오늘 밤 등대의 불빛이 어두워지거나 꺼져 버린다면, 몇 개월 후에 전 세계에서 편지가 날아올 것입니다. 그들은 특정 밤 시각에 등대를 지키는 사람이 직무를 태만히 했다면서 책임을 물을 것입니다. 왜냐하면 칼레 해안의 등대 불빛이 꺼지면 그 근처를 항해하는 배들이 위험해질 것이기 때문입니다.”

이와 마찬가지로 세상 사람들은 하나님의 자녀들이 빛의 자녀들답게 행하는지 항상 지켜보고 있다.

하나님의 진리 등대

하나님의 진리 등대 길이길이 빛나니
우리 앞에 비칠 등대 각각 제 빛 발하네

(후렴) 우리 작은 불을 켜서 험한 바다 비추세
물에 빠져 헤매는 이 건져 내어 살리세

(찬송가 876장)

3파운드 18실링

들키면 일곱 배로 갚아야 하고
자기 집의 모든 재산을 내주어야 한다.(잠 6:31)

But if he is found out, he shall restore sevenfold;
he must give over all the substance of his house.(Proverbs 6:31)

한번은 영국의 마이어 박사가 말씀을 선하면서 듣고 있던 사람들에게 갑자기 "이곳에 자기 주인에게서 3파운드 18실링을 훔친 청년이 있습니다! 만일 그가 그것을 갚지 않으면 영원히 평안하지 못할 것입니다."라고 말했다. 다음 날 한 청년이 마이어 박사를 찾아와 "어제 박사님이 말한 사람이 바로 저입니다. 저는 실제로 전에 주인의 3파운드 18실링을 훔쳤고, 그때부터 마음속에 평안이 없었습니다. 보십시오. 여기 수표가 있으니, 이 수표로 전액을 배상하겠습니다."라고 말했다.

이러한 배상은 하나님을 기쁘시게 하는 일이며, 성령의 특별한 일하심이기도 하다. 불의하고 부정한 방법으로 얻은 것들은 모두 구원받은 사람이 시체를 곁에 두고 있는 것 같아서 우리가 영에 속한 생활을 잘할 수 없게 한다. 그러므로 우리는 모든 불의한 재물을 청산하고 합당한 방법으로 하나씩 배상해야 한다.

사모함 — 은혜

나는 능력 없어서 홀로 설 수 없는 자이나
주를 의지할 때에 나의 약함 축복 되리라

(후렴) 언제나 내게는 주의 은혜 필요해
의지할 것 없으니 주를 나타내어 주소서

(찬송가 319장)

진주 목걸이와 15마르크

그대를 고소하는 사람과 함께 길을 가는 동안, 속히 풀고 친해지도록 하십시오.
그러지 않으면 고소하는 사람이 그대를 재판관에게 넘기고,
재판관은 간수에게 넘김으로, 그대는 감옥에 갇히게 될 것입니다.
내가 진실로 그대에게 말합니다.
그대가 한 고드란트도 남김없이 다 갚기 전에는,
결코 거기서 나오지 못할 것입니다.(마 5:25-26)

Be well disposed quickly toward your opponent at law,
while you are with him on the way,
lest the opponent deliver you to the judge, and the judge to the officer,
and you be thrown into prison. Truly I say to you,
You shall by no means come out from there
until you pay the last quadrans.(Matthew 5:25-26)

육아 도우미로 일하던 한 자매가 있었는데, 구원받기 전에 주인 집에서 아름다운 진주 목걸이를 훔친 적이 있었다. 그녀는 고소를 당했을 때 경찰 앞에서 목걸이를 훔치지 않았다고 맹세했다. 2, 3년이 지나자 그 사건은 잊혔다. 그 사이에 그녀는 구원을 받았고, 잊힌 범죄가 그녀를 괴롭히기 시작했다. 나중에 그녀는 목걸이 주인을 찾아가서 이 일을 시인하고 목걸이를 돌려주었다. 주인은 크게 기뻐했다. 그러나 얼마 지나지 않아 그녀는 다시 낙담했다. 성령께서 빛 비춰 주셔서 그녀가 목걸이뿐만 아니라 15마르크도 훔친 것이 생각났기 때문이다. 결국 그녀는 15마르크도 주인에게 돌려주었고, 그때부터 비로소 참된 기쁨이 있었다.

만일 우리에게 처리하지 않은 죄가 하나라도 남아 있다면, 그 죄는 우리를 따라다니면서 괴롭힐 것이다.

털실을 돌려주다

그리스도의 화평이
여러분의 마음에서 판정을 내리도록 하십시오.(골 3:15)
Let the peace of Christ arbitrate in your hearts.(Colossians 3:15)

매우 빈곤하게 사는 한 자매가 있었는데, 그녀는 털실로 뜨개질하여 옷을 만들 수 있었다. 가을이 되자, 그녀는 다른 사람들의 털실 옷을 만들어 주며 생계를 유지했다. 그러나 털실이 남을 때마다 원래 주인에게 돌려주지 않았다. 모은 털실이 많아지자, 그녀는 그 털실로 아들을 위해 스웨터를 만들었다. 어느 날 그녀는 성령의 빛 비춤을 받아 사람들에게 돈을 받고 옷을 만들어 준 후 남은 털실을 돌려주지 않은 것은 불의한 일이라는 것을 깨달았다. 그리고 남은 털실을 각 사람에게 돌려주어야 한다고 느꼈다. 그러나 그 털실들은 이미 아들의 스웨터가 되어 있었다. 만일 아들이 입고 있는 스웨터를 푼다면, 아들에게 입힐 마땅한 옷이 없었다. 그러나 사람들에게 돌려주지 않으면, 계속 마음에 평안이 없을 것 같았다. 그녀는 큰 딜레마에 빠졌다. 한참 고민하던 그녀는 성령의 음성에 순종하기로 했다. 그녀는 아들 스웨터의 실을 풀어서 깨끗이 세탁한 후 집집마다 가서 원래 주인에게 돌려주었다. 털실을 돌려줄 때는 정말 부끄러웠지만, 돌려주고 난 후의 기쁨은 이루 말할 수 없었다.

상쇄는 처리하는 것이 아니다

서로 친절하게 대하고 부드러운 마음으로 대하며,
하나님께서 그리스도 안에서 여러분을 용서하신 것같이
서로 용서하십시오.(엡 4:32)

And be kind to one another, tenderhearted,
forgiving one another, even as God in Christ
also forgave you.(Ephesians 4:32)

한 형제가 양복점에서 외투 한 벌을 맞추고 그것을 배송받았다. 그러나 양복점 주인이 옷의 재료를 속인 것을 알고 매우 기분이 나빴다. 그래서 외투 값을 지불하지 않았고, 이 일로 인해 두 사람 사이에 언쟁이 벌어졌다. 3년 후 이 양복점 주인이 구원을 받고 침례를 받았다. 두 형제는 전에 다툰 적이 있었기 때문에 항상 집회 때마다 서로 어색해했다. 구원받은 지 더 오래된 형제가 장로 형제에게 찾아가 물었다. "형제님, 저는 양복점을 하는 형제님과 3년 전에 해결하지 못한 일이 있습니다. 그 형제님에게서 외투 한 벌을 맞추었는데 옷감을 속였기 때문에 제가 돈을 지불하지 않았습니다. 이제 저는 돈을 지불하지 않은 이 불의를 처리해야 한다는 느낌이 들었습니다. 그런데 그 형제님이 옷감을 속여 만든 것은 어떻게 해야 합니까? 제가 그 형제님에게 돈을 지불해야 합니까, 아니면 지불하지 않아도 됩니까?" 장로 형제는 그에게 "형제님은 구원받은 지 더 오래되었고 형제님의 경제 사정이 그 형제님보다 더 낫습니다. 무엇보다도 형제님에게 그 일을 처리해야 한다는 느낌이 있기 때문에, 그 형제님에게 돈을 지불하는 것이 좋겠습니다. 그 형제님이 형제님을 속인 것은 그 형제님의 불의입니다."라고 말해 주었다.

다음 날 이 형제는 양복점 형제에게 찾아가 자신의 잘못을 시인하고 돈을 지불했다. 그다음 날 양복점 형제는 어제 받았던 돈과 3년 전에 속였던 옷감을 가지고 와서 "형제님, 의류 협회 규정에 따르면 만든 옷에 이상이 있을 경우 돈을 지불하지 않으셔도 됩니다. 3년 전에 저는 분명히 형제님에게 옷감을 속여 손해를 입혔습니다. 그래서 저는 돈은 받을 수 없습니다. 그 대신 이 옷감을 받아 주십시오. 그리고 제가 형제님을 속인 죄에 대해 용서를 구합니다."라고 말했다. 두 사람은 주님 앞에서 화해하고 무릎을 꿇고 기도하며 서로의 죄를 자백했다.

우리는 상대방이 사과하기 때문에 그에게 사과하는 것이 아니다. 상대방이 나를 용서하기 때문에 나도 그를 용서하는 것이 아니다. 이것은 서로 비기는 것이지 처리하는 것이 아니다. 이것은 불의를 처리하는 것이 아니라, 불의를 불의로 갚는 것이다. 이런 식으로 상쇄하는 것은 처리하는 것이 아니다. 우리는 우리 안의 생명의 느낌에 따라 죄들과 불의를 처리해야 한다.

하나님은 훔친 돈으로 그분의 일을 하지 않으신다

주님의 이름을 부르는 사람마다 불의에서 떠나라.(딤후 2:19)
누구에게든지 아무 빚도 지지 마십시오.(롬 13:8)

Let everyone who names the name of the Lord depart from unrighteousness.(2 Timothy 2:19)

Owe nothing to anyone.(Romans 13:8)

푸젠성에 집주인에게서 60위안 상당의 물건을 훔친 한 가정부가 있었다. 그녀는 주님을 믿은 후 이것이 죄라는 것을 깨닫고 배상하기 위해 70위안을 모았다. 그런데 그 돈을 배상하는 데 사용하지 않고, 사역하는 형제에게 주면서 경위를 설명하고 하나님의 일을 위해 사용해 달라고 하였다. 그 형제는 그녀에게 "그 집주인이 아직 살아 있습니까?"라고 물었다. 그녀가 "그렇습니다."라고 대답하자, 그 형제는 "자매님은 왜 집주인에게 배상하지 않습니까?"라고 물었다. 그리고 엄중한 어조로 "하나님은 훔친 돈으로 그분의 일을 하지 않으십니다."라고 말했다.

만일 누군가에게 물질적으로 손해를 끼쳤다면 그 당사자에게 배상해야 하고, 당사자가 없다면 가족에게 배상해야 하며, 가족마저 없다면 교회에게 맡길 수 있다. 우리는 이런 종류의 죄를 반드시 철저히 처리하여 근절해야 한다.

수은 저울

속임수 저울은 여호와께서 가증히 여기시나
정확한 저울추는 그분께서 기쁘게 여기신다.(잠 11:1)

A false balance is an abomination to Jehovah,
but a full weight is His delight.(Proverbs 11:1)

옌타이에 수은 저울을 이용해 상사하는 한 형제가 있었다. 그 형제는 저울의 눈금을 속여 큰 이익을 얻었다. 그러면서 다른 사람들에게 "저는 예수님을 믿는 사람이기 때문에 결코 사람을 속이지 않습니다. 이것이 여호와의 저울추입니다."라고 자랑하기까지 했다. 어느 날 하나님의 손이 그에게 임하여 그의 나귀 한 마리가 죽었다. 그러나 그는 돌이키지 않았다. 그러다가 그의 아들이 자전거 사고로 한쪽 다리가 부러지고 말았다. 그제야 그는 죄를 자백하고 돌이켰으며 수은 저울도 부수어 버렸다.

"자기 잘못들을 감추는 이는 잘되지 못하나 / 그것들을 자백하고 내버리는 이는 누구든지 긍휼을 얻게 된다."(잠 28:13)

그리스도와의 연합 — 그분의 죽음과 부활에 연합함

베들레헴에 주님 태어나셨지만
주 네 안에 나셔야 네 혼 구원되리
골고다의 십자가 네 혼 못 구하리
네 안의 십자가만 널 온전케 하리

(후렴) 네 맘에 받아들이라 그리스도의 십자가
네 자아 대하여 죽고 주 대하여 살도록

(찬송가 366장)

필름 없는 사진기로 사진을 찍다

그분을 안다고 말하면서 그분의 계명들을 지키지 않는 사람은
거짓말하는 사람이며, 그 사람 안에는 진리가 있지 않습니다.(요일 2:4)

He who says, I know Him,
and does not keep His commandments is a liar,
and the truth is not in this one.(1 John 2:4)

어떤 형제가 주님을 믿었지만, 여전히 가끔씩 악한 본성을 드러내며 여러 사람을 속였다. 한번은 그 형제가 한 형제에게 사진기를 빌린 적이 있었다. 그는 "집회소에서 침례를 주는데, 침례 받는 사람들에게 사진을 찍어 주어야 하니 사진기를 좀 빌려주십시오."라고 말했다. 그는 사진기를 빌려 와 필름도 없는 빈 사진기로 침례 받는 사람들을 찍어 주는 척했다. 그렇게 한 후, 그는 그 사진기를 다른 형제에게 주면서 "지금 물건을 많이 사야 하는데 급하게 돈이 필요합니다. 이 사진기를 담보로 맡길 테니 돈을 빌려주십시오."라고 말했다. 이렇게 하여 그는 그 형제마저 속여서 돈을 갈취했다. 이틀 후 그는 그 형제를 찾아가서 "이틀 전에 맡긴 사진기를 빌려주실 수 있겠습니까? 사용한 후 즉시 돌려드리겠습니다."라고 말했다. 그리고 이 사진기를 또 다른 형제에게 담보로 맡기고 돈을 빌렸다. 이 형제는 처음에는 이런 수법으로 부유해진 것처럼 보였지만, 곧 하나님의 손이 그에게 임하여 가난하게 되었고 도와주는 사람이 아무도 없게 되었다.

빛 비춤을 받아 거듭나다

무지하던 시대에는 하나님께서 지나쳐 가셨지만,
이제는 어디서나 모든 사람에게 회개하라고 명령하십니다.(행 17:30)

Therefore, having overlooked the times of ignorance,
God now charges all men everywhere to repent.(Acts 17:30)

어느 날 한 말씀 전파자가 다른 말씀 전파자에게 "제가 보기에 당신은 아직 거듭나지 않은 것 같습니다."라고 말했다. 다른 말씀 전파자는 매우 화가 나서 속으로 '내가 20년 동안 말씀을 전하며 살았는데, 거듭났든 거듭나지 않았든 무슨 상관이란 말인가?'라고 생각했다. 그러나 그 말씀 전파자는 다음 날에도 같은 말을 했고, 다른 말씀 전파자는 너무 화가 나서 이성을 잃을 뻔했다. 어느 날 성령께서 그에게 빛을 비추셔서 그가 위선적인 사람이고 진정으로 구원받지 못했음을 보여 주셨다. 그는 철저히 회개하고 공개적으로 자신의 죄들을 자백했다. 그의 이러한 변화는 20곳의 교회의 부흥에 영향을 미쳤다.

죄들을 자백하는 것은 교회의 부흥과 큰 관계가 있다.

구원의 확신과 기쁨 — 일반

영광의 빛 혼에 비취네 햇빛보다 더 밝게
그 빛 맑고 휘황찬란해 주는 빛 되시네

(후렴) 영광의 빛 복락의 빛 평강 희락 넘쳐흐르네
주 예수의 웃는 그 얼굴빛이 영광 빛을 비추네

(찬송가 262장)

불의가 무엇인지 알지 못하다

어린 자녀 여러분, 아무도 여러분을 미혹시키지 못하게 하십시오.
의를 실행하는 사람은 그분께서 의로우신 것같이 의롭습니다.(요일 3:7)

Little children, let no one lead you astray;
he who practices righteousness is righteous,
even as He is righteous.(1 John 3:7)

어떤 형제가 이런 간증을 한 적이 있다. "제가 처음 구원받았을 때, 첫해에 사람들에게 죄를 시인하는 편지를 백 통 이상 썼습니다. 다음 해에도 역시 그렇게 했습니다. 비록 제가 이렇게 했지만, 저는 죄만 알았을 뿐 불의는 알지 못했습니다. 저는 사람들에게 거짓말을 하고, 사람들을 비방하고, 잔꾀를 부려 사람들을 대한 것이 모두 죄임을 알고 그것들을 처리했습니다. 그러나 저는 그때까지도 무엇이 불의인지 알지 못했습니다. 그러던 중 불의에 관한 이야기를 읽고 나서야 불의가 무엇인지 알게 되었습니다."

불의는 자신의 경계를 넘어서서 다른 사람들을 짓밟고 다른 사람들에게 손해를 입히는 것이다.

그리스도와의 연합 — 그분의 죽음과 부활에 연합함

주 아는 가까운 길 이는 사랑일세
지식을 따를 때엔 늘 헤매게 되네
주 사랑 네 맘속에 충만케 될 때에
세상 다 물러가고 거룩게 되리라

(찬송가 366장)

비옷을 밟다

나의 형제님들, 누가 믿음이 있다고 말하면서
행위가 없다면, 무슨 유익이 있겠습니까?
그런 믿음이 그를 구원할 수 있겠습니까?(약 2:14)

What is the profit, my brothers,
if anyone says he has faith but does not have works?
Can that faith save him?(James 2:14)

어느 지방에서 특별 집회가 열렸는데, 집회 당일에 비가 내렸다. 어떤 사람이 맨 앞줄에 앉아 자신의 비옷을 첫 번째 줄 의자 등받이에 걸어 두었다. 그런데 메시지를 전할 차례였던 어떤 말씀 전파자가 실수로 비옷을 건드려 비옷이 바닥에 떨어졌다. 그 말씀 전파자는 그것을 보지 못했고 지나가다가 이 비옷을 밟았다. 그는 무언가를 밟은 것을 느꼈지만 그냥 지나쳐 버렸다. 뒤에 앉아 있던 사람이 그 모습을 보고 "저 사람이 메시지를 잘 전하든 못 전하든 내려올 때 이 비옷을 어떻게 하는지 보겠다."라고 말했다. 그러나 메시지를 전하고 내려온 그 사람은 비옷을 못 본 척하고 자리에 앉았다. 이것을 본 뒷사람은 "비옷을 잘 정돈해 주지는 못할망정 최소한 주인에게 사과라도 해야지. 그가 한 행동은 불의하다."라고 말했다.

하나님은 우리를 하나님의 의가 되게 하시어 사람들이 우리를 볼 때 하나님의 의를 볼 수 있기를 원하신다. 그러므로 우리는 생활 가운데서 불의를 행하지 말아야 한다.

거짓말하는 습관을 없애는 방법

거짓말하는 입술은 여호와께서 가증히 여기시나
신실하게 행하는 이들은 그분의 기쁨이 된다.(잠 12:22)

Lying lips are an abomination to Jehovah,
but those who deal faithfully are His delight.(Proverbs 12:22)

미국의 한 귀부인이 무디에게 이렇게 말했다. "사람들과 대화할 때, 저는 종종 자신도 모르게 말을 너무 많이 하고, 때로는 사실과 너무 동떨어진 말을 합니다. 그러다 보니 제가 하는 말 중 어느 것이 진실이고 어느 것이 거짓인지 알지 못하겠습니다. 선생님, 이 나쁜 습관에서 벗어날 수 있는 길을 가르쳐 주시겠습니까?" 무디는 이렇게 대답했다. "그것은 매우 쉽습니다. 다음부터 사람들과 대화할 때 자신의 말이 정확하지 않았다고 생각되면, 즉시 그 사람에게 가서 거짓말한 죄를 용서해 달라고 하십시오." 그러자 부인은 "그렇게 한다면 사람들이 저를 거짓말쟁이라고 비웃을 거예요. 저는 이것만은 못하겠습니다."라고 말했다. 무디가 말했다. "사람들이 거짓말하는 나쁜 습관을 버리지 못하는 이유는 이것 때문입니다. 부인이 정말 이 나쁜 습관을 없애고 싶다면, 이것 외에는 다른 방법이 없습니다. 더욱이 거짓말한 죄를 용서받으려면 상대방에게 시인해야 합니다. 사람들에게 죄를 시인하는 것은 일거양득인데, 왜 그렇게 하지 않으려고 하십니까?"

거짓말은 사탄에게서 나온 것이다. 하나님의 자녀들에게 아직도 사탄의 씨가 남아 있다면, 그것은 가장 가련한 일이다. 사람은 주님을 믿은 후에 먼저 거짓말하는 죄를 처리하고 정확하게 말하기를 배워야 한다.

후회스러운 8년의 세월

저는 주님께, 오직 주님께만 죄를 지었고
주님 보시기에 악한 일을 하였습니다. 그러하였기에 말씀하실 때
주님은 의로우시며 판단하실 때 주님은 정당하십니다.(시 51:4)

Against You and You alone have I sinned, and I have done what is evil
in Your sight. Therefore You are righteous when You speak;
You are clear when You judge.(Psalm 51:4)

성경 공부 모임에서 어떤 여인이 기도 중에 자신의 게으른 죄를 주님께 자백했다. 그러나 모임을 인도하는 자매는 이것이 그 자매가 자백해야 할 근본적인 죄가 아니라는 것을 알고 있었다. 왜냐하면 그 자매가 이미 여러 번 이와 같은 죄를 자백했기 때문이다. 그날 저녁에, 모임을 인도하는 자매는 하나님께 그 자매가 자신의 위선을 확실히 깨닫고 진실한 자백을 할 수 있도록 인도해 주시기를 간절히 기도했다. 과연 다음 날 그 자매는 자신이 어떤 자매를 미워했고 8년 동안 그녀와 말하지 않았다는 것을 진실하고 통회하는 마음으로 자백하고 회개했다.

많은 사람들이 자신의 죄들을 자백할 때, 다른 사람들이 볼 수 있는 죄들에 대해서는 장황하게 말하지만 자기만 알고 있는 죄들에 대해서는 조금도 언급하지 않는다. 이것은 표면적으로 죄들을 자백하는 것이지 철저히 죄들을 자백하는 것이 아니나.

구원의 확신과 기쁨 — 주님에 의해 해방됨

난 예수께 돌아와 해방됐네 주 오늘 내 맘에서 왕 노릇 해
난 성령에 충만돼 찬양 넘쳐 주 예수 날 해방했네

(후렴) 오 영광의 해방일세 또 묶이지 않으리라
난 보혈로 씻어서 맑게 됐네 주 예수 날 해방했네

(찬송가 244장)

세상을 처리함

그분을 통하여 세상은
나에 대하여 십자가에 못 박혔고,
나는 세상에 대하여
십자가에 못 박혔습니다.
(갈 6:14)

Through whom the world has
been crucified to me
and I to the world.
(Galatians 6:14)

석류나무 꽃이 피었는지(아 7:12)
石榴放蕊(歌 7:12)

세상은 사람을 더럽히고 사로잡는다

왜냐하면 하나님에게서 난 것은 모두 세상을 이기기 때문입니다.
세상을 이긴 승리는 바로 우리의 믿음입니다.(요일 5:4)

For everything that has been begotten of God overcomes the world; and this is the victory which has overcome the world—our faith.(1 John 5:4)

사람이 하나님께 헌신한 후, 즉시 처리해야 할 첫 번째 것은 죄이고 그다음은 세상이다. 죄의 오염은 난폭하고 거칠고 추한 데 비해, 세상의 오염은 교양 있고 세련되어 사람들에게 매우 좋게 보일 때가 많다.

죄의 오염은 흰옷에 검은 잉크나 흙탕물이 크게 묻은 것과 같다. 그러나 세상의 오염은 흰옷에 새겨진 화려한 무늬와 같다. 사람들이 보기에 검게 얼룩진 옷은 더럽고 지저분해 보이지만, 화려하게 꾸며진 옷은 깨끗하고 오히려 좋아 보인다. 그러나 하나님께서 보시기에 둘 다 좋지 않다. 하나님은 얼룩진 옷도 화려한 옷도 원하지 않으신다. 하나님은 오직 순수한 흰옷을 원하신다. 이와 같이 세상으로 더럽혀진 것이 죄로 더럽혀진 것보다 더 낫게 보이지만 순수성에 관한 한, 둘 다 오염되어 있고 처리해야 하는 것이다.

게다가 죄와 세상이 사람에게 미치는 손상은 크게 다르다. 죄는 사람을 더럽히는 데 비해, 세상은 사람을 더럽힐 뿐 아니라 사로잡는다. 예를 들어 부모의 돌봄을 받고 있는 순진하고 순수한 아이가 있다고 하자. 어떤 사람이 그 아이에게 거짓말과 도둑질을 가르치고 많은 악한 일을 하도록 유혹한다면, 그 아이의 순수한 품성을 더럽히고 타락하게 만들 수 있다. 그러나 그 아이는 여전히 부모의 보호 아래 있고 부모에게 속해 있다. 만일 그 사람이 한 걸음 더 나아가 그 아이에게 좋은 옷 두 벌을 주면 아이를 속여 얻을 수 있으며, 그 아이는 부모를 떠나 실종될 수도 있다. 마찬가지로 사탄은 죄를 이용해 사람을 더럽힐 때는 사람을 타락시킬 뿐이지만, 세상을 이용해 사람을 차지할 때는 사람을 얻고 사람이 하나님의 임재에서 떠나 잃어버린 바 되게 한다.(생명의 체험(상), 개정판)

하나님께 거룩하게 되는 것

간음하는 사람들이여, 세상과 친구가 되는 것이
하나님과 원수가 되는 것임을 알지 못합니까?
그러므로 누구든지 세상과 친구가 되고자 하는 사람은
하나님과 원수가 되는 것입니다.(약 4:4)

Adulteresses, do you not know
that the friendship of the world is enmity with God?
Therefore whoever determines to be a friend
of the world is constituted an enemy of God.(James 4:4)

하나님과 관련된 모든 것, 하나님께 속한 모든 것, 하나님을 향한 모든 것, 하나님을 위한 모든 것이 다 거룩하다. 하나님과 관련되지 않는 모든 것, 하나님께 속하지 않는 모든 것, 하나님을 향하지 않는 모든 것, 하나님을 위하지 않는 모든 것은 다 거룩하지 않다. 우리가 세상을 처리하는 것에서 그 대상은 이 거룩하지 않은 것들이다. 그러므로 세상을 가늠하는 기준은 하나님 자신이다. 하나님과 어울리지 않고 맞지 않는 모든 것과 하나님께 합당하지 않은 모든 것이 세상이고 거룩하지 못한 것이며 처리해야 할 것이다.

그러므로 우리 자신이나 우리의 환경이나 가족이나 직업이나 사업과 관계된 각 사람과 일과 사물을 다음과 같은 기준에 따라 하나님 앞에서 시험해 보아야 한다. 이 사람, 이 일, 이 사물이 하나님과 관계된 것인가? 하나님께 속한 것인가? 하나님을 향한 것인가? 하나님을 위한 것인가? 우리는 조금이라도 하나님께 합당하지 않고 하나님과 어울리지 않는 것을 처리하여 하나님께 합당하고 하나님과 어울리게 될 필요가 있다.

세상에 대한 우리의 느낌에 크게 영향을 미치는 두 가지 요소가 있는데, 그것은 하나님에 대한 우리의 사랑과 생명 안에서의 우리의 영적인 성장이다. 만일 우리가 하나님에게서 멀리 떠나 있다면 우리에게 세상이 있음을 의식하지 못한다. 그러나 일단 우리가 하나님께 가까이 나아간다면 우리는 우리에게 있는 많은 것들이 세상임을 발견하게 된다. 하나님을 사랑하는 이들만이 하나님께로 가까이 나아간다. 그러므로 우리가 세상을 처리하고자 한다면 먼저는 하나님을 사랑해야 한다. 우리가 하나님을 사랑하면 할수록 세상에 대한 우리의 느낌은 더 예민해지고 세상이 우리 안에서 더 드러나게 된다. 일단 그것이 드러나면 그것은 떨어져 나갈 것이다. 이러한 드러남이 곧 빛의 비춤이다. 사랑은 우리가 하나님을 접촉하게 하고, 하나님은 빛이시므로 빛이 오면, 빛은 우리에게 있는 세상을 비추어 제거해 버린다. 그러므로 세상을 처리하는 데에는 다른 방법이 없다. 오직 하나님만이 우리의 기준과 척도이시다. 우리가 하나님을 사랑하는 만큼 우리는 우리 안에 있는 세상을 처리할 수 있다.(생명의 체험(상), 개정판)

세상 대학

우리는 우리가 하나님께 속하였고,
온 세상이 악한 자 안에 놓여 있다는 것을 압니다.(요일 5:19)

We know that we are of God,
and the whole world lies in the evil one.(1 John 5:19)

세상은 사탄의 조직이자 체계이다. 대학에 여러 학과가 있듯이 세상에도 여러 학과가 있다. 세상에는 의상학과, 오락학과, 축제학과, 가정학과, 상업학과 등과 같이 수많은 학과가 있어 여러분의 재물과 시간과 에너지를 소비하게 한다. 아내, 남편, 결혼, 출산, 음식, 의복, 집, 교통수단은 세상이 아니다. 우리에게 필요한 것 이상으로 돈을 쓰면서 먹고 입고 살려고 한다면, 그것이 세상이다. 즉 아들을 낳으면 붉게 물들인 달걀을 먹고, 아기가 태어난 지 한 달이 되면 잔치하고 축하주를 마시고, 생일잔치를 크게 하고, 각 명절이나 공휴일마다 세상 사람들처럼 세상 풍속을 따르는 것이 모두 세상이다. 결혼은 세상이 아니며 하나님께서 정하신 것이다. 그러나 결혼식을 떠들썩하게, 화려하게, 사치스럽게 치르는 것은 세상이다.

이런 것들이 우리 마음을 점유하고 있다면 이것이 우리의 '세상'이다. 우리는 우리 마음이 이런 것들에 영향을 받지 않도록 이런 것들을 거절하고 미워하며 유죄판결 해야 한다. 어떤 것들은 과거에 우리의 세상이었을 수 있다. 우리가 그것들을 처리했다면, 나중에 우리가 그것들을 접촉하더라도 더 이상 우리의 마음을 만지지 못한다. 어떤 것이 우리에게 세상이 되는지 아닌지는 그것이 우리의 마음을 점유하는지에 달려 있다.

사전을 편찬하는 것이 짐이 되다

우리도 모든 무거운 짐과 우리를 쉽게 얽어매는 죄를 떨쳐 버리고,
인내로 우리 앞에 놓인 경주를 합시다.(히 12:1)

Put away every encumbrance and the sin which so easily entangles us
and run with endurance the race which is set before us.(Hebrews 12:1)

19세기에 주님께 크게 쓰인 사람이 있었는데, 그는 많은 시간을 들여 히브리어 사전을 편찬하였다. 책이 완성되자 그는 친구들에게 보내어 읽도록 했는데, 모두가 크게 칭찬하며 이 책을 출판하면 틀림없이 유명한 학자가 될 것이라고 말했다. 그런데 이 형제는 오히려 그 원고들을 불태워 버렸다. 그는 이 사전을 편찬하면서 주님에 대한 사랑과 사람에 대한 사랑이 점차 줄어들었다고 말했다. 게다가 출판하기 위해 원고를 교정하는 데 더 많은 노력을 들여야 하기 때문에 차라리 불태워 버리는 것이 낫다고 생각했던 것이다. 원고를 교정하고 책을 인쇄하는 것이 죄는 아니지만, 그에게는 무거운 짐이었다. 결국 그는 이 짐을 벗어 버렸다. 어떤 짐은 죄가 아니다. 짐은 많은 때 합법적이다. 그러나 그것은 어쨌든 짐이므로, 그 짐은 여러분이 전진하는 속도를 느리게 할 것이다.

어쩌면 여러분의 짐은 여러분이 추구하는 지위일 수도 있고, 헤어질 수 없는 친구일 수도 있으며, 세속적인 야망일 수도 있고, 떠나기 아쉬운 집이나 맛있는 음식이나 화려한 옷일 수도 있다. 비록 이런 것들과 그 외의 수많은 것들이 죄는 아니지만, 여러분이 영적인 길을 걷는 것을 방해할 것이다.

작은 나무 그릇

언제든지 그들의 마음을 주님께로 돌이키기만 하면,
그 너울이 벗어질 것입니다.(고후 3:16)

Whenever their heart turns to the Lord,
the veil is taken away.(2 Corinthians 3:16)

시간이 날 때마다 공예품을 만드는 목수가 있었다. 한번은 매우 정교한 나무 그릇을 만든 적이 있었다. 어느 날 그는 기도하는 중에 문득 그 나무 그릇의 정교함이 떠올랐고, 그것으로 인해 크게 후회했다. 그는 "이 대수롭지 않은 작은 나무 그릇이 이렇게 나의 마음을 흐트러지게 하다니. 그렇다면 나는 이 그릇을 하나님께 바치겠다!"라고 말했다. 그리고 정교하고 아름다운 나무 그릇을 불에 태워 버렸다.

복음 — 믿고 영접함

죄악을 씻고 육신 벗도록
그리스도 주로 영접해
사탄 힘 잃고 세상 빛 잃게
그리스도 주로 영접해
영접하라 더 지체하지 말고서
영접하라 그리스도 주로 영접해

(찬송가 734장)

소박한 옷 한 벌

왜냐하면 세상에 있는 모든 것,
곧 육체의 욕망과 눈의 욕망과 생활의 허세는
아버지에게서 나온 것이 아니라,
세상에서 나온 것이기 때문입니다.(요일 2:16)

All that is in the world, the lust of the flesh and
the lust of the eyes and the vainglory of life,
is not of the Father but is of the world.(1 John 2:16)

어떤 자매에게 즐겨 입는 아주 소박한 옷 한 벌이 있었는데, 집에 있을 때나 외출할 때나 이 옷 외에는 다른 옷을 입지 않으려고 했다. 결국 이 옷이 그녀의 마음을 차지하여 그녀의 세상이 되었다. 그러나 그녀는 그것을 느끼지 못하고, 단지 아름답고 알록달록하고 화려하고 고급스러운 옷만 세상이라고 생각했다.

어느 날 그녀는 아이에게 국을 먹이던 중 국물을 옷에 쏟았다. 그녀는 오랫동안 그 옷을 빨았으나 얼룩이 지워지지 않았다. 그제야 그녀는 정신을 차렸고, 이 옷에 마음이 점유된 것에서 벗어나게 하시려고 하나님께서 자신을 다루신 것임을 깨달았다.

우리의 일상생활을 조금만 점검해 보면, 우리는 자신이 소중히 여기는 많은 것들이 우리 마음을 점유하고 있다는 것을 발견할 수 있을 것이다. 여러분은 그것들을 하나씩 처리했는가? 그것들을 처리하지 않는다면, 하나님의 손이 여러분을 일깨우실지도 모른다.

15달러를 매일 세다

세상이나 세상에 있는 것들을 사랑하지 마십시오.
누구라도 세상을 사랑하게 된다면,
그 사람 안에는 아버지에 대한 사랑이 없습니다.(요일 2:15)

Do not love the world nor the things in the world.
If anyone loves the world, love for the Father is not in him.(1 John 2:15)

어느 할머니에게 15달러밖에 없었는데, 할머니는 매일 그 돈을 세어 보았다. 사람들은 할머니를 돈을 밝히는 사람이라고 비웃었다. 그런데 어떤 부자가 집문서와 땅문서가 가득 담긴 상자를 자주 살펴보고 그것을 매우 소중하게 생각한다면, 하늘에 계신 하나님도 사람들이 할머니를 비웃은 것처럼 그를 비웃으실 것이다.

우리에게 15달러가 아무것도 아니듯이, 하나님께도 문서가 가득 담긴 상자가 아무것도 아니다. 그러나 그 할머니에게 15달러는 할머니의 세상이 되었고, 그 부자에게 문서가 가득 담긴 그 상자는 그 부자의 세상이 되었다. 세상은 이렇게 이러한 재물들을 통해 사람 안에서의 하나님의 지위를 빼앗는다.

사모함 — 일반

주 얼굴 사모하오니 내 눈을 열어 주소서
주 영광의 빛 비추사 내 흑암 다 제하소서
나 주의 얼굴 구하니 다시 감추지 마소서
내 눈을 열어 주 얼굴 볼 수 있게

(찬송가 328장)

당신은 하나님을 섬겨라, 나는 마몬을 섬기겠다

그 누구도 두 주인을 섬길 수 없습니다. 이쪽을 미워하고 저쪽을 사랑하거나,
혹 이쪽을 받들고 저쪽을 멸시하게 됩니다.
여러분은 하나님과 마몬을 함께 섬길 수 없습니다.(마 6:24)

No one can serve two masters,
for either he will hate the one and love the other,
or he will hold to one and despise the other.
You cannot serve God and mammon.(Matthew 6:24)

홍콩의 한 형제가 매우 부유한 어떤 사람을 심방하러 갔는데, 그는 명단에 이름만 있는 사람이었다. 이 부자는 자신을 방문한 이 형제에게 "다음부터 나를 찾아오지 마시오. 당신은 하나님을 섬기는 사람이고 나는 마몬(재물)을 섬기는 사람이니, 당신은 전심전력하여 하나님을 섬기시오. 나는 전심전력하여 재물을 섬기겠소. 당신은 당신의 길을 가시오. 나는 내 길을 가겠소."라고 말했다. 그러나 그는 자신의 길이 멸망의 길이라는 것을 알지 못했다.

헌신 — 주님께 분별됨

난 이미 세상 쾌락서 내 몸을 돌렸다네
내 맘은 이미 더 좋은 하늘의 저축 향해
그 허영 자랑 이제 또 날 잡아끌지 못해
난 이미 세상 던지고 그 경계 넘어섰네
등 뒤로 멀리멀리 버렸네
난 이미 세상 던지고 그 경계 넘어섰네

(찬송가 335장)

세상의 일은 다 잊어버려도 주님의 일은 잊어버리지 않다

어린 자녀 여러분, 여러분은 하나님에게서 나왔으며,
그들을 이겼습니다. 왜냐하면 여러분 안에 계신 분께서
세상에 있는 자보다 더 크시기 때문입니다.(요일 4:4)

You are of God, little children;
and you have overcome them because greater is He who is in you
than he who is in the world.(1 John 4:4)

기억력이 아주 나쁜 형제가 있었다. 그는 무슨 말을 듣든 곧 잊어버렸다. 그는 주님을 믿은 지 6년이 되었는데, 모든 것은 다 잊어버려도 주님에 관한 것은 하나도 잊어버리지 않았다. 주님의 일에 대해 이야기하면 잘 기억하고, 세상 일에 대해 이야기하면 금방 잊어버렸다. 그는 "저는 너무 많은 것에 신경을 쓸 수 없습니다."라고 말했다. 세상과 세상 일들이 여러분에게서 새어 나가지 않으면, 주님과 주님의 일들이 여러분에게서 새어 나갈 것이다.

구원의 확신과 기쁨 — 주님께 사랑을 받음

온유하고도 강한 주 사랑 찬양해
그 무엇보다 더욱 강한 주의 사랑
온 천지 변하여도 저 바다 사라져도
주 사랑 소멸찮네 영원히 변찮네
날이 가도 변찮네 해가 가도 변찮네
나는 그침 없이 찬송 찬양하리
변치 않는 주 사랑

(찬송가 231장)

살아서는 부자와 같이 되고, 죽어서는 나사로와 같이 되기를 원하다

여러분은 우리 주 예수 그리스도의 은혜를 알고 있습니다. 그분은 부유하셨지만 여러분을 위하여 가난하게 되셨는데, 이것은 그분께서 가난하게 되심으로 여러분을 부유하게 하시기 위한 것이었습니다.(고후 8:9)

For you know the grace of our Lord Jesus Christ, that though He was rich, for your sakes He became poor in order that you, because of His poverty, might become rich.(2 Corinthians 8:9)

어떤 교사가 누가복음 16장에 나오는 부자와 나사로의 이야기를 해 준 후, 반 어린이들에게 "여러분은 나사로가 되고 싶어요, 아니면 부자가 되고 싶어요?"라고 물었다. 한 어린이는 "장래에 행복하게 살 수 있기 때문에 저는 나사로가 되고 싶어요."라고 대답했고, 다른 어린이는 "장래에 어떻게 될지 모르니 저는 부자가 되고 싶어요. 먼저 현재의 행복을 누려야지요."라고 대답했다. 그리고 또 다른 어린이는 "저는 살아 있는 동안에는 부자가 되고 싶고, 죽은 후에는 나사로가 되고 싶어요."라고 대답했다.

많은 그리스도인들도 이렇게 생각한다. 그들은 세상에 사는 동안 행복을 누리고, 죽은 후에도 행복을 누리기 원한다. 이 두 세계에서 모두 몫이 있기를 바라는 것이다.

복음 — 권고와 가르침

표류하는 인생은 구름같이 사라져
꿈이 깨면 허무해 허무해
세월은 살과 같고 사망에 삼킨 바 돼
지옥 불에 이르니 오시오

(후렴) 이땔세 이땔세 주가 부르시는 때가 이땔세
죄 중에 있을 때에 은혜의 문 닫히면
찾아도 때는 이미 늦겠네

(찬송가 722장)

한쪽 눈만 치료하다

그대의 보물이 있는 그곳에,
그대의 마음도 있습니다.(마 6:21)

For where your treasure is,
there will your heart be also.(Matthew 6:21)

어떤 부자가 양쪽 눈에 문제가 생겨 치료를 받으러 의사를 찾아갔다. 의사는 진찰한 후 그에게 "이 눈은 고칠 수 있지만 치료비가 많이 듭니다. 치료비는 한쪽 눈에 100위안, 양쪽 눈에 200위안입니다."라고 말했다. 이 부자는 200위안은 너무 비싸고 한쪽 눈이라도 없으면 안 되니 절충해서 이렇게 말했다. "저는 100위안으로 한쪽 눈만 치료하겠습니다. 한쪽 눈으로 제 돈을 볼 수 있으면 그것으로 충분합니다."

많은 그리스도인들도 이와 같다. 그들은 주님께서 한쪽 눈을 열어 주셔서 구원받게 하신 것으로 만족하며, 다른 쪽 눈이 열리는 것을 바라지 않는다. 그 이유는 다른 쪽 눈이 열리면, 십자가의 길을 가야 하고, 세상과 육체를 처리해야 하는 등 많은 일을 감당해야 하는데 그것이 두렵기 때문이다.

복음 — 간증

풍성한 주의 은혜 죄인을 구원했네
풍성한 주의 은혜 한량없도다

(후렴) 주 모든 사슬 끊고 자유를 주셨도다
주 모든 사슬 끊고 나를 해방해

(찬송가 738장)

당신은 키케로인이다

여러분이 세상에 속하였다면,
세상이 여러분을 자기의 것이라고 사랑하였을 것입니다.
그러나 여러분이 세상에 속해 있지 않고 내가 여러분을 세상에서
선택하였으므로, 세상이 여러분을 미워합니다.(요 15:19)

If you were of the world, the world would love its own;
but because you are not of the world, but I chose you out of the world,
therefore the world hates you.(John 15:19)

아우렐리우스 아우구스티누스는 유명한 신학자이다. 그는 〈참회록〉에서 어렸을 때 꾼 꿈에 대해 이야기했다. 19세가 되었을 때 그는 키케로의 가르침을 매우 중시했고, 말과 행동에서 키케로를 본받았다. 어느 날 아우구스티누스는 자신이 죽어서 그의 혼이 천국의 문에 와 있는 꿈을 꾸었다. 문을 지키는 천사가 그에게 "당신은 누구입니까? 어디서 왔습니까?"라고 물었다. 그는 "저는 밀라노에서 온 그리스도인인 아우구스티누스입니다."라고 대답했다. 그러자 천사는 "아닙니다! 당신은 키케로인입니다!"라고 말했다. 아우구스티누스는 깜짝 놀라며 천사에게 무슨 말인지 설명해 달라고 요청했다. 천사는 "모든 혼은 세상에서 누군가의 영향을 받아 무언가가 됩니다. 당신은 그리스도로 충만하지 않고 로마의 키케로로 충만합니다. 그러므로 당신은 이 문 안으로 들어갈 수 없습니다."라고 말했다. 아우구스티누스는 깜짝 놀라 잠에서 깨어났다. 그때부터 그의 생활과 생각과 마음은 온전히 그리스도의 다스림을 받았다.

그리스도인은 세상에 속한 사람이 아니므로 세상에 속한 것으로 가득해서는 안 된다. 그리스도인은 그리스도께 속한 사람이므로 반드시 그리스도로 충만해야 하고, 모든 일에서 그분께 첫째 위치를 드려야 한다. 그럴 때 그분의 왕국에 들어갈 자격을 얻을 수 있다.

바보의 금

사람이 온 세상을 얻고도 자기 자신을 잃든지 빼앗긴다면,
무슨 유익이 있겠습니까?(눅 9:25)

For what is a man profited if he gains the whole world
but loses or forfeits himself?(Luke 9:25)

여러 해 전에 누군가가 미국의 한 산에서 사람의 해골을 발견했다. 그 해골의 손뼈 옆에 커다란 노란색 돌이 있었는데, 황금처럼 보였고 햇빛에 찬란히 빛났으며 매우 무거웠다. 이 돌은 색깔이 금과 같아서 속칭 '바보의 금'이라 불리는데, 채굴에 대한 지식이 있는 사람이라면 누구나 한눈에 가치가 없는 돌임을 알 수 있다.

이 사람은 여행을 하다가 이 산에 와서 이 큰 돌을 보고 큰 금덩어리라고 생각하여 여행길에 그 돌을 가지고 다녔다. 그는 이렇게 큰 금덩어리를 얻었으니 부자가 될 것이라고 생각했다. 그러나 여행을 하면 할수록 점점 더 피곤해졌고 더 움직이기가 어려워졌다. 하지만 이 무거운 돌을 버리지 않고 온 힘을 다해 안고 갔다. 마침내 그는 이 '바보의 금'을 움켜쥔 채 길가에 쓰러졌다. 그는 끝까지 이 돌을 붙잡고 놓지 않았다.

세상의 많은 것들이 이 '바보의 금'과 같다. 하나님의 많은 자녀들이 이것에 대한 인식이 부족하여 속임을 당하고, 계속 연연해 하며 포기하려고 하지 않는다. 그 결과 영적인 길을 끝까지 가지 못하고 중도에 포기한다. 사람이 온 세상을 얻고도 자기 자신을 잃든지 빼앗긴다면 무슨 유익이 있겠는가?

다리 때문에 울지 않고
잃어버린 지폐 때문에 울다

그러나 만족할 줄 아는 경건은 큰 유익이 됩니다.
왜냐하면 우리가 세상에 아무것도 가지고 오지 않았으므로,
아무것도 가지고 갈 수 없기 때문입니다.(딤전 6:6-7)

But godliness with contentment is great gain;
for we have brought nothing into the world,
because neither can we carry anything out.(1 Timothy 6:6-7)

1937년 8월 13일은 상하이에 대한 일본의 두 번째 침공인 제2차 상하이 사변이 일어난 날이다. 그다음 날에 공습으로 폭탄이 극장에 떨어져 많은 사람이 죽고 다쳤다. 한 노부인이 우연히 그 극장 입구를 지나가다가 폭탄이 터져 한쪽 다리가 잘려 나갔다. 그녀는 구조대에 의해 병원으로 이송되었고, 의사와 간호사의 치료를 받고 붕대를 감은 채 병실로 옮겨졌다. 그러나 그녀는 여전히 고통에 울부짖으며 일어나려고 애를 썼다.

의사는 그녀에게 누워 있으라고 했지만, 그녀는 계속 울며 몸부림을 쳤다. 의사가 그녀에게 대체 무엇 때문에 이렇게 몸부림을 치는지 이유를 물었다. 그녀는 "폭탄에 잘려 나간 다리의 신발 속에 30위안의 지폐가 있는데, 꼭 찾아야 합니다."라고 말했다. 그 말을 한 뒤 그녀는 매우 슬프게 울기 시작했다. 의사는 하는 수 없어서 사람을 보내어 그녀의 잘려 나간 다리를 찾아오게 했다. 마침내 그 다리를 찾았고 신발 속에는 노부인이 소중하게 간직하고 있던 30위안의 지폐가 있었다. 이 노부인은 잃어버린 다리 때문에 운 것이 아니라 잃어버린 지폐 때문에 울었던 것이다.

어떤 그리스도인들은 이 노부인과 같이 재물을 너무나 사랑하고 생명을 소홀히 한다. 그들은 재물을 얻고 쌓는 등 자신의 재물에만 관심을 가질 뿐이며, 자신의 영적인 생명이 불완전하고 빈곤하고 미숙하고 연약한 것에는 무관심하다.

모든 것을 가졌지만 겸손이 부족하다

그대는 이 시대의 부자들에게 명령하여,
거만한 생각을 갖지 말며, 믿을 수 없는 재물에 소망을 두지 말고,
우리에게 모든 것을 풍성히 주셔서 누리게 하시는
하나님께 소망을 두라고 하십시오.(딤전 6:17)

Charge those who are rich in the present age not to be high-minded,
nor to set their hope on the uncertainty of riches but on God,
who affords us all things richly for our enjoyment.(1 Timothy 6:17)

가난한 집안에서 태어난 미국의 강철왕인 앤드루 카네기는 어릴 때 중퇴했지만 독학으로 열심히 공부하고 근검절약하여 점차 부자가 되고 학식이 높은 학자가 되었다. 그가 한번은 영국 스코틀랜드로 여행을 떠났다. 그는 영국에 도서관을 건립하는 데 막대한 돈을 기부했기 때문에, 스코틀랜드의 네 개 대학의 총장들이 그에게 감사의 뜻을 전하기 위해 연회를 열었다. 연회가 끝나고 그들은 벽난로 주변에서 이야기를 나누었다. 카네기는 자신의 성공 스토리를 들려주었고, 기쁘게 말하던 중에 내빈들에게 다음과 같이 질문했다. "저는 지금 모든 것을 가졌고 부족한 것이 없습니다. 모든 것이 제 손으로 쌓아 올린 것입니다. 여러분에게 묻겠는데, 제게 아직도 부족한 것이 있는지 물어봐도 될까요? 하나님께서 아직 제게 주지 않으신 것이 있습니까?" 한동안 아무도 대답하지 않다가 갑자기 한 나이 든 총장이 낮은 목소리로 "한 가지 부족한 것이 있습니다. 바로 겸손입니다."라고 말했다.

이와 같은 사람은 땅에서 매우 풍족하고 모든 것을 가졌지만, 하나님 앞에서는 매우 가난하고 생명이 매우 어리다.

더 이상 말할 수 없겠군요

하나님은 세상에서 가난한 사람들을 선택하시어 믿음을 부유하게 하시고,
하나님을 사랑하는 사람들에게 약속하신
왕국의 상속자가 되게 하지 않으셨습니까?(약 2:5)

Did not God choose the poor in the world to be rich in faith
and heirs of the kingdom,
which He promised to those who love Him?(James 2:5)

한 형제가 스페인에 여행을 갔는데, 그곳에 있는 대성당을 관람하고 싶었다. 그 형제는 한 수도사의 환대를 받으며 장엄할 뿐 아니라 매우 웅장하고 아름다운 성당의 몇 곳을 안내받았다. 수도사는 각 장소에서 그에게 성당에 있는 진귀한 보물들을 보여 주면서 저것은 순금으로, 저것은 순은으로, 저것은 보석으로 만든 것이라고 알려 주었고, 어떤 것은 역사적으로 중요한 의미를 지닌다고 말했다.

마지막 장소에 가서 그 수도사가 자랑스럽게 "오늘 우리는 더 이상 사도 베드로처럼 '은과 금은 나에게 없지만'이라는 가련하고 초라한 말을 하지 않아도 됩니다."라고 말했다. 그러자 그 형제는 냉랭하게 다음과 같이 말했다. "좋겠군요. 그런데 여러분은 더 이상 '나사렛 사람 예수 그리스도의 이름으로 일어나 걸으십시오.'라는 말은 할 수 없겠군요."

복음 — 구주

긍휼 사랑 용서 온유와 겸손
풍성하신 주님 십자가 졌네
너를 위해 수치 고통 겪고서
목숨 버린 주를 받아들여라

(찬송가 677장)

물건을 버려 산 정상에 오르다

이와 같이 여러분 중에서 누구든지 자기의 모든 소유를 버리지 않는 사람은 나의 제자가 될 수 없습니다.(눅 14:33)

In the same way therefore everyone of you who does not forsake all his own possessions cannot be My disciple.(Luke 14:33)

스위스는 항상 눈으로 덮여 있는 높은 산들이 있는 아름다운 나라이다. 한 청년이 산에 오를 준비를 하면서 담배, 술, 옷, 책, 담요, 사진기 등 많은 물건을 가져왔다. 누군가가 그에게 이렇게 많은 물건을 가지고 올라가지 말라고 조언했다. 그는 "아닙니다. 담배와 술은 저의 기호품이라 꼭 필요합니다. 책은 제가 공부하고 유명해지기 위해 꼭 필요합니다. 옷과 담요는 몸을 보호하기 위해 꼭 필요합니다."라고 말했다. 그 사람은 청년에게 "그대가 산에 오르려면 이 물건들은 정말 가지고 가서는 안 됩니다."라고 말했다. 청년은 "저는 산에 올라가고 싶고, 물건도 가지고 가고 싶습니다."라고 말하며, 그것들을 등에 지고 올라갔다. 얼마 후 그는 짐이 너무 무거워 더 이상 올라갈 수 없어서 담배와 술 몇 병을 버려야 했다. 그래도 짐이 무거워서 그는 마음속으로 '이 물건들을 버리고 산에 오를 것인가, 아니면 이 물건들을 가지고 집으로 돌아갈 것인가?'라고 자문했다. 그는 조금 더 올라가 보기로 했고, 올라갈수록 점점 더 힘들어졌다. 그래서 그는 다시 자문했다. '올라가야 하나, 내려가야 하나?' 그러고는 책을 버리고 계속 올라갔다. 나중에는 옷마저 버리고 올라갔다. 산 아래 있는 사람들이 그를 보고 비웃기는 했지만, 포기하지 않고 계속 올라가는 모습에 큰 감명을 받았다. 비록 처음에는 매우 어리석었지만, 그는 결국 모든 것을 다 버리고 산 정상에 올랐다.

이것은 그리스도인의 생활을 상징한다. 여러분은 정상에 오르기 원하는가, 아니면 명예와 부, 죄악, 담배, 술, 취미를 버리지 못하고 대충대충 살아가겠는가?

춤을 추면서 그리스도를 증거할 수 있는가

여러분은 땅의 소금입니다.
그러나 소금이 그 맛을 잃으면, 무엇으로 짜게 하겠습니까?
더 이상 아무 쓸모없어 밖에 버려져 사람들에게 밟힐 뿐입니다.(마 5:13)

You are the salt of the earth. But if the salt has become tasteless,
with what shall it be salted? It is no longer good for anything
except to be cast out and trampled underfoot by men.(Matthew 5:13)

한 젊은 여인이 복음 집회에서 감동을 받아 주님을 믿게 되었다. 그녀는 "춤추는 것을 그만두어야 하나요?"라고 물었다. 그러자 질문을 받은 사람은 "춤을 추면서 그리스도를 증언할 수 있나요?"라고 되물었다. 그러나 그녀는 아랑곳하지 않고 춤을 추러 갔다.

댄스파티에서 그녀는 첫 번째 파트너를 만나 그에게 "당신은 그리스도인인가요?"라고 물었다. 그 파트너는 "재미있는 질문이군요. 아닙니다."라고 대답하고는 그녀에게 물었다. "당신은 그리스도인입니까?" 그녀는 "예."라고 대답했다. 그러자 그 파트너는 "그리스도인이 여기서 무얼 하고 있나요?"라고 물었고, 그녀는 어떻게 대답해야 할지 몰랐다. 그 이후로 그녀는 다시는 춤을 추러 가지 않았다. 우리는 일상생활의 모든 일에서 그리스도를 증언하고 있는가?

그리스도인은 땅의 소금이다. 소금은 다른 음식이 맛을 낼 수 있도록 녹아야 한다. 밥솥에 소금을 넣어도 소금이 녹지 않는다면 무슨 소용이 있겠는가? 소금이 녹으면 그 맛이 솥 안의 모든 쌀알에 스며든다. 쌀알은 소금이 녹으면서 맛을 얻게 된다. 우리는 이것을 볼 수는 없지만 맛볼 수는 있다. 그리스도인은 다른 사람에게 영향을 끼치기 위해 무언가를 포기하고 희생해야 한다. 그러지 않으면 우리는 세상에 대한 미련 때문에 소금 기둥이 된 롯의 아내처럼 될 것이다. 녹지 않는 소금이 도대체 무슨 소용이 있겠는가?

세상 복을 다 누리지 못했다

우리 모든 사람을 위하여 자신의 아들까지도 아끼지 않으시고
내어 주신 분께서 어찌 그 아들과 함께
모든 것을 우리에게 거저 주지 않으시겠습니까?(롬 8:32)

Indeed, He who did not spare His own Son,
but delivered Him up for us all, how shall He not
also with Him freely give us all things?(Romans 8:32)

세상을 포기할 수 없다고 말한 한 젊은 믿는 이가 있었다. 한번은 나이 많은 믿는 이에게 "형제님은 세상 복을 다 누렸기 때문에 헌신할 수 있지만, 저는 아직 젊고 세상 복을 다 누리지 못했기 때문에 헌신할 수 없습니다."라고 말했다.

이 젊은이는 하나님을 믿은 것이 사실이지만 하나님을 사랑하지는 않았다. 우리는 하나님을 믿으면 죄에서 구원받을 수 있고, 하나님을 사랑하면 세상에서 벗어날 수 있다는 것을 알아야 한다. 우리는 하나님의 사랑이 우리 안에 들어오게 해야 한다. 하나님의 사랑이 들어오면 세상은 사라진다.

헌신 — 주님께 분별됨

이전의 어리석은 데 나 다시 가지 않네
더 정죄 없이 안식과 참평강 누린다네
내 주인 바뀌었으니 그분만 섬기겠네
이 땅의 묶임 벗어나 세상을 뒤로 버려
등 뒤로 멀리멀리 버리리
이 땅의 묶임 벗어나 세상을 뒤로 버려

(찬송가 335장)

이자를 주지 않아도 되고 돈도 갚지 않아도 된다

왜냐하면 주님께서 만물을 창조하셨고,
주님의 뜻에 따라 만물이 존재하며 창조되었기 때문입니다.(계 4:11)

You have created all things, and because of Your will they were,
and were created.(Revelation 4:11)

어떤 여인의 남편이 사업을 하러 나간 후 오랫동안 소식이 없어서 생사도 확인할 수 없었다. 그녀는 가지고 있는 돈이 몇백 위안밖에 없어서 때로는 은행에 맡기거나 때로는 사람들에게 빌려주어 이자를 받아 근근이 생활했다. 이 몇백 위안은 그녀에게 생명처럼 귀한 것이었다. 그래서 이 여인은 사람이 아니라 돈만 중요시했고, 자오 씨가 그녀에게 빚진 금액이 얼마이고 장 씨가 그녀에게 빚진 금액이 얼마인지, 그리고 이자율이 얼마이고 그들에게 언제 이자를 받을 것인지만 생각하는 등 돈을 목숨처럼 여겼다. 어느 날 남편이 난양에서 편지를 보내어, 큰돈을 벌었으니 와서 행복하게 살자고 했다. 그리고 여행 경비로 1,000위안을 보내왔다.

그때부터 이 여인의 생각이 완전히 바뀌었다. 그녀는 자오 씨에게는 빌려간 돈에 대한 이자를 주지 않아도 된다고 말했고, 장 씨에게는 돈이 없다면 갚지 않아도 된다고 말했다. 그녀는 사람들에게 돈을 갚으라고 하지 않았을 뿐 아니라 집 안에 있는 물건을 이웃에게 나누어 주었다. 모든 사람이 돈을 목숨처럼 여기던 이가 어떻게 자신의 물건을 사람들에게 나누어 줄 수 있는지 매우 이상하게 여겼다. 그녀는 “제 남편이 여기보다 난양에 몇 배나 더 많은 돈을 가지고 있는데, 이것을 좀 나누어 준다고 무슨 일이 있겠어요?”라고 말했다.

우리 믿는 이들이 그리스도 안에 있는 풍성을 본다면, 이 세상의 것에 사로잡히지 않을 것이다.

더럽혀지지 않는 하얀 꽃

여러분을 걸려 넘어지지 않도록 지켜 주시고,
그분의 영광 앞에 흠 없는 사람으로
큰 기쁨을 가지고 서게 하실 수 있으신 분(유 24)

But to Him who is able to guard you from stumbling
and to set you before His glory without blemish in exultation,(Jude 24)

어느 탄광 입구 옆에 하얀 꽃을 피우는 식물이 자라고 있었다. 탄광을 찾은 사람들은 어떻게 석탄 가루가 가득한 이곳에서 이 식물이 깨끗하고 하얗게 꽃을 피울 수 있는지 궁금해했다. 광부 한 사람이 석탄 가루를 한 움큼 집어 꽃에 뿌렸지만 가루 한 톨도 묻지 않고 모든 가루가 굴러 떨어졌다. 이 식물의 표면에 왁스층이 있어서 검은 석탄 가루가 달라붙지 않고 굴러 떨어졌던 것이다.

하나님은 이 한 송이 꽃도 오염되지 않도록 지켜 주시는데, 어찌 우리를 세상에 물들지 않도록 지켜 주지 않으시겠는가?

헌신 — 주님께 분별됨

분별되니 기쁨 넘쳐 거룩함 축복 넘쳐
주만이 내 사랑 되니 모든 것 다 벗어나네
주님 안에 안식해 주님 안에 안식해

(찬송가 336장)

석류나무 꽃이 피었는지

인쇄일/ 2024년 12월 16일
발행일/ 2024년 12월 31일
편저/ 대만복음서원 편집부
역자/ 한국복음서원 편집부
발행인/ 이희득
발행처/ 한국복음서원
등록/ Ⓡ1978.3.6. 제16-12호

주소/ 경기도 성남시 중원구 사기막골로 124,
SKn테크노파크 비즈센터 B210호 (13207)
전화/ 1600-3191
팩스/ 031) 709-3389

ISBN/ 979-11-6857-243-0 03230

http://www.kgbr.co.kr
E-mail:kgbr@kgbr.co.kr

정가 20,000원